全媒体时代背景下的科学传播研究

新领域、议题与案例

张增一 等 著

世界图书出版公司
北京·广州·上海·西安

图书在版编目（CIP）数据

全媒体时代背景下的科学传播研究：新领域、议题与案例 / 张增一等著 . — 北京：世界图书出版有限公司北京分公司，2024.4
ISBN 978-7-5232-0879-3

Ⅰ . ①全… Ⅱ . ①张… Ⅲ . ①科学技术—传播学—研究 Ⅳ . ① G206.2

中国国家版本馆 CIP 数据核字（2023）第 200524 号

书　　名　全媒体时代背景下的科学传播研究：新领域、议题与案例
QUAN MEITI SHIDAI BEIJING XIA DE KEXUE CHUANBO YANJIU

著　　者　张增一　等
责任编辑　夏　丹

出版发行　世界图书出版有限公司北京分公司
地　　址　北京市东城区朝内大街 137 号
邮　　编　100010
电　　话　010-64038355（发行）　64033507（总编室）
网　　址　http://www.wpcbj.com.cn
邮　　箱　wpcbjst@vip.163.com
销　　售　新华书店
印　　刷　中煤（北京）印务有限公司
开　　本　787mm × 1092mm　1/16
印　　张　27
字　　数　388 千字
版　　次　2024 年 4 月第 1 版
印　　次　2024 年 4 月第 1 次印刷
国际书号　ISBN 978-7-5232-0879-3
定　　价　88.00 元

目录

序 言

习近平总书记在2016年全国“科技三会”上提出“科技创新、科学普及是实现创新发展的两翼，要把科学普及放在与科技创新同等重要的位置。没有全民科学素质普遍提高，就难以建立起宏大的高素质创新大军，难以实现科技成果快速转化”。习近平总书记提出的“两翼理论”思想，突显了党和国家对科普工作的高度重视，是指导新时期加强科技创新与科普工作的重要论述。

事实上，党和政府历来重视科学普及工作。新中国成立前夕的《中国人民政治协商会议共同纲领》中的第四十三条“努力发展自然科学，以服务于工业农业和国防的建设。奖励科学的发现和发明，普及科学知识”，就将“普及科学知识”列为新政府的任务。进入21世纪以来，我国政府高度重视科学普及与公民科学素质建设工作。2002年，第九届全国人民代表大会常务委员会第二十八次会议通过了《中华人民共和国科学技术普及法》。2006年，国务院办公厅印发了《全民科学素质行动计划纲要（2006—2010—2020年）》（以下简称《科学素质计划纲要》），拉开了以“政府推动、全民参与、提升素质、促进和谐”为指导方针的公民科学素质建设序幕。2021年国务院印发了《全民科学素质行动规划纲要（2021—2035年）》。2022年，中共中央办公厅、国务院办公厅印发了《关于新时代进一步加强科学技术普及工作的意见》；同年，党的“二十大报告”明确把“加强国家科普能力建设”上升到“提高全社会文明程度”的高度予以重视，标志着我国科学技术普及和公民科学素质建设进入高质量发展阶段。

随着《科学素质计划纲要》的实施，我国科技馆建设进入快速发展期，大学和科研机构面向公众开放，每年的“科技活动周”“全国科普日”和“公众科学节”举办得如火如荼，科普事业蓬勃发展。与此同时，网络新媒体和人工智能技术快速发展，涌现出一大批科普网站和综合网站的科普频道，在微博、微信、抖音、快手、B站和知乎等主要社交媒体平台上出现了一大批机构和个人的科普账号，为公众提供了丰富的科学信息和科普资源，为科学传播的理论和政策研究提供了前所未有的机遇和条件。

我有幸见证了过去二十年在国家对科普工作高度重视和网络新媒体快速发展的背景下我国科普事业的繁荣发展。2003年，我有幸承担了中国科协组织的“全民科学素质行动计划前期研究课题”中的一个课题，该系列研究课题旨在为起草《全民科学素质行动计划纲要》提供参考；2008年我作为起草组核心成员参与起草了科技部与中国科协组织的《科普基础设施发展规划（2008—2010—2015年）》；2014年作为起草组核心成员参与起草了《中国科协关于加强科普信息化建设的意见》，该《意见》最直接的影响是“科普中国”作为中国科协倾力打造的科普品牌在2015年9月开始线上试运行，现今已发展成横跨网站和各主要社交媒体平台的知名科普品牌。此外，我承担了中国科普研究所的多项研究课题，围绕着国家科普能力建设与监测评估做了一些理论和政策研究工作，多篇研究报告收录于科普蓝皮书系列《国家科普能力发展报告》。

也就是在参与上述科普理论和政策研究的过程中，我自己的主要研究兴趣也从科学技术哲学、科学思想史转向了科学传播领域，并于2011年离开北京理工大学人文学院科学技术与社会研究所，来到中国科学院研究生院（现为中国科学院大学，简称“国科大”）人文学院新闻与科学传播系（现为新闻传播学系）。实际上，我和传播学的结缘早在1990年代中期就开始了。20世纪80年代改革开放的大潮席卷大江南北，1989年反映改革开放主旋律的电视剧《公关小姐》热播。进入20世纪90年代，为了满足改革开放对人才的需求，国内许多高校开设公共关系学专业，“传播学概论”则是其核心课程之一，我就是在这种背景下开始讲授“传播学概论”课程。

进入“国科大”人文学院新闻传播学系，我讲授“传播理论研究”“传播研究方法”和“科学传播专题研究”课程，在传播学专业招收硕士研究生，在科学技术哲学专业招收科学传播研究方向博士研究生。十多年来，我本人（包括协助我指导研究的同事和博士后）与硕士生和博士生一起开展科学传播研究。在国内率先引进了一些新的研究视角或方法，如社会建构论、质性分析（如利用NVivo工具）、话语分析、文本分析和内容分析等，引进和开拓了一些新的研究主题，如环境传播、健康传播、科学游戏、科学纪录片、媒介科技报道和虚假信息传播等，力图采用国际规范的方法研究我国本土化的科学传播问题，发表了一批有一定影响的研究论文。值中国科学院大学人文学院庆祝成立45周年之际，编辑《全媒体时代背景下的科学传播研究：新领域、议题与案例》这本文集，也算是对我本人十多年来指导学生和研究工作的一个总结。

本书共分为5编，共收录论文26篇。第一编“科学传播研究的新领域”由4篇综述性论文组成，涵盖环境传播、科学游戏和科学纪录片三个新领域；第二编“科学传播研究的一些议题”由5篇综述性论文组成，涉及社交媒体中错误信息和虚假信息、对新闻报道的内容分析以及科学家形象和科技形象建构的研究；第三编“社交媒体科学传播的经验研究”由5篇研究论文组成，研究内容包括采用文本挖掘方法对公众关于人工智能的认知与态度、在线健康传播效果以及电商平台中用户产品评价影响因素的研究，采用质性分析方法对错误信息的回音壁效应研究，以及对两个知名科普微信公众号“果壳网”和“科普中国”传播内容的比较研究；第四编“媒介、话语与建构：争议性议题的科学传播案例研究”由6篇研究性论文组成，主要是从社会建构论的视角采用话语分析方法对媒介关于转基因议题、“PX”议题和“气候变化”议题进行的研究；第五编“科学传播理论探索”由6篇研究性论文组成，内容涵盖《申报》中的科学家形象、科学与传统对燕窝形象的解构与建构、专家与公众对健康风险的认知差异、公众注意力分配机制与跨媒介传播的分析。

本书收录了2013年至2022年发表的科学传播论文共26篇，并非在此期间本人及指导研究生发表的全部论文。为了反映我们当时的认识，各论文的文本保持刊出时的原貌。可能其中的有些数据已经陈旧，有些分析结论随着媒介报道的增多，尤其是随着社交媒体的快速发展可能会有一定的局限性，但是，我们相信，基于当时的数据资料所进行的理论和实证分析在理论视角和研究方法等方面对于认识我国科学传播研究仍具有一定的参考价值。

张增一

2023年9月

第一编

科学传播研究的新领域

1.1　国际环境传播研究的现状与趋势

——基于《环境传播》的分析

岳丽媛　张增一

（自然辩证法研究，2016年第1期）

引　言

环境传播研究始于20世纪80年代的美国[①]，现已发展为一个热门的交叉学科，欧美国家的许多大学先后设立了环境传播专业或研究中心。21世纪初，国际传播学界最具影响力的学术组织如“国际传播学会”（ICA）、“美国新闻与大众传播教育学会”（AEJMC）、“国际传播研究会”（IAMCR）、“全美传播学会”（NCA）举办的会议都设立了有关环境传播的分会场或工作坊，“传播与环境”年会定期举办。环境传播相关的著作相继出版，如罗伯特·考克斯（Robert Cox）的《环境传播与公共领域》、斯蒂芬·德普（Stephen Depoe）等人的《环境议题决策中的传播与公共参与》、朱丽亚·科贝特（Julia Corbett）的《环境传播：我们如何解读环境信息》等。[②]同时，国际上致力于研究环境传播的学术期刊陆续问世，如《应用环境教育与传播》、《环境传播年刊》、《环境传播：自然与文化学刊》（*Environmental Communication: A Journal of Nature and Culture*）（2014年起除去副标

① 克莉丝汀·L. 奥拉维茨（Christine L. Oravec）1981年发表在《演讲季刊》上题为“约翰·缪尔，优诗美地国家公园，和崇高的响应”的文章，被认为标志着环境传播领域研究的开始。

② 刘涛. 环境传播：话语、修辞与政治[M]. 北京：北京大学出版社，2011.

题，更名为《环境传播》）等。[①]

《环境传播》是国际环境传播学会的官方杂志，致力于发表环境传播的理论研究、实践和传播过程的最新成果，在一定程度上代表着环境传播领域的研究现状和动态（2014年影响因子为 0.817）。选取这一权威性学术期刊为研究对象，运用文献计量内容分析法，对2007年至2014年发表的论文进行统计，考察这些论文的作者、涉及的学科领域、研究议题及热点、运用的理论及研究方法，可以勾勒出环境传播研究的现状与趋势。本文试图回答以下问题：①环境传播的主要研究人员有着怎样的特征？②环境传播研究的重点领域和热点议题是什么？③环境传播研究的主要理论模式及采用的方法有哪些？④环境传播研究的发展趋势如何？

一、样本及研究方法

（一）样本选择

2007年至2014年间，《环境传播》设有研究论文（Articles）、实践类文章（Praxis）、书评（Book Review）、教学反思（Pedagogical Reflection）、编者按（Editorial）等栏目，对前四个栏目进行量化统计，共有221篇论文，统计结果见表1。

从表1可以看出研究论文数量逐年增长，年平均发文量21篇，2011年开始发文量都在平均数以上。实践类文章主要包括环境传播行动、影评、会议、采访等，2007年出现过1篇教学反思类文章和1篇书评。到2014年，教学反思类文章没再出现过，但书评文章数量陡增，说明学术界环境传播相关的有影响的著作在不断问世，从一个侧面反映出环境传

---

① Jurin R, Roush D, Danter J. Environmental Communication [M]. London: Springer, 2010.

播研究不断发展与日趋成熟的状态。

表1 《环境传播》栏目统计（篇）

年份	研究论文	实践类文章	书评	教学反思	小计
2007	13	2	1	1	17
2008	15	7			22
2009	17	4			21
2010	19	16			35
2011	22	8			30
2012	26	6			32
2013	28	1			29
2014	28		7		35
合计	168	44	8	1	221
百分数	76.0%	19.9%	3.6%	0.5%	100.0%

研究论文和实践类文章在形式上都属于原创论文，且作者来自同一群体，内容在理论和实践上各有侧重，可互为补充，所以本研究选取168篇研究论文和41篇（去除3篇信息量少的短文）实践类文章，共209篇文章作为分析对象，对作者特征、议题选择、采用的理论和方法进行统计分析。

（二）研究方法

本文采用文献计量内容分析法，首先对《环境传播》论文作者的数量、国别、供职单位、职位、研究领域及论文合著等情况进行统计，了解研究群体现状；接着重点对论文研究议题进行聚类分析，了解相关研究的热点、重点和变化①；然后对论文中采用的理论和研究方法进行统

① 邱均平. 文献计量内容分析法[M]. 北京: 国家图书馆出版社, 2008: 41–94.

计、归类，梳理该领域当前主要研究范式和方法。

在对样本文章议题领域进行分类统计时，参考了考克斯（2006）对环境传播研究议题领域的分类，设八个类别：①环境修辞和话语，研究个体和组织进行环境沟通时所运用的信源和说服模式，以及传播在质疑和挑战当今社会自然观和人地关系中的作用。②媒介和环境新闻，研究媒体如何描述自然和环境问题，以及媒体计划对公众态度的影响。③环境决策中的公众参与，研究普通民众、环保人士、工商界和科学家参与政府决策制定的机会和障碍，也聚焦于公众对环境信息的知情权。④环境宣导活动，依赖传播来说服关键决策者采取行动，达成活动目标，研究重点为宣导活动的传播策略。⑤环保合作和冲突解决，邀请利益相关者针对环境冲突进行协商、合作，而非宣导、辩论，实现某种程度上的权力共享和公平竞争。⑥风险传播，研究风险信息的传播效果，社会文化对公众理解判断风险的影响，质疑风险定义，引入更民主、大众的方法评估风险。⑦流行文化和绿色营销中的“自然”表征，研究大众媒介中的自然图像如何形塑流行文化或影响公众对自然的态度，以及绿色消费神话，自然作为一种视觉艺术品的表达等。①⑧其他类。以此为依据，对论文进行关键词检索，并参考全文主要内容进行编码，每篇论文最少划分为一类领域，最多涉及三类。

二、研究发现

（一）《环境传播》论文作者特征

1. 作者人数及国别分布

考虑到论文数量和合作作者对研究同样产生影响，在统计人数时，第一作者和第二、第三等作者均包括在内，论文同一作者重复统计，得

① Cox R. Environmental Communication and the Public Sphere[M]. Sage, 2006: 16-19.

出作者总数350人。作者人数从2007年的21人增加到2014年的56人，作者数量总体呈上升态势，但属于曲线上升，如2012年增加到65人，2013年又回落到48人。以上分析表明仍有部分人员还处在一个探索阶段，但从事环境传播的研究人员队伍正在壮大。

可统计到国别的作者346人，来自21个国家。其中，美国作者最多，占73.7%，其次英国占7.5%，加拿大和瑞典均为3.8%，其他国家作者很少，中国只有一位作者，来自香港。可见，美国以绝对比重处于环境传播研究的活动中心，欧洲及英语国家也是研究相对较为集中的区域，说明该研究领域呈现出一定的国际化特征，但目前仍以欧美等发达国家为主。

2. 作者供职机构及职位情况

有342位作者可统计到供职机构信息，研究者主要来自于高校和研究机构（321人），政府机构（5人）、环保组织（4人）、企业及媒体从业者（7人）参与研究的极少。根据作者和论文数量排序，发现对环境传播研究比较重视的高校主要来自美国，依次为犹他大学、新墨西哥大学、北卡罗来纳州立大学、华盛顿州立大学、威斯康星大学、康奈尔大学、佛罗里达大学等。在303位来自高校的作者中，主要研究群体为助理教授/高级讲师（23.4%）、副教授（21.1%）、教授（19.8%），以及博士研究生（17.5%）。

（二）《环境传播》论文议题的选择

1. 论文议题领域分类统计

统计发现有131篇论文议题只涉及一个领域类别，72篇论文涉及两个类别，仅有6篇论文涉及三个类别。从表2来看，“环境修辞和话语”是论文数量最多的领域，涉及这一领域的论文共107篇，单纯涉及这一领域论文数量38篇，说明该领域与其他领域比较容易结合。其次“流行文化和绿色营销中的‘自然表征’”（58篇），是近年来环境传播学者关注的领域之一，除了大众传媒，书籍、影片、演艺、广告、漫画等传播载体都成了研究对象。“媒介和环境新闻”在2011年后总体呈现上升趋势，2014年最多（17篇），合计53篇，但目前研究对象仍以报纸（20篇）为主，只有5篇论文涉及互联网新媒体的内容。“环境决策中的公众参与”和“环保合作和冲突解决研究”虽然各自数量不多，但波动变化呈现互补状态，合起来有44篇，说明围绕着自然/环境、传播、公共领域三者之间关系的议题数量也不少。“风险传播”是一个相对独立的领域，起初论文数量不多，受到2011年日本福岛核事故影响，2012年起有所增加。涉及“环境宣导活动”的论文数量较少，可能由于内容偏重于实践，而该刊主要定位于学术研究。其他类别论文数量最少，内容主要涉及环境教育、环境哲学等。总体来看，该刊论文研究的内容比较丰富，所讨论的议题范围较为广泛，反映了环境传播的综合性交叉学科的特征。

表2 《环境传播》论文分类统计（篇）

	2007	2008	2009	2010	2011	2012	2013	2014	合计	百分数
1. 环境修辞和话语	10	14	12	12	18	12	14	15	107	35.7%
2. 媒介和环境新闻	0	5	7	4	6	10	4	17	53	17.7%
3. 环境决策中的公众参与	5	1	4	3	2	5	3	1	24	8.0%
4. 环境宣导活动	0	2	2	4	0	1	2	0	11	3.7%
5. 环保合作和冲突解决研究	1	4	0	6	1	2	2	4	20	6.7%
6. 风险传播	3	0	2	1	4	4	3	4	21	7.0%

续表

	2007	2008	2009	2010	2011	2012	2013	2014	合计	百分数
7. 流行文化和绿色营销中的“自然表征”	2	9	5	15	12	5	9	1	58	19.3%
8. 其他	0	0	1	1	1	1	2	0	6	2.0%
合计	21	35	33	46	44	40	39	42	300	100.0%

（注：由于论文议题不只涉及一个领域类别，所以合计数量为 300，超出样本文章总量。）

2. 特刊主题考察

自《环境传播》创刊起，基本上每年设有一期特刊（Special Issue），只有2013年设有两期，截至2014年共9期70篇论文。每期特刊的主题基本反映了当时的研究重点或热点，结合特刊文章内容，总结特刊主题主要有以下四类：

一是学科基础性问题。创刊号（2007年第1期）所有论文围绕考克斯的论文《自然的“危机学科”：环境传播是否应该承担伦理责任》展开讨论。考克斯第一次将环境传播推向了“学”的层面，也就是“关于自然的‘危机学科’”，这对环境传播学科的发展具有里程碑式的意义。[①]考克斯是美国北卡罗来纳大学传播学教授，曾任塞拉俱乐部董事长，也担任过该刊的编辑，他既是环境传播研究的开创者，又在环境传播实践方面具有广泛的影响。不难看出，考克斯关于话语与修辞以及气候变化的研究兴趣对该刊乃至整个环境传播领域都产生了深远的影响。2008年第2期致力于探索自然与文化之间的互动，也是该刊当时的副标题，有关“人、自然与技术”之间的关系，是环境传播领域绕不开的基础性哲学问题，同时也是2007年在美国芝加哥举行的环境与传播会议的

① 刘涛. 环境传播: 话语、修辞与政治[M]. 北京: 北京大学出版社, 2011.

焦点内容。①

二是该领域热点议题。2009年第2期文章以气候变化的话语建构为特别议题，追溯气候变化产生、再现和转化，并揭示话语、理解和社会实践之间的关系。②这一主题的选择也是对当年年末在哥本哈根召开的联合国气候大会的呼应。2014年第2期再次以气候变化为特刊主题，为这一议题的发展总结经验教训，找寻新的发展方向，迎接新的挑战。③可见，气候变化作为我们当代最大环境难题和挑战，已成为该期刊乃至环境传播领域的一个核心问题。

三是“环境正义话语”研究范式。2010年第3期关注食品安全与环境正义，考察了食物跨越种族、阶级、文化、政治和语言的力量和影响，以及语言和图像对于塑造我们对食物知觉的作用。④2011年第2期恰逢手指湖环境电影节（Finger Lakes Environmental Film Festival）期间，重点关注电影与新媒体的空间正义和公正可持续发展问题。⑤2012年第3期继续探讨国际背景下的环境正义，可能受到日本福岛核事故的延续影响，以核风险为主要议题，对我们如何理解环境正义、跨文化传播、性别和阶级地位等议题提供细致入微的见解。⑥

四是关注交通和媒介发展的影响。由于交通设施及互联网技术的发展，相比人类历史任何时期，现在的我们更能通过实际和虚拟的旅行扩

① Willard B E. Special Issue: Communication at the Nexus of Nature and Culture[J]. Environmental Communication. Routledge, 2008, 2(2): 129-132.

② Carvalho A, Peterson T R. Discursive Constructions of Climate Change Practices of Encoding and Decoding[J]. Environmental Communication. Routledge, 2009, 3(2): 131-133.

③ Olausson U, Berglez P. Media Research on Climate Change Where Have We Been and Where Are We Heading[J]. Environmental Communication. Routledge, 2014, 8(2): 139-141.

④ Opel A, Johnston J, Wilk R. Food, Culture and the Environment Communicating About What We Eat[J]. Environmental Communication. Routledge, 2010, 4(3): 251-254.

⑤ Monani S. At the Intersections of Ecosee and Just Sustain- ability[J]. Environmental Communication. Routledge, 2011, 5(2): 141-145.

⑥ Sowards S K. Environmental Justice in International Contexts Understanding Intersections for Social Justice in the Twenty- First Century[J]. Environmental Communication. Routledge, 2012, 6(3): 285-289.

展空间。2013年第1期文章剖析传播的复杂性和“位置”在人的心灵和头脑中的象征意义。[①]第2期关注媒介新闻或广告中的环境视觉修辞与传播，更开放地思考“视觉”的意义，呈现出“视觉转向”的特点。[②]

3. 研究样本及热点议题

在209篇论文中，共有112篇论文涉及地域性的研究样本。从样本地来看，美国为73例，是最主要的研究对象，其次是加拿大12例、英国12例，其他欧洲国家16例，而以发展中国家为研究样本的总共只有11例。相比美欧发达国家，该刊文章很少针对亚洲、非洲、拉丁美洲等不发达地区进行研究，这与这些地区的作者数量少有直接关系。从整个样本文章内容来看，研究气候变化的文章有47篇，每年都有相关文章出现，且在2009年和2014年都设有专题特刊，可见气候变化是近年来最大的研究热点。其次，作为2010年特刊议题，与食品相关的文章有11篇，其中有一篇涉及转基因食品的争论。再次，受2011年日本福岛核事故影响，核风险也成为研究热点之一，有9篇文章涉及此议题，涉及野生动物相关议题的有7篇。此外，有相当多文章热衷于对环境影片进行探讨、评析，如《不容忽视的真相》《国家公园：美国最佳创意》《后天》等，另有部分文章引用经典环境著作《寂静的春天》《沙乡年鉴》佐证或剖析。

（三）《环境传播》论文采用的理论和方法

209篇论文中共有90篇（43.1%）论文采用了涉及来自传播学、社会学、语言学、哲学、政治学、心理学等学科的30多种理论，有6篇文章应用了两种理论，1篇文章涉及了三种理论。使用较多的有框架分析理论、修辞理论、扎根理论、培养理论、社会建构论、议程设置、创新与扩散理论等。共有147篇（70.3%）论文有明确的研究方法，多数论

---

① Thompson J L, Cantrill J G. The Symbolic Transformation of Space. 2012[J]. Environmental Communication. Routledge, 2013, 7(1): 1-3.

② Hansen A, Machin D. Researching Visual Environmental Communication[J]. Environmental Communication. Routledge, 2013, 7(2): 151-168.

文采用一种研究方法，采用两种以上方法的论文有10篇。使用频率最高的方法是案例研究（66篇），研究的对象主要有环境冲突性事件及与环境相关的影片、电视节目、网站、书籍、广告等。其次，采用调查 / 面谈 / 焦点小组的文章有29篇，以上都采用了社会科学研究比较传统和使用较多的研究方法。使用的其他方法有：内容分析法、话语分析、民族志、文本分析、实验法、比较分析法，还有个别文章采用了口述史、元分析、行动者网络理论等。

三、结论与讨论

通过对《环境传播》创刊八年来的原创性论文进行文献计量和内容分析，可知该领域的学术研究日益形成规模，美国是该领域的研究中心，研究范式初步形成，出现了一个较为稳定的研究群体。《环境传播》的创刊标志着环境传播学科的形成，该刊近年来发表的论文在一定程度上反映了环境传播研究领域的现状和趋势。

从作者看，高校和研究机构的新闻传播学学者是研究主力，但有一半以上来自其他学科，部分还具有多学科背景，或丰富的实践经验；作者的任职机构以美国为主，同时呈现出一定的国际化趋势，跨学科领域、跨国界文化合作成为常态。值得注意的是，该刊论文只有一位来自中国香港的作者，未见内地学者。一方面反映了国内环境传播研究还处于起步阶段，另一方面该刊创刊时间不长，可能并未引起国内学者足够的重视。

从研究的领域和议题来看，首先，“环境修辞和话语”作为环境传播早期研究领域，仍居于主要地位。环境话语背后的知识体系体现着环境观，而环境话语及其知识体系的构建，离不开特定的修辞方式。其次是“媒介和环境新闻”，新兴媒体在为环境提供新的传播方式的同时，也为该领域研究带来了新的研究议题，社交媒体、移动互联网等很可能成为未来研究的重点。再次，“流行文化和绿色营销中的‘自然’表征”涉及利用流行文化形态传播环境理念，形成共识，建构公众对环境的认知和态度。此外，随着全球环境问题日益突出，冲突性事件频发，“环境决策中的公众参与”“环保合作和冲突解决研究”“风险传播”围绕着自然 / 环境、传播、公共领域三者之间关系的议题研究也逐渐丰富。论文中最受关注、最热门议题仍是气候变化，其次有食品与环境、核风险、自然及野生动物管理（非人类中心主义视角）、环境冲突等相关议题。

从使用的理论来看，只有不到一半的文章有明确的理论指导，以传播学为主，社会学、语言学（修辞）、哲学等为辅。从采用的研究方法来看，质性研究仍占主导地位，量化研究为辅，实证性研究和批判性研究并重。在社会建构论视角下，应用框架分析理论，结合话语分析或内容分析法是比较成熟的研究范式，还有部分文章单纯采用逻辑思辨的方式对该领域基础问题进行哲学层面的思考和探讨。这表明环境传播具有交叉学科的特征，学者们在核心理论和研究方法方面还没有达成共识。

总体来看，环境传播研究虽重视理论与实践的联结，但并非局限于媒介与组织如何促进环境保护，而是更多地将“环境”视为公共议题的建构及公共话语生产与再生产的“场域”，致力于研究这一特定场域的话语问题、修辞问题与政治问题。①可以说环境传播某种程度上是围绕环境议题，运用话语和修辞手段而展开的“现实”的社会建构。目前，国内环境传播研究已经起步，但大多限于环境新闻报道方面。因此，了解国际学术前沿动态，掌握本领域的新理论和方法，遵照国际学术规范开展本土化的环境传播研究，是国内学者面临的紧要任务。

① 刘涛. 环境传播: 话语、修辞与政治[M]. 北京: 北京大学出版社, 2011.

1.2 环境传播：一个新的学术领域

周怿 张增一

（科普研究，2017年第1期）

近年来我国雾霾事件频发，国际社会应对气候变化问题存在着诸多争议，引起了我国社会公众对环境问题的普遍关注。然而，作为与提高人们环境保护意识密切相关的学术领域，环境传播并未引起学术界应有的关注和重视。本文从分析环境传播的概念出发，阐述环境传播在美国产生的背景及其成为一个独立研究领域的发展过程，并对当前环境传播研究的现状进行评述。

一、环境传播的概念

环境传播的概念可以追溯到20世纪60年代末。1969年，舍恩菲尔德（Clay Schoenfeld）在《环境教育杂志》创刊号上发表了题为“环境教育新在何处？”的论文，他把“环境教育”定义为：“一种传播，旨在培养公民了解环境与其相关问题，了解如何帮助解决这些问题，并主动配合解决方案。”[①]他首次把“环境”与“传播”联系起来，使“环境传播”一词出现在公众的视野。

实际上，在舍恩菲尔德界定“环境教育”和提出“环境传播”的概念之前，环境新闻已经有很长的历史，也导致一些学者和业界人士从环

① Schoenfeld C. What’s New About Environmental Education? [J]. Environ Educ, 1969(1): 1-4.

境信息传递的角度来界定环境传播。这种界定强调了环境传播的信息传递与意义分享，突出媒介的“信息传播”功能。《华盛顿邮报》记者盖瑞·格瑞（Gary Gray）指出：环境记者让公众看到事实，让公众警醒环境问题，记者的职责是将事实告知公众[①]。梅杰斯（Colleen Majors）认为：环境新闻记者的任务是发掘事实，将影响我们地球和我们生活的事实清晰地表达出来传达给公众[②]。

德国社会学家尼可拉斯·卢曼（Niklas Luhmann）在其经典著作《生态传播》（*Ecological Communication*）一书中从社会系统论的视角界定了“环境传播”的概念，认为它是“旨在改变社会传播结构与话语系统的任何一种有关环境议题表达的传播实践与方式”。[③]他将生态传播的本质视为一种行动，即“传播实践与方式”，其结果则是作用于结构，即“改变社会传播结构与话语系统”。

还有一些学者尝试从“文化研究”的视角来重新审视环境传播。1998年，美国环境新闻记者、犹他州州立大学教授麦克·佛罗梅（Michael Frome）认为环境新闻报道要“有目的，要向公众提供坚实准确的数据，作为在有关环境问题的决策过程中知情参与的基础……它不仅仅是报道和写作的方式，而且是一种生活方式，一种看待世界和看待自己的方式”。[④]他把文化意义的环境传播上升到公共服务与传播民意的高度，坚信环境新闻不仅仅是提供一般的新闻信息，而是提供让公众能够在知情的基础上参与决策的生态环境信息。关于环境传播的界定，最具影响的是罗伯特·考克斯（Robert Cox）在《环境传播与公共领域》（1998）一书中提出的正式的和非正式的定义。其中，非正式的定义认为：“环境传播是一种我们与环境沟通途径的研究，这种传播同

① 郭小平. 环境传播: 话语变迁、风险议题建构与路径选择[M]. 武汉: 华中科技大学出版社, 2013.

② 张威. 环境新闻学的发展及其概念初探[J]. 新闻记者, 2004(9): 18–21.

③ 刘涛. 环境传播: 话语、修辞与政治[M]. 北京: 北京大学出版社, 2011: 5.

④ Frome M. Green Ink: An Introduction to Environmental Journalism[M]. Salt Lake City: University of Utah Press, 1998.

时影响环境和我们自己，因此影响到我们与自然界的关系。”正式的定义认为：“环境传播是一种相当务实且有创制力的媒介沟通，帮助我们了解环境以及我们与自然世界间的关系。环境传播是一种符号中介（symbolic medium），我们借助环境传播来建构环境问题，并且居中协调社会对环境问题的不同反应。”①在他看来：“环境传播是一套构建公众对环境信息的接受与认知，以及揭示人与自然之间内在关系的实用主义驱动模式（pragmatic vehicle）和建构主义驱动模式（constitutive vehicle）。”②从实用主义的视角来说，环境传播旨在探索种种涉及环境议题和公共辩论的信息包装、传递、接受和反馈；从建构主义视角来说，环境传播强调借助特定的叙述、话语和修辞等表达方式，进一步表征或者建构环境问题背后所涉及的政治命题、文化命题和哲学命题。③因此，罗伯特·考克斯认为，环境传播不只是一种单向、线性的“信息传递”模式，不是香农（Shannan）与韦弗（Weaver）所言的“信息从一个传播者发送给接受者”，而是在传播过程中，产生更多的意义。

因此，环境传播不仅仅是一个传递环境信息的线性过程，也是一个透过语言与符号生产意义、建构人们对环境的认知与理解的过程。同时，它也借助大众传媒在公共领域中引发人们对环境问题及其解决办法的关注。

二、环境传播兴起的背景

环境传播的兴起与环境新闻的发展紧密相关，而环境新闻则源自大众媒介对现实环境问题的关注和报道，具有较长的历史和实践性。因

① Cox R. Environmental Communication and Public Sphere[M]. London: Sage Publications, 2006.

② 同上.

③ 刘涛.环境传播的九大研究领域(1938—2007)：话语、权利与政治的解读视角[J].新闻大学，2009(4): 97–104, 82.

此，要考察环境传播的兴起，必须了解大众传播媒介关注环境问题的过程以及环境新闻的发展。

美国环境记者、学者罗纳尔德（Ann Ronald）认为，“环境新闻学”（environmental journalism）一词早在1842年就已出现，是环境新闻记者的作品给读者田园牧歌式的想象，意指一种人文关怀而非某种操作手段，近似今日的自然资源保护的报道。①

环境新闻始于19世纪末和20世纪初的美国保育运动或资源保护运动（The Conservation Movement，1850—1920）。在美国的资源保护运动中，媒体的系列环境报道激发了受众的环保意识并推动政府的环境决策。②刊登在美国《大西洋月刊》1918年2月号的环境新闻特写《黑雾》，记者赫尔曼·斯切福尔通过对伦敦烟雾事件形象逼真的描述，最早揭示了资本主义工业化带给人类的一个严重灾难——大气环境污染。③

20世纪30年代至70年代，环境新闻迅速发展，主要表现在以下几个方面：

第一，“世界八大公害事件”激发了公众与媒体对于环境风险议题的强烈关注。集中在20世纪30—60年代发生的世界八大公害事件——马斯河谷烟雾事件（比利时，1930年）、伦敦烟雾事件（英国，1952年）、四日市哮喘事件（日本，1961年）、米糠油事件（日本，1968年）、水俣病事件（日本，1956年）、洛杉矶光化学烟雾事件（美国，1955年）、多诺拉事件（美国，1948年）、骨痛病事件（日本，1955—1972年）。这些危害公共安全与健康的环境污染事件，造成了人员的大量死亡及后遗症，惨烈程度触目惊心。对这些公害事件的真相探寻，激

① Ronald A. Reader of the Purple Sage: Essays on Western Writers and Environmental Literature[M]. Reno: University of Nevada Press, 2003: 170-171.

② 郭小平. 环境传播: 话语变迁、风险议题建构与路径选择[M]. 武汉: 华中科技大学出版社, 2013.

③ 许正隆. 追寻时代把握特色——谈谈环境新闻的采写[J]. 新闻战线, 1999(5): 40–41.

发了一些西方媒体报道环境风险议题的兴趣。其中有《纽约晚邮报》《森林与溪流》《麦可卢尔》《美国人》《星期六文学评论》《哈珀杂志》《星期六晚邮报》《新闻哨兵》等报刊，布莱恩特（William Cullen Bryant）和惠特曼（Walt Whitman）等记者则在环境新闻的崛起中扮演了重要角色。①

第二，环保著作的出版发行，引导着社会公众对环境问题的深度思索。美国生态学家、环境保护主义者奥尔多·利奥波德（Aldo Leopold）1949年出版的《沙乡年鉴》从哲学、伦理学、美学以及文化传统的角度阐述了人与自然应该具备的关系。弗里曼·蒂尔登（Freeman Tilden）1957年出版了《解说我们的遗产》，从人性共同点出发，展现了对自然与人文的深层关怀。美国海洋生物学家蕾切尔·卡逊（Rachel Carson）1962年出版了《寂静的春天》（*Silent Spring*）。该书全面考察了杀虫剂DDT对于昆虫、植物、地表水与地下水、鸟类、河流、森林等大地自然物的伤害。这部著作引发了广泛的争论，并直接推动美国政府重视环境问题。30年后，美国前副总统阿尔·戈尔在为该书再版撰写的序言中指出，这本书的出版将环境问题提上了国家议事日程。斯坦福大学生态学家保罗·厄尔里奇（Paul Ehrlich）在1968年出版的《人口炸弹》一书中写道："环境恶化是因为有太多的车、太多的工厂、过多的洗涤剂、太多的农药，不断增加的飞机危机，污染处理厂不足，水太少，过多的二氧化碳排放，究其根本是因为有太多的人。"②巴里·康芒纳（Barry Commoner）1971年出版的《封闭的循环》（*The Closing Circle*）则指出"环境污染不是在卧室产生的，而是在企业会议室里产生的"。③

这些环保著作的出版与流行，直接推动了新闻记者的观念更新，也使媒体越来越意识到环境问题的重要性。从1969年开始，《纽约时报》

① 张威. 美国环境新闻的轨迹及其先锋人物(1844—1966)[J]. 国际新闻界, 2004(3): 25–29.

② Ehrlich P R. The Population Bomb[M]. New York: Ballantyne Books, 1968: 66-67.

③ 巴里·康芒纳. 封闭的循环[M]. 侯文蕙, 译. 长春: 吉林人民出版社, 2000.

《时代周刊》《星期六评论》和《国家地理杂志》开始定期报道环境问题。

第三，联合国对环境问题的重视，促进了环境报道的增加。1972年，德内拉·梅多斯等人出版了《增长的极限》一书，第一次向人们展示了在一个有限的星球上无止境地追求经济增长而忽视环境恶化所带来的后果，就人类对气候、水质、鱼类、森林和其他濒危资源的破坏敲响了警钟。同年，芭芭拉·沃德和勒内·杜博斯的《只有一个地球》，虽然是为在斯德哥尔摩召开的联合国人类环境会议提供的一份非正式报告，但其中的许多观点被会议采纳，并且写入大会通过的《人类环境宣言》。因此，1972年是人类环境保护历史上具有里程碑意义的一年，它标志着全人类对环境问题的觉醒。1973年联合国环境规划署成立，指导和协调各国政府间的环境行动，标志着国际社会更加关注环境问题，促进了大众媒介对环境报道的重视。据统计，1960年，《纽约时报》刊登的有关环境的文章不到200篇，到1979年增至700多篇。①

第四，国际社会的环境行动，促进了环境新闻的建制化发展。1983年，联合国环境规划署、世界野生动植物保护基金会和英国中部电视台共同设立欧洲“环境电视托拉斯”，它拥有60家合作伙伴机构。②1984年，联合国环境规划署、国际自然保护联盟、英国国家电视台联合成立了国际环境影视集团（TVE）。随着环境问题日益成为大众传播媒介内容的重要组成部分，一些环境新闻组织应运而生，如1988年成立了亚太环境新闻记者论坛（APFEJ），1990年成立了美国环境新闻记者协会（SEJ），标志着环境新闻走向建制化发展。

1992年，在巴西里约热内卢召开的联合国环境与发展大会通过了《环境与发展宣言》和《21世纪议程》等纲领性文件，正式提出“可持续发展”原则，标志着全球联合行动共同应对环境问题。同年，科罗拉

① 程少华. 环境新闻的发展历程[J]. 新闻大学, 2004(2): 78–81.

② 罗伯特·莱姆. 呼唤环境保护的深度报道[J]. 西冰, 译. 世界广播电视参考, 2000(7): 21–23.

多大学博尔德（Boulder）分校和密歇根州立大学分别成立环境新闻中心，后者还创办了半年刊《环境新闻学》（*Environmental Journalism*）杂志，标志着环境新闻学科确立。

1993年，法国和德国记者发起组织了国际环境新闻记者联盟（IFEJ），当时有来自29个国家的环境记者参加。①如今，仅美国就有几十所高校设立了环境新闻或环境传播专业。

三、环境传播研究的发展

环境传播是伴随着环境新闻实践和理论探索发展起来的，早在“环境传播”一词出现之前就有了相关研究，甚至与环境新闻学研究交织在一起。

安德鲁·普利森特（Andrew Pleasant）等人在2001年初对“环境（的）＋传播”“环境（的）＋媒介”“环境（的）＋修辞”“环境（的）＋风险”等关键词进行组合并在SSCI、A＆HCI、传播学文摘（Communication Abstracts）等数据库检索，得到论文963篇，分别发表在499种期刊上，最早一篇论文发表在1945年。笔者对1948—1998年间发表的环境传播论文进行统计，发现在1970年以前只有零星的论文，在20世纪70年代和80年代，论文数量也很少，从80年代末开始论文数量呈现出迅速增加的趋势（见图1）。

① 郭小平. 环境传播：话语变迁、风险议题建构与路径选择[M]. 武汉：华中科技大学出版社，2013.

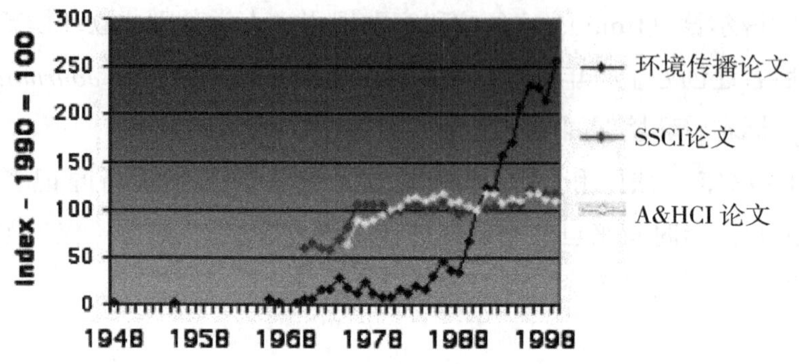

图1　1948—1998年环境传播论文分布情况

普利森特等人还发现，有297种期刊只发表了1篇环境传播方面的论文，分别有79种和72种期刊发表了2篇和3篇相关论文，发表10篇及以上相关论文的期刊有11种，其中发表最多的6种期刊是《风险分析》（48篇）、《国际危机与灾害杂志》（41篇）、《传播学刊》（17篇）、《科学传播》（14篇）、《澳大利亚传播学杂志》（13篇）和《环境与行为》（13篇），综合性科技期刊《科学、技术与人类价值》（9篇）和《公众理解科学》（8篇）。这表明，环境传播虽然引起了多学科学者的关注，但还没有成为一个独立的研究领域。普利森特进一步对环境传播论文的篇名、关键词和摘要的词频以及作者进行了分析，结论是认为有必要创办一个专门的环境传播杂志。①

考克斯在《环境传播与公共领域》一书中回顾了环境传播的发展，他认为环境传播的兴起源于新闻传播学不同分支领域的许多学者运用修辞批评方法分析关于荒漠、森林、耕地和濒危物种问题上的争论以及环境组织的说辞。与此同时，这些学者还把研究议题拓展到科学、媒介和工业在威胁人类健康和环境质量中所扮演的角色等。早期研究包括企业利用公共关系和发行量大的杂志构建“环保”形象、三里岛和切尔诺贝利核电站事故对环境造成的影响以及关于基因重组实验危险性的风险传

① Pleasant A, Good J, Shanahan J, et al. The Literature of Environmental Communication[J]. Public Understanding of Science, 2002, 11(2): 197-205.

播，等等。后来，新闻传播学者开始系统地研究媒介关于环境问题的报道对公众态度的影响。事实上，由于环境媒介报道研究的迅速增长，许多新闻与传播学者认为环境传播是一个独立的子领域。到20世纪90年代，两年一度的传播与环境会议吸引了许多学科的学者参加，建立了一个新的环境传播网络（ECN），并成立网站为研究者、教师、学生和实践者提供在线资源。①

普利森特等人所揭示的20世纪90年代以来环境传播研究的迅速发展，还与20世纪90年代一些资深的环境记者进入美国一些大学的新闻学院参与创办环境新闻专业有密切的关系。环境新闻专业的设立，需要建立系统的课程体系。正如新闻学与传播学的密切关系一样，环境新闻学的发展也需要环境传播学作为支撑。1996年，北亚利桑那大学传播学院环境传播资源中心将环境传播定义为："环境传播可以被看作传受双方都参与并通过有效信息传递、相互倾听与公众辩论来完成的交流过程，我们认为这种传播是建立人们与环境（良好）联系的基石，并以此为手段提高人们的环境意识，推进可持续发展的环境实践。"②美国一些高校陆续开设环境研究的计划与课程，包括研究环境新闻媒体、认识参与环境决策的方法、环境修辞学的使用、风险传播、环境冲突的解决、环境宣传活动、绿色营销、自然在大众文化中的意象等。③

2002年，也就是普利森特等人在上述论文中呼吁创办专门的环境传播学术期刊的同一年，《应用环境教育与传播》（*Applied Environmental Education and Communication*）创刊。它是一本同行评议的季刊，介绍环境领域的最新发展，包括教育、传播、社会营销、新闻、行为科学、可持续发展、风险传播、公共关系和宣传、环境卫生传播、政府和企业公众意识以及世界各地的环境运动，为从业者提供经验和研究的具体建议，比较偏向应用。

① Cox R. Environmental Communication and Public Sphere[M]. London: Sage Publications, 2006.

② 王积龙, 蒋晓丽. 什么是环境新闻学[J]. 江淮论坛, 2007(2): 92–96.

③ Cox R. Environmental Communication and Public Sphere[M]. London: Sage Publications, 2006.

从2004年到2006年，全美传播学会环境传播分会连续三年出版了《环境传播年刊》。《环境传播》于2007年创办（该刊后来成为国际环境传播学会的官方出版物），致力于出版世界范围内与环境有关的研究理论、实践和传播过程的学术成果，标志着环境传播成为一个独立的学术新领域。

2011年，学者和业界人士建立了国际环境传播学会，协调全球范围内的学术和实践活动。环境传播不仅在美国，而且在欧洲、中国、东南亚、印度和拉丁美洲也得到了重视和发展。有学者以“环境新闻”（148篇）、“环境报道”（52篇）、“环保传播”（23篇）、“环境传播”（9篇）等为检索词在中国知网进行搜索，得到2000—2013年国内环境传播研究的论文232篇[①]，说明我国的环境传播研究已开始起步。

四、环境传播的主要领域、理论、方法和热点议题

环境传播的研究者主要来自新闻传播学、环境科学、科学传播、科学技术与社会以及环境与公共政策等领域，环境传播主要以新闻传播学和科学传播为依托，但它具有综合性交叉学科的特征，关于它的主要研究领域、理论基础和研究方法，学者们并未形成一致的看法。

考克斯在2006年出版的《环境传播与公共领域》一书中提出了七大环境传播领域：①环境修辞与话语研究；②媒体与环境新闻学；③环境决策中的民主参与；④提倡与推广活动；⑤环境合作与冲突解决；⑥风险传播；⑦大众文化与绿色营销中的自然表现。[②]

我国学者刘涛选取了国际传播学界最有影响力的数据库——“传播与大众媒介合集”（Communication & Mass Media Complete）对1938—

---

① 王宇, 孙阳. 我国环境传播研究现状、问题及未来[J]. 东南传播, 2013(5): 7–9.

② Cox R. Environmental Communication and Public Sphere[M]. London: Sage Publications, 2006.

2007年间西方环境传播的研究文献（共计1041篇）进行了内容分析，并借用安德鲁·普利森特（Pleasant et al.，2002）的“关键词建构理论”研究了这些文献的主题，统计出这一研究领域中运用频率最高的15个关键词（环境 / 生态、公众、环境问题、媒介、科技、政治、健康、环境危机、文化、修辞、话语、环保主义、激进主义、公共参与、环境公平），然后以关键词为结点搭建环境传播研究领域的网状框架，总结出环境传播研究的九大领域，勾勒出环境传播研究的图景。这九大领域包括：（1）环境传播的话语与权力；（2）环境传播的修辞与叙述；（3）媒介与环境新闻；（4）环境政治与社会公平；（5）社会动员与环境话语营销；（6）环境危机传播与管理；（7）流行文化中的环境表征；（8）环境与国际政治外交转型；（9）环境哲学与生态批评。[①]

关于环境传播研究中依赖的主要理论、采用的研究方法和研究热点，本文以国际环境传播学会的官方出版物《环境传播》2007—2014年间发表的221篇论文为例进行了分析。在理论方面，传播学、政治学、语言学、社会学以及心理学等诸多学科的理论，成为环境传播研究的主要理论基础。有90篇论文明确采用了某一种理论，共涉及30余种。其中，有6篇论文应用了两种理论，1篇论文使用了三种理论。学者较为常用的理论有：框架分析理论、修辞理论、扎根理论、培养理论、社会建构论、议程设置、创新与扩散理论等。

在研究方法方面，有147篇论文（占比70.3%）使用了规范的研究方法。绝大多数论文采用了一种研究方法，有10篇论文采用了两种及以上的研究方法。其中，案例研究是学者最常使用的方法，多达66篇论文分析的对象涉及环境传播过程中的冲突性事件、环境宣导活动、特殊的地域以及大众传播媒介等内容。在某些案例研究中，学者们对相似案例进行了比较分析。问卷调查、访谈以及焦点小组方法也是学者们较多采

① 刘涛. 环境传播的九大研究领域(1938—2007): 话语、权力与政治的解读视角[J]. 新闻大学, 2009(4): 97–104, 82.

用的研究方法，约有29篇论文使用了上述方法。此外，也有研究者使用内容分析、话语分析、民族志、文本分析、实验法、比较分析法、口述史、元分析以及行动者网络理论等方法。

在研究热点方面，《环境传播》通过设置特刊，反映该领域研究学者集中关注的问题。从2007年创刊至2014年，该刊物以每年一期的频率（2013年特刊有两期）出版了9期，共70篇论文。《环境传播》特刊关注四类主题：（1）对环境传播学科基础性问题的关注。在创刊号一期，所有论文皆围绕罗伯特·考克斯的《自然的“危机学科”：环境传播是否应该承担伦理责任》展开讨论。2008年第2期集中对“人、自然与技术”之间的关系进行探讨，也是环境传播研究所无法绕开的哲学问题。（2）对环境传播领域的热点议题进行探讨及反省。2009年特刊以及2014年特刊均以气候变化这一热点话题为主题，不同的是2009年特刊关注气候变化的话语建构问题，追溯气候变化的产生、再现以及转化，从而揭示话语建构、话语理解和社会实践之间的关系，而2014年特刊则是对该话题的相关研究进行经验教训的总结，寻找新的发展方向。（3）对“环境正义”问题的关注。所谓环境正义，是指所有人都应该拥有享受清洁环境而不遭受环境污染危害的权利。2010—2012年连续三年的特刊均以“环境正义”为主题，关注的侧重点不同。其中，2010年第3期关注与食品安全相关的环境安全与正义问题；2011年第2期关注电影与新媒体空间的环境正义问题；2012年第3期探讨国际背景下的环境正义问题，受2011年3月日本福岛核事故的影响，这一期特刊关注核风险议题下的环境正义、跨文化传播、阶级地位等议题。（4）关注交通与媒介技术发展对于环境认知的影响。随着交通设施的发展以及媒介技术的不断进步，人类可以通过现实或者虚拟的旅行了解更多地方，即人类活动的空间范围大大增加了。2013年第1期特刊以传播的复杂性以及空间的象征性意义为主题。2013年第2期则关注环境视觉修辞对于环境认知的影响。

另外，气候变化的议题是最大的研究热点，每年都有相关文章出现，共计47篇，并在2009年和2014年特刊上集中探讨。与食品相关的文章也较为集中，共计11篇，其中有一篇涉及对转基因食品的争论。受2011年日本海啸引发福岛核事故的影响，核风险也成为研究的热点之一，有9篇文章涉及此议题。

五、结语

通过对环境传播兴起的背景、发展过程、主要研究领域、理论、方法和热点议题的梳理与分析，我们可以看到，环境传播研究历经二十余年的发展，逐渐成为一个新的综合性交叉学术领域，它具有如下特征：

第一，环境传播是一个具有很强的现实性和实践性的研究领域。环境传播研究的兴起源自公众、政府和国际社会对环境问题的普遍关注，旨在探讨环境新闻、环境教育、环境政策以及各类社会团体在开展环境活动中提出的问题，为有效地开展环境传播提供理论支撑。

第二，环境传播作为一个综合性的交叉学科，不仅该领域的学者来自不同的学科，其学科设置也呈现出多元性。在美国一些著名的新闻传播学院有的把环境传播作为传播学的分支；有的把环境新闻作为新闻学的分支或研究方向，但包含环境传播；也有一些大学将环境传播与环境教育结合起来作为教育学的一个分支学科或研究方向；还有一些学校将环境传播与农业、环境或森林学科结合起来。此外，还有一些院校更加突出环境传播的跨学科特点，将其作为在科学传播或科学、技术与社会的一个学科方向开设课程和培养研究生。

第三，环境传播研究存在着严重的地域不平衡。以美国为首的欧美发达国家优势明显，而发展中国家则相对滞后。从《环境传播》杂志2007—2014年发表的论文来看，在明确涉及以地域为研究对象的112篇论文中，有83%选择了美国、加拿大和英国以及其他欧洲国家，其中美国占65%，以发展中国家为研究对象的论文不足10%。从论文作者署名的国别来看，在来自21个国家的346名作者中，美国占73.7%，欧洲和加拿大与澳大利亚合计占24.5%，亚洲、非洲和南美洲之和仅占1.8%。

因此，随着我国环境问题的日益凸显，国际社会对气候变化、转基因与核风险等问题日益关注，环境传播的学科建设和建制化发展刻不容缓。只有加强本土化的环境传播问题研究才能争取在国际学术领域的话语权，为我国在应对气候变化等重大国际问题中发挥积极作用提供理论支撑。

1.3　科学游戏研究评述

徐竞然　张增一

（科普研究，2021年第1期）

引　言

作为科学内容与游戏形式的结合，科学游戏同时为游戏设计与科学传播提供了新的增长点。一方面，得益于计算机技术的发展，电子游戏越发被人们熟悉；另一方面，源于大众教育需求，对传统学习之外的教育模式的探索，科学游戏开始受到学界关注，随着研究深入，科学游戏研究也呈现出更多的分支与偏向。

本文重点关注国内外学者关于科学游戏的研究，从科学游戏的概念、设计、作用等方面进行评述，力图呈现其研究概貌、热点和趋势。

一、国内外重要学术期刊科学游戏相关研究概况

在国内与国际研究文献方面，本文分别以中国知网（CNKI）与Web of Science为搜索工具，以“科普游戏”“科学游戏”与“TI=science game（排除news与patent）”为搜索关键词（时间截至2020年1月1日），经筛选去掉相关性不大的文献，共获得中文文献50篇，外文文献314篇。在这些文献中，除国内学者较为关注科学游戏的概念辨析外，主要研究热点可分为两方面：一是科学游戏的设计，包括科学游戏的表现形式、参与动机、社交元素以及竞争合作元素等；二是科学游戏的功能或作用，包括科学游戏知识学习、技能锻炼、观念形

成、社会影响等。

图1　将国内学者相关研究标题进行词频分析所得词云图

分别对国内外文献的篇名进行词频分析后发现：国内研究主要集中于科普游戏的设计、开发和发展；科普游戏的功能，如教育、展示和传播；以及科学游戏的载体，如网络、媒体和数字化等（见图1）。

国际研究则在研究主题上侧重于科学游戏的教育功能，如“learning”（学习）、“education”（教育）、“educational”（教育的）、“students”（学生）、“courses”（课程）等高频词都与教育相关；在研究对象上侧重于依托信息技术的电子游戏，如“computers”（电脑）、“video”（视频）、“digital”（数字的）、“mobile”（手机的）、“online”（在线的）、“virtual reality”（虚拟现实）等高频词都与游戏显示技术有关；在研究内容上侧重于尚未引起国内研究关注的“citizen science game”（公民科学游戏）与科学游戏中的“gender”（性别）议题和“collaborative”（合作）元素（见图2）。

图2　将国际学者相关研究标题进行词频分析所得词云图

将国内外研究文献按照发表时间进行排列发现，自2007年起，研究论文总体数量明显上升，且国际研究文献占比较大，国内科学游戏相关研究基本上处于起步阶段（见图3）。

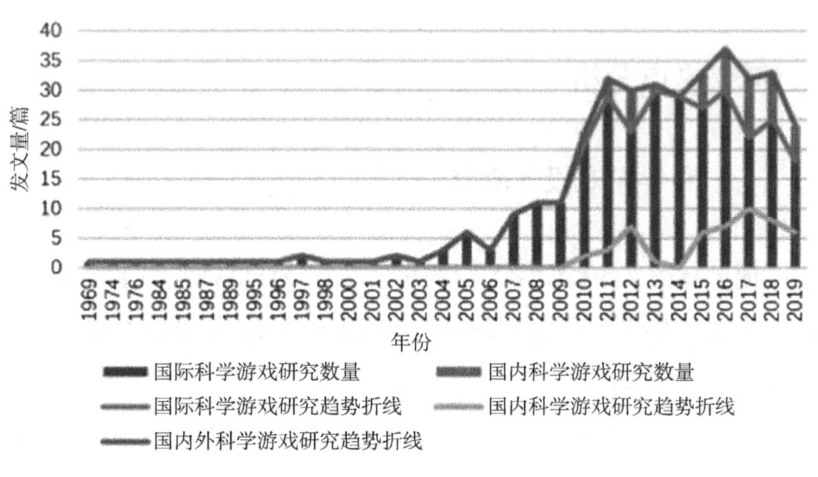

图3　国内外研究文献发表时间分布图

二、科学游戏的概念与界定

2008年，第一届中国科普动漫游戏大赛首次提到了“科普动漫游戏”这一概念，2009年12月，中国科学技术馆设立了“科普网游及其产业发展”研究专项，并将“科普游戏”作为2010年全国第二届严肃游戏（北京）创新峰会的主题，在国内首次明确提出了“科普游戏”概念。

周荣庭将科普游戏定义为一种以电子游戏为载体进行科学普及的活动。[①]费广正认为，科普游戏可以分为广义的与狭义的。广义的科普游戏是指即使在设计或推广中并未将自身定位成科普游戏，但也具有一定科普功能的游戏；而狭义的科普游戏则是将科普作为主要目的。二者的区别在于是否以科普为目的。[②]从这一角度看，国际研究文献中的Science Game可以对应于国内研究中狭义的科普游戏。鉴于本文的分析对象主要是国际研究文献，我们在下文中仍使用“科学游戏”一词。

三、研究热点分析

（一）科学游戏设计研究

“促进有意义的科学学习”的科学游戏设计原则获得了学界的普遍认同。无论是专注于学习还是在娱乐中附带学习的游戏，都必须激励玩家学习科学的兴趣。[③]

---

① 周荣庭, 方可人. 关于科普游戏的思考——探寻科学普及与电子游戏的融合[J]. 科普研究, 2013, 8(6): 60–66.

② 刘玉花, 费广正, 姜珂. 科普网游及其产业发展研究[J]. 科普研究, 2011, 6(6): 34–38.

③ Foster A N. Games and Motivation to Learn Science: Personal Identity, Applicability, Relevance and Meaningfulness[J]. Journal of Interactive Learning Research, 2008, 19(4): 597-614.

1. 科学游戏表现形式研究

在游戏载体上，科学游戏的研究热点与网络信息技术潮流息息相关。目前的科学游戏主要以计算机或手机等设备为载体。学界的研究对象也经历了从线下游戏到线上游戏的转变。国际上自2010年，国内自2016年起，开始关注应用新技术的虚拟现实游戏与增强现实游戏。虚拟现实游戏可以提供互动叙事，以高情景化的虚拟现实使玩家在游戏中学习。[①]增强现实游戏则通过实时交互，将三维虚拟世界与现实世界融合。[②]此外，国内的研究重点还包括依托微信小程序端的科学游戏与设置于科技馆内部的展教型线下科学游戏。

在游戏玩法上，角色扮演类科学游戏是学者关注的重点。代入游戏角色，玩家不仅能够学习到科学知识与技能，还能通过体验角色情感塑造个人科学观念，做出模拟决策与角色所处的环境互动。剧情设置、情节风格、角色选择与互动模式都是角色扮演类科学游戏的具体研究方向。

2. 科学游戏参与动机研究

参与动机研究是近年来逐渐兴起的科学游戏研究热点，此类研究从玩家角度出发，关注玩家的游戏心理，并据此作为科学游戏设计的参考。此主题研究分为两个阶段。

第一阶段的研究对象仅聚焦于公民科学游戏（一类利用玩家游戏行为为科学研究提供科学数据的游戏），学者们将公民科学游戏玩家参与动机划分为对科学贡献的愿望、自我学习与对游戏主题的兴趣、游戏

---

① Lin Y. The Influences of Contextualized Media on Students' Science Attitudes, Knowledge, and Argumentation Learning through Online Game-Based Activities[J]. Journal of Computer Assisted Learning, 2018, 34(6): 884-898.

② Azuma R. A Survey of Augmented Reality[J]. Presence: Teleoperators & Virtual Environments, 1997, 6(4): 355-385.

社区归属感以及游戏的娱乐价值[①]；将玩家的持续游戏意图归纳为满意度、沉浸体验与感知有用影响[②]。

得益于参与动机的研究，科学价值之外的、玩家参与游戏的娱乐诉求得到了认定。虽然在相当长的时间跨度内，参与动机研究都围绕公民科学游戏展开，但自2018年起，参与动机研究进入第二阶段，学者开始探究公民科学游戏之外的科学游戏玩家的参与心理，如积极、消极情绪对玩家基于游戏的科学学习之间的影响，等等。

3. 科学游戏的社交元素研究

科学游戏的社交元素研究主要分为两方面。

第一，游戏中的社交元素对玩家的影响。有研究显示，记录游戏玩法和分享游戏视频的游戏社区与玩家基于游戏的学习存在丰富互动。[③]在游戏论坛、博客等其他形式社交媒体中的互动会激励玩家参与科学游戏[④]，社交的具体内容也影响着玩家的学习体验。

有实验发现，在社交媒体上接受大学生导师辅导的中学生玩家，比自由使用社交媒体但未接受导师辅导的中学生玩家在科学问题的认知与表达上评分更高。[⑤]

第二，研究也关注科学游戏出现后其对现实世界中社交关系的影

① Tinati R, Luczakroesch M, Simperl E, et al. Because Science is Awesome: Studying Participation in a Citizen Science Game[C]//Wolfgang N, Wendy H. WebSci' 16: Proceedings of the 8th ACM Conference on Web Science. New York: Association for Computing Machinery, 2016: 45-54.

② 方可人. 公民科学游戏化应用的用户持续使用意图影响因素研究[D].合肥: 中国科学技术大学, 2018.

③ Atwoodblaine D, Huffman D. Mobile Gaming and Student Interactions in a Science Center: the Future of Gaming in Science Education[J]. International Journal of Science and Mathematics Education, 2017, 15(1): 45-65.

④ Greenhill A, Holmes K, Woodcock J, et al. Playing with Science: Exploring How Game Activity Motivates Users Participation on an Online Citizen Science Platform[J]. Aslib Journal of Information Management, 2016, 68(3): 306-325.

⑤ Gould D L, Parekh P. Mentoring and Argumentation in a Game-Infused Science Curriculum[J]. Journal of Science Education and Technology, 2018, 27(2): 188-203.

响，最典型的是当传统教学转向游戏教学时，教师的角色与作用发生了转变。①

计算机使用、探究式科学学习、同步聊天及游戏能力影响着教师参与科学游戏教学，水平更高的教师拥有更高的游戏教学效率。②

但将科学游戏融入课堂还面临着设备、时间、规则、科学游戏知识等挑战。③为发挥教师在科学游戏教学中的作用，有研究者提出应为教师提供游戏教学进修机会④，测评科学教师的教学能力，根据教师教学薄弱项有针对性地开发游戏，以游戏的形式弥补传统教学的不足⑤。

4. 科学游戏中的“竞争、合作”元素研究

在“竞争、合作”游戏元素的设计研究方面，研究者采用对比测试的定量研究法，分四个层次展开。

第一，同时兼备竞争与合作模式的团队–游戏–比赛（Teams-Games-Tournaments，TGT）游戏。目前研究认为TGT游戏能显著改变游戏者

① Wilson C D, Reichsman F, Mutchjones K, et al. Teacher Implementation and the Impact of Game-Based Science Curriculum Materials[J]. Journal of Science Education and Technology, 2018, 27(4): 285-305.

② Annetta L A, Frazier W M, Folta E, et al. Science Teacher Efficacy and Extrinsic Factors Toward Professional Development Using Video Games in a Design-Based Research Model: The Next Generation of STEM Learning[J]. Journal of Science Education and Technology, 2013, 22(1): 47-61.

③ An Y, Haynes L, Dalba A, et al. Using Educational Computer Games in the Classroom: Science Teachers' Experiences, Attitudes, Perceptions, Concerns, and Support Needs[J]. Contemporary Issues in Technology and Teacher Education, 2016, 16(4): 415-433.

④ Webb A W, Bunch J C, Wallace M F G. Agriscience Teachers' Implementation of Digital Game-Based Learning in an Introductory Animal Science Course[J]. Journal of Science Education and Technology, 2015, 24(6): 888-897.

⑤ Bose K, Seetso G. Science and Mathematics Teaching through Local Games in Preschools of Botswana[J]. South African Journal of Childhood Education, 2016, 6(2): 1-9.

的学习态度。①

第二，对科学游戏竞争模式的研究。玛丽莲·奥尔特（Marilyn Ault）发现，玩家在竞赛模式下可以更快速准确地完成任务②；陈清辉（Ching-Huei Chen）则发现，没有竞争的压力，学生可以仔细阅读游戏说明并寻求额外的支持，非竞赛状态的学生在成绩测试中优于竞争状态的学生③。

更深入的研究是关注匿名竞赛和非匿名竞赛等不同竞争模式对科学游戏的影响，将其与学习目标、绩效目标和感知能力等结合起来④，或是将基于故事的游戏与基于分数竞赛的游戏玩家体验进行比较，探讨如何能够吸引更多游戏参与者⑤。

事实上，因科学游戏种类不同，很难得出在科学游戏中应用竞争模式究竟是否有益的普遍性结论。

第三，对科学游戏合作模式的研究。通过交流信息，合作游戏可以促进学生端正学习态度与动机，提高学生的自我效能感。⑥

陈清辉发现，合作学习可以丰富游戏者的学习经验，提高集体解决

---

① Salam A, Hossain A, Rahman S. Teams Games Tournaments(TGT). Cooperative Technique for Learning Mathematics in Secondary Schools in Bangladesh[J]. REDIMAT-Journal of Research in Mathematics Education, 2015, 4(3): 271-287.

② Ault M, Craig-Hare J, Frey B. The Impact of a Racing Feature on Middle School Science Students' Performance in an Educational Game[J]. International Journal of Game-Based Learning, 2016, 6(3): 18-33.

③ Chen C H, Liu J H, Shou W C, et al. How Competition in a Game-Based Science Learning Environment Influences Students' Learning Achievement, Flow Experience, and Learning Behavioral Patterns[J]. Educational Technology & Society, 2018, 21(2): 164-176.

④ Chen C H, Law V, Chen W Y. The Effects of Peer Competition-Based Science Learning Game on Secondary Students' Performance, Achievement Goals, and Perceived Ability[J]. Interactive Learning Environments, 2017, 26(2): 1-10.

⑤ Prestopnik N R, Tang J. Points, Stories, Worlds, and Diegesis: Comparing Player Experiences in Two Citizen Science Games[J]. Computers in Human Behavior, 2015, 52: 492-506.

⑥ Sung H Y, Hwang G J. A Collaborative Game-Based Learning Approach to Improving Students' Learning Performance in Science Courses[J]. Computers & Education, 2013, 63: 43-51.

问题的能力。[①]不过也有研究发现，学生喜欢独立工作，或者只与水平相近的人一起学习，因此如何在游戏化过程中促进玩家的协作成为新的设计重点。[②]

第四，关注玩家在竞争、合作等游戏模式中的性别差异。性别议题是国际研究重点，国内学者关注较少。游戏经验会影响学生在科学游戏中的表现，由于男性通常拥有更多经验，在游戏早期，男性的游戏表现比女性同龄人好，但在具备合作模式的游戏中，游戏者通过与他人合作会快速习得基于游戏的学习策略，女性将很快赶上，随着时间的推移，性别差异可能在合作中消失。[③]

奥佩耶米·德莱–阿贾伊（Opeyemi Dele-Ajayi）将性别概念纳入科学游戏研究中，着眼于女性对游戏的特殊性和偏好。该研究者发现挑战、兴趣、目标实现、社交因素、沉浸感和反馈是影响女性游戏参与度的因素，认为把这些因素纳入教育者和游戏开发者的思考范畴将有助于吸引更多女性加入科学领域。[④]

妮可·拉扎罗（Nicole Lazzaro）用不同类型的乐趣来描述游戏互动中的性别差异：女性倾向在游戏中享受目标导向的乐趣、艰苦努力的乐趣和与人合作的乐趣，而男性则倾向在游戏中享受轻松的乐趣和竞争

---

① Chen C H, Wang K C, Lin Y H. The Comparison of Solitary and Collaborative Modes of Game-Based Learning on Students' Science Learning and Motivation[J]. Journal of Educational Technology & Society, 2015, 18(2): 237-248.

② Sánchez-Martín Jesús, Canada-Canada F, Dávila-Acedo M. Antonia. Just a Game? Gamifying a General Science Class at University Collaborative and Competitive Work Implications[J]. Thinking Skills and Creativity, 2017, 26(5): 51-59.

③ Buffum P S, Frankosky M, Boyer K E, et al. Collaboration and Gender Equity in Game-Based Learning for Middle School Computer Science[J]. Computing in Science & Engineering, 2016, 18(2): 18-28.

④ Dele-Ajayi O, Strachan R, Pickard A, et al. Girls and Science Education: Exploring Female Interests Towards Learning with Serious Games a Study of KS3 Girls in the North East of England[C]//International Conference on Interactive Mobile Communication Technologies and Learning. IEEE, 2015: 364-367.

的乐趣。[①]乔尔·爱普斯坦（Joel Epstein）制作了一款讲述酒精和药物如何影响大脑的上瘾学（The Science of Addiction）游戏“培根大脑”（Bacon Brains），并招募玩家开展研究。研究表明，女性在合作和竞争条件下都表现出知识的增长，而男性只有在竞争条件下才表现出类似的增长。他进一步强调，在合作和竞争的学习环境下，要考虑性别差异的重要性。[②]

（二）科学游戏作用研究

1. 对科学游戏效果的讨论

科学游戏研究之初，人们对其是否有科学学习作用也曾有过争论。对于一款只要将球弹射到接收器内就能过关的电子游戏Enigmo，一方认为游戏对玩家掌握牛顿第二定律等经典力学有建设性意义；另一方则认为玩好游戏并不一定要掌握牛顿力学，只要多次试错就能成功。[③]

较为公认的观点是，并不能因此否定游戏的科学教育功能，即使玩家在游戏中可能无法归纳出物理学规律，但这些经验对学习物理知识有利。在教师的指引下，游戏者可以将从游戏中获得的直观认识与从正式教育中得到的理论认识有效地结合起来。[④]

随着科学游戏开发目的越发明确、内容越发丰富，科学游戏的作用

---

① Lazzaro N. Why We Play Games: Four Keys to More Emotion without Story[EB/OL].(2004-03-08)[2019-12-01]. http://www.xeodesign.com/whyweplaygames/xeodesign_whyweplaygames.pdf.

② Epstein J, Noel J, Finnegan M, et al. Bacon Brains: Video Games for Teaching the Science of Addiction[J]. Journal of Child & Adolescent Substance Abuse, 2016, 25(6): 504-515.

③ Kaiser M K, Proffitt D R, Anderson K. Judgments of Natural and Anomalous Trajectories in the Presence and Absence of Motion[J]. Journal of Experimental Psychology Learning Memory and Cognition, 1985, 11(4): 795-803.

④ 冯翔. 国外科普游戏的发展概况与趋势[C]//中国科普研究所. 科技传播创新与科学文化发展: 中国科普理论与实践探索——第十九届全国科普理论研讨会暨2012亚太地区科技传播国际论坛论文集. 北京: 科学普及出版社, 2012: 532–537.

越来越得到肯定，除了引起玩家的科学兴趣外，学者们主要关注科学游戏的知识学习作用、技能锻炼作用、科学观念塑造作用以及科学与社会互动承担作用。对玩家游戏前后进行测试或访谈，是目前评价科学游戏作用的主要研究方法。强调知识获取的认知主义理论，强调个体主动知识建构的建构主义理论和强调个人与周围环境相互作用的社会文化视角是研究科学游戏应用的主要理论基础。①

2. 科学游戏的知识学习作用

学者最普遍关注的是科学游戏对促进专业学习者在知识概念上的学习的作用。将先进的游戏技术辅以强大的科学和艺术指导，游戏是针对特定的科学问题而设计的解决方案。科学游戏现已覆盖物理学、生物学、化学、数学、计算机、天文、地理学以及科学史教育等众多学科。

学者们所重点关注的科学游戏受众，不仅有学生，还有教师与障碍人群。科学游戏可用于加强教师的科学知识，提高教师科学教学和使用游戏进行教学的信心和热情。②在实际中，游戏还多被用于医疗健康领域，如激励老年人定期锻炼，帮助年轻人评估和改善健康状况，为玩家提供医学方面的继续教育③，或为卫生保健团队的培训提供帮助，在游戏情景中模拟演习复杂情况，以便更好地服务于改善患者的健康④。

---

① Li M C, Tsai C C. Game-Based Learning in Science Education: A Review of Relevant Research[J]. Journal of Science Education and Technology, 2013, 22(6): 877-898.

② Van Eck R, Guy M, Young T, et al. Project NEO: Assessing and Changing Preservice Teacher Science Knowledge with a Video Game[C]//2014 IEEE 14th International Conference on Advanced Learning Technologies. IEEE, 2014: 339-343.

③ Gleason A. RELM: Developing a Serious Game to Teach Evidence-Based Medicine in an Academic Health Sciences Setting[J]. Medical Reference Services Quarterly, 2015, 34(1): 17-28.

④ White E J, Lewis J H, Mccoy L, et al. Gaming Science Innovations to Integrate Health Systems Science into Medical Education and Practice[J]. Advances in Medical Education and Practice, 2018, 9: 407-414.

3. 科学游戏的技能锻炼作用

科学游戏可以通过创造一个玩家必须参与的创造性互动过程，锻炼玩家的科学技能，如科学游戏可用于进行实验室安全培训、教授仪器使用、模拟实验室技能。①

计算机科学游戏是学者们关注最多的领域。与其他学科游戏不同的是，玩家在计算机科学游戏中不仅能作为现有游戏内容的享受者，通过使用游戏学习编程，还能作为开发者，利用编程技能设计游戏。②玩家开发计算机游戏的过程就是动态的学习过程，以计算机游戏为载体的教学比传统教学更能激励、刺激和吸引学生，提高学生的信心与兴趣③，尤其可以鼓励一般来说对计算机缺乏兴趣的女性学习者④，帮助非计算机专业学生消除对计算机的误解⑤。由于设计游戏通常要协同人机交互、计算机视觉、数据挖掘等不同知识和技能，学习者还能锻炼与程序员、设计师等之间的合作能力。⑥不过塞拉诺·拉古纳（Serrano Laguna）发现，若游戏没有明确提供语法规则，将不利于缺乏编程背景

① Zafeiropoulos V, Kalles D, Sgourou A, et al. Adventure-Style Serious Game for a Science Lab[C]//European Conference on Technology Enhanced Learning. Cham: Springer, 2014: 538-541.

② Denner J, Werner L, Ortiz E. Computer Games Created by Middle School Girls: Can They be Used to Measure Understanding of Computer Science Concepts?[J]. Computers & Education, 2012, 58(1): 240-249.

③ Sevin R, Decamp W. From Playing to Programming: The Effect of Video Game Play on Confidence with Computers and an Interest in Computer Science[J]. Sociological Research Online, 2016, 21(3): 1-10.

④ Carbonaro M, Szafron D, Cutumisu M, et al. Computer-game Construction: A Gender-neutral Attractor to Computing Science[J]. Computers and Education, 2010, 55(3): 1098-1111.

⑤ Couceiro R M, Papastergiou M, Kordaki M, et al. Design and Evaluation of a Computer Game for the Learning of Information and Communication Technologies (ICT) Concepts by Physical Education and Sport Science Students[J]. Education and Information Technologies, 2013, 18(3): 531-554.

⑥ Brandao A L, Fernandes L A F, Trevisan D, et al. Jecripe: How a Serious Game Project Encouraged Studies in Different Computer Science Areas[C]//IEEE International Conference on Serious Games & Applications for Health. IEEE, 2015: 1-8.

的玩家练习编程。因此要实现游戏的科学教育作用，需要明确构建知识体系，或配合教师讲授。①此外，集成了声音、图像等多种表现方式的电子游戏能否为学习障碍者提供帮助也得到了学界的重点关注。有研究表示，视频游戏可以为玩家们提供学习进度实时监控②；音频游戏可以使视觉障碍儿童通过音频学习科学概念和科学推理，帮助盲人学习者融入学校课程，进行互动，融入社会③。虽然科学游戏不可避免地对不同层次玩家存在功效差异，相比高水平游戏者和普通人群，障碍人群表现不佳，对科学的认知度较低，但即使如此，有障碍的学生也能取得显著的学习进步④，并且在参与游戏后表示"自己擅长科学"的人大幅增加，游戏正成为一种解决受众分层化和学习需求多样性的手段⑤。

4. 科学游戏对科学观念的塑造作用

关于科学游戏对科学观念的塑造作用，研究主要关注两方面。第一，科学游戏对玩家深层次科学观念的影响，如从科学的实证主义转向相对主义，从演绎主义转为归纳主义，从去语境主义转为语境主义。⑥

---

① Serrano laguna A, Torrente J, Manero B, et al. A Game Engine to Learn Computer Science Languages[C]//Frontiers in Education Conference. IEEE, 2015: 1-8.

② Marino M T, Beecher C C. Conceptualizing RTI in 21st-Century Secondary Science Classrooms: Video Games' Potential to Provide Tiered Support and Progress Monitoring for Students with Learning Disabilities[J]. Learning Disability Quarterly, 2010, 33(4): 299-311.

③ Jaime Sánchez, Miguel Eíl as. Science Learning in Blind Children through Audio-Based Games[M]//Miguel Redondo, Crescencio Bravo, Manuel Ortega. Engineering the User Interface. London: Springer, 2011: 1-18.

④ Israel M, Wang S, Marino M T, et al. A Multilevel Analysis of Diverse Learners Playing Life Science Video Games : Interactions between Game Content, Learning Disability Status, Reading Proficiency, and Gender[J]. Journal of Research in Science Teaching, 2016, 53(2): 324-345.

⑤ Marino M T, Israel M, Beecher C C, et al. Students' and Teachers' Perceptions of Using Video Games to Enhance Science Instruction[J]. Journal of Science Education and Technology, 2013, 22(5): 667-680.

⑥ Mansour N, Wegerif R, Skinner N, et al. Investigating and Promoting Trainee Science Teachers' Conceptual Change of the Nature of Science with Digital Dialogue Games "Interloc" [J]. Research in Science Education, 2016, 46(5): 667-684.

第二，科学游戏对玩家今后从事科学活动的自我效能感产生影响。最典型的是增进玩家对科学职业的理解与亲近感，尤其对青少年理解科学精神大有裨益。

莱斯利·米勒（Leslie M. Miller）认为，在虚拟环境中赋予一个人新的身份，可以帮助玩家更好地了解其“科学角色”，通过体验确定其个人兴趣。①游戏帮助玩家培养科学的自我概念（如我是对科学感兴趣的人）或培养科学可能的自我（如我希望有一天成为科学家），将游戏角色与玩家可能的自我（指代期望成为什么人）联系起来，将激发青少年玩家对STEM职业生涯的思考，在角色扮演体验和科学职业动机之间建立积极的关系，从而激发玩家在现实世界中学习科学的动机，实现个体和社会的结合。②

5. 科学游戏与科学社会互动作用

拉斯姆森（F. A. Rasmussen）于1969年在一篇关于科学游戏的研究论文中就曾富有远见地提出：“公民需要的不仅是更多的科学知识，还有更好地理解科学的本质以及科学技术与社会的互动。”③在现有研究中，学者们主要从两方面关注科学游戏与科学社会互动作用。

第一是以游戏内部的虚拟世界架构展现部分现实世界的科学与社会互动，使游戏成为让多方利益相关团体讨论复杂问题的平台。不同于以往单向的信息传递，科学游戏的交互式体验将允许玩家探索各种情景，在与他人的合作中更好地理解流程与决策，从不同角度看待问题。例如，游戏“模拟城市”（Sim City）向玩家呈现了如化工厂、核电站等可以为人类生产生活带来高额经济回报的设施对环境污染的可能性。游

---

① Miller L, Chang C, Wang S, et al. Learning and Motivational Impacts of a Multimedia Science Game[J]. Computers in Education, 2011, 57(1): 1425-1433.

② Beier M E, Miller L M, Wang S. Science Games and the Development of Scientific Possible Selves[J]. Cultural Studies of Science Education, 2012, 7(4): 963-978.

③ Rasmussen F A. Science Teaching and Academic Gaming[J]. The American Biology Teacher, 1969, 31(9): 559-562.

戏“能源小镇”（Power Ville）则要求玩家扮演顾问工程师，在给定的预算和能源下，探索最适合城市未来的能源形式。学者们探讨的是，在游戏所创造的公平讨论环境中，能否将玩家从虚拟游戏中获得的拟真体验和做出的真诚选择作为讨论现实问题的基础①，专家与公民通过科学游戏这一桥梁可以探讨极端灾害、全球变暖、可持续的土地管理、节约能源等与当今科技、社会相关的公共议题。

第二是通过科学游戏助力科学研究。公众参与科学和科学的游戏化是当今科学领域的两大发展趋势。②科学游戏助力科学研究，一方面，体现为通过公民科学游戏为科学研究提供公众的群体性智慧以及规模化的科研数据，如科学家曾利用蛋白折叠游戏“折叠”（Foldit）的玩家智慧破解一种困扰科学界多年的艾滋病逆转录酶结构，2020年新型冠状病毒肆虐全球，“折叠”还更新了新型冠状病毒专题。另一方面，科学游戏使科学变得更容易、更有趣。例如，利用游戏显示技术帮助生物学家解决可视化难题③；将科研项目开发成电脑游戏，将游戏作为科研项目的展示手段；通过游戏的社交功能帮助广大科研人员玩家们在科学界建立专业的人际网络，增强其在学术领域的归属感，以提高行业的女性和少数族裔科研人员的从业保留率。④

---

① Parker H R, Cornforth R J, Suarez P, et al. Using a Game to Engage Stakeholders in Extreme Event Attribution Science[J]. International Journal of Disaster Risk Science, 2016, 7(4): 353-365.

② Radchuk O, Kerbe W, Schmidt M, et al. Homo Politicus Meets Homo Ludens: Public Participation in Serious Life Science Games[J]. Public Understanding of Science, 2017, 26(5): 531-546.

③ Lv Z, Tek A, Silva F D, et al. Game On, Science-How Video Game Technology May Help Biologists Tackle Visualization Challenges[J]. PLoS One, 2013, 8(3): e57990.

④ Finkelstein S L, Powell E, Hicks A, et al. SNAG: Using Social Networking Games to Increase Student Retention in Computer Science[C]//Sigcse Conference on Innovation & Technology in Computer Science Education. DBLP, 2010: 142-146.

四、总结与讨论

作为一种新的科学传播载体和教育手段，科学游戏近十几年来得到了广泛关注，但无论是设计或作用研究，都是对其“游戏”特性与“科学”功能的关注，试图寻找平衡，创造一种新的学习方式——“玩中学”（learn by playing）。另外，虽然中外学者的研究在本质上相通，但两者有着不同的研究偏好，国内研究多以定性分析为主，偏向宏观的理论研究，即使关注设计开发，也多为浅显的游戏描述；而国际研究则多以问卷、访谈或对比实验进行定量研究，深入游戏，探究某一具体设计元素对玩家游戏娱乐体验以及科学学习的影响，并从中挖掘不同游戏类别的通用特征。中外学者的研究差异，不仅与实际的科学游戏发展相关，还是不同社会文化氛围的具象表现。例如国外学者格外关注游戏中的性别议题——女性玩家与少数族裔的游戏体验与其性别文化息息相关。国外学者重点研究的公民科学游戏，则是一种相比于玩家获取，更强调玩家贡献的游戏，本质上这也体现了发达国家不同于单向的、自上而下的科普模式，而是基于公民立场与对话模型，有反馈参与更有反思的科学传播。可以说，与国内的研究相比，国外学者的研究之所以更细致入微，也有赖于其对科学游戏的认知和开放的社会氛围，而不是“玩物丧志”或谈游戏色变的社会成见。游戏这个虚拟的“世界”能承载的、值得分析的内容与观念远比预想的多得多。

从研究理论来看，现有研究大多基于心理学、教育学视角，将科学游戏作为一种教育工具或手段讨论其作用，而从传播学视角，将其作为一种科学传播媒介的研究不多。这正是未来研究可发展之处，毕竟，只讨论游戏“功利性”的教育作用，本身就是对游戏的误解，正如荷兰学者赫伊津哈所言：“游戏首先是自愿的，其次是非功利性的。”[①]古今

① 约翰·赫伊津哈. 游戏的人：文化中游戏成分的研究[M]. 何道宽，译. 广州：花城出版社，2017.

中外对“游戏”一词的理解都强调自愿参与并从中得到快乐，而非功能或作用。

关于未来的科学游戏研究，我们认为，第一，可以关注科学游戏的科学传播研究，如科学游戏如何叙事，如何互动，科学元素与游戏元素如何组合；第二，可以利用大数据手段，收集用户评论和游戏社区的讨论等反馈信息作为定量研究基础，或广泛调研现有科学游戏，为其划分类型，研究科学游戏具备怎样的科学传播功能，以及功能如何实现；第三，可以关注科学游戏不同于其他科学传播媒介的媒介偏向，以及基于媒介环境学研究其特有的媒介偏向如何反哺科学传播环境，从研究科学游戏过渡到用游戏化的思维启发科学传播，提出科学传播游戏化思路，从理论走向实践，促进科学游戏的发展与科学传播环境的塑造。

1.4 科学纪录片研究综述

窦一鸣　张增一

（科普研究，2022年第1期）

作为科学内容和纪录片形式的结合，科学纪录片凭借严谨、非虚构的特点，成为科学传播的一个重要载体和有效媒介。早在1957年，英国广播公司（BBC）在布里斯托尔成立了博物部（BBC Natural History Unit），开启了科学纪录片制作的先河。1964年，BBC二台开始播出电视科学纪录片《地平线》（*Horizon*）系列，该系列至2021年已有57年的历史，是BBC播放时间最长的电视科学纪录片系列，已成为衡量科学纪录片质量的国际标准。受到《地平线》的启发，1974年美国公共电视网（PBS）开始播放《新星》（*Nova*）系列，该系列内容翔实、制作精良，并获得许多重要的国际奖项，是高质量科学纪录片的典范。与英国、美国等发达国家相比，我国科学纪录片的起步较晚。目前还没有形成规模化效应，制作能力、传播能力和产业发展能力较弱。[①]在这种背景下，了解科学纪录片的相关研究现状，有助于我们理解优秀科学纪录片的特征和要素。

关于科学纪录片已有不少相关研究成果。然而，这些研究成果散落在不同领域，研究的出发点、视角和观点迥异，以致人们难以把握其概貌和热点。本文将关注国内外学者关于科学纪录片的研究，拟以中国知网（CNKI）和Web of Science两大数据库中有关科学纪录片的论文为研

---

① 黄雯. 中美科普影视比较研究[D]. 合肥: 中国科学技术大学, 2015.

究对象，采用文本分析的方法，首先描绘其研究概况，然后从科学纪录片的特点和类型、内容和叙事、生产和制作、受众和效果等研究主题进行分析，揭示国内外科学纪录片的研究现状和特点，对其未来研究进行展望，并对我国科学纪录片发展提出建议。

一、国内外科学纪录片相关研究概况

笔者以“科技纪录片”“科普纪录片”“科学纪录片”“自然纪录片”“动物纪录片”“医疗题材纪录片”作为关键词在中国知网进行检索，共筛选出文献433篇。对国外科学纪录片相关文献的梳理，笔者以“science documentary”“scientific documentary”“science television”“factual television programs”“nature documentary”“wildlife documentary”“environmental documentary”为关键词在Web of Science上进行检索，共筛选出文献610篇。

分析发现，在研究数量方面，国外相关文献的数量远多于国内。在研究来源方面，国内对科学纪录片的研究仍主要来源于新闻传播学科，国外的研究跨学科特色比较明显，涵盖科学史、文化地理学等多个学科视角。在主题演变方面，从20世纪末美国探索频道的纪录片进入中国市场以来，国外科学纪录片凭借其讲故事、戏剧化的特点迅速占据国内市场，国内学者开始使用“科学纪录片”“科普纪录片”“科技纪录片”等概念。国内科学纪录片创作者也开始反思我国科学纪录片转型的问题，学界开始出现有关科学纪录片戏剧化、娱乐化、市场化的研究。随后，国内学者还开始从纪录片内容视角思考国内外科学纪录片的差异以及国外科学纪录片对国内科学纪录片的影响和启示，出现了大量对国外科学纪录片类型、叙事、美学的研究。随着纪录片技术的发展，21世纪以来，国内又开始出现对科学纪录片技术的研究，如虚拟现实（VR）技术在科学纪录片中的应用。国外的早期研究主要关注电视科学纪录片的叙事，BBC《与恐龙同行》（*Walking with Dinosaurs*）系列上映后，使用计算机生成图像（Computer-Generated Image，CGI）技术制作的科学纪录片成为国外学者分析的对象，主要是对这类科学纪录片真实性、准确性及伦理问题的批评性分析。21世纪以来，国外学者侧重对科学纪录片效果的研究，包括对科学纪录片的教育功能和科学传播效果的实证与理论研究。

在研究主题方面，笔者分别将国内外文献的“标题、关键词、摘要”作为文本导入NVivo 11进行词频分析。通过分析发现，国内学者关注科学纪录片的“题材”和“类型”，侧重对“自然”“动物”“科技”“生态”题材的科学纪录片的分析；还关注科学纪录片的“叙事”“传播”“创作”“制作”“技术”“影响”“语言表达”“拍摄手法”，分析的科学纪录片作品主要来自BBC和探索频道（见图1）。

图1　中文文献词频分析词云图

国外学者不仅关注在国内引起热议的科学纪录片的“narrative”（叙事）、“production”（制作）、“communication”（传播）、“technology”（技术）等主题，还侧重许多国内研究关注较少的主题，如：“history”（历史），与科学纪录片的历史有关；“scientists”（科学家），与科学纪录片中的科学家有关；“students”（学生）、

“education”（教育）、“knowledge”（知识）、“information”（信息）、“children”（儿童）、“learning”（学习）、“teaching”（教学）、“school”（学校）等高频词与科学纪录片的科学传播和教育功能有关。在题材上，国外研究关注“nature”（自然）、“environmental”（环境）、“space”（太空）、“medical”（医疗）、“health”（健康）等题材的科学纪录片。在研究对象上更关注“American”（美国）和“British”（英国）的科学纪录片作品（见图2）。

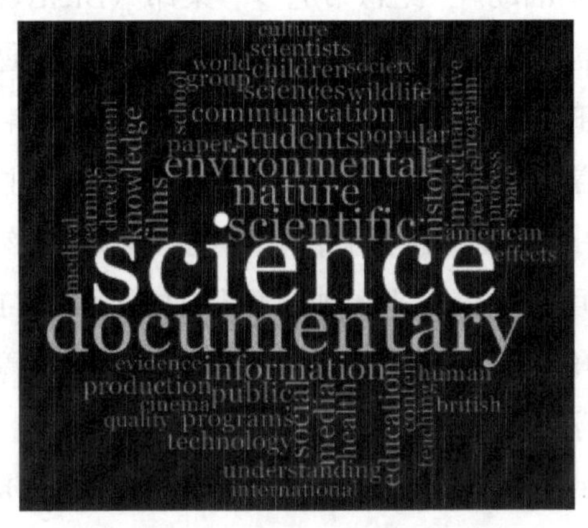

图2　英文文献词频分析词云图

根据词频分析的结果可以发现，国内外学者对科学纪录片的研究主题主要涵盖以下四个方面：一是科学纪录片的特点和类型；二是科学纪录片的内容和叙事；三是科学纪录片的生产和制作；四是科学纪录片的受众和效果。下面将对这些研究主题进行分析。

二、科学纪录片的特点和类型

学者们对科学纪录片的定义各不相同，总体来看，主要强调科学纪录片的以下几个特点。有些学者在界定科学纪录片时提到了科学纪录片教育性和娱乐性的特点。比如，万彬彬指出科学纪录片的主要功能是娱乐和教育，重在传递科学精神、科学方法、科学思想等。[①]迭戈·皮内达（Diego Pineda）指出，科学纪录片是指那些能够以吸引人、娱乐、教育的方式向公众呈现科学的影片，科学纪录片的风格和方式有很多种，但最重要的因素是传递事实性信息。[②]还有学者注意到了科学纪录片具有戏剧性和表现力的特点。比如刘良江指出，科学纪录片是具有表现力和吸引力的视听工具，可以形象、直观、逼真、生动地记录和剖析自然现象和科学活动。[③]比恩韦尼多·莱昂（Bienvenido León）则认为，科学纪录片需要满足两个要求：一是科学纪录片通过关注与某一科学学科直接相关的研究成果、事实或知识，或基于科学知识的某些论证，包括自然科学、应用科学和社会科学来处理一个主题；二是明确地（在图像、叙事中）展示出它们得到了科学专家或机构的合作或支持，这些专家或机构可能是信息来源或承担了内容顾问的工作。[④]虽然这些学者从不同的视角描述了科学纪录片的特点，但都强调了科学纪录片的科学性，解释科学是科学纪录片最基本的特点。

在科学纪录片的类型和题材方面，克里斯托弗（Christopher Michael Kustusch）指出，传统科学纪录片通常有三类：第一类是最容易被识别的“伊甸园里的动物”主题，这类纪录片呈现出一种不现实、理想化的自然观，呈现为未经触动的现实。第二类是讲座式纪录片，《难以忽视的真相》（*An Inconvenient Truth*）就属于这一类。从本质上讲，这类纪录片的目的主要是进行教育，很少（有时根本没有）进行娱乐性的尝试。第三类是“科学家作为探索者”的结构，这种类型中最著名的是雅克–伊夫·库斯托（Jacques-Yves Cousteau）导演的纪录片，例

---

① 万彬彬. 科学纪录片研究[M]. 北京: 中国传媒大学出版社, 2011.

② Pineda D. Editing a Science Documentary: More Than Words (Literally!) [J]. Science Editor, 2004, 27(2): 47-49.

③ 刘良江. 科教影视的创作理念[D]. 济南: 山东师范大学, 2005.

④ León B. Science Documentaries and Their Coordinates[J]. QUA-DERNS, 2008, 30(1): 11-18.

如《沉默的世界》（*The Silent World*）。在这种模式下，纪录片围绕科学家探索某种事物而进行，要么是一种难以捉摸的物种，要么是观察自然过程。[①]柯泽将科学纪录片题材分为四个基本领域：第一也是最基本的题材是介绍科学知识、科技发明和创新的纪录片；第二是进行科学探险的纪录片，如央视的《秘境追踪》系列；第三是涉及科学史、自然史、艺术史以及人类文明史等领域的纪录片，如介绍自然史的自然纪录片《与恐龙同行》等节目；第四是涉及科学观念、科学哲学等比较纯粹、抽象的哲学领域的纪录片，如BBC的《时间机器》（*Time Machine*）解释了事物和时间的关系。[②]我国大部分科学纪录片仍停留在前三个题材，较少触及科学观念和科学哲学的内容。

综合其他学者对科学纪录片特点和类型的讨论，笔者认为，科学纪录片是以一种简单而有趣的方式表现科学的纪录片，不只是传达科学知识，还包括科学精神、科学方法、科学思想等内容，是说教与科学、真实与娱乐的结合。科学纪录片的科学二字是广义的，包括自然科学、应用科学和社会科学等。也就是说，科学纪录片的主题是非常多样的，动物纪录片、医疗题材纪录片等都属于科学纪录片的范畴。

三、科学纪录片的内容和叙事

有关科学纪录片内容和叙事的研究主要集中在科学纪录片呈现的是什么样的科学，以及怎样呈现科学上。研究内容主要包括对科学纪录片视觉呈现、拍摄方式、镜头运用、声音（包括音乐、画外音等）、解说词等方面的分析。

国外学者较早开始对科学纪录片叙事进行研究。1984年，英国

① Kustusch C M. A Paradigm Shift for the Science Documentary[D]. Bozeman: Montana State University, College of Arts & Architecture, 2007.

② 柯泽. 新媒体时代科学纪录片的创作与传播[J]. 新闻爱好者, 2015(8): 25–29.

学者罗杰·西尔弗斯通（Roger Silverstone）讨论了电视科学叙事的两种模式：神话叙事（Mythic Narrative）模式和模仿叙事（Mimetic Narrative）模式。[①]1985年，西尔弗斯通又对电视科学视听文本的建构性质进行了符号学解读，试图解决“电视是如何进行工作的，以及它是如何向非专业观众展示科学的”等问题。[②]迭戈·皮内达提到电视制作人可以运用结构、叙事和视觉元素来讲故事。他们可以通过拍摄一些镜头，用音乐和“上帝之声”（叙述者，像上帝一样知道并解释一切，甚至是在图像中看不到的东西）创造情绪，达到讲故事的目的。[③]何塞·范·迪克（José van Dijck）提出了一个从视觉和叙事修辞角度分析科学纪录片与博物纪录片的模型。这个模型将科学纪录片典型地表现为叙事模式和（电视）视觉风格的混合体，它们的各种组合有助于构建和支持关于事物是怎样的、过去是怎样的或可能是怎样的的知识主张。[④]还有学者关注叙事和修辞等技巧在科学纪录片中的使用对科学传播的作用，这些叙事和修辞技巧包括内容的简化、关键信息的重复、拟人化的方法、避免使用专业术语、运用讲故事的技巧和引入娱乐元素等。[⑤⑥]这些技巧可以促进更有效的交流，从而通过提高观众参与度和加深记忆来增强科学纪录片的影响力，提升观众对科学的理解和信息保留能力，提高公众参与科学的积极性。

---

① Silverstone R. Narrative Strategies in Television Science—A Case Study[J]. Media, Culture & Society, 1984, 6(4): 377-410.

② Silverstone R. Framing Science: The Making of a BBC Documentary[M]. London: British Film Institute, 1985.

③ Pineda D. Editing a Science Documentary: More Than Words(Literally!)[J]. Science Editor, 2004, 27(2): 47-49.

④ Van Dijck J. Picturizing Science: The Science Documentary as Multimedia Spectacle[J]. International Journal of Cultural Studies, 2006, 9(1): 5-24.

⑤ León B. Science on Television: the Narrative of Scientific Documentary[M]. Luton: The Pantaneto Press, 2007.

⑥ Reid G. The Television Drama-documentary (Dramadoc)as a Form of Science Communication[J]. Public Understanding of Science, 2012, 21(8): 984-1001.

国内对科学纪录片叙事的研究起步较晚，21世纪初才开始出现，且目前还主要集中在科学纪录片的“叙事策略与创作理念”的研究方面。其中，文本研究法和个案研究法成为科学纪录片叙事研究普遍采用的方法，如李清霞[①]、王沛[②]等的文章。2008年出版的《Discovery解密：美国探索频道节目研究》是我国从叙事学视角研究科学纪录片的第一本内容较为详尽的专著。在该书中，陈刚对美国探索频道节目的叙事模式、镜头运用、解说词写作等进行了讨论，并将美国探索频道节目与中国、英国、法国等国家的科学纪录片节目进行了对比，包括运用量化手段进行对比研究。[③]

总体来看，20世纪80年代的国外文献就开始从文本、声音和图像方面对科学纪录片的叙事进行分析，且研究更为深入，理论性更强，已有从科学传播视角分析科学纪录片叙事的研究。国内直到21世纪初才出现有关科学纪录片叙事的研究，且我国对科学纪录片叙事的研究仍停留在科学纪录片是如何讲故事的层面上，偏重经验主义层面的应用研究，对科学纪录片叙事理论建构的研究还比较薄弱。

四、科学纪录片的生产和制作

借助拉图尔（Bruno Latour）的行动者网络理论（Actor-Network Theory）分析科学纪录片，可以将整个科学纪录片系统涉及的行动者概括如下：制作人、科学家、主持人、解说、技术、资金等。有关科学纪录片的生产和制作的研究主要是对科学纪录片涉及的行动者和行动者之间关系与互动的分析，包括对媒体（制作人）和科学家、媒体和被拍摄

---

① 李清霞，李雯丽. 阐释学视阈下科学纪录片的叙事策略研究——以 BBC 纪录片《时间机器》为例[J]. 卫星电视与宽带多媒体, 2019(11): 104–105, 108.

② 王沛. BBC纪录片《生命礼赞》叙事研究 [D]. 乌鲁木齐: 新疆大学, 2017.

③ 陈刚. Discovery解密: 美国探索频道节目研究[M]. 北京: 中国国际广播出版社, 2008.

对象的关系与互动的分析，以及对科学纪录片技术的分析。

（一）媒体（制作人）和科学家的关系和互动

大卫·柯比（David A. Kirby）讨论了科学家和制作人对科学纪录片真实性的不同定义。对于科学家来说，真实性要求整部纪录片都遵循科学的逼真性。制作人则认为，如果一部纪录片在预算、时间和叙事的限制下具有科学逼真性，那么它就是科学逼真的。[①]科学家和制作人的不同要求使得科学纪录片的制作需要在两者的持续协商中完成。但柯比对制作人和科学家关系的讨论没有注意到这两者背后是两种文化的碰撞。制作人和科学家之间所谓的两种文化的传统关系往好了说是试探性的，往坏了说是容易出问题的。不同时期制作人和科学家在科学纪录片制作中的地位也在变化，让-巴普蒂斯特·古永（Jean-Baptiste Gouyon）指出，从电影早期开始，电影制作就已经由从属于科学演变成为知识生产中的平等伙伴，由非科学家控制。在19世纪最后几十年到20世纪60年代，电影制作已经从技术为科学服务的立场，成为一个平等的伙伴和具有自反性的科学制造者。这一演变的核心是电影制作的物质手段、制度、社会关系、围绕这一实践形成的价值观和信仰。[②]随后，古永以《迁徙的鸟》（*The Travelling Birds*）为例指出，科学家可以通过分享他们对鸟类不同行为的了解对影片提供建议，使媒体有更好的电影摄影方法，以促使电影制作成为知识生产的参与者。[③]

---

① Bucchi M, Trench B.(eds.) Handbook of Public Communication of Science and Technology[M]// David A. Kirby. Cinematic Science. New York and London: Routledge, 2008.

② Gouyon J B. Science and Film-making[J]. Public Understanding of Science, 2016, 25(1): 17-30.

③ Willis M. Staging Science: Scientific Performance on Street, Stage and Screen[M]//Gouyon J. 'You Can't Make a Film about Mice Just by Going Out into a Meadow and Looking at Mice': Staging as Knowledge Production in Natural History Film-making. London: Palgrave Macmillan, 2016.

（二）媒体和被拍摄对象的关系

关于媒体和被拍摄对象的关系的研究主要集中在自然、生态、野生动物题材的纪录片伦理方面。对野生动物纪录片伦理的早期研究主要集中在观众欺骗问题上，如在科学纪录片中使用舞台布景和圈养动物等。纪录片的核心是必须看到活动，也就是说，没有图像的纪录片并不是一部好的纪录片，因为它没有提供将纪录片定义为事实形式的证据。因此，野生动物纪录片的核心是必须让观众看到动物。布莱特·米尔斯（Brett Mills）认为，这种必要性引发了许多伦理问题，比如动物的隐私权问题。但这些问题似乎在围绕野生动物纪录片的道德辩论中被边缘化了。米尔斯展示了动物隐私权是如何变成对制作团队的挑战的，他指出，制作团队使用新的技术来克服物种不想被看到的本能。然而，其他学者认为，赋予人类隐私权同时否认其他物种这种权利的“物种主义”本身就是维护人类对其他物种保持控制权的公认原则之一。也就是说，为了让野生动物纪录片“做好事”，他们必须不可避免地否认许多物种的隐私权。[①]摩根·理查兹（Morgan Richards）则开始将野生动物纪录片伦理研究的重点放到野生动物纪录片制作者与他们所拍摄的动物和生态系统之间复杂的伦理关系上。[②]

相比国外对制作人和被拍摄对象之间伦理关系问题的热议，国内学者对这一问题的关注程度较低。刘思源将伦理学引入自然类纪录片的研究中，从拍摄伦理与叙事伦理两方面分析了自然类纪录片在制作过程中的伦理问题。[③]相比自然和野生动物纪录片，医疗纪录片的伦理问题则在国内引起更多关注。随着医疗成为社会痛点问题，《生门》《人间

---

① Mills B. Television Wildlife Documentaries and Animals’ Right to Privacy[J]. Continuum, 2010, 24(2): 193-202.

② Richards M. The Wildlife Docusoap: A New Ethical Practice for Wildlife Documentary?[J]. Television & New Media, 2014, 15(4): 321-335.

③ 刘思源. 自然类纪录片的伦理问题研究[D]. 济南: 山东艺术学院, 2019.

世》等医疗题材的纪录片开始在我国兴起，我国学者也开始讨论医疗题材纪录片的叙事伦理、媒介伦理等问题。比如，顾亚奇提到纪录片的“影像正义”，涉及采集的合法性、生产的合规性以及传播的合理性问题，指出必须保障被拍摄者的权利。①

（三）新技术在科学纪录片中的应用

科学纪录片的制作一直紧密地依赖新技术的发展。一方面，有学者指出，随着摄影技术的发展，特写镜头、VR摄影等技术带给科学纪录片新的视觉奇观，使得制作人能够更好地记录被拍摄对象的活动。例如，严笑语指出，利用高科技手段可以拍摄到平常难以拍摄到的镜头，更好地还原动物世界，更全面地展现真实场景。②史立成指出，VR技术凭借其真实性和现场感的特点，可以更好地突出科教类纪录片的美学特征，更大程度满足观众的需求。③但这些学者并没有反思这种视觉奇观背后的科学真实价值问题。国外学者德雷克·布斯（Derek Bousé）则注意到了这个问题，他关注特写镜头在野生动物电影和电视节目中的应用，提出特写镜头在人类观众和动物主体之间创造了一种虚假的亲密感，这种技术的危险结果之一就是给人留下动物有类似人类的思想和情感反应的印象，会引发一些重要的伦理问题。④

另一方面，进入21世纪以来，技术人员开始利用CGI等计算机技术帮助科学家在科学纪录片中构建他们的主张，新技术对科学纪录片的作用与影响成为学者们较为关注的热点话题。有些学者看到了新技术为科

① 顾亚奇. 影像正义：论纪录片生产与传播中的伦理规制[J]. 现代传播(中国传媒大学学报), 2020 (4): 111–115.

② 严笑语. 高科技手段在BBC自然纪录片中的创新与伦理[J]. 传媒论坛, 2019 (3): 109, 111.

③ 史立成，刘宜东. VR情景叙事手法在历史、科教类动画纪录片中的应用[J]. 中国电视, 2019(5): 82–88.

④ Bousé D. False Intimacy: Close-ups and Viewer Involvement in Wildlife Films[J]. Visual Studies, 2003, 18(2): 123-132.

学纪录片带来的新的可能性，例如，何塞·范·迪克探讨了科学家和电视制作人利用新技术让观众相信古生物学和物理学领域科学理论的合理性，认为计算机和数字化当然不是与以前的科学实践的根本决裂，而且科学主张的成功往往取决于其可视化的成功。何塞·范·迪克承认利用新技术制作的科学纪录片仍符合纪录片的现实主义范式，但忽略了新技术的使用可能会造成的问题。也有学者注意到随着新技术的发展，虚拟纪录片得到快速发展，如安妮可·梅茨（Anneke M. Metz）指出，由于科学纪录片对戏剧性的需求和CGI技术的出现，电视纪录片已经发展到一个高度虚构和有问题的领域。这些虚拟纪录片非常具有攻击性，模糊了科学事实与幻想、当前知识与未来猜测、严肃纪录片与骗局、科学与娱乐专长之间的界限。从使用CGI作为一种说明性工具到创造出引人注目的图像，以至于关注图像背后的事实基础已经变得次要。[①]系列片的发展也存在同样的问题，新技术和对更身临其境、交互式体验的需求导致了系列片的发展，这些系列片使用了以前仅限于在好莱坞大片中使用的尖端设备，但视觉形象的奇观却掩盖了历史的特点。[②]

对科学纪录片生产和制作层面的文献进行分析后发现：首先，对科学纪录片的生产和制作的研究主要是对科学纪录片涉及的行动者和行动者之间关系与互动的分析，现有的研究虽然涉及了科学家和媒体之间的关系，但没有注意到这两者背后的两种文化碰撞。在纪录片制作过程中，由于艺术上的限制，比如风格、时间和节奏，科学家的采访通常会被编辑，这个过程本质上改变了原始采访中存在的细微差别。通常，最终的影片要么错误地呈现了科学发现的本质，要么过分简化了科学问题的复杂性。其次，在CGI等新技术快速发展的背景下，科学纪录片

① Metz A M. A Fantasy Made Real: The Evolution of the Subjunctive Documentary on U.S. Cable Science Channels[J]. Television & New Media, 2008, 9(4): 333-348.

② Scott K D. Popularizing Science and Nature Programming: The Role of "Spectacle" in Contemporary Wildlife Documentary[J]. Journal of Popular Film and Television, 2003, 31(1): 29-35.

真实与虚幻的边界在不断消融，科学纪录片制作的真实性问题日渐突出，然而国内这方面的研究还非常有限。近年来，科学纪录片频繁被曝出摆拍、造假等新闻。例如，BBC科学纪录片《人类星球》（*Human Planet*）中拍摄的巴布亚新几内亚雨林树屋，根本不是当地科罗威人部落居住的家，而是为了配合拍摄由BBC工作人员临时搭建的。搭建树屋并非碍于拍摄条件不允许才去搭建，也并不源于现实，更多的是为了博取观众的眼球，迎合猎奇心态，这违背了纪录片的伦理。如何平衡科学纪录片的真实伦理和画面效果，既不违背纪录片真实性原则，又能吸引观众也是亟须研究的问题。

五、科学纪录片受众和效果

国内外学者都非常关注科学纪录片的科学传播功能，学者们从传递科学精神、激发科学兴趣、促进公众参与科学等方面对科学纪录片的科学传播功能进行了分析。例如，姬丽红肯定了科学纪录片对科学传播的重要意义，指出虽然当前在互联网的冲击下，公众获得信息的方式更加多元，科学纪录片传递科学知识的作用因此有所弱化，但科学纪录片在开阔公众科学视野、激发公众科学兴趣方面仍然是不可替代的。[①]张爱凤分析了纪录片《流行病：如何预防流感大爆发》（*Pandemic: How to Prevent an Outbreak*）中的科学传播，指出该片通过记录科学家、医护人员的经历和故事，向观众潜移默化地传播科学精神，该片还聚焦了流行病发展过程中的病毒防范、疫苗研制等问题。[②]比恩韦尼多·莱昂从叙事、戏剧和论证技巧三个层面对大卫·爱登堡（David

① 姬丽红. 科学纪录片的科学传播意义探析——探索频道的实践与启示[D]. 太原: 山西大学, 2016.

② 张爱凤. 科学共同体与命运共同体——纪录片《流行病》中的“科学传播”[J]. 电影评介, 2020(6): 16-20.

Attenborough）的科学纪录片的科学传播进行分析，指出叙事和戏剧技巧使影片获得说明性趣味，论证技巧则使影片话语合理化。[①]格蕾丝·瑞德（Grace Reid）探讨了戏剧纪录片在提高公众对科学的理解方面的潜力，作者对英国戏剧纪录片《如果……克隆可以治愈我们》（*If...Cloning Could Cure Us*）开展了20次焦点小组审查，以审查戏剧纪录片对人们的知识和意见的影响。研究发现，虽然戏剧纪录片有可能提高人们对科学的理解，但新的理解不一定转化为对这个问题更有利的态度。文章最后指出，尽管该节目在提高公众对科学的理解方面取得了成效，但戏剧纪录片可超越科学传播的公众理解科学模式，更进一步、更充分地吸引观众参与科学辩论，让观众就新技术进行真正的对话。[②]

除此之外，国外学者还使用问卷调查、访谈法等研究方法，分析科学纪录片的教育功能，尤其是科学纪录片在课堂教学中的作用以及科学纪录片是如何影响科学观的。例如，金善英（Sun Young Kim）使用问卷调查法，通过对比大学生在观看科学纪录片前后对科学认识论观点的变化，探讨了科学纪录片在科学观教学中的有效性。研究发现，认识论科学观的得分在前测和后测之间有所增加，其中对社会谈判角色的认识增加最为显著。在书面答复中，大约一半的学生表示，他们通过观看纪录片了解到了更多关于合作与协作在科学知识发展中的作用。[③]塔索斯·巴巴斯（Tasos A. Barbas）使用抽样调查、问卷调查等研究方法，通过随机分层抽样选择678名六年级小学生参与了这项研究，实验性地检验了那些观看过关于昆虫自然纪录片的学生是否比那些没看过的学生

① León B. Science Popularisation through Television Documentary: A Study of the Work of British Wildlife Filmmaker David Attenborough[C]. 5th International Conference of Science and Technology, 1998: 17-19.

② Reid G. The Television Drama-documentary (Dramadoc)as a Form of Science Communication[J]. Public Understanding of Science, 2012, 21(8): 984-1001.

③ Kim S Y, Yi S W, Cho E H. Production of a Science Documentary and its Usefulness in Teaching the Nature of Science: Indirect Experience of How Science Works[J]. Science & Education, 2014, 23(5): 1197-1216.

对昆虫有更强的环境敏感度，以及不同类型的自然纪录片是否对学生的敏感性有不同的影响（言语和非言语）。结果表明，言语的（传统的）自然纪录片对学生的敏感性有积极的影响，而非言语的纪录片更有利于学生对昆虫环境知识的增长和情感方面的提升。然而，在态度和信念的转变上，言语和非言语的方法同样有效。[①]但国内学者较少使用定量研究的方法关注科学纪录片的教育功能。

六、总结与展望

国内外学者对科学纪录片的研究热点具有一致性，主要围绕科学纪录片的特点和类型、内容和叙事、生产和制作、受众和效果四个层面展开，但在理论性、研究方法等方面略有差异。国内对科学纪录片的研究多以文本分析法为主，国外学者还偏好使用访谈法（尤其是焦点小组）、问卷调查等研究方法。在研究的理论性层面，相比国外，我国对科学纪录片的理论研究还不够深入。比如，我国对科学纪录片叙事的研究大多是从经验主义层面对具体叙事策略的应用研究，对科学纪录片叙事理论建构的研究还不足。

作为科学传播的一种有效手段和媒介，相比报纸、科幻电影等媒介，科学纪录片从学界获得的关注还远远不够。笔者认为，未来对科学纪录片的研究可以从以下几个方面展开。第一，在特点和类型方面，可以将科学纪录片作为一种寓教于乐型产品，分析科学纪录片中的科学和娱乐是如何结合的。第二，在内容和叙事方面，可以从科学传播视角切入，关注叙事技巧、修辞技巧、戏剧技巧在科学纪录片中的应用对科学传播效果的影响，研究科学纪录片如何能更好地向受众传播科学知识、

---

① Barbas T A, Paraskevopoulos S, Stamou A G. The Effect of Nature Documentaries on Students' Environmental Sensitivity: A Case Study[J]. Learning, Media and Technology, 2009, 34(1): 61-69.

科学方法、科学思想和科学精神。第三，在生产和制作方面，可以从STS（科学、技术与社会）的视角切入，将科学纪录片视为知识生产网络中的一个节点，研究科学纪录片这个科学系统中涉及的各方，如制作人、主持人、科学家是如何参与知识生产的。科学家可以与科学纪录片的媒体机构合作进行科学知识的生产，甚至有时科学纪录片本身就是知识的生产者。另外，从两种文化的视角研究科学家和媒体在科学纪录片制作过程中的互动以及新技术对科学纪录片制作真实性的影响也是具体的研究方向。第四，在受众与效果方面，可以将定性和定量研究方法相结合，搜集更多受众对科学纪录片的反馈，真正了解受众观看科学纪录片前后和观看过程中的体验与科学观的变化，更好地促进我国科学纪录片的发展。

最后，科学纪录片的研究综述对我国科学纪录片在具体实践层面的选题和制作亦有启发，主要体现在以下两个方面：第一，未来我国科学纪录片在题材上不应局限于一般性地介绍科学知识或进行科学探索，应重视对科学观念、科学哲学的传播，重视对观众科学想象的培养；第二，在制作时可以借鉴BBC、美国探索频道在科学纪录片中所使用的叙事和修辞技巧，包括内容的简化、关键信息的重复、拟人化的方法和引入娱乐元素等，更好地吸引公众理解和参与科学，开发一种寓教于乐型的科学纪录片。

第二编

科学传播研究的一些议题

2.1 错误信息的产生、传播及识别和控制

——错误信息已有研究评述

温家林　张增一

（科学与社会，2018年第3期）

随着互联网技术的发展和社交媒体的广泛应用，获取或发布信息变得越来越容易，给人们的工作、学习和生活带来了便利。然而，由于互联网和社交媒体降低了信息发布门槛，弱化了传统上信息“把关人”的作用，也导致海量网络信息鱼龙混杂，许多流言、谣言、错误信息或虚假信息广泛传播，给人们的工作、生活带来困扰甚至伤害，成为一个严重的社会问题。本文重点关注的是错误信息，对应英语“misinformation”一词。根据《21世纪大英汉词典》的解释，“misinformation”主要指错误的消息、论断；“disinformation”主要指假情报；“gossip”侧重于涉及私人、私事的闲话和小道消息，传播方式一般是口头的、非正式的、非官方的；“rumor”侧重于谣言、传闻，其信息未经证实，无法确定真假。可见，“错误信息”（misinformation）与英语中的“disinformation”“gossip”“rumor”以及汉语中“谣言”“流言”等词一样，虽然都含有“不实信息”之意，但其侧重点和使用语境均不同。因此，本文所说的错误信息具有这样一些特征：第一，不符合人们日常经验，或已被科学研究证明为捏造、子虚乌有的信息；第二，在业界、科学共同体内部等没有得到认可，明确缺乏支持依据的信息。

本文重点关注国外学者关于错误信息的研究，从错误信息产生的原因、传播机制、传播效果及影响和识别与控制等方面进行评述，力图呈现其研究概貌、热点和趋势。

一、国际重要学术期刊有关错误信息研究的基本情况

本文以Web of Science为搜索工具，以“misinformation”为关键词在主题中进行搜索（截止到2018年3月31日），检索结果是4324篇；以“misinformation”为关键词在标题中进行检索，得到 802 篇文献。经手动筛选去掉相关性不大的文章，最后得到 758 篇文章，其年份分布见图1。

关于“misinformation”的研究，最早的一篇文章是由帕特克（A. J. Patek）写的“Diagnostic Misinformation at a Health Resort”，发表于1912年的《美国医学会杂志》（*The Journal of the American Medical Association*，*JAMA*）上，研究了医疗诊断中的错误信息。从图1可以看出，关于misinformation的研究论文数量，早期只有零星的几篇论文，在20世纪90年代初年发表论文首次突破10篇，在2000年以后，尽管有波动，但整体上呈现出快速增长的趋势，尤其是近几年。这表明，学术界对这一主题越来越重视。

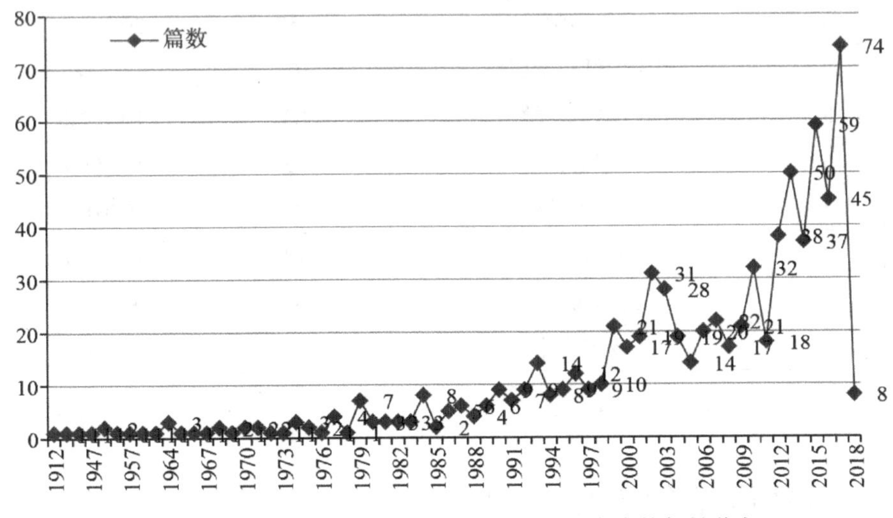

图1 关于“misinformation”研究论文发表的年份分布

这一主题研究论文的另一个特征是，得到了多学科领域的关注。研

究论文主要发表在心理学、传播学和计算机科学领域的学术期刊上，所采用的研究方法大部分属于定量的、实证性的研究方法。从具体的学科专业来看，发表论文数最多的学科领域依次为心理学、行为科学、传播学、卫生保健科学服务、计算机科学、儿科、信息图书馆科学、普通内科医学、药理药物学和政策法律等（见表1）。

概括来看，心理学、行为科学等领域主要关注的是错误信息对于人们记忆、判断、行为造成的干扰和误导；传播学领域主要关注的是错误信息的形成、传播机制；健康医学、卫生保健科学等领域主要关注的是错误信息对于人们身心健康产生的影响，具体围绕传染病、疫苗、香烟、艾滋病、辐射等人们普遍关注的问题展开分析；计算机科学领域主要从技术层面关注错误信息的传播、预防与控制。

表1　发表文章数量排名前十的学科专业分布

序号	学科专业	文章数量	占比
1	心理学	291	38.391%
2	行为科学	289	38.127%
3	传播学	158	20.844%
4	卫生保健科学服务	104	13.720%
5	计算机科学	83	10.950%
6	儿科	83	10.950%
7	信息图书馆科学	82	10.818%
8	普通内科医学	77	10.158%
9	药理药物学	67	8.839%
10	政策法律	67	8.839%

二、错误信息的产生及影响

现实生活中的错误信息，有些是围绕一些重大、紧急事件出现的，如埃博拉病毒和2011年英国骚乱，这些错误信息会在某一个时间段内集中出现，之后随着事件的结束而慢慢减少直至消失；还有一些错误信息是跟日常生活紧密相关的，会在社交媒体中长时间反复出现，比如关于养生和疫苗注射的。

关于错误信息产生的原因，目前没有找到专门的、系统的研究论述，有些论文在“引言”“绪论”部分简略提及一下。通过对有关文献进行梳理，发现几种比较有代表性的论述。

第一种观点认为，社交媒体时代的“非中介化”（disintermediation）特点，即内容从生产者直接到消费者，缺少“中间人”和“把关机制”，是错误信息产生的主要原因。①这种“非中介化”改变了用户以往获知信息、交流观点、形成认知的方式，带来疑惑，鼓励投机和轻信。

第二种观点认为，由于角色分工、话语权归属等带来的信息不对等和区隔，使人们在面对危机和其他关系切身利益的情况时，对于未知不能做出理性的判断，从而导致错误信息的产生。②③对于不确定性，人有一种近乎本能的恐慌，在不能得到确切信息的情况下，任何一类解释都可能被当作是合理的。

第三种观点认为，有些错误信息是个别人或利益集团有意为之。如日本学者的研究指出，日本烟草行业提供给消费者的错误信息包括：对科学进行怀疑，吸烟增加健康、寿命和男子气概，吸烟对人的影响微乎其微，攻击公共卫生倡导者 / 当局，将吸烟与可靠性、历史或公民权利

---

① Quattrociocchi W, Vicario M D, Bessi A, et al. The Spreading of Misinformation Online[J]. Proceedings of the National Academy of Sciences of the United States of America, 2016, 113(3): 554-559.

② Bessi A, Coletto M, Davidescu G A, et al. Science vs Conspiracy: Collective Narratives in the Age of Misinformation[J]. PLoS One, 2015, 10(2): 1-17.

③ Gupta A, Kumaraguru P. Misinformation in Social Networks, Analyzing Twitter During Crisis Events[C]//Alhajj R, Rokne J.(eds.)Encyclopedia of Social Network Analysis and Mining. Springer, New York, NY, 2014: 922-924.

相联系。①

综上，本文认为错误信息的产生是多种因素共同作用的结果，有社交媒体这种新的传播方式本身带来的结果，也有宏观的社会背景、中观的群体互动和微观的个体心理因素的影响。②

错误信息的影响主要体现在四个方面：

（1）影响人们正确认知和决策，如卡利切曼（Kalichman）等人的研究发现，艾滋病毒感染者因容易轻信互联网上的错误医疗信息及毫无根据的健康知识而使用膳食补充剂，他们对毫无根据的艾滋病治疗声明表现出更多的信任。③

（2）引起疑惑、恐慌和混乱，如有学者以发生在印度的四个真实案例为研究对象，分析了社交媒体在动员人们参与暴动和革命方面的作用。④

（3）强化“回音室效应”和“过滤气泡”，如社交媒体中，受众可以凭借自己的喜好选择信息，平台也会以“精准推送”和“协同过滤”的方式投其所好，如果受众接收到的是错误信息，就会进一步使自己对观点及话题自我设限，只听到自己认同的回音，如同身处“回

① Kanamori Y, Malone R E. Conveying Misinformation: Top-ranked Japanese Books on Tobacco[J]. Tobacco Induced Diseases, 2011, 9(3): 1-6.

② 周裕琼. 当代中国社会的网络谣言研究[M]. 北京: 商务印书馆, 2012: 37.

③ Kalichman S C, Cherry C, Kalichman D W, et al. Use of Dietary Supplements Among People Living with HIV/AIDS is Associated with Vulnerability to Medical Misinformation on the Internet[J]. Aids Research and Therapy, 2012, 9(1): 1-8.

④ Bute S. The Role of Social Media in Mobilizing People for Riots and Revolutions[C]//Pătrut B, Pătrut M.(eds.) Social Media in Politics, Public Administration and Information Technology, Springer, Cham, 2014(13): 355-366.

音室”。[①②③④]

（4）给人带来记忆损伤，如1978年洛夫特斯（Loftus）等人开创了研究错误信息的经典实验设计。在实验中，之前经历过同一事件的两组被试，第一组被给予关于该事件的误导性信息，第二组得到的信息与事件实际一致，结果发现最后对当初经历的同一事件进行描述时，第一组被试通常比第二组被试更有可能报告错误信息。这种现象被称为“错误信息效应”（the misinformation effect），即人们在暴露于误导性信息之后出现的记忆损伤。[⑤]在此基础上，许多研究者更换了不同的变量，如对犯罪场景的描述、对普通场景的描述、对现实生活事件的描述、误导性的问卷以及对事件有误导性的声音等，但都能得到错误信息效应，相关的文献综述可见洛夫特斯的文章。[⑥]

三、错误信息的传播

不容否认，缺少把关机制、用户生产和传播内容的社交媒体本身的特点就可能加剧错误信息传播，人们可以毫不费力地将消息迅速转发给许多人。同时，信息接收者的个人因素也要考虑。当面对未经过滤的信息时，虽然人们并不能明确判断其真假，但会认同那些与自己想法相符

① 凯斯·桑斯坦.网络共和国: 网络社会中的民主问题[M]. 黄维明, 译. 上海: 上海人民出版社, 2003.

② Eli Pariser. The Filter Bubble: What the Internet Is Hiding From You[M]. New York: Penguin Press, 2011: 1009-1011.

③ 帕特里夏·华莱士. 互联网心理学[M]. 谢影, 荀建新, 译. 北京: 中国轻工业出版社, 2001: 88.

④ 李瑞芳. 回音室式的网民互动[J]. 青年记者, 2009(22): 27–28.

⑤ Loftus E. Semantic Integration of Verbal Information into a Visual Memory[J]. Journal of Experimental Psychology: Human Learning and Memory, 1978, 4(1): 19-31.

⑥ Loftus E. Planting Misinformation in the Human Mind: A 30-year Investigation of the Malleability of Memory[J]. Learning & Memory, 2005(12): 361-366.

的部分，即使它是错误的，认知心理学称之为“证实性偏见”。[①]库玛（Kumar）等人进一步明确了受众面对这类信息时会考虑的四个因素：信息的一致性、消息的连贯性、来源的可信度及普遍可接受性。[②]村山优子（Yuko Murayama）等人的研究发现，不管什么样的推文，只要受众认为很有必要让别人也知道，他们就会转发；在模棱两可的情况下，一些错误信息可能会因转发而蔓延；而紧急情况下用户可能传播错误信息以解释它们的不确定性。[③]

此外，政治意识形态[④]、自我表达和社会化[⑤]、个人或集团利益[⑥]等因素也是影响错误信息传播的重要因素。国内学者刘自雄等人从社会心理学的角度指出，受众对于假新闻的认知和接受是刻板印象、认知失调以及从众心理等各种社会心理因素共同作用的结果。[⑦]关于错误信息的传播特点和模式的研究，主要借鉴了流行病学、社会学、经济学、管理学等学科的知识，如经常被提及的三种模型：

第一种模型是传染病模型。这种模型认为错误信息在社交网络中的

---

① Lewandowsky S, Ecker U K, Seifert C M, et al. Misinformation and Its Correction: Continued Influence and Successful Debiasing[J]. Psychological Science in the Public Interest, 2012, 13(3): 106-131.

② Kumar. Detecting Misinformation in Online Social Networks Using Cognitive Psychology[J]. Human-centric Computing and Information Sciences, 2014, 4(14): 1-22.

③ Abdullah N A, Nishioka D, Tanaka Y, et al. A Preliminary Study on User’s Decision Making towards Retweet Messages[J]. ICT Systems Security and Privacy Protection, 2014, (428): 359-365.

④ Bakshy E, Messing S, Adamic L. Exposure to Ideologically Diverse News and Opinion on Facebook[J]. Science, 2015, 348(5): 1130-1132.

⑤ Xinran Chen, Sei-Ching Joanna Sin, Yin-Leng Theng, et al. Why Students Share Misinformation on Social Media: Motivation, Gender, and Study-level Differences[J]. The Journal of Academic Librarianship, 2015, 41(5): 583-592.

⑥ Kanamori Y, Malone R E. Conveying Misinformation: Top-ranked Japanese Books on Tobacco[J]. Tobacco Induced Diseases, 2011, 9(3): 1-6.

⑦ 刘自雄, 王朱莹. 被信任的假新闻——虚假信息的受众接受心理探讨[J]. 现代传播, 2011(7): 56–59.

传播方式类似于传染病在人群中的传播方式。[①②]第二种模型是社会影响模型，这种模型也认为错误信息是通过网络中不同的节点而传播的，但与传染病模型不同，该模型认为，节点之间的关系因为彼此之间互动的情况而有“强关系”和“弱关系”之分，构成“强关系”的两个节点能更容易地影响彼此的态度和观点。而特定节点只有在相邻节点对某一信息的接受人数超过某一阈值时，才会接受并传播该信息。[③④]第三种模型是社会学习模型。与前两种模型相比，该模型中的节点被认为是理性的决策者。他们观察之前信息接收者的反映和结果，然后决定是否相信某条信息。[⑤⑥]

例如，沃尔特·夸特洛西奥奇（Walter Quattrociocchi）等人在研究社交网络中错误信息的传播时指出，Facebook用户与公开帖子的每一次互动行为——喜欢、分享、评论，都有特定的含义。不同立场的人们惯常采用的信息传播方式不同，持阴谋论的用户更倾向于“分享”，而持科学论的用户更倾向于“喜欢”和“评论”。[⑦]道（P. A. Dow）等人发现，Facebook上的信息流趋向于以“瀑流”（cascades）的形式传播，或者像病毒一样从一个用户快速传输一条信息到另一个用户。“瀑流”的一个特征是，该内容不是仅从原始来源“共享”，而是通过先前“共

① Kermack W O, McKendrick, A G. A Contribution to the Mathematical Theory of Epidemics[J]. Proceedings of Mathematical, Physical and Engineering Sciences, 1927, 115(772): 700-721.

② Bailey N. The Mathematical Theory of Infectious Diseases and its Applications[J]. Journal of the Royal Statistical Society. Series C(Applied Statistics), 1977, 26(1): 85-87.

③ Easley D, Kleinberg J. Networks, Crowds, and Markets: Reasoning About a Highly Connected World[M]. New York: Cambridge University Press, 2010.

④ Miritello G. Dynamical Strength of Social Ties in Information Spreading[J]. Physical Review E, 2011, 83(4): 045102(1-4).

⑤ Jackson M O. Social and Economic Networks[M]. New Jersey: Princeton University Press, 2008.

⑥ Jackson M. The Diffusion of Behavior and Equilibrium Properties in Network Games[J]. American Economic Review, 2007, 97(2): 92-98.

⑦ Bessi A, Caldarelli G, Del Vicario M, et al. Social Determinants of Content Selection in the Age of (Mis) Information[C]// Aiello L M, McFarland D.(eds.)SocInfo, 2014, (8851): 259-268.

享”内容的其他人“共享”。[①]古普塔（Aditi Gupta）等通过构建网络用户图，显示了2011年英国暴动和孟买炸弹爆炸案期间Twitter上错误信息的传播情况，提出要寻找社交网络中关键的“节点”，它们在信息扩散过程中发挥了重要作用。[②]

此外，学者们还以气候变化[③④]、免疫接种[⑤⑥⑦⑧]、政治辩论[⑨]、突发事件[⑩]、福利方案[⑪]等议题为抓手研究这些议题中错误信息的传播。

---

① Dow P A, Adamic L A, & Friggeri A. The Anatomy of Large Facebook Cascades. In Proceedings of the Seventh International Conference on Weblogs and Social Media[C]. Cambridge, USA, July 8-11, 2013.

② Gupta A, Kumaraguru P. Misinformation in Social Networks, Analyzing Twitter During Crisis Events[C]//Alhajj R, Rokne J. (eds.) Encyclopedia of Social Network Analysis and Mining. New York: Springer, 2014: 922-931.

③ Wood S. Knowledge-Perception and Misinformation: A Case Study of Climate Change Denial in the United States[J]. Californi: The Claremont Graduate Universit, 2014: 3668398. https://search.proquest.com/docview/1646879777?accountid=178611.

④ David R. Climate Consensus and ‘Misinformation’: A Rejoinder to Agnotology, Scientific Consensus, and the Teaching and Learning of Climate Change[J]. Science & Education, 201, 24: 299-318.

⑤ Smith M J, Ellenberg S S, Bell L M. Media Coverage of the Measles-mumps-rubellaVaccine and Autism Controversy and Its Relationship to MMR Immunization Rates in the United States[J]. Pediatrics, 2008, 121(4): 36-43.

⑥ Pineda D, Myers M G. Finding Reliable Information about Vaccines[J]. Pediatrics, 2011, 127(1): 4-7.

⑦ Danovaro-Holliday M C, Wood A L, LeBaron C W. Rotavirus Vaccine and the News Media, 1987-2001[J]. The Journal of the Amercian Medical Association, 2002, 287(11): 1455-1462.

⑧ Freed G L, Katz S L, Clark S J. Safety of Vaccinations: Miss America, the Media, and Public Health[J]. The Journal of the Amercian Medical Association, 1996, 276(23): 1869-1872.

⑨ Bullock J G. Partisanship and the Enduring Effects of False Political Information[C]. http://www.nyu.edu/gsas/dept/politics/seminars/bullock_f06.pdf. [2006-10-12].

⑩ Gupta A, Kumaraguru P. Misinformation in Social Networks, Analyzing Twitter During Crisis Events[C]//Alhajj R, Rokne J. (eds.) Encyclopedia of Social Network Analysis and Mining. New York: Springer, 2014: 922-931.

⑪ Kuklinski, Quirk J H, Jerit J, et al. Misinformation and the Currency of Democratic Citizenship[J]. The Journal of Politics, 2000, 62(3): 790-816.

四、持续影响效应

日常生活中一个值得注意的现象是，关于某个事件或人物的错误信息，即使已经被更正过了，但仍然继续呈现病毒式传播，而正确的信息并没有得到足够关注。埃克（Ecker）把这种现象称为错误信息的“持续影响效应”（the continued influence effect，CIE）。[①]也有学者将“持续影响效应”称为“信念回响”（belief echoes）。[②]错误信息会继续影响人们的行为，即使这些信息已经被宣布无效、收回或纠正。而且，针对错误信息的明确警告可以极大地减少但不能完全消除人们对错误信息的依赖。[③]对此，学者们尝试用记忆障碍（包括记忆覆盖或替代、信息源混淆和差异检测的修改效果）、性别、教育背景、年龄和职业、动机、群体影响等不同因素解释这一效应。[④⑤]研究趋势还表明，随着事件与事后错误信息之间间隔时间的增加，持续影响效应也会更明显。[⑥]

错误信息的持续影响在现实中有很多例子。如2003年美国入侵伊拉克期间，公众不断地被暴露在“伊拉克被发现拥有大规模杀伤性武器”的错误信息之下。尽管这样的报告没有得到过证实，但这些连续的暗示

---

① Lewandowsky S, Ecker U K, Seifert C M, et al. Misinformation and Its Correction: Continued Influence and Successful Debiasing[J]. Psychological Science in the Public Interest, 2012, 13(3): 106-131.

② Thorson E. Belief echoes: The Persistent Effects of Corrected Misinformation[J]. Political Communication, 2016, 33(3): 460-480.

③ Ecker U K H, Lewandowsky S, Tang D T W. Explicit Warnings Reduce But Do Not Eliminate the Continued Influence of Misinformation[J]. Memory & Cognition, 2010, 38(8): 1087-1100.

④ Ecker U K H, Lewandowsky S, Fenton O, et et al. Do People Keep Believing Because They Want To? Preexisting Attitudes and the Continued Influence of Misinformation[J]. Memory & Cognition, 2014, 42(2): 292-304.

⑤ Ayers M. A Theoretical Review of the Misinformation Effect: Predictions from An Activation-based Memory Model[J]. Psychonomic Bulletin & Review, 1998, 5(1): 1-21.

⑥ Loftus E. Semantic Integration of Verbal Information into a Visual Memory[J]. Journal of Experimental Psychology: Human Learning and Memory, 1978, 4(1): 19-31.

足够强大，使美国大部分公众长期相信大规模杀伤性武器的存在，即使大规模杀伤性武器不存在的事实已经很明显。

但是，有学者不同意上述说法，麦克罗斯基（McCloskey）和萨拉戈萨（Zaragoza）对错误信息的持续影响效应第一次提出了批评，认为它是实验设计程序导致的假象。例如，他们注意到，被试可能会记住/忘记原始细节或误导性细节，然后随便给出一个测试答案，这就会出现很多种情况，而任何猜测都会有50%的概率。①马特乌什（Mateusz Polak）等人的研究结果也表明，在没有发生记忆扭曲或信息源错误认定的情况下，这种效应仍然可能发生。②

本文认为，对于错误信息进行的“辟谣”、质疑等，只能争取“中立者”，强化“反对者”的批评态度，而对于其坚定的“支持者”很难产生影响，甚至可能产生反作用。在我国，日常生活中类似的“谣言粉碎机”“流言榜”“一周流言”“月度十大谣言”“年度十大谣言”随处可见，但不幸的是似乎没有一个简单的方式能够打破错误信息“春风吹又生”的怪循环。

五、错误信息的识别与控制

在线社交网络中生成的数据量如此之大，在大量数据中检测到错误信息是一项具有挑战性的任务。概括来看，人们通过计算机科学手段对错误信息的检测，主要从两个方面入手。一是基于内容的特征：信息

① Zaragoza M S, McCloskey M. Misleading Postevent Information and the Memory Impairment Hypothesis: Comment on Belli and Reply to Tversky and Tuchin[J]. Journal of Experimental Psychology: General, 1989, 118(1): 92-99.

② Polak M, Dukała K, Szpitalak M, Polczyk R. Toward a Non-memory Misinformation Effect: Accessing the Original Source Does Not Prevent Yielding to Misinformation[J]. Current Psychology, 2016, 35(1): 1-12.

长度、单词数、特殊字符数、主题标记数、转发数、积极态度词数、否定词数、表情符号数、@数、时间持续长短、是否具有明确网址及数量等。二是基于信息源的特征：用户的注册年龄、发表状态、关注者人数、朋友人数、是否经过验证、描述长度、用户名长度等。

锅岛（Keita Nabeshima）等人开发了一种通过使用构造的语言模式来识别并纠正错误信息的方法，并用于提取2011年日本地震和海啸灾害期间发布的大约1.8亿条推文中的错误信息，其提取的覆盖面和准确性得到了验证。[①]库马尔（K. P. Krishna Kumar）等借助网络数据深度分析的方法，对Twitter中语义攻击（semantic attacks）的类型进行了分析，一种是冒名性攻击（sybil attacks），即利用社交网络中的少数节点控制多个虚假身份，从而利用这些身份控制或影响网络的大量正常节点的攻击方式；另一种是欺诈性攻击（shill attacks），即用户作为"托儿"，与传播者串通，传播错误信息。[②]在此基础上，作者提出了一种新的分类法，来描述信息传播的模式并识别其中错误信息的来源。

使用机器学习和自然语言处理技术在一定程度上将错误信息识别过程自动化了，然而，由于内容的异质性，这类方法的准确性还没有完全达到人们的要求和预期，往往需要人工干预，而且实时计算的成本高昂。

库马尔等人还提出了一种基于认知心理学概念来检测错误信息的方法。[③]他们发现，受众接受错误信息是因为受到了欺骗信息的提示或诱惑，据此他们创建了适当的指标体系来检测社交网络中的这类欺骗线

① Nabeshima K, Mizuno J, Okazaki N, et al. Mining False Information on Twitter for a Major Disaster Situation[C]//Slezak D, Schaefer G, Vuong S T, et al. (eds.) Active Media Technology. AMT 2014. Lecture Notes in Computer Science, 2014, 8610: 96-109.

② Kumar K P K, Geethakumari G. Analysis of Semantic Attacks in Online Social Networks[C]// Martínez Pérez G, Thampi S M, Ko R, et al. (eds.) Recent Trends in Computer Networks and Distributed Systems Security. SNDS 2014. Communications in Computer and Information Science, 2014, 420: 45-56.

③ Kumar. Detecting Misinformation in Online Social Networks Using Cognitive Psychology[J]. Human-centric Computing and Information Sciences, 2014, 4(14): 1-22.

索。在研究信息的转发情况时，作者运用基尼系数来测量特定来源的信息转发分布的模式。基尼系数本来是一个衡量分布不平等的指标，作者用它来测量用户信息转发行为的差异。基尼系数值接近0，表示转发行为很均匀，基尼系数值超过0.5且接近1表示转发行为非常不均等，即一些用户参与转发了大量的信息，从而加强了错误信息传播的可能性，降低了消息来源的可信度。

卡尔洛娃（Karlova）等人的研究证实了这一点，他们发现人们在参与信息传播过程中，会使用提示信号做出判断，这些信号有时会诱导人们传播错误信息。①陈（Chen）等人的研究也指出，点击诱惑（clickbait）现在被用于网上快速传播谣言和错误信息，作者探讨了自动检测这种欺骗手段的方法，并对其在识别文本和非文本中点击诱惑线索的有效性进行了检验。②

在应对错误信息方面，不少研究提出通过修改网络的拓扑结构来限制错误信息传播。③④⑤⑥例如有学者研究了如何暂时禁止用户之间的链接，甚至暂停账号来限制传播。最主要的方法就是使用独立级联或线

① Karlova N A, Fisher K E. “Plz RT”: A Social Diffusion Model of Misinformation and Disinformation for Understanding Human Information Behavior[J]. Inform Res, 2013, 18(1): 1-17.

② Chen Yimin, Conroy N J, Victoria L. Rubin. Misleading Online Content: Recognizing Clickbait as “False News”[C]//Proceedings of the 2015 ACM On Workshop on Multimodal Deception Detection. Seattle, WA, USA, 2015: 15-19.

③ Kumar K P K, Geethakumari G. Analysis of Semantic Attacks in Online Social Networks[C]//Martínez Pérez G, Thampi S M, Ko R, et al. (eds.) Recent Trends in Computer Networks and Distributed Systems Security. SNDS 2014. Communications in Computer and Information Science, 2014, 420: 45-56.

④ Antoniadis S, Litou I, Kalogeraki V. A Model for Identifying Misinformation in Online Social Networks[C]//Debruyne C, et al. (eds.) On the Move to Meaningful Internet Systems: OTM 2015 Conferences. Lecture Notes in Computer Science, 2015, 9415: 473-482.

⑤ Hemmati M. A Cutting-plane Algorithm for Solving A Weighted Influence Interdiction Problem[J]. Computational Optimization and Applications, 2014, 57(1): 71-104.

⑥ Goyal A. Learning Influence Probabilities in Social Networks[C]//Proceedings of the Third ACM International Conference on Web Search and Data Mining, New York, USA, 2010: 241.

性阈值模型对扩散网络进行建模。[①]但这些策略有一个共同的局限，要从现实世界中提取这些扩散模型的参数非常困难，而且与现实的数据不能完全契合。[②]为此，宋（Song）等人将重点放在选择最优化链接子集上，该链接的删除可以最大限度地减少错误信息和谣言的传播。[③]而莱万多夫斯基（Lewandowsky）等人提出的对策包括：（1）提供可信的替代性解释；（2）反复撤销错误信息；（3）在受众接触错误信息之前提出明确警告；（4）纠正信息与受众的世界观保持一致。[④]

艾希礼·谢尔比（Ashley Shelby）等人的研究指出，在反对错误信息传播时，不能只使用枯燥难懂的数据统计和研究报告，可以尝试运用一些讲故事的策略，再加上以证据为基础的信息。[⑤]

六、总结与讨论

纵观以上学者的研究，我们不难得出以下几点认识：第一，互联网与社交媒体的发展加剧了错误信息的传播，使其成为一个严重的社会问题，引起了多学科领域学者的关注。第二，关于错误信息产生的原因及影响，尽管学者们在认识上有所不同，但似乎一致认为它是社交媒体用

---

① Kempe D. Maximizing the Spread of Influence Through A Social Network[J]. Theory of Computing, 2015, 11(4): 105-147.

② Goyal A, Bonchi F, Lakshmanan L V. Learning Influence Probabilities in Social Networks[C]// Proceedings of the Third ACM International Conference on Web Search and Data Mining, New York, USA, 2010: 241-250.

③ Song Yongjia, Dinh T N. Optimal Containment of Misinformation in Social Media: A Scenario-Based Approach[J]. Z. Zhang et al. (eds.): COCOA 2014, 547-556.

④ Lewandowsky S, Ecker U K, Seifert C M, et al. Misinformation and Its Correction: Continued Influence and Successful Debiasing[J]. Psychological Science in the Public Interest, 2012, 13(3): 106-131.

⑤ Shelby A, Ernst K. Story and Science: How Providers and Parents Can utilize Storytelling to Combat Anti-vaccine Misinformation[J]. Human Vaccines & Immunotherapeutics, 2013, 9(8): 1795-1801.

户产生内容的机制带来的必然结果，并且操作的便利性和传播的及时性使错误信息能够迅速蔓延，从而造成严重的社会后果。第三，关于错误信息的传播机制，学者们从不同视角基于不同案例或社交媒体平台，进行研究并提出了多种模型，彼此之间在认识上的差异比较大。这表明错误信息传播机制本身的复杂性，仍需要进行更多的、不同平台甚至不同文化背景下的案例研究，为提炼和发展社交媒体中错误信息传播机制的理论提供支撑。第四，错误信息的识别与控制，直接关系到网络空间的净化和治理措施，当前学者们的探讨主要集中于技术层面，如构建错误信息的语言识别模式，结合机器学习和自然语言处理技术建立错误信息自动识别系统，修改网络拓扑结构限制错误信息传播等。当然，鉴于错误信息的多元性和复杂性，这些研究也仅仅是一些初步的探讨，离具体的实践应用还有相当大的差距，需要更多的学者进行更深入的研究。

综上所述，当前对于错误信息的研究集中于多个学科的多个方面，也取得了不少重要的研究成果。但是从文献调研和实际了解的情况也应当看到，国内目前对于这一主题的研究尚显薄弱，尤其是从传播学、社会学角度对此的关注不足，有待投入更多的研究。技术的进步使得研究者可以跟踪人们在社交媒体上选择、分享、评论各类信息的足迹，进而探究这类信息在网络空间的社会传播机制。但是，令人感到悲观的是，“回音室效应”“错误信息的持续影响效应”等提示我们，要想阻止错误信息的病毒式传播，目前并没有明确而简单的办法。技术再发达，对于错误信息的传播只能起到有限的限制作用，而不能彻底消除。从某种意义上说，错误信息是伴随整个人类信息生产和交换过程的。而解决这一问题，需要从公众科学素养、传媒社会责任、技术及社会进步等多个方面进行努力。

2.2 社交媒体上虚假信息的识别与控制

——基于Web of Science研究文献的分析

迟妍玮　张增一

（全球科技经济瞭望，2020年第10期）

如今，社交媒体已成为人们获得信息、沟通交流的重要渠道，极大地促进了社会经济发展，影响了人类社会生活的各个方面。然而，应对和治理社交媒体上虚假信息的泛滥，已成为世界性难题①，引起国际学术界的普遍关注。相比于真实的信息，虚假信息传播得更快②，造成广泛的负面影响③。社交媒体在放大了其影响④的同时，为骗局的大规模实施提供了便利⑤，也成为有关健康问题的虚假信息的主要传播渠道⑥。公众对有关政治、科学等方面的虚假信息的担忧与日俱增。⑦因

---

① Berenbaum R, Scheufele D, Hallman W K, et al. Advancing the Science and Practice of Science Communication: Misinformation about Science in the Public Sphere[EB/OL].(2019-04-03)[2020-06-30]. http://www.nasonline.org/programs/nas-colloquia/completed_ colloquia/advancing-the-science.html.

② Vosoughi S, Roy D, Aral S. The Spread of True and False News Online[J]. Science, 2018, 359(6380): 1146-1151.

③ Martinez T. The Effects of Cognitive Engagement while Learning about Misinformation on Social Media[D]. Arizona: Arizona State University, 2019.

④ Wang Y X, McKee M, Torbica A, et al. Systematic Literature Review on the Spread of Health-related Misinformation on Social Media[EB/OL]. [2020-07-26]. https://www.sciencedirect.com/science/article/pii/ S0277953619305465?via%3Dihub.

⑤ Borchard E, Anderson M A. Web of deceit: Misinformation and Manipulation in the Age of Social Media[J]. Online Information Review, 2013, 37(1): 155-156.

⑥ Bode L, Vraga E K. See Something, Say Something: Correction of Global Health Misinformation on Social Media[J]. Health Communication, 2017, 33(9): 1-10.

⑦ Dietram A S, Nicole M K. Science Audiences, Misinformation, and Fake News[J]. PNAS, 116(16): 7662-7669.

此，从理论和实践上对虚假信息进行有效的自动识别，并控制其基于社会关系网络①的病毒式②的传播是必要的，也是亟待解决的问题。

本文关注的是在社交媒体上被有意或无意地传播③的虚假信息，无论传播者是否有误导的动机。④那些虚假信息可能内容不完整、不准确、混淆、过时、存在偏见、缺乏科学证据等。⑤特别关注那些有关虚假信息的识别和控制的研究，试图梳理这一方向的研究概况、研究热点以及未来趋势。

一、国际上有关虚假信息识别和控制的研究文献的基本情况

在Web of Science数据库中，以misinformation为关键词进行检索，截至2020年7月15日，标题中含有关键词misinformation的文章共有1125篇。本研究主要关注那些有关虚假信息的识别与控制的研究，在上述结果中检索有关识别和控制的研究文献，关键词包括testing、detect、check、distinguish、control、identify等，去掉重复文献、专利文章、编者按等不相关文献后，共339篇。

有关虚假信息的识别和控制受到多个学科领域的关注，从发表渠道

① Jackson M. The Diffusion of Behavior and Equilibrium Properties in Network Games[J]. American Economic Review, 2007, 97(2): 92-98.

② Goffman W, Newill V A. Generalization of Epidemic Theory. An Application to the Transmission of Ideas[J]. Nature, 1964, 204: 225-228.

③ Antoniadis S, Litou I, Kalogeraki V. A Model for Identifying Misinformation in Online Social Networks[C]// Debruyne C, Panetto H, Meersman R, et al. Confederated International Conferences. On the Move to Meaningful Internet Systems: OTM 2015 Conferences. Switzerland: Springer International Publishing, 2015 (9415): 473-482.

④ NBC. "MisinformationIs" Dictionary.com's Word of the Year[N/OL]. (2018-12-26)[2020-06-30]. https://www.nbcmiami.com/news/national-international/ misinformation-is-dictionarycom-word-of-the- year/2028407/.

⑤ Fitzgerald M A. Misinformation on the Internet: Applying Evaluation Skills to Online Information[J]. Emerg Libr, 1997, 24(3): 9-14.

来看，涉及181本期刊，以及美国电气和电子工程师协会（IEEE）、社交计算与社交媒体国际会议（SCSM）、国际万维网大会（WWW）等国际会议。涉及的期刊分布于心理学、传播学、医学、计算机科学等多个学科，暂无有关虚假信息研究的专门期刊。

从研究对象来看，结合文献标题（见图1）和关键词（见图2）的词云图，研究多涉及虚假信息的影响效果、对虚假信息的记忆研究、目击者研究，假新闻、伪造信息及虚假信息来源、引申受到关注，研究素材多来自社交媒体、新闻媒体及重大事件，如何发现、减少、纠正虚假信息被关注。

从学科分布来看，跨学科研究较多，38.64%（131篇）的文献涉及两个及以上研究方向。这些文献共涉及88个学科研究方向，其中心理学数量最多，其后依次为计算机科学、行为科学、传播学、神经科学与神经学、政府与法律、公共环境和职业健康、普通内科、工程学、信息科学与图书馆科学。各学科发表相关论文的数量和时间跨度存在差异，具体的学科发表文章数量、时间跨度和主要研究内容可见表1。第一，上述学科近两年均有发表有关虚假信息的文章，且涉及虚假信息的识别与控制；第二，计算机科学和工程学的论文的时间跨度较短，均为10年内开始发表的相关论文；第三，传播学的论文的时间跨度最长，最早可追溯到1957年，但除此之外其他论文均为2008年之后发表；第四，其他7个学科，均为20世纪80年代至90年代初期开始发表相关论文，结合总体文章年代分布，可推测多数学科在该时间段开始关注虚假信息的识别和控制研究并陆续发表文章。结合文章的关键词和摘要，发现不同学科的研究内容存在差异。第一，心理学、行为科学、神经科学与神经学偏重对人的心理、行为、大脑活动等的实验研究，特别是与记忆相关的研究；第二，计算机科学、工程学侧重于对基于程序算法的自动化监控的探索；第三，传播学侧重实证性研究，研究对象多为当下热点；第四，政府与法律关注党派与选举中的虚假信息；第五，普通内科、公共环境和职业健康更关注与公共卫生健康相关的虚假消息研究。

对上述学科近年来发表的与虚假信息相关的论文数量进行分析发现：第一，计算机科学、工程学和传播学学科近5年发表有关虚假信息的论文数量明显增多；第二，行为科学和普通内科近5年发表的有关虚假信息方面的论文数量则明显减少；第三，心理学、神经科学与神经学、政府与法律学、信息科学与图书馆科学、公共环境和职业健康学等持续关注虚假信息相关议题，其中心理学领域发表的相关论文在近5年持续增多，政府与法律学、公共环境和职业健康学则在2020年明显增加，其余学科发表相关论文数量变化不明显。

总而言之，越来越多的学科关注到虚假信息的识别和控制，但各学科的关注点和发文量不同。在20世纪80年代之后许多学科开始关注并陆续发表相关研究成果，计算机相关学科在近10年来重视虚假信息的识别和控制问题，发表相关论文的数量不断增多。近年来，新闻媒体、网络、社交媒体上的虚假信息研究，公共卫生相关的虚假信息研究，以及基于计算机技术手段对虚假信息的研究、检测、判断和控制等研究方向受到普遍关注。

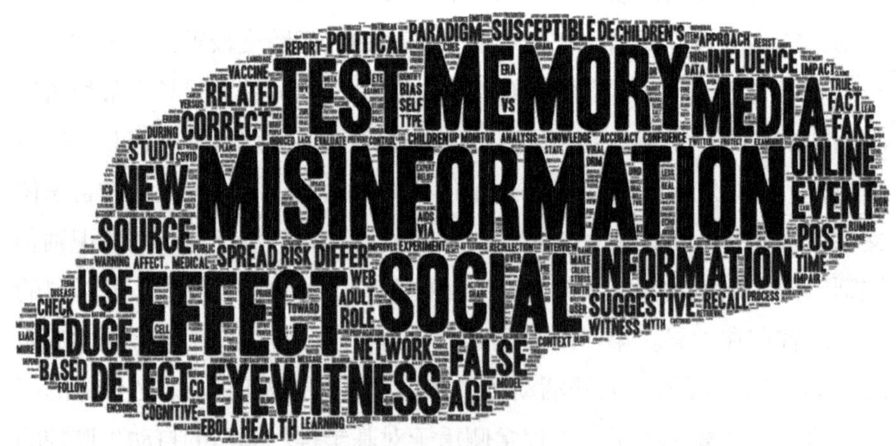

图1 文献标题词云图

图2 文献关键词词云图

表1 排名前十的学科分布、时间跨度和主要研究内容

序号	学科	文章数量	占比（%）	文章时间跨度	主要研究内容
1	心理学	152	44.84	1984—2020	事件后信息的误导效应，目击者相关研究，记忆相关研究，虚假记忆的制造和判断等
2	计算机科学	46	13.57	2012—2020	利用模型和算法来识别、检测、控制虚假信息传播，判断信息可信度，研究对象包括社交媒体、网络、报纸等
3	行为科学	29	8.55	1986—2020	虚假记忆信息的影响因素，识别测试，信息对人类的判断、决策的影响等
4	传播学	27	7.96	1957—2020	社交媒体、网络上的虚假信息研究，可信度、持续影响、态度改变等研究
5	神经科学与神经学	23	6.78	1991—2019	虚假记忆、隐藏信息、回忆、欺骗误导等

续表

序号	学科	文章数量	占比（%）	文章时间跨度	主要研究内容
6	政府与法律	21	6.19	1992—2020	假新闻、党派偏见、持续营销效果、误导暗示、媒体信息曝光等
7	公共环境和职业健康	16	4.72	1992—2019	公共卫生（病毒、疫苗、烟草标签等）中的虚假信息，信息检测研究
8	普通内科	15	4.42	1987—2020	关注病毒、疫苗、健康、烟草等的虚假信息研究
9	工程学	13	3.83	2013—2019	信息业务流程，虚假信息检测、遏制传播等
10	信息科学与图书馆科学	13	3.83	1989—2019	信息检索和需求确定，对误导、人际欺骗、社交媒体的虚假信息研究

二、识别虚假信息和控制虚假信息传播的困境

公众识别虚假信息是阻止虚假信息广泛传播的重要手段之一，但由于多方面的因素，仅依靠公众识别阻止传播虚假信息存在难度。

第一，被误导。公众面对社交媒体上的信息是容易被误导的。故意散布者会进行伪装，且内容和传播的过程可能被操纵。[①]公众媒体素养低被认为是被误导的原因之一，即在新媒体环境中获取、分析、评估和以各种形式创造信息的能力低。[②]公众被虚假信息误导，不仅关乎个体

① Wu L. Misinformation Detection in Social Media[D]. Arizona: Arizona State University, 2019.

② Lazer D M J, Baum M A, Benkler Y, et al. The Science of Fake News[J]. Science, 2018, 359(6380): 1094-1096.

识别错误、谎言的功能，也关乎群体和社会因素。[①]

第二，不知情。虚假信息可能是被掺入了一些半真半假的信息内容创造出的难以辨认的混合信息[②]，人们可能在不知情的情况下成为传播虚假信息的角色[③]，或是不加区别地在社交媒体上分享虚假信息[④]。

第三，错误的认知。网络上的虚假信息影响信息本质及用户对信息的认知[⑤]，纠正虚假信息并不能纠正人们对虚假信息的认知[⑥]。虽然强化自我肯定能够让人们对外部来源的虚假信息产生抵抗力[⑦]，但人们的认知来自个人对世界的体验，需要从外部获取信息，以从社交媒体关系网上获得的信息作为判断依据，有时是难以区分真伪的，或者说正确和错误的信息可能源自同一地方[⑧]。

第四，信息来源有限。虽然社交媒体上的信息访问量几乎是没有限制的，但用户的选择性阅读以及社交媒体基于阅读偏好的推送程序造成了他们的信息来源和观点的有限，或与他们当前的信念一致。一个人的选择依赖他潜在的社会关系网络，也就是说一个人接受和传播什么样的

① National Science Board. Science and Engineering Indicators 2018[R]. Alexandria, VA: National Science Foundation, 2018.

② Rojecki A, Meraz S. Rumors and Factitious Informational Blends: The Role of the Web in Speculative Politics[J]. New Media & Society, 2016, 18(1): 25-43.

③ Kuklinski J H, Quirk P J, Jerit J, et al. Misinformation and the Currency of Democratic Citizenship[J]. Journal of Politics, 2000, 62(3): 790-816.

④ Chen X Sin S C J, Theng Y L, et al. Why Students Share Misinformation on Social Media: Motivation, Gender, and Study-Level Differences[J]. The Journal of Academic Librarianship, 2015, 41(5): 583-592.

⑤ Stahl B C. On the Difference or Equality of Information, Misinformation, and Disinformation: A Critical Research Perspective[J]. Information Sciences, 2006(9): 83-96.

⑥ Nyhan B, Reifler J. When Corrections Fail: The Persistence of Political Misperceptions[J]. Political Behavior, 2010, 32(2): 303-330.

⑦ Szpitalak M, Polczyk R. How to Induce Resistance to the Misinformation Effect? Characteristics of Positive Feedback in the Reinforced Self-Affirmation Procedure[J]. Psychology Crime & Law, 2019, 25(7): 771-791.

⑧ Connor C O, Weatherall J O. The Misinformation Age: How-False Beliefs Spread[M].New Haven, CT: Yale University Press, 2019: 12-18.

信息取决于临近人的选择、行为分布以及数量。①

三、社交媒体平台的责任与作用

因为存在和传播大量的虚假信息，社交媒体曾被指责②，但社交媒体在纠正虚假信息方面可以发挥重要和积极的作用。一些有效的纠正虚假信息的方法能够减少社交媒体用户对科学信息的误解，如进行内容管理、内容选择性暴露。虽然在阅读纠正信息后，一些用户否认他们的信仰发生改变，或产生矛盾的理解，但他们对于相关科学问题的态度有所改变。③

社交媒体的程序能快速检测正在传播中的虚假信息，在推特中，已经实现了可以检测可疑信息的监督学习技术，这些技术都基于机器学习算法或启发式算法，用以检测社交媒体用户发布的消息中的虚假信息。④社交媒体服务商可以直接过滤掉那些被识别的虚假信息。基于社交网络的信息过滤器，可以通过组建可信赖的在线社交朋友圈、由管理员控制流入的信息并为信息加上标签加速观点的永久化，形成对虚假信息的过滤。⑤

---

① Jackson M. The Diffusion of Behavior and Equilibrium Properties in Network Games[J]. American Economic Review, 2007, 97(2): 92-98.

② Vishwanath A. Habitual Facebook Use and Its Impact on Getting Deceived on Social Media[J]. Journal of Computer—Mediated Communication, 2014, 20(1): 83-98.

③ Bode L, Vraga E K. In Related News, that Was Wrong: The Correction of Misinformation through Related Stories Functionality in Social Media[J]. Journal of Communication, 2015, 65(4): 619-638.

④ Ratkiewicz J, Conover M, Miess M, et al. Truthy: Mapping the Spread of Astroturf in Microblog streams[C]//Sadagopan S, Ramamritham K, Kumar A, et al. WWW' 11: Proceedings of the 20th international conference companion on World Wide Web. New York: Association for Computing Machinery, 2011: 249-252.

⑤ Kanekar A S, Thombre A. Fake Medical News: Avoiding Pitfalls and Perils[J]. Family Medicine and Community Health, 2019, 7(4): e000142.

但社交媒体上每时每刻都有海量信息被生产和传播，且虚假信息可以隐藏于丰富的上下文中，从现有研究成果来看，现阶段没有能够完全检测、彻底消除社交媒体上虚假信息的方式。

而且，社交媒体的算法和解决方案有时候会导致用户看到更多能够加强他们原本意识形态的内容，一些社交媒体积极阻止虚假信息传播的技术方案反而促进了虚假信息的传播，如“脸书”为了解决向用户展示的内容中存在大量虚假信息而被批评的问题，利用算法让用户减少看到病毒视频和媒体新闻文章的机会，突出显示朋友之间的帖子，这种策略在某种程度上促进了虚假信息的传播，因为虚假信息可能就隐藏在朋友的帖子中，且他们不认为是错误的。①

四、纠正虚假信息的效果

对最主要或影响最大的虚假信息的关注、基于事实的富有逻辑的阐述、权威的信息发布来源被认为是纠正虚假信息的重点。

虚假信息存在持续影响效应被广泛论证，对信息接收者来说可信来源、重复出现、纠正延迟等会降低纠正效果。②对于专家而言，纠正社交媒体上的虚假信息的效果与公众和媒体的新闻素养有关。③与科学相关的虚假信息可能导致错误的健康教育内容、健康消费趋势和公共政

① Isaac M. Facebook Overhauls News Feed to Focus on What Friends and Family Share[N/OL]. (2018-01-11)[2020-05-28]. https://www.seattletimes.com/business/facebook-overhauls-news-feed-to-focus-on-what-friends-and-family-share/.

② Walter N, Tukachinsky R. A Meta-Analytic Examination of the Continued Influence of Misinformation in the Face of Correction: How Powerful Is It, Why Does It Happen, and How to Stop It?[J]. Communication Research, 2020, 47(2): 155-177.

③ Vraga E K, Bode L, Tully M. Creating News Literacy Messages to Enhance Expert Corrections of Misinformation on Twitter[DB/OL]. (2020-01-30)[2020-06-28]. https://journals.sagepub.com/doi/10.1177/0093650219898094.

策，需要有针对性地制定纠正策略。①

为了确定在传染病爆发期间如何提高公众对虚假信息的认识以及纠正信息的策略，一项700人的在线试验在美国公众中进行，包含了不同的性别、年龄、种族、地区。在最初的虚假信息暴露之后，一组参与者接收到了不同类型的纠正信息（简单的反驳和阐述事实）和来源（政府卫生机构、新闻媒体和社会同行），另一组对照组没有接收到纠正信息。结果表明：第一，纠正信息的存在可以揭穿虚假信息。当被扩散的虚假信息是有关新出现的危机时，反驳相关说法可以显著地改变个人对危机严重性的看法。第二，对于简单的反驳和事实阐述这两种纠正虚假信息的方式，与个人对危机严重性的认知无关，仅仅是虚假信息的存在就足以改变人们的看法。相对而言，与简单的反驳相比，基于事实的阐释效果更好。第三，比较三个有影响力的信息源（政府卫生机构、新闻媒体和社会同行）的传播效果，以了解个人对不同纠正信息来源的反应，与社会同行相比，政府机构和新闻媒体作为信息来源在提高可信度方面更为成功。②

一些研究发现，当人们缺乏专业知识和技能时，就容易受到虚假信息的误导。但这也为控制虚假信息的传播和影响提供了方法。研究者建议通过解释虚假信息中的谬误推理来预防虚假信息的传播，并提出基于批判性思维的策略来分析和检测虚假信息中的不良推理。策略包括详细地描述论点结构、确定信息的真实性、检查信息的有效性、隐藏前提假设或使用模糊的语言。这种方式的优势在于，能够让那些缺乏专业科学知识的人接受。③

更多的研究表明，如果虚假信息造成了危机，那么纠正虚假消息更有

---

① Smith C N, Seitz H H. Correcting Misinformation about Neuroscience via Social Media[J]. Science Communication, 2019, 41(6): 790-819.

② Toni G L A, Jin Y. Seeking Formula for Misinformation Treatment in Public Health Crises: The Effects of Corrective Information Type and Source[J]. Health Communication, 2019, 35(5): 1-16.

③ Cook J, Ellerton P, Kinkead D. Deconstructing Climate Misinformation to Identify Reasoning Errors[J]. Environmental Research Letters, 2018, 13(2): 24018.

效的方式是披露与当下危机有关的正确的信息，而不是试图改变人们原有的态度。在这种情况下，纠正虚假信息可能更需要关注当前的危机情况。①

五、检测和识别虚假信息

如何识别虚假信息，并控制其基于社会关系网络的病毒式的传播，越来越受到学者的关注。特别是使用计算机网络技术，如机器学习和自然语言处理技术，基于内容的文本特征或者信息来源特征，自动识别和监控虚假信息，并使用修改网络拓扑结构等方式限制虚假信息传播，如暂停账号、删除链接等，取得了理论和实践上的成效。

第一类技术基于文本特征实现虚假信息的识别和控制。通过提取符合特定的纠正模式的文本段落，将这些文本段落聚类成不同的虚假信息的主题，通过选择主题达到有效控制的目的。②基于机器学习和文本分类模型的框架，可通过区分那些可靠和不可靠的信息来实现虚假信息的早期检测。③针对网络新闻可信度的指标被提出，包括内容（标题代表性、点击链接、专家引用、研究引用、置信度校准、逻辑谬误、语气、推断）和语境（独创性、事实核实、代表性引用、引用的声誉、广告数量、电话数量、垃圾广告、广告和社交电话的位置）两个指标。④

---

① Ecker U K H, Lewandowsky S, Fenton O, et al. Do People Keep Believing Because They Want to? Preexisting Attitudes and the Continued Influence of Misinformation[J]. Memory & Cognition, 2014, 42(2): 292-304.

② Nabeshima K, Mizuno J, Okazaki N, et al. Mining False Information on Twitter for a Major Disaster Situation[C]. Slezak D, Schaefer G, Vuong ST, et al. Active Media Technology. Heidelberger Platz: Springer-Verlag Berlin, 2014: 96-109.

③ Liu Y, Yu K, Wu X F, et al. Analysis and Detection of Health-Related Misinformation on Chinese Social Media[J]. IEEE ACCESS, 2019(7): 154480-154489.

④ Zhang A X, Ranganathan A, Metz S E, et al. A Structured Response to Misinformation: Defining and Annotating Credibility Indicators in News Articles[DB/ OL]. (2018-04-27)[2020-06-24]. https://dl.acm.org/doi/ abs/10.1145/3184558.3188731.

基于网络数据深度分析，检测社交媒体中可能出现的语义攻击[①]类型，并对其进行精准的分类。研究者使用自动化的网络分析算法和人工的方式标注可能存在的语义攻击类型：造谣攻击和错误攻击。绘制包含用户节点和消息节点的Retweet图，对社交媒体中语义攻击进行分类。然后，使用基于模块化的社区检测算法（Gephi软件），检测信息传播情况。基于此，构建传播图，利用K-Core分解，分离出其中可能的虚假信息和涉及的用户节点。此方法可以在可接受的时间框架内，有效地识别与控制虚假信息的传播。[②]

第二类技术是基于社会关系节点的模型。测试社交媒体上社会关系节点之间的影响概率和强弱关系的不同学习模型被提出，还可以用于预测用户是否会执行某一项操作，以及受邻居节点影响后可能执行操作的时间，其中包括：静态模型（伯努利分布、雅卡指数、部分信用）、连续时间（CT）模型、离散时间（DT）模型，使用Flickr数据集验证。[③]

社交媒体中竞争活动的概念的提出解决了如何找到从网络中的某个节点开始传播的虚假信息，并使用限制活动的概念来抵消虚假信息的影响的问题。Budak等[④]比较了贪婪算法与各种启发式算法的性能，认为在大多数情况下，启发式算法比贪婪算法性能更好，并提出了一种基于随机生成树的预测算法，在识别虚假信息时可以容忍一定比例的数据缺

① 语义攻击(Semantic Attacks)，一种利用网络应用缺陷插入虚假的数据包破坏合法通信的网络攻击手段。

② Kumar K P K, Geethakumari G. Analysis of Semantic Attacks in Online Social Networks[J]. International Journal of Trust Management in Computing and Communications, 2014, 2(3): 207-228.

③ Goyal A, Bonchi F, Lakshmanan L V S. Learning Influence Probabilities in Social Networks[C]. Davison B D, Suel T. WSDM'10: Proceedings of the Third International Conference on Web Search and Web Data Mining. New York: Association for Computing Machinery, 2010: 241-250.

④ Budak C, Agrawal D, Abbadi A E. Limiting the Spread of Misinformation in Social Networks[C]. Sadagopan S, Ramamritham K, Kumar A, et al. WWW'11: Proceedings of the 20th International Conference on World Wide Web. New York: Association for Computing Machinery, 2011: 665-674.

少，其性能能够满足需求。

为了解决虚假信息的误报、预防问题，特别是显著独立级联模型下的虚假信息预防问题，唐（Tong）等①提出了一种新的采样方法，与传统的对所有节点一视同仁、对节点均匀采样的逆向采样方法不同，该方法采用混合采样的方法，其算法核心是设计有效的采样方法来估计函数值，对易受虚假信息影响的用户赋予较高的权重。因此，这种新的采样方法在生成有效样本方面具有更强的能力。他们还在收集大量数据的基础上对所提出的方法进行了实验评估，结果显示其性能与传统逆向采样方法相比具有显著的优越性。

基于系统网络体系结构（SNA）的度量，一个自动化的解决方案被提出，可以用来识别在危机期间传播虚假信息的用户。通过开发可以实时评估内容的可信度的技术，来阻止虚假信息在推特上的传播，这可以用来过滤数据中令人难以置信的虚假信息。使用有监督的机器学习和相关反馈方法，研究者发现了基于推特特性（主题和来源）的推特排名，这有助于评估事件消息中信息的可信度。这些算法可以帮助用户对推特的可信度做出判断。②

在检测和识别虚假信息的过程中，除了计算机算法外，认知心理学的方法也被广泛使用。

用户在社交媒体上转发的虚假信息，受到含有欺骗性的信息或符号的暗示。③认知心理学的理论可以被用于评估社交媒体上的虚假信息和宣传信息的传播，通过分析信息的一致性、信息的相关性、来源的可信度、信息的普遍可接受性，可推断出那些隐藏在信息中的误导和欺骗内

① Tong G A, Du D Z. Beyond Uniform Reverse Sampling: A Hybrid Sampling Technique for Misinformation Prevention[DB/OL]. (2019-12-20)[2020-06-28]. https://arxiv.org/abs/1901.05149v2.

② Gupta A, Kumaraguru P. Misinformation in Social Networks, Analyzing Twitter During Crisis Events[M]. New York: Springer New York, 2014: 922-924.

③ Karlova N A, Fisher K E. A Social Diffusion Model of Misinformation and Disinformation for Understanding Human Information Behaviour[J]. Information Research, 2013, 18(1): 1-17.

容的线索，进而制定控制虚假信息传播的解决方案。①

使用可以引导人点击、转发的方式，成为在社交媒体上传播虚假信息的高效方式。针对这种情况，通过自动检索，识别社交媒体上的文本、图片中的相关线索，是一种有效途径。②

六、虚假信息的预防与控制对策

在控制虚假信息传播方面，可以先建构虚假信息的传播模型，用以识别最有影响力的节点，在这些节点上对虚假信息进行净化（删除或修正），以阻止该节点上虚假信息的传播。再通过使用多个有影响力的节点发起反击的方式，控制虚假信息传播。③采用节点保护的方式，将虚假信息的传播限定在一个预先确定的速度和时间段内，在具有高度影响力的节点中，找到最小的一组，控制和清除这一组节点上的虚假信息，也是一种有效方法。④

有的研究还提出了通过改变扩散网络的拓扑结构来控制虚假信息传播的策略。⑤通过独立级联或线性阈值模型的技术手段切断社交媒体上

---

① Kumar K P K, Geethakumari G. Detecting Misinformation in Online Social Networks Using Cognitive Psychology[J]. Human-centric Computing and Information Sciences, 2014, 4(1): 14.

② Chen Y M, Conroy N J, Rubin L. Misleading Online Content: Recognizing Clickbait as "False News"[C]. Abouelenien M, Burzo M. Proceedings of the 2015 ACM On Workshop on Multimodal Deception Detection. New York: Association for Computing Machinery, 2015: 15-19.

③ Budak C, Agrawal D, Abbadi AE. Limiting the Spread of Misinformation in Social Networks[C]. Sadagopan S, Ramamritham K, Kumar A, et al. WWW'11: Proceedings of the 20th International Conference on World Wide Web. New York: Association for Computing Machinery, 2010: 665-674.

④ Nguyen N P, Yan G, Thai M T, et al. Containment of Misinformation Spread in Online Social Networks[C]. Contractor N, Uzzi B. Proceedings of the 3rd Annual ACM Web Science Conference. New York: Association for Computing Machinery, 2012: 213-222.

⑤ Kempe D, Kleinberg J M, ÉvaTardos. Influential Nodes in a Diffusion Model for Social Networks[DB/OL]. (2005- 07-15)[2020-06-24]. https://doi.org/10.1007/11523468_91.

用户之间的链接，或者对其进行封号处理，以达到控制虚假信息传播的目的。[①]

但是，这些扩散模型中的参数很难在现实数据中被提取出来。因此，宋（Song）等[②]的研究利用网络中发生的实际级联，基于场景为虚假信息设置不同的信息传播概率模型，选择最优的链接子集，将链路去除问题转化为混合整数规划问题，从而最大限度地消除虚假信息和谣言的传播。

莱万多夫斯基（Lewandowsky）等人[③]认为意识形态和个人的世界观可能是降低控制和纠正虚假信息成本的主要障碍，但仍然有许多有效的方法可以减少虚假信息的影响，如适当的控制设计、控制结构和应用方式，可以最大限度地提高控制的效果。他们随后提出了更具体的应对虚假信息传播的对策：第一，为虚假信息提供有理有据的纠正解释；第二，删除虚假信息，以降低持续影响；第三，在纠正的过程中如果需要，可以提及虚假信息，但要同时给出明确的说明，以免混淆；第四，注意受众的世界观，在执行过程中很可能会有所偏向；第五，纠正信息需简洁有力，且比之前的虚假信息更有吸引力。

公共危机（如自然灾害、公共卫生等）事件是缺乏科学证据的虚假信息泛滥的主要情景之一，它可能会引起媒体、公众的过度反应和恐慌，甚至会削弱可靠信息或官方公告的传播效果。[④]如果公共卫生专家在公共卫生危机期间积极应对并及时地纠正虚假信息，将有助于阻止危

---

① Hemmati M, Smith J C, Thai M T. A Cutting-Plane Algorithm for Solving a Weighted Influence Interdiction Problem[J]. Computational Optimization and Applications, 2014, 57(1): 71-104.

② Song Y, Dinh T N. Optimal Containment of Misinformation in Social Media: A Scenario-Based Approach [DB/OL]. [2020-09-01]. https://link.springer.com/chapter/10.1007% 2F978-3-319-12691-3_40, 2014-11-13.

③ Lewandowsky S, Ecker U K, Seifert C M, et al. Misinformation and Its Correction: Continued Influence and Successful debiasing[J]. Psychological Science in the Public Interest, 2012, 13(3): 106-131.

④ Merino J G. Response to Ebola in the US: Misinformation, Fear, and New Opportunities[J]. BMJ, 2014, 349(13): 6712.

机时期虚假信息的传播。①面向公众的公共卫生专家或医护人员应具备最新的、准确的研究成果和信息，同时，应基于自然语言处理或大数据挖掘技术对所有社交媒体上的没有科学依据的内容进行检测和删除。②

也有研究模拟公众卫生危机的情况，如通过假设爆发传染病评估公众的反应，预判相关虚假信息的传播路径、效果和范围，并以此作为预防危机或做好应对的准备，这成为危机管理实践的重要手段。③

还有的学者研究了应对虚假信息的时机。面对公共卫生事件，等待正确的时机或更严谨完整的证据链也许不是最优选择，越快纠正或反驳已经发现的虚假信息（特别是在公众对此的信念和记忆根深蒂固之前），越有可能成功。④

七、总结与讨论

社交媒体上虚假信息被有意或无意地传播，可以说是人类追求获得和交换信息的便利性、即时性和互动性带来的必然结果，特别是随着社交媒体使用量和用户量的剧增，在信息发布和传播更容易的同时，有海量的、鱼龙混杂的信息广泛传播。因此，能否在虚假信息泛滥或在社会中造成严重的负面影响前，有效地识别并控制其传播，是虚假信息相关

① Tan A S L, Lee C J, Chae J. Exposure to Health (Mis) Information: Lagged Effects on Young Adults' Health Behaviors and Potential Pathways[J]. Journal of Communication, 2015, 65(4): 674-698.

② Tasnim S, Hossain M M, Mazumder H. Impact of Rumors and Misinformation on COVID-19 in Social Media[J]. Journal of Preventive Medicine and Public Health, 2020, 53(3): 171-174.

③ Youngblood S. Ongoing Crisis Communication: Planning, Managing, and Responding, 2nd Edition (Coombs, W. T.) and Handbook of Risk and Crisis Communication(Heath, R. L. and O'Hair, H. D. Eds.)[Book reviews][J]. IEEE Transactions on Professional Communication, 2010, 53(2): 174-178.

④ Leticia B, Vraga E K. In Related News, that was Wrong: The Correction of Misinformation through Related Stories Functionality in Social Media[J]. Journal of Communication2015, 65(4): 619-638.

研究关注的核心问题。上述研究呈现出以下特点:

第一，有关虚假信息的研究属于跨学科研究，多个学科领域关注到虚假信息的问题，但各领域关注的重点和采用的研究方法等有所不同。传播学视角的研究一般比较关注社交媒体平台的性质和虚假信息的传播机制，如发布信息的门槛低、追求吸引眼球和流量、媒介平台监管困难和缺失，以及如何有效地纠正虚假信息及其效果等；心理学视角的研究一般关注虚假信息传播者的认知、动机、行为和社会影响等；计算机科学领域的研究则侧重于虚假信息的自动识别与控制技术等方面。各类研究都在不断深入和拓展。

第二，就虚假信息的识别与控制这一主题，研究者从理论和技术实践上进行了较为广泛的讨论，特别是基于计算机算法的解决方案较为丰富。而且研究者对于一些特殊领域、典型事件中的虚假信息的控制进行了深入探讨，如公共卫生事件、群体性事件等。但是，有关如何基于公众认知、传播和人际关系的特质来利用算法识别和控制社交媒体上虚假信息的传播，以发挥及时和正面的作用，仍需要深入讨论和在实践中检验。

第三，关于个体在社交媒体虚假信息的识别与控制中的作用，学者们进行了大量的探讨，这也是近几年的研究热点。很多研究提及了个体的错误信念的形成、影响，以及由科学素养、信息素养、经济条件、教育水平等多方面因素导致的认知和识别能力的差异。但是，影响或改变个体形成的错误信念的有效手段以及社交媒体上用户节点的可操作性策略等方面还有待深入探讨。

第四，现阶段社交媒体采用的解决方案，以及基于优先数据检验的理论上适用的算法模型，是否可在现实中长期有效控制虚假信息的传播，是否会带来其他负面影响，仍需要进一步检验和发展。

第五，多数研究对象为已产生影响的被普遍承认的虚假信息，但是对未来可能出现的各种类型的虚假信息，或隐藏于丰富上下文的、暗示性的、引导性的虚假信息，能否建立起一些标准或模型发挥预警或预防作用，将会是未来研究的重点发展方向。

2.3 国外科技报道研究：方法与趋势

迟妍玮　张增一

（科学与社会，2013年第2期）

随着大众媒体对科学技术发展以及科技与社会关系的重视，国际学术界对科学报道的研究日益增多，尤其是自20世纪90年代以来，媒介科技报道逐渐成为科学传播研究的一个重要研究领域。麦克·S.谢弗（Mike S.Schafer）的《盘点：对媒体上科学报道研究的元分析》描绘了20世纪50年代末到2010年媒介科技报道研究的总体特征和发展趋势。他对SSCI源刊发表的201篇论文和收录在文集中的14篇论文进行研究后指出，媒介科技报道研究论文数量总的来说呈现出随时间增长的趋势，尤其是自1990年初以来增幅较大（尽管在特定的年份有波动），见图1。这也表明此领域越来越引起学术界的重视。

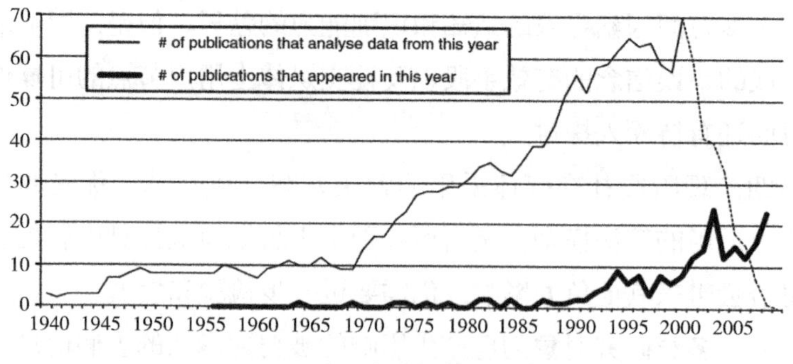

图1　论文年代分布情况[①]

① Schafer M S. Taking Stock: A Meta-Analysis of Studies on the Media's Coverage of Science[J]. Public Understanding of Science, 2012, 21(6): 650-663.

这些论文具有如下总体特征：第一，只关注自然科学和技术报道的约占92.9%，按年代分布则是20世纪60—80年代占82.4%，20世纪90年代占82.3%，21世纪最初10年则占96%。第二，从科技报道研究关注的学科领域来说，生物学和生物技术的增长最显著，从20世纪60—80年代的5.9%，到20世纪90年代增加到13.7%，到21世纪最初10年再增加到51.1%。第三，在179篇集中研究某一个国家的媒介科技报道的论文中，美国和英国是被研究最多的两个国家，分别占37.3%和24.7%，亚洲国家只占0.4%，存在着严重的不平衡。[①]

在我国，科技报道研究起步较晚。虽然近几年出现了一些研究论文，但由于关注科技报道研究的学者来自不同的学科领域，如科普研究、科学技术哲学和传播学等，对国际学术界关于科技报道的研究方法和典型成果缺乏系统的了解，研究结果之间难以进行比较或整合，有关中国媒介科技报道研究的高水平学术论文还不多见。为此，我们选取了发表在《公众理解科学》（*Public Understanding of Science*）上的5篇论文和《科学传播》（*Science Communication*）上的6篇论文，另外2篇是会议论文。之所以选择这13篇论文，首先考虑的是它们都运用内容分析法对媒介科技报道进行经验性研究，其次，尽可能使其涵盖的研究主题、媒介、时间跨度、分析维度和抽样方式等具有多样性。希望通过深入分析所选论文，对于国内学者熟悉和把握国外媒介科技报道的研究趋势、规范、程序和方法，开展原创性和具有我国本土化特色的研究有所帮助。

一、本文研究样本基本情况

在我们选取的13篇关于科技报道的研究论文中，研究主题多数为

① Schafer M S. Taking Stock: A Meta-Analysis of Studies on the Media's Coverage of Science[J]. Public Understanding of Science, 2012, 21(6): 650-663.

某一特定的科学研究领域，或者与科技密切相关的社会热点话题，其作者、标题、期刊、发表年份和研究主题见表1。

表1　本文研究样本基本情况

作者	标题	出版物	发表时间	研究主题
马丁·鲍尔	英国媒体中的科学与技术：1946—1986[①]	当科学成为文化国际会议，蒙特利尔	1994	一般科学技术
温弗里德·戈弗	安排好的科学：英国和德国电视对科学、技术、医药、社会科学的报道以及节目安排策略[②]	公众理解科学	1996	科学、技术、医药、社会科学
罗伯特·A.劳根等	《洛杉矶时报》和《华盛顿邮报》的科学与医学报道：六年的分析[④]	科学传播	2000	科学与医学
凯瑟琳·麦科马斯等	关于科学利益冲突的媒体报道[④]	科学传播	2003	科学中的利益冲突
克拉克·费奥娜等	《纽约时报》2000年关于空间问题新闻报道的内容分析[⑤]	科学传播	2003	空间科学

---

① Bauer M. Science and Technology in the British Press: 1946 to 1986[C]. When Science Becomes Culture, Montreal, Canada: 11-13, April, 1994. http://www. cirst. uqam. ca/pcst3/PDF/Communications/BAUER. PDF.

② Göpfert W. Scheduled Science: TV Coverage of Science, Technology, Medicine and Social Science and Programming Policies in Britain and Germany[J]. Public Understand of Science, 1996, 5(4): 361-374.

③ Robert A. Logan, PengZengjun and Nancy F. Wilson, Science and Medical Coverage in Los Angeles Times and The Washington Post: A Six-year Perspective. Science Communication[J], 2000, 22(1): 5-26.

④ Mccomas K A, Simone L M. Media Coverage of Conflicts of Interestin Science[J]. Science Communication, 2003, 24 (4): 395-419.

⑤ Clark F, Illman DL. Content Analysis of New York Times Coverage of Space Issues for the Year 2000[J]. Science Communication, 2003, 25(1): 14-38.

续表

作者	标题	出版物	发表时间	研究主题
马斯米亚诺·布奇等	大科学、小新闻：1946—1997年间意大利的日报①	公众理解科学	2003	一般科学
托比·A. 特内克等	全国性媒介与基因相关的事：《纽约时报》(1971—2001)和《华盛顿邮报》(1977—2001)的报道②	科学传播	2003	基因
理查德·霍利曼	媒体关于克隆技术的报道：关于媒介内容、制作和接受的研究③	公众理解科学	2004	克隆
安德鲁·莱恩	关于加拿大和美国媒体如何报道纳米技术议题的研究报告④	伍德·维尔森国际中心会议文集	2005	纳米技术
克拉克·费奥娜等	一项关于《纽约时报》科学时代专栏的纵向研究⑤	科学传播	2006	一般科学

① Massimiano B, Renato G. Big science, Little News: Science Coverage in the Italian Daily Press, 1946-1997[J]. Public Understand of Science, 2003, 12(1): 7-24.

② Teneyck T A, Williament E M. The National Media and Things Genetic Coverage in the New York Times(1971-2001) and the Washington Post(1977-2001)[J]. Science Communication, 2003, 25(2): 129-152.

③ Holliman R. Media Coverage of Cloning: A Study of Media content, Production and Reception[J]. Public Understand of Science, 2004, 13(2): 107-130.

④ Laing A. A Report on Canadian and American News Media Coverage of Nanotechnology Issues. International Center for Scholars Project on Emerging Nanotechnologies, Woodrow Wilson. 2005: 88-97.

⑤ Clark F, Illman D L. A Longitudinal Study of the New York Times Science Times Section[J], Science Communication, 27(2006): 496-513.

续表

作者	标题	出版物	发表时间	研究主题
埃里克·拉辛等	大脑成像技术：纸质媒体上的十年①	科学传播	2006	功能性磁共振成像
布鲁诺·高桥	框架与来源：在第五届VALCUE会议期间秘鲁大众媒体关于气候变化报道的研究②	公众理解科学	2011	气候变化
布里吉特·施迈德勒	“武士的闪亮铠甲”还是“弗兰肯斯坦的怪物”？德国媒体关于合成生物学的报道③	公众理解科学	2011	合成生物

在表1列出的13篇研究论文中，有4篇集中于一般的科学或技术报道，有8篇集中于特定时段与社会热点话题密切相关的科学或技术的某一个领域，如基因、克隆、气候变化、空间技术、纳米技术，另有1篇论文集中于科学中的利益冲突。这些论文主题虽然不能反映媒介科技报道研究选题的概貌，但总的说来，作者选择的研究主题与当时的社会热点密切相关。

二、国外科学报道研究的媒介选择、时间跨度和样本选取

在我们选取的13篇关于科技报道的研究论文中，其媒介选择、时间

① Racine E, Barilan O, Illes J. Brain Imaging: A Decade of Coverage in the Print Media[J]. Science Communication, 2006, 28(1): 122-143.

② Takahashi B. Framing and Sources: A Study of Mass Media Coverage of Climate Change in Peru during the VALCUE[J]. Public Understand of Science, 2011, 20(4): 543-557.

③ Gschmeidler B. Seiringer A."Knight in Shing armour" or "Frankenstein's Creation"? The Coverage of Synthetic biology in German-Language media. Public & Understanding of Science, 2011, 21(2):1-11.

跨度和样本选取等基本情况见表2。

表2 媒介选择、时间跨度和样本选取

<table>
<tr><th>论文标题</th><th>样本来源</th><th>时间跨度</th><th>取样方式</th><th>样本数</th><th>样本来源国</th></tr>
<tr><td>英国媒体中的科学与技术：1946—1986</td><td>5种报纸</td><td>41年</td><td>每2年每种报纸随机抽选10天</td><td>5500</td><td>英国</td></tr>
<tr><td rowspan="2">安排好的科学：英国和德国的科学、技术、医药、社会科学的电视报道以及节目安排策略</td><td>16频道电视节目</td><td rowspan="2">3个月</td><td rowspan="2">全部相关节目</td><td rowspan="2">842</td><td>德国</td></tr>
<tr><td>4频道电视节目</td><td>英国</td></tr>
<tr><td>《洛杉矶时报》和《华盛顿邮报》的科学与医学报道：六年的分析</td><td>2份报纸</td><td>6年</td><td>构造周抽样</td><td>2226</td><td>美国</td></tr>
<tr><td>关于科学利益冲突的媒体报道</td><td>4份报纸</td><td>10年</td><td>关键词检索 / 全部</td><td>138</td><td>美国</td></tr>
<tr><td>《纽约时报》2000年关于空间问题新闻报道的内容分析</td><td>1份报纸</td><td>1年</td><td>关键词检索 / 全部</td><td>772</td><td>美国</td></tr>
<tr><td>大科学、小新闻：1946—1997年间意大利的日报</td><td>1份报纸</td><td>52年</td><td>构造周抽样</td><td>1336</td><td>意大利</td></tr>
<tr><td>全国性媒介与基因相关的事：《纽约时报》(1971—2001)和《华盛顿邮报》(1977—2001)的报道</td><td>2份报纸</td><td>31年 / 25年</td><td>关键词检索 / 等距抽样</td><td>2720</td><td>美国</td></tr>
<tr><td rowspan="2">关于加拿大和美国媒体如何报道纳米技术议题的研究报告</td><td>15份报纸</td><td rowspan="2">1年</td><td rowspan="2">全部检索结果</td><td rowspan="2">381</td><td>加拿大</td></tr>
<tr><td>12份报纸</td><td>美国</td></tr>
<tr><td>一项关于《纽约时报》科学时代专栏的纵向研究</td><td>1份报纸</td><td>20年</td><td>选定的每5年中每月随机抽取1期</td><td>985</td><td>美国</td></tr>
</table>

续表

论文标题	样本来源	时间跨度	取样方式	样本数	样本来源国
媒体关于克隆技术的报道：关于媒介内容、制作和接受的研究	8份报纸 4频道电视新闻	2年	全部检索结果	300	英国
框架与来源：在第五届VALCUE会议期间秘鲁大众媒体关于气候变化报道的研究	8份报纸	7天	全部检索结果	55	秘鲁
大脑成像技术：纸质媒体上的十年	1个数据库	13.5年	全部检索结果	132	不确定
“武士的闪亮铠甲”还是“弗兰肯斯坦的怪物”？德国媒体关于合成生物学的报道	报纸、杂志、网络	6年	全部检索结果	233	奥地利、德国、瑞士

（一）媒介选择

从表2中的13篇论文来看，有9篇选择了报纸作为唯一的研究媒介，还有3篇包括报纸，另外有2篇论文把杂志作为研究媒介。这表明，尽管一些研究者借助于数据库检索等手段，但报纸仍是媒介科技报道研究者最常选取的媒介。

在报纸的选择方面，研究者也存在着某种共识，倾向于选择所研究国家的大报。例如，马丁·鲍尔在《英国媒体中的科学与技术：1946—1986》一文中选取了《每日电讯》《泰晤士报》《每日快报》《每日镜报》和《太阳报》等5种报纸作为研究的媒介①，而理查德·霍利曼

① Bauer M. Science and Technology in the British Press: 1946 to 1986[C]. When Science Becomes Culture, Montreal, Canada, 11-13 April, 1994. http://www.cirst.uqam.ca/pcst3/PDF/Communications/BAUER.PDF.

在研究英国媒体关于克隆技术的报道所选取8种报纸中，除了上述5种报纸外，只增加了《卫报》《独立报》和《每日邮报》[①]。同时，凯瑟琳·麦科马斯等选取美国《纽约时报》《华盛顿邮报》《洛杉矶时报》《今日美国》等媒体研究关于科学中的利益冲突的报道[②]。马斯米亚诺·布奇等对意大利日报的科技报道研究则选了《晚邮报》这家在意大利发行量最大、威望最高的报纸[③]。

此外，有2篇论文把电视节目作为研究对象，其中有1篇把电视新闻作为唯一的研究对象，还有1篇论文涉及网络报道。但是，没有一篇是以广播节目作为主要研究对象的。

（二）时间跨度

在表2的13篇论文中，研究者选取的时间跨度长短不一，最短的只有7天，最长的达52年。一般说来，时间跨度较大的研究可视为纵向研究，这些研究往往注重科技报道分析变化发展趋势或不同发展阶段的特征。在表2中，时间跨度等于或超过20年的有4篇论文，属于纵向研究，分别是52年、41年、25年和20年。20年以下10年及以上的有2篇，10年以下5年以上的有2篇，5年以下为7篇，其中，布鲁诺·高桥关于秘鲁大众媒体关于气候变化报道的研究时间跨度最短只有7天，时间是从第五届拉丁美洲、加勒比海和欧盟峰会（2008年5月13—17日）召开的前一天到结束后的一天。[④]可见，研究者在时间跨度选择上并无定则，可根

---

① Holliman R. Media Coverage of Cloning: a Study of Media Content, Production and Reception[J]. Public Understand of Science, 2004, 13(2): 107-130.

② Mccomas K A, Simone L M. Media Coverage of Conflicts of Interest in Science[J]. Science Communication, 2003, 24(4): 395-419.

③ Massimiano B and Renato G. Big Science, Little News: Science Coverage in the Italian Daily Press, 1946-1997[J]. Public Understand of Science, 2003, 12(1): 7-24.

④ Takahashi B. Framing and Sources: A Study of Mass Media Coverage of Climate Change in Peru during the VALCUE[J]. Public Understand of Science, 2011, 20(4): 543-557.

据各自的研究目的、分析主题的范围、研究工作量大小和取样是否方便等因素来决定。

（三）样本选取

在样本选取方式上，上述13篇论文可分为3种：

第一，依据某种标准，采用人工判断的方式，将特定时段内的科技报道全部纳入样本，例如，温弗里德·戈弗在关于英国和德国电视对科学、技术、医药、社会科学的报道以及节目安排策略的研究中，首先确定了德国的16个电视频道和英国的4个电视频道为研究总体，把在特定的3个月内特定时段与科学相关的节目都纳入样本。①

第二，选择某一数据库或某一报纸子数据库，设定关键词进行检索，去除重复的或明显与科技报道无关的文章，将检索结果全部纳入样本。在表2列出的研究论文中，采用这种方法的有7篇。

第三，当时间跨度大、研究总体规模大时，需要采用抽样法，具体抽样方式又有区别。马丁·鲍尔采用的是每2年所选5种报纸每种当年随机抽选10工作日；托比·A. 特内克等是对《纽约时报》（1971—2001）和《华盛顿邮报》（1977—2001）分别用某些关键词进行检索，然后以10：1的比例对检索结果进行等距抽样②；马斯米亚诺·布奇等对52年间的《晚邮报》每年抽取两个构造周③；克拉克·费奥娜等则对1980年、1985年、1990年、1995年和2000年中的《纽约时报·科学时代

---

① Göpfert W. Scheduled Science: TV Coverage of Science, Technology, Medicine and Social Science and Programming Policies in Britain and Germany[J]. Public Understand of Science, 1996, 5(4): 361-374.

② Teneyck T A, Williament M. The National Media and Things Genetic Coverage in the New York Times(1971-2001)and the Washington Post(1977-2001)[J]. Science Communication, 2003, 25(2): 129-152.

③ Massimiano B, Renato G. Big Science, Little News: Science Coverage in the Italian Daily Press, 1946-1997[J]. Public Understand of Science, 2003, 12(1): 7-24.

版》每月随机抽取1期，将该期中的所有文章纳入样本的范围[①]。

关于样本量的大小，表2中13篇论文的样本量从最小的55到最大5500有很大差异。就2篇时间跨度在40年以上的论文来说，如果用U表示样本数（篇）/［样本来源数（份）×时间跨度（年）］，我们将会发现鲍尔和布奇论文的U值分别是26.8和25.7，两者相当接近。同样，把特内克等人的论文中的两个时间跨度31和25年取平均为28年，我们将会得到特内克等人和2006年费奥娜等人论文的U值分别是48.6和49.3，两者非常接近。如果考虑到这两组在时间跨度上的差异，对于纵向研究，时间跨度越长，U值越小被研究者认为似乎是合理的。当然，样本数的大小受多种因素制约，所选研究主题、媒介和时间跨度、研究目的和研究方法的不同，也会影响到样本规模。

三、国外科学报道研究的框架设计与变量选择

这些论文大多使用了内容分析法，即采用客观、系统和定量的描述研究方法，表3展现了13篇论文的分析维度数量和研究变量数量。在这些文章中，只有4篇论文的研究变量数量大于或等于10个，其余文章的变量数量均在10个以下。

① Clark F, Illman D L. A Longitudinal Study of the New York Times Science Times Section[J], Science Communication, 27(2006): 496-513.

表3　分析维度及变量数量

论文题目	分析维度数量	变量数量
英国媒体中的科学与技术：1946—1986	4	70
安排好的科学：英国和德国电视对科学、技术、医药、社会科学的报道以及节目安排策略	3	9
《洛杉矶时报》和《华盛顿邮报》的科学与医学报道：六年的分析	5	6
关于科学利益冲突的媒体报道	4	32
《纽约时报》2000年关于空间问题新闻报道的内容分析	4	7
大科学、小新闻：1946—1997年间意大利的日报	2	7
全国性媒介与基因相关的事：《纽约时报》(1971—2001)和《华盛顿邮报》(1977—2001)的报道	7	10
关于加拿大和美国媒体如何报道纳米技术议题的研究报告	3	7
一项关于《纽约时报》科学时代专栏的纵向研究	5	5
媒体关于克隆技术的报道：关于媒介内容、制作和接受的研究	3	6
框架与来源：在第五届VALCUE会议期间秘鲁大众媒体关于气候变化报道的研究	4	28
大脑成像技术：纸质媒体上的十年	2	6
“武士的闪亮铠甲”还是“弗兰肯斯坦的怪物”？德国媒体关于合成生物学的报道	2	7

下面我们选取5篇比较有代表性的论文，说明研究框架的制定过程以及选取研究变量的情况。

（1）马丁·鲍尔的《英国媒体中的科学与技术：1946—1986》一文，是大样本、纵向研究的代表。该论文将5500篇样本文章分两类进行编码：第一类编码描述报道文章的基本信息，包括所在报纸专栏、日期、本期报纸总页数、篇幅长度、文章所在页码、版面位置、插图等11个变量；第二类编码是科技报道文章的内容分析框架，用于描述科技报道文章的结构，包括作者、主要人物、事件、事件涉及的时间和地点、背景、后果、立场等59个变量，并且采用以下4种类型进行编码。如，二分变量（基本上是“是 / 否”）、名称变量（如科学领域、地理位置，可能有上百个赋值）、等级变量（如这篇文章有多少科学价值，用1～7个等级评定）、多重变量（如作者姓名，允许多个译码）。分析维度主要有4个：①科学报道的周期性变化；②科技新闻报道结构的变化；③不同报纸在科技新闻报道质量上的差异；④被报道的不同科学技术领域在报道方式上的差异。

（2）托比・A. 特内克等人的《全国性媒介与基因相关的事：〈纽约时报〉（1971—2001）和〈华盛顿邮报〉（1977—2001）的报道》，是一项关于特定科技议题新闻报道的比较研究。论文重点关注文章的报道框架、被使用信息的来源以及把遗传学和基因技术与食品和医学联系在一起时的差别。由于两家报纸选择的年份不同，在进行内容分析时，分为1971—1991年和1992—2001年两个阶段。

该研究采取了普遍使用的新闻分析框架，并在进行内容分析的同时，增加了对争议、隐喻和焦点的分析，不仅仅是通过报道的正负面来进行判定，还对研究年限内报纸本身、事件和政策的变动进行了考虑。以下是该论文的分析维度和变量。

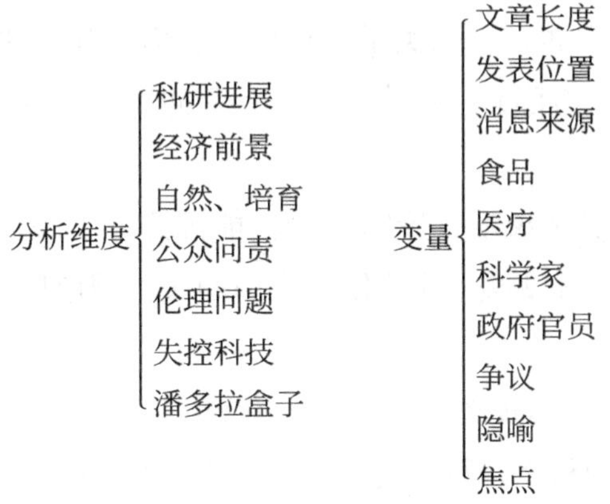

（3）温弗里德·戈弗的《安排好的科学：英国和德国电视对科学、技术、医药、社会科学的报道以及节目安排策略》是少数研究电视媒体科学报道的论文之一。他对特定时期特定时段中英国4个电视频道和德国16个电视频道的科技类节目内容进行了分析。该论文选取了三个分析维度，即节目总数、播放时间和内容类别，并且特别关注黄金时间播放的节目数量、时间和内容类别。他的研究问题是：①英国和德国电视台在科学报道总量上是否有差别？②英国和德国电视的科学报道在学科和方式上是否有差别？③英国和德国电视科学报道在节目安排策略上是否有区别？

与大多数研究者不同，戈弗把科学报道的学科内容划分为9大类，并且对每一类给出了明确的界定。这9类及其学科领域是：

——自然科学：自然史、生命科学、生物学、生态学、古生物学、地理学、地质学、地球史、气象学

——医学：医学诊断、医学治疗、医疗技术、预防医学、药物学、兽医、健康、营养、公共卫生、遗传学、遗传工程

——技术：能源、信息技术、生物技术、计算技术、应用科学、工业生产技术、技术装置、农业、工程、交通、军事研究与发展（R&D）

——社会科学：社会学、政治学、经济学、市场研究、心理学、精神病学（社会方面）、人类学、民族学、教育学、考古学、社会地理学、交通（社会方面）、技术评估、和平研究、灵异学（社会/心理方面）

——环境：自然灾难、废物管理、能源开发、资源消耗、自然保护、濒危物种、全球变暖、生物圈、人口增长、城市规划、危险品、辐射风险

——纯科学：基础研究、物理学、化学

——社会中的科学：科学史、科学方法、科学政策和立法、研究资助、科学教育、科学家的生活、科学知识传播、公众理解科学、伦理

——空间科学：宇宙学、天文学、空间技术

——其他

虽然上述分类中有的分类有待商榷，但对于今后的研究仍有借鉴意义。

（4）布鲁诺·高桥《框架与来源：在第五届VALCUE会议期间秘鲁大众媒体关于气候变化报道的研究》，选择了秘鲁大众媒介在一次国际峰会期间对气候变化这一全球性问题的报道，这也是为数不多关注发展中国家媒介科技报道的研究论文之一，他选取的时间跨度比较短，只有7天。

高桥的研究目的是揭示不同的报道框架和信息来源对于秘鲁国内媒体气候变化报道产生的影响，因此，该研究的重点集中在“报道框架”和“信息来源”。

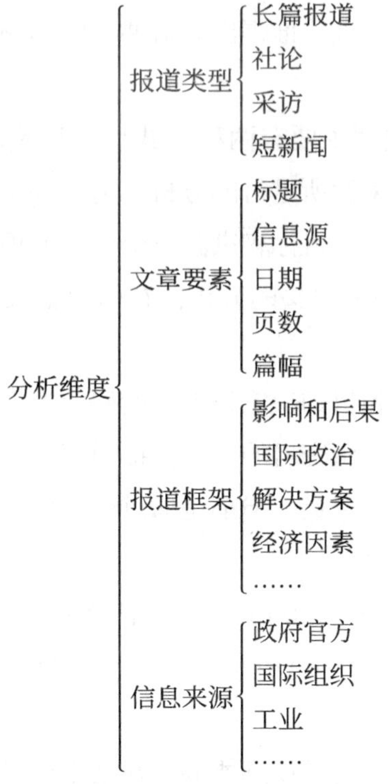

报道框架有以下变量：影响和后果、国际政治、解决方案、经济因素、评估、政策、国家政治、机会、行为、科学、管理和其他。

信息来源有以下变量：政府官方、国际组织、研究者、工业、环境主义者、国外政府官方和其他。

高桥的研究指出，从秘鲁大众媒介在气候变化议题上的报道框架来看，占主要地位的是气候变化的影响和后果，随后是国际政治、解决方案和经济因素，以科学作为报道框架的处于相对较后的位置，从而揭示了气候变化问题的复杂性以及媒介的关注点。

（5）凯瑟琳·麦科马斯等人的《关于科学利益冲突的媒体报道》，是一篇研究媒体报道中科学共同体内部利益冲突的研究论文。与一般的科学报道研究不同，科学中的利益冲突涉及的人物、事件之间的关系更复杂。该论文选取了138篇样本，编码包含32个变量，分析维度包括以下4个方面：①是否描述了利益冲突？②是否讨论了利益冲突和个人或组织的关系？③确认谁提出利益冲突的问题？④是否提及利益冲突的正面或负面效果？

作者对变量的处理主要有两种方式：一种是单变量分析，如对报道文章的作者或消息来源所进行的分析；另一种是做变量间的相关性分析，如对利益冲突性质、目标和来源三个变量做相关性分析等。

基于对上述5篇研究论文的分析，在研究框架和变量选择方面我们可以得出如下结论：

第一，研究主题和目的决定研究者的研究框架、分析维度和变量选择，对于不同的主题和研究目的的科技报道研究，虽然没有统一的研究框架、分析维度和编码变量，但都是通过概念化和操作化推演出来，仍有一定的规律可以遵循。

第二，研究报纸科技报道，关于报道文章的一些变量是要涉及的，例如，标题、作者、信息源、报道类型、所在版面、报道篇幅、日期等。

第三，设置变量是为了找到能够解释结果变量的因素，或判断某个变量是否与结果变量相关。变量的多少取决于能满足解释分析维度的需求，一般来说，样本数量一定，变量数量增加；样本量大，变量数量相对较小。

四、结语与启示

上述对13篇论文的分析，将有助于我们把握近20年来国外科技报道研究的趋势和特点，并对开展相关研究有所启示。

首先，这些论文的作者主要是欧美尤其是英美学者，分析的媒介和科技事件也主要集中在发达国家，与谢弗对215篇研究样本得出的结论基本一致。

其次，在研究主题的选择方面，研究者对大众媒介关于一般科学技术的报道，包括一些跨国别或跨媒体类型的比较研究有持续的兴趣，但是更多研究者会选择那些近期在全球范围内引起社会普遍关注的科技热点事件或与某一科技领域密切相关的社会问题，如转基因问题、克隆问题、纳米科技、空间技术、食品安全和气候变化等，我们有理由推测伴随着日本大地震带来的核安全问题以及互联网的普及带来的网络安全问题等很可能会成为现阶段科技报道研究的重要主题。

第三，在研究媒介的选择方面，无论是谢弗选取的215篇研究样本，还是我们分析的13篇研究论文，报纸仍是研究者选择最多的研究对象，而且研究者倾向于选取有影响力的主流报纸，只有极少一部分研究者选择电视或广播节目为研究对象，基于互联网站、博客和微博的科技报道研究也不多见。然而，南京大学2011年发布的《2010年中国新闻传媒影响力研究报告》显示，我国新闻媒介的影响力大小依次是电视（67.2%）、报纸（13.4%）、网络（10.2%）、广播（7.4%）和杂志（1.8%）。同样，2010年第八次中国公众科学素养调查也显示，公众获得科技信息的大众传媒渠道依次是电视（87.53%）、报纸

（59.12%）、广播（26.61%）和杂志（12.20%）。这表明，电视科技节目因取样和音视频分析等方面的困难并没有得到应有的重视。

第四，研究选取的时间跨度一般取决于研究者的研究目的、主题和工作量等；时间跨度较短时，一般采用全样本或者在数据库检索关键词的方法；时间跨度较长时，则多用抽样方法，如构造周方法。同时，我们还发现，研究年限越长，一般样本数（篇）/［样本来源数（份）×时间跨度（年）］的值越小。

第五，在研究框架、分析维度和变量选择方面，不同的主题和研究目的，虽然存在着较大的差异，但都是建立在概念和假设的操作化基础上，仍有一定的规律可以遵循。

上述特点与研究者在特定时期所具有的收集和分析媒介科技报道内容的能力和技术有关。我们坚信，随着近来在语音识别、视频搜索等技术领域中的进步，电视和广播节目中的科技内容分析将会变得越来越易于操作；随着网络数据挖掘与分析技术的日趋成熟，在今后关于网络科技报道研究的论文将会大幅度增加；随着文本挖掘、智能搜索和分析软件技术的不断改进，采用更多的分析维度和研究变量将会变得更为便利，这也会把研究的广度和深度推向一个新的水平。但是，内容分析法仍是媒介科技报道研究的基本方法。

与此同时，我们也希望随着我国学者逐渐掌握科技报道研究的程序和方法，不断吸收研究媒介科技报道的新方法和技术，加强对中国媒介科技报道的原创性研究，当前国际科学传播领域主要集中研究欧美发达国家科技报道的这种状况在不久的将来会发生某些改变。

2.4 科学家形象研究：现状与问题

张芳喜　张增一

（自然辩证法研究，2014年第10期）

科学家的形象反映着公众对科学的态度与评价，在20世纪上半叶，由于现代科技在两次世界大战中的重要作用，科学家的声望和社会地位迅速提高。然而，随着“二战”后公众对核威胁的反思，以及人们认识到遗传工程、机器人、生物克隆、环境污染及核电站等可能产生的有害后果，科学家的公众形象开始发生变化。本文力图对科学家形象研究的相关文献进行系统整理和分析，厘清科学家形象的概念和内涵，评价不同研究方法的优点和局限性，从整体上把握科学家形象研究的现状、问题和趋势，为进一步拓宽科学家形象研究的理论视角和对象范围，采用规范的研究方法开展本土化、系统性的经验研究奠定基础。

一、科学家形象的研究

形象是一种客观具体事物的主观映像，是客观刺激物经主体思维活动加工或建构的产物，是直接或间接引起主体思想情感等意识活动的迹象或印象。[①]西方学者科特勒（Philip Kotler）认为：“形象指人们所

① 管文虎. 国家形象论[M]. 成都: 电子科技大学出版社, 2000: 22.

持有的关于某一对象的信念、观念与印象。”[①]根据这一定义，科学家形象是指人们对科学家的信念、观念与印象。在知网中搜索“科学家形象”这一主题，共检索到145篇，与科学家形象相关的有39篇。我们可以发现有三个最主要的研究主题：特定人群眼中的科学家形象、艺术作品中的科学家形象和媒体中的科学家形象。

（一）特定人群眼中的科学家形象

最早开始科学家形象研究的是美国的玛格丽特·米德（Margaret Mead）和罗达·麦特洛（Rhoda Metro），1953年他们对美国高中生进行了一项调查，试图弄清科学家在他们心目中的印象。在1983年大卫·维德·钱伯斯（David Wade Chambers）设计了著名的“DAST（Draw-a-Scientist Test）测试”后，更多的学者开始着手研究学生以及其他公众眼中的科学家形象。

国内学者也对学生眼中的科学家形象进行了研究。如李烨、叶明的《国外关于学生眼中的科学家形象的研究》（2009），伍新春、季娇等人的《初中生的科学家形象刻板印象及科技场馆学习经历对其的影响》（2010），张正严的《重庆市中小学生科学家形象调查研究》（2011），杨洁琼的《中小学生对科学家形象和科学认识的调查研究》（2013）等。这类调查研究表明：学生心目中的科学家都存在着刻板印象，这种形象特征既具有跨情境的一致性，同时也存在不同情境下的差异性。伍新春的研究结果表明：初中学生所持有的科学家形象在外貌、性别、人格特征上存在着刻板印象；电视、网络和书籍杂志是初中生获取科学家形象的主要渠道；科技场馆学习经历能显著改变初中学生所持有的科学家形象的刻板印象，同时也让初中生对未来选择与科学技术相

① Kotler P. Marketing Management, Analysis, Planning, Implementation and Control[M]. Upper Saddle River, NJ: Prentice Hall International Inc., 1997: 607.

关的职业目标更加清晰化和具体化。因为学生对科学家形象的认知反映了学生的内隐科学观，因此树立正确的科学家形象，有助于学生形成正确的科学态度，同时也会影响他们未来的职业选择。外国的研究结果表明，学生对科学的态度受到自身对科学家和科学认识的影响，学生所持有的科学家形象实质上是其内隐科学观的反映。

而国外的相关研究也聚焦如何改变学生对科学家的“刻板印象”，主要的研究主题在于：一是如何通过改变教师对科学家的刻板印象进而改变学生对科学家的刻板印象；二是如何通过为学生开展多种科技活动直接改变学生对科学家的刻板印象；三是如何在学校、家庭和社会之间架构桥梁、密切配合，影响学生对科学家的印象。

最近的一些调查也表明，公众对科学家的看法存在着“刻板印象”。一方面是科学家形象的神圣化，认为科学家为了祖国的利益，可以牺牲个人的利益，默默地贡献着他们的青春和才华；另一方面是科学家形象的书生化，把科学家描绘得过于理性甚至呆板，这在一定程度上不利于吸引优秀青年加入科研队伍的行列。中国科协在2011年的调查研究中发现，我国公众对医生和中学教师的了解程度较高，对工程师和科学家的了解程度次之。在公众心目中，科学家和工程师的能力、道德和职业形象都是积极崇高的。

（二）艺术作品中的科学家形象

大量的艺术作品都有对科学家的诠释，如电影、小说、绘画等，在这些艺术作品中，有些把科学家诠释为高高在上的绝对正确的人物，有些则把科学家的形象妖魔化，如弗兰肯斯坦一样的科学怪人，这些形象的塑造或多或少地反映了当时社会对科学家的印象。作为主流文学的一部分，科幻小说一直是青年人感受科学发展和进步的一扇大门，甚至促使他们中的一些人热爱上了科学并成为科学家。与此同时，科幻作品从一开始就极大地影响了人们对科学以及科学家的认识，很多为人熟识的科学家形象，如玛丽·雪莱笔下的弗兰肯斯坦、罗伯特·斯蒂文森笔下的化身博士、霍桑笔下的拉伯西尼医生等都成为人们的日常生活词汇，这些科幻作品也成为人们对科学技术发展的态度——特别是畏惧心理的表现载体。

海恩斯[①]（R. D. Haynes）对文学作品中的科学家形象进行了归纳，他认为在整个西方文学史上，科学家多以下面几种形象出现：①邪恶的炼金术士；②愚蠢守旧、心不在焉的科学家；③作为英雄、冒险家或救世主出现的科学家；④不近人情的研究人员；⑤不能掌握自己的发现的科学家。

国内一些学者对霍桑作品中的科学家形象进行了分析研究，如梁蔚菁的《试析霍桑作品中的科学家形象》（2009），张慧荣和王常冉的《霍桑短篇小说中科学家形象的生态阐释》（2009），张国庆的《霍桑小说中的知识分子与科学家形象及其反智主义倾向》（2010）等，这些文章从霍桑作品中的科学家、医生的罪恶形象来分析霍桑对科学技术持有消极否定态度的原因：由于受到家庭环境、宗教思想及当时的浪漫主义思潮和社会发展的影响，霍桑的很多作品都表现善恶冲突，并且总是在揭露各种摧残人性、威胁人类或者使人堕落的罪恶。可见，科学家大多以负面的形象出现在国外文学作品中并影响人们的认知。

曲杨[②]对美国冷战时期的科幻作品中的科学家形象进行研究，并联系小说出版年代和科学事件的关系，如20世纪初科技的进步极大地促进了社会的发展，那么在美国科幻文化作品中，科学家的形象如何，是否得到了改善？到20世纪中期，由于科学家们研制出来具有毁灭性的核武器，他们在文学作品中的形象是否发生了什么改变？通过这些问题的研究，曲杨发现了一些当时人们对科技发展所持态度的判断。

① Haynes R D. Scientists in Literary Works—Images, Stereotypes, and Their Importance[J]. Interdisciplinary Science Reviews, 1989(12): 28.

② 曲杨. 当代弗兰肯斯坦——解析美国冷战科幻小说中的科学家形象[J]. 辽宁工程技术大学学报: 社会科学版, 2007(9).

（三）媒体中的科学家形象

媒介在塑造和传播科学家形象方面具有举足轻重的作用，国内学者在这方面也做了一些研究。邢佳妮的《媒介对科学家形象塑造的影响分析》（2010）①，认为媒介是造成科学家刻板形象的重要原因，并且分析了媒体在塑造科学家形象过程中存在的问题及对策。蔡雨坤的《科学传播中的性别视角：论大众媒介对女科学家形象的建构》（2013）②，则从性别视角，探讨了大众媒介是如何建构女科学家的刻板形象的。陈彤旭编译的《改变性别刻板成见——美国电视中的女科学家形象对女孩的影响》（1998），探讨了如何在电视节目中改变女科学家刻板形象的问题。

二、女科学家形象的研究

尽管女性在科学中的相对缺席现象和科学界的性别构成图景正在发生巨大的变化，但女性在科学界的地位并没有发生根本性的转变，仍然徘徊在科学研究的边缘。而大众媒介对女科学家群体的报道中依然存在性别歧视，对女科学家形象的塑造仍然存在性别"刻板成见"。女科学家形象展现了一个国家的科技、文化、经济、社会的发展水平。研究女科学家形象，对研究性别与科技、性别平等的问题也有一定的启示。

在知网中搜索"女科学家形象"或"女科技工作者"的主题，共检索到38篇，但是直接与女科学家形象研究相关的只有4篇；在国外期刊论文数据库EBSCO、Springer link、Sage journal、Jestor、Science Direct、Proquest中找到直接与女科学家形象相关的有十多篇。国内外文

---

① 邢佳妮. 媒介对科学家形象塑造的影响分析[J]. 中国商界(下半月), 2010(5): 393.

② 蔡雨坤. 科学传播中的性别视角：论大众媒介对女科学家形象的建构[J]. 重庆工商大学学报(社会科学版), 2013(2): 102–108.

献对女科学家形象的研究主要突出了女科学家媒介形象的研究：如多萝西·尼尔肯（Dorothy Nelkin）在《兜售科学：媒介如何报道科学和技术》（1987）一书中研究了获诺贝尔奖的女科学家在女性杂志和报纸中呈现的刻板形象（stereotypes）。一份科学杂志对1963年诺贝尔物理学奖获得者梅耶进行报道，文章标题是“认识梅耶”，并且附了一张她的照片，这张照片不是在黑板前，而是在厨房的炉灶前。①同样，《纽约时报》报道1966年获诺贝尔化学奖的霍奇金时，标题则是“英国的祖母获得了诺贝尔奖”。在报纸和杂志对女科学家的报道中看出一个成功的女科学家必须要能做好一切事情——不仅是一个优秀的女人和妈妈，并且事业成功。②

马塞尔· C. 拉弗利特（Marcel C. Lafollette）在《大众杂志中的女科学家形象》一文中研究了美国杂志中的女科学家形象并且同男科学家形象进行了比较。他发现“杂志的报道中男性科学家更受关注，由于他们个人事业的重要性，可以原谅他们没有尽到做父亲的责任。但是女科学家没有尽到做母亲的责任则是不能原谅的。女科学家不仅要体现作为一个科学家的价值，而且仍然履行真正的女性天职”。③对美国的历史文化分析可以显示：在20世纪，大众媒介一直刻画了女科学家的负面形象。为什么如此少的女性从事科学职业，拉弗利特认为：一方面是深层的文化偏见不支持女性从事科学活动，不仅仅认为科学是“男性职业”，而且更重要的是大众媒介把女科学家塑造成“非典型科学家和非典型女人”形象。④伊娃·弗丽克（Eva Flicker）选取1929—1997年间以女性科学家为主角的科幻电影进行研究。她认为电影中女科学家呈现六种类型的刻板形象：老妇女、男性化女人、天真的专家、邪恶的

① Nelkin D. Selling Science: How the Press Covers Science and Technology[M]. New York: W. H. Freeman, 1987.

② 同上.

③ Lafollette M C. Eyes on the Stars: Images of Women Scientists in Popular Magazines [J]. Science, Technology & Human, 1988(3): 262-275.

④ 同上.

阴谋家、女孩或助理、孤独的英雄。[①]而奥丽·沙赫尔（Orly Shachar）则借用“社会象征主义”这个概念，来分析新闻报道中的女科学家形象。[②]姆维尼亚·钦巴（Mwenya Chimba）和詹妮·基特津格（Jenny Kitzinger）考察了英国媒介中的科学家形象，发现呈现出性别分化，对科学界中女性和男性的报道方式是不对等的。[③]

有一些国外学者对如何改变女科学家的刻板形象做了一些研究。乔斯林·斯坦克（Jocelyn Steinke）把美国PBS六频道的节目（Discovering Women）作为研究样本，分析在这档节目中是如何驱除对女科学家这几方面的刻板印象：轻视女科学家的专长和经历，强调女性特质和家庭角色；女科学家更多表现为助手而不是实验室主任或领导；强调处理事业和婚姻或母亲角色之间的困难；科学领域需要男性气质和能力。[④]克莱韦尔（Klewer）在1987年发现，节目制作中通过增加从事科学事业的女孩和年轻女性的数量来运用贝姆（Bem）的性别模式理论是一种普遍的手法。性别模式理论阐释了儿童如何习得性别角色和性别角色方面的文化界定。在一个强调性别差别的社会中，成长的儿童易于按照男性和女性的文化差异来加工和组织信息。

国内较早关注女科学家媒介形象研究的是陈彤旭，他编译的文章主要介绍了美国电视节目制作中，已应用性别模式理论改变科学领域性别刻板成见，以美国的电视节目《发现妇女》（Discovering Women）为

① Flicker E. Between Brains and Breast—Woman Scientists in Fiction Film: On the Marginalization and Sexualization of Science Competence[J]. Public Understanding of Science, 2003(12): 307-318.

② Shachar O. Spotlighting Women Scientists in the Press: Tokenism in Science Journalism[J]. Public Understanding of Science, 2000(9): 347-358.

③ Chimba M, Kitzinger J. Bimbo or boffin? Woman in Science: an analysis of media representations and how female scientists negotiate cultural contradictions[J]. Public Understanding of Science, 2010(5): 609-624.

④ Steinke J. A portrait of a Woman as a Scientist: Breaking Down Barriers Created by Gender-Role Stereotypes[J]. Public Understanding of Science, 1997(6): 409-424.

例。[①]还有一些对报纸中女性科技人物报道进行了相关研究，如向晶研究了《中国妇女报》中的女性科技人物的报道，主要梳理了中国女性科技人才队伍半个多世纪以来的发展历程，在此基础上对《中国妇女报》自创刊以来的200多篇女性科技人物报道进行历时性的综合与归纳。发现存在一些不足之处，如报道数量日趋减少；报道重心偏离科学；新一代女科技工作者形象尚未得到体现等。毕琳研究的《科技日报》中的女科技工作者形象，通过内容分析和文本解读探讨了人物报道中呈现兼具多重身份的女性科技工作者形象，通过对比报道中的女性科技工作者形象和现实生活中科技领域的女性参与现状，发现媒介在呈现女性科技工作者形象时存在偏差。

三、科学家形象研究方法

科学家形象的研究方法主要有以下几种：一种是科学家形象测验，向被测试者发放调查问卷，或者让被测试者作画等方式，表现出他们对科学家形象的认识；另一种是对文本、媒介内容进行分析，如报纸、杂志、课本、科学家传记、电影，基于成形的分析框架，得出结论。此外，还有社会性别分析方法。

（一）科学家形象测验

科学家形象测验起源于1957年，先后在美国、欧洲各国、巴西、中国等地相继展开，测验形式包括半开放式问题、李斯特量表、绘画测验（如Draw-a-Scientist Test，简称DAST）等，由于绘画测验避免了言语

① 陈彤旭. 改变性别刻板成见——美国电视中的女科学家形象对女孩的影响[J]. 国际新闻界, 1998(1): 75–77.

等影响因素的干扰，因此较为常用。

因此，自从DAST出现以后，科学家形象研究得到了迅速的发展。主要的改进是在DAST的基础上增加访谈环节，一种常用的方法是ROSA（relevance of scientist approach），主要用于研究学生对科学家“刻板印象”的认识。除了增加访谈，还结合问卷和量表，把科学家这一较抽象、范围较大的问题划分成具体的几个小问题来进行研究。因为当评估人在评估绘画中的科学家的人格、情感等特征时，很容易做出带有主观色彩的推论，并且学生缺乏通过绘画来表现科学家的这些特征的能力，问卷、量表法能很好地弥补以绘画为主的研究方法存在的缺陷。

张正严采用问卷调查和DAST测试调查了重庆市883名中小学生心目中的科学家形象，以调查中小学生心目中科学家的内在和外在形象。[①]伍新春选取北京某中学初一年级的两个平行班，采用科学家形象绘画测验（Draw-a-Scientist Test）和相关调查问卷，评估了学生心目中的科学家形象。

（二）文本分析和内容分析

内容分析是以测量为目的，采用系统的、客观的、量化的方式，研究和分析传播行为的一种方法（Kerlinger，2000）。文本分析则是按某一研究课题的需要，对一系列文本进行比较、分析、综合。这也是大众传播研究常用的两种方法。

对科学家形象的文本分析，一方面是采取分析情感倾向的内容和词汇来界定，如曲杨在文章中提到，在《奇爱博士》（1964）中，有类似“邪恶”“冷血”“能看到整个地球的毁灭而狂喜不已”的描述；在《审判日》（1956）中，找到了类似于“愤怒”“不善于与人交往”“疯狂冷血”等描述。

① 张正严. 科学教育中的科学家形象塑造[J]. 科学探究, 2007 (6).

徐敏娜则借助于类型化的分析框架进行分析。但其中有一定的困难。一方面，对人物形象的研究往往集中在文化研究领域，通过分析文学作品中人物的言行举止来探究人物的内在精神和品质。但是这种方式用在教科书中的科学家形象分析上是不全面的，因为精神品质不是唯一的目标，且未必有共性。另一方面，教科书上的人物形象从价值取向上被分为道德类和非道德类，这一提法本身就有问题，且指标的建立存在很大的难度。

因此作者从现象学和认知心理学出发将人物形象分为外在形象和内在形象两部分。外在形象指通过外表就可以判断的一些基本要素的组合，其分析因子包括：性别、年龄层次、所属时代以及国别、职业身份等；内在形象指教科书通过人物形象所宣传的以及蕴含人物其中的内在品质和精神。

马塞尔·C. 拉弗利特（Marcel C. Lafollette）在她的一篇博士论文里较早地就运用内容分析法和文本分析法研究了科学与科学家的媒介形象。她选择了1910—1955年间出版的11种美国全国发行的杂志作为样本，采取分层抽样的方法，最终选定了687篇纪实性的有关科学和科学家的文章进行了内容分析。①

伊娃·弗丽克（Eva Flicker）选取1929—1997年间有关女性科学家人物的科幻电影。运用文本分析法分析这些电影中呈现的女科学家形象。②

还有的学者把文本分析、内容分析、问卷调查和访谈的方法结合起来。比如姆维尼亚·钦巴（Mwenya Chimba）和詹妮·基特津格（Jenny Kitzinger）研究了英国媒介中男女科学家的呈现情况。选取了

---

① Lafollette M C. Making Science Our Own: Public Images of Science 1910-1955[M]. Chicago: The University of Chicago Press, 1990.

② Flicker E. Between Brains and Breast—Woman Scientists in Fiction Film: On the Marginalization and Sexualization of Science Competence[J]. Public Understanding of Science, 2003(12): 307-318.

英国2006年1～6月12份全国性报纸在科学、工程、技术领域（SET）的所有报道，产生了7903篇文章，其中包含了51个科学家的人物传记，按男女分两类进行描述统计。然后进行问卷调查：给86位女科学家邮寄问卷，返回来39份，最后对14位返回了问卷的科学家进行了访谈。研究中既采用了文本分析和内容分析方法，也运用了问卷调查和访谈的研究方法。研究结果表明媒介是以非对等的方式来呈现SET领域工作的男科学家和女科学家的，报道中过分突出女性的外表和强调她们的特殊身份。①

国内对报纸中科技人物报道研究也多采用了内容分析和文本分析相结合的方法。例如《〈中国妇女报〉女性科技人物报道研究》、《媒介塑造的女性科技工作者形象研究》。

（三）社会性别分析方法

在科学家形象研究中，一部分学者利用女性主义科学理论，采用社会性别的分析方法，分析了媒体及公众对女科学家的刻板印象，并且揭示了造成这种印象的历史、文化和社会原因。所谓社会性别，不是指一种基于男女生理差异做出划分的生理性别（sex），而是作为一种社会文化建构的社会性别（gender），即社会文化建构的一套强加于男女的不同看法和标准以及男女必须遵循的不同的生活方式和行为准则等。

李娜的《居里夫人传记在中国的传播及性别研究》采用了社会性别分析方法。“展示居里夫人形象在传记传播过程中被建构为低等于男科学家形象的过程，揭示科学家传记在无形中传递出的性别歧视问

① Chimba M, Kitzinger J. Bimbo or boffin? Woman in Science: an Analysis of Media Representations and How Female Scientists Negotiate Cultural Contradictions[J]. Public Understanding of Science, 2010(5): 609-624.

题。”[①]《科学传播中的性别视角：论大众媒介对女科学家形象的建构》一文则认为“大众媒体对女科学家的描写存在着或多或少的隐性或显性歧视，尽管这种歧视在逐渐向性别平等和认同的文化道路推进，但仍然受到社会性别刻板印象的巨大影响”。大众媒体对女科学家的报道对于公众特别是少女建构女科学家的形象起着重要作用，这一象征模型引导孩子们对该群体的印象生成及存储，影响着少女和年轻女性的职业选择和人生规划。

社会性别这一重要概念对于分析科技发展中性别不平等现状的深层原因，具有理论意义。在研究科学家形象的文献中，社会性别的分析方法运用社会性别理论，揭示女科学家在媒体中存在刻板形象以及呈现不足的问题。

四、科学家形象研究特点及问题

综观研究科学家形象的国内外文献，可以发现有以下特点：

西方对科学家的形象研究主要集中在对科学家的媒介形象的研究，研究的媒体范围很广，不仅包括报纸、杂志，还有电视和电影，揭示了大众媒体对科学家的描写存在刻板印象、性别不平等和歧视等问题。从研究范式的角度看，当前学界的研究更多地将刻板形象作为当前科学家的媒介形象，并在此基础上探讨改进形象的问题。从态度看，大众媒体对女科学家的描写存在着或多或少的隐性或显性歧视，尽管这种歧视在逐渐向性别平等和认同的方向发展，但仍然受到社会性别刻板印象的影响。而我国已有的科学家公众形象调查，几乎没有针对女科学家形象的专门调查。随着我国女科学家和科技工作者的增加，引起了各界重视，学界开始探讨媒介中的女科学家或女科技工作者的形象问题。

---

① 李娜. 居里夫人传记在中国的传播及性别研究[D]. 保定: 河北大学, 2008.

然而，我们也应该看到科学家形象研究中存在的问题：

首先，如果纯粹考虑研究成果的数量，西方比国内的研究成果丰富，用女性主义科学观和传播学理论框架对女科学家形象的研究占绝大多数，研究女科学家媒介形象也是基于这两大理论基础。大多是描述了科学家在大众媒介中的形象，对于媒介形象的形成背景和对受众的影响研究不多。

其次，理论视野不够宽阔，需要进一步拓展。如前所述，以往的研究分别从比较文学、传播学和社会学的角度分别展开。而各学科学者各自为政，缺少必要的交流，且当前的研究仍然没有摆脱那种单一的媒体报道框架的约束，没有一个新的理论架构来对其形成补充或者挑战。

最后，从研究方法来看，目前的研究主要是对各类文本的分析，但是面对大量的文本，研究者需要对其进行抽样，选择最有代表性的文本进行分析。虽然从统计学的角度来看，这样的抽样具有很大的科学性，然而，研究者自身的专业素养和文化背景并不相同，分析的重点与得出的结论的相互可参照性也会受到一定程度的影响。内容分析主要描述文本特征，无法解释现象背后的成因，而且内容分析的致命缺陷是可重复性和可靠程度不高，人为解读的余地很大。

综上分析，科学家形象研究应在以下几方面努力：①研究的理论视角和对象范围应该进一步拓宽，可以建立一个跨学科的科学家形象研究体系，各学科的成果可以互相交流促进；②重视研究方法的规范性，加强本土化、系统性的经验研究。内容分析、框架研究等都可以借助电脑辅助软件处理大量的文本，并利用软件处理的结果作为分析的依据，以确保研究成果更加精确、客观、可信；③我们应该关注科学家形象的性别视角，重视女科学家形象的媒介塑造，运用社会建构论的理论和方法，关注文本内容的意识形态研究。

2.5 科技报道对科技事件的建构
——美国报纸科技报道相关研究综述

杨恋洁　张增一

（科学与社会，2020年第1期）

20世纪50年代，对美国媒介的研究发展出了建构主义取向的新范式，其核心命题是新闻与社会实在的关系。这种研究范式主张客观性原则只是新闻界信奉的理念，实践中的新闻报道并不是社会实在的被动反映，而是“一种主动的参与建构”。发展至今，建构主义范式已经成为媒介研究的主导范式。研究者们将新闻的制造作为逻辑前提，去深入挖掘参与和影响制造的要素，包括新闻机构、媒体从业者、意识形态、社会环境等等。换言之，“新闻生产如何运作？为了谁的利益？”①这一范式最先关注政治新闻，后逐渐扩展到经济、社会、娱乐、教育等几乎一切类型的新闻报道，认为社会现实和新闻故事是两码事，媒介在诸多复杂因素的影响下，将“事件”制造成“新闻”。②

那么，科技新闻作为新闻报道的一种，是否也可以用以上范式进行解释？在各类新闻报道之中，科技新闻通常被认为具有特殊之处。主要原因在于，科技新闻报道的是以事实为基础的、严谨的科学技术研究活动。国内有学者认为，科技新闻应该以准确、权威为灵魂。③这一点似乎与媒介报道的建构主义范式不相容。那么，媒体究竟如何处理以上矛

① 张斌. 新闻生产与社会建构——论美国媒介社会学研究中的建构论取向[J]. 现代传播, 2011(1): 23–27.

② 盖伊・塔奇曼. 做新闻[M]. 北京: 华夏出版社, 2008: 30.

③ 刘梓娇, 李志红. 中美新闻周刊科技报道比较研究——以《三联生活周刊》与美国《时代》周刊为例[J]. 自然辩证法研究, 2012, 28(9): 71–76.

盾，科技报道是严谨无误地呈现科技事件还是被建构为另一副面貌？这是本文要研究的问题。

一、研究资料与解释框架

（一）研究资料

为了回答以上问题，本文选择研究美国报纸科技报道的文献作为研究资料。这些研究资料可以分为两类。一类是研究报纸的文献。Schäfer①和张增一②分别于2010年和2013年梳理了全球关于科技报道的研究，发现这些研究存在明显的偏好——相比于电视、杂志、广播，相关学者主要关注以报纸为媒介载体的科技报道。根据Schäfer的统计数据，有57%的研究都是关于报纸报道，这与报纸的读者广泛、报道严肃、样本易获取、文本易研究等原因有关。另外，Major③指出，选择报纸最重要的原因应是报纸与意见领袖、媒介议程设置者之间的相关性。这种相关性也在一定程度上决定了大规模、高品质的精英报纸最受学者们欢迎，如《纽约时报》《华盛顿邮报》《芝加哥论坛报》《圣弗朗西斯科记事报》《基督教科学箴言报》等，其中又以对《纽约时报》和《华盛顿邮报》的研究最为热门。对杂志、电视、广播等其他传统媒介的研究受制于实际操作的困难，学者重视程度远低于它们对受众的影响力。新媒体科技报道研究虽然目前相对较少，但它的时效性、传播力、互动性强，样本易得，可操作性高，选择新媒体来进行跨媒介研究和公众参与研究是必然趋势。

---

① Schäfer M S. Taking Stock: A Meta-analysis of Studies on the Media's Coverage of Science[J]. Public Understanding of Science, 2010, 21(6): 650-663.

② 张增一, 迟妍玮. 国外科技报道研究: 方法与趋势[J]. 科学与社会, 2013(3): 58–72.

③ Major A M. Environmental Risks in the News: Issues, Sources, Problems, and Values[J]. Public Understanding of Science, 2004, 13(3): 295-308.

另一类是研究美国报纸科技报道的文献。Schäfer的元研究表明，美国是开展科技报道相关研究最多的国家，有37.3%的研究成果来自美国。当然，美国媒介的全球影响力也是一个重要考量因素。美国媒体凭借雄厚的资本和强大的影响力，可谓是当前国际传媒界的霸主，它已经“渗透到世界主要国家和地区，媒体产品遍布世界的角角落落，对世界事务具有强大的影响力”。①

（二）解释框架

本文将采用“新闻传播四维结构”的解释框架展开分析。2002年，黄顺铭在戴维·M. 怀特“新闻选择的把关模式”的基础上，提出了“新闻传播四维结构”，目的是“为新闻传播提供一个合乎实际的解释”。这一解释框架同时考量新闻传播的四个维度——信息强度、传播者视野度、受众关注度、现实真性度。②具体如下图：

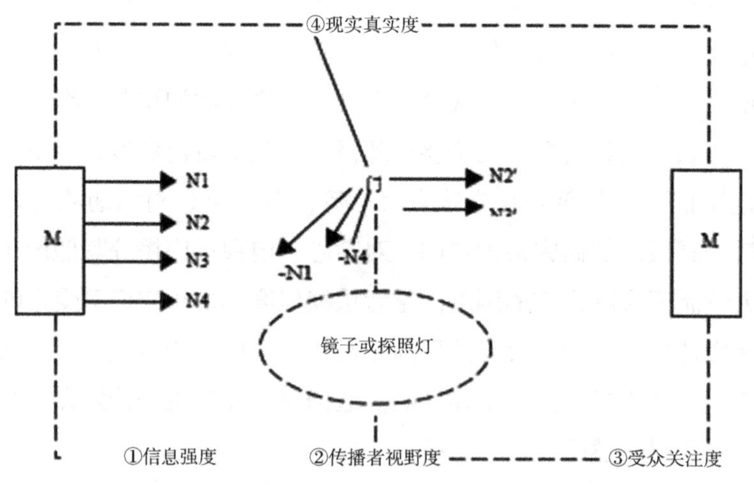

图1 “新闻传播四维结构”解释框架

① 李良荣. 当代西方新闻媒体[M].上海: 复旦大学出版社, 2010: 47.

② 黄顺铭. 作为解释框架的新闻传播四维结构[J].四川师范学院学报(哲学社会科学版), 2002(6): 124–127.

在以上四个维度中，“信息强度”需要对比不同科技事件之间的“比较性强度”，“受众关注度”从受众的角度展开分析。这二者不是本文所要研究的内容，本文的分析从另外两个维度进行：

（1）关注美国报纸，从“传播者视野度”展开解释。传播者视野度包括内在视野度和外在视野度。内在视野度表现为传播者“对新闻价值的判断”和“传媒的决定作用”。外在视野度指的是“传播的社会控制”，“其中最具决定意义的是政治系统对传播者视野度的制约”。

（2）关注科技事件与科技新闻之间的关系，从“现实真性度”展开解释。“现实的真性度”指的就是由新闻传播所反映的现实，换言之，新闻传播在多大程度上真实地反映了现实。在上图中，M指事件，也就是一个事实系统，N1～4是它的构成要素；“门”指的是“传播者/新闻媒介”。若新闻媒介是反映事实的镜子，那么受众所看到的报道应该是原事件M。若新闻报道来自于媒介建构，那么M的构成要素的数量发生衰减（N1和N4没有通过门区）。另外，尽管N2、N3经过了门区，但它们的原始状态被门区改变，受众所看到的是N2’、N3’。①

在上图中，“现实的真性度”这一维度被置于顶端，而“传播者视野度”则位于底端。这代表“反映论与建构论之争”的研究顺序——先从“现实的真性度”判断新闻内容是否“真实地反映了现实”，再从“传播者视野度”来挖掘影响媒介建构的因素。本文将按照以上逻辑展开分析。

二、“反映”还是“建构”

从“现实的真性度”来看，判断美国报纸科技报道是在“反映”还

---

① 黄顺铭. “镜子”与“探照灯”辨析——对新闻传播学中反映论与建构论的认识思考[J]. 现代传播, 2003(1): 26–29.

是“建构”科技事件，需要从以下两方面展开分析：第一，科技事件的构成要素数量是否发生衰减，也就是说是不是有一些要素（例如N1和N4）没有通过门区。第二，科技事件的构成要素质量是否发生变化，也就是说N2和N3在通过门区之后，是否变成了N2’、N3’。

（一）科技事件构成要素的数量衰减

在科技报道中，科技事件的构成要素数量发生了衰减，有一些要素没能通过门区。门区最经常过滤的是方法和背景信息。Pellechia[①]对30年里《纽约时报》《芝加哥论坛报》和《华盛顿邮报》三家大型报纸的科学新闻报道进行了纵向的内容分析，发现科学新闻报道总是遗漏方法论和背景信息。不仅小报如此，大报也是如此。Evans等人对比了大报和小报上的科学新闻，发现虽然精英大报（《纽约时报》和《费城问询报》）比小报（《国家问询报》和《星报》）的报道更全面，提供了一些有关研究成果和方法的细节，但两者都经常忽略方法论和背景信息。[②]

门区还会过滤掉较复杂的科学信息和创新成果；能够通过门区的，总是简单且可理解的要素。Dennis和McCartney研究了美国大都市日报上的科技新闻，包括综合科学报道，生态环境报道，以及医学、行为科学和技术（包括太空）的报道。他们发现，本应比其他新闻从业者更加熟悉科研的科学记者们实际上十分无知。在他们笔下，一些新的版块越来越多地以“一切都可理解、一切都简单”的方式来过度简化科学议题。[③]

① Pellechia M G. Presenting Science News: Issues of Content, Communication Modality, and Balance[M]. West Lafayette: Purdue University, 2001.

② Evans W A, Krippendorf M, Yoon J H, et al. Science in the Prestige and National Tabloid Presses[J]. Social Science Quarterly, 1990, (71): 105-117.

③ Dennis E E, McCartney J. Science Journalists on Metropolitan Dailies: Methods, Values and Perceptions of Their Work[J]. Journal of Environmental Education, 1979, 10(3): 9-15.

另外，争议性要素也往往无法通过门区，因为媒介对科学争议的报道会增加公众对该技术的否定态度，即使这种报道不是负面的。其原因是无论媒介的论调如何，争议总是显示出否定的倾向。①以切尔诺贝利事故的报道为例，以《纽约时报》《华盛顿邮报》《费城问询报》《华尔街日报》为代表的权威报纸，以及ABC、NBC、CBS出品的电视节目，都没有提供足够的辐射或风险信息，它们提供的信息是合适的、公平的、保守的。②

因此，媒介所提供的信息，只包含一些简单的、可理解的要素，复杂的、争议性的要素被过滤掉了。这样的科技新闻通常能够让读者掌握事件的进展，但普遍没有提供完整的相关信息，因此无法让读者获得更全面的理解，或做出决策。③

（二）科技事件构成要素的质量变化

尽管美国报纸允许了科技事件的一些构成要素通过门区，却并没有允许它们原原本本地在报道中呈现出来，而是有意识地赋予了它们一些其他的意义。

较轻微的意义赋予是过分突出事件在科技之外的意义。以进化论的报道为例，《偏见的根源：经验主义的媒介和斯克普审判》④一书审查了报纸和杂志对猴子审判的报道，发现进化论并不是科技报道的中心，

---

① Mazur A. Media Coverage and Public Opinion on Scientific Controversies[J]. Journal of Communication, 1981, 31(2): 106-115.

② Friedman S M, Gorney C M, Egolf B P. Reporting on Radiation: A Content Analysis of Chernobyl Coverage[J]. Journal of Communication, 2010, 37(3): 58-67.

③ Rossow M D, Dunwoody S. Inclusion of "Useful" Detail in Newspaper Coverage of a High-Level Nuclear Waste Siting Controversy[J]. Journalism & Mass Communication Quarterly, 1991, 68(1-2): 87-100.

④ Caudill E. The Roots of Bias: An Empiricist Press and Coverage of the Scopes Trial[M]. Columbia, Journalism Monographs, 1989.

媒介报道围绕相关事件的社会属性展开。进化论报道与其说是关于“进化”这一科学思想，不如说是关注达尔文的逝世，或者百年诞辰。在这类报道之中，科学本身并不是重点。科学总是与社会背景信息联系在一起。结果是，科学和科学家的图像正在僵化和衰退。①

更大程度的意义赋予是将科技事件塑造为生动的、吸引眼球的、能够通俗化的研究。因为对媒介来说，能够吸引更多读者的科学故事才是成功的。具体表现是，媒介倾向于突出科技事件的故事性、争议性、可塑性、戏剧性。如此一来，在媒介文本中，科技事件的逻辑性被弱化，而故事的视觉和叙事效果则被放大，以吸引更多受众。其直接结果就是科技报道的戏剧化。这里的“戏剧化”是与“严谨性”相对应的，意味着媒介的报道通常只涉及科技研究的结果，而更重要的组成部分是能够引起社会反响或政治影响的解释和评论。②正因如此，具有震撼性、风险性、灾难性或争议性的事件更容易引起记者的关注，因为这些事件能够被更轻易地修改为吸引眼球的故事。即使是已经失去热度的旧事件，如果再次恶化、具备了新的政治冲突，或出现了新的风险性，也有可能重新引起记者们的兴趣。③

最终的结果是，科学新闻热衷于报道夺人眼球或耸人听闻的议题，比如关乎人身安危的艾滋病，影响食品安全的疯牛病和转基因食品，或是危及人类地位的机器人、电子人、克隆人等。这样的科学新闻有时会误导人们对科学的理解，用娱乐性、感性的报道掩盖了科学探索的本质，将科学的发展以扭曲的方式呈现在媒介上。④

由以上分析可知，美国报纸上的科技报道，是科技事件的建构而不

---

① Lafollette M C. Making Science Our Own: Public Images of Science 1910-1955[M]. Chicago: University of Chicago Press, 1990.

② Clark F, Illman D L. A Longitudinal Study of the New York Times Science Times Section[J]. Science Communication Linking Theory & Practice, 2006, 27(4) : 496-513.

③ Mccomas K, Shanahan J. Telling Stories About Global Climate Change — Measuring the Impact of Narratives on Issue Cycles[J]. Communication Research, 1999, 26(1): 30-57.

④ Allan S. 媒介、风险与科学[M]. 陈开和, 译. 北京: 北京大学出版社, 2007: 256–274.

是反映。首先，原科技事件的一些要素没能通过门区；其次，通过了门区的要素的质量发生了改变。

三、影响媒介建构的因素

由以上分析可知，最终出现在美国报纸上的科技事件与原始的科技事件之间存在一定的差距，这在科技事件的构成要素的数量和质量上都有体现。如此，又引发了一个新的问题：这种差距是如何产生的？换句话说，从“传播者视野度”来看，美国报纸在建构科技新闻时，受到哪些因素的影响？

（一）传播者的内在视野度

前文已讲过，内在视野度表现为传播者“对新闻价值的判断”和“传媒的决定作用”。

1.“对新闻价值的判断”直接影响编辑的选择

对编辑来说，科技事件的新闻价值直接取决于它们能否为媒体赢得更多、更忠实的读者。因此，编辑将通过两个步骤来建构科技事件的新闻价值。

第一步，让科技新闻能够引起读者的兴趣。对编辑来说，具备新闻价值的不是知识或研究细节，而是有争议性、新鲜的、重要的、令人兴奋的故事。[①]因为后者更能引起读者的兴趣。也就是说，科技事件中的核心信息——知识或研究细节——不被允许过门（就像N1、N4）；已过门的信息也被改造，从严谨的科技事件变为吸引读者的、易读性强的

① Shortland M, Gregory J. Communicating Science: A Handbook[M]. New York: Longman, 1991.

故事（如将N2、N3改造为N2'、N3'）。在这个过程中，编辑们追求的是轰动效应，而不关心新闻报道的准确性。他们青睐耸人听闻的角度或冲突的元素，甚至在某些情况下会完全忽略科学性。①许多科学作者对编辑的这种优先级感到不满，认为他们喜欢吓唬读者，忽略故事的持续性，浪费空间和时间报道垃圾新闻。②例如，一位撰稿人曾以批评的口吻讲述自己与一名编辑的协商过程，该编辑希望她所撰写的有关医疗错误的故事是“能吓唬人的、耸人听闻的恐怖故事”。③

第二步，迎合受众的教育水平。拥有更高教育水平受众的媒介，其编辑更倾向于在报道中提供研究细节，反之则更倾向于提供简化和通俗化的报道。如《纽约时报》这类报纸，会为受教育水平较高的读者提供有关科学或医学进展的细节。《科学美国人》这样的杂志则面向更普遍的公众，编辑则倾向于让科学报道既丰富多彩，又准确精细。不那么博学的读者阅读《科学美国人》可能有些困难，而《发现》和《流行科学》这样更加通俗的杂志，它们的编辑更主要的工作原则是满足读者的好奇心。④也就是说，同一个科技事件，会被不同媒介的编辑进行不同程度的删减、简化、润色，以满足不同读者的需求。

但这并不意味着，编辑为了迎合高教育水平的读者而尽量原本地反映科技事件。事实上，不同教育水平的读者都有一个共同性——对科研细节的兴趣普遍有限。这刚好为编辑们提供了方便——他们本身就倾向于避免提供大量准确、充分的背景信息，因为这对于他们来说是一种艰

① Johnson K G. Dimensions of Judgment of Science News Stories[J]. Journalism & Mass Communication Quarterly, 1963, 40(3): 315-322.

② Dennis E E, McCartney J. Science Journalists on Metropolitan Dailies: Methods, Values and Perceptions of Their Work[J]. Journal of Environmental Education, 1979, 10(3): 9-15.

③ Palmerini C. Science Reporting as Negotiation. in Bauer M W, Bucchi M. Journalism, Science and Society[M]. Science Communication between News and Public Relations. Routledge, 2007: 115.

④ Burkett W. News Reporting: Science, Medicine, and High Technology[M]. Ames: Iowa State University Press, 1986: 12.

难的挑战。[①]既然有效地讲述科学故事似乎得不偿失，编辑们便乐于隐去方法论、技术细节、背景信息等核心内容。那么，相关报道便有可能偏离科学技术原本的样子，使得受众的认知与科学界的认知之间出现偏差。[②]最终的结果是：科技新闻的广泛传播只能让人们意识到重要科技事件的发生，而不太可能影响人们对科学和科学家的认知，或是促使人们在解释新闻事件时采用科学框架。[③]

总之，“对新闻价值的判断”意味着，科技事件不会以原本的面貌过门，而是会被建构为具有新闻价值的一般化报道，目的是吸引更多的读者。

2.“传媒的决定作用”直接影响记者的选择

具体说来，记者在决定哪些要素能够过门时，受到以下因素的影响：

第一是传媒对效率的追求。这一追求在传媒领域，一般指的是对新闻采编速度的要求。但科技报道却给这一要求增添了不小的难度，因为科学技术信息的复杂性和专业性意味着追求效率并不容易。因此，科技记者通常需要相互帮助，包括将自己合作过的科学家介绍给其他记者，或是借助其他“守门人”已处理过的科技信息来撰写报道。这样，会大大降低科技报道的难度，进而提高报道效率。最终，美国科技记者中的顶尖者之间的密切信息交流和互助，逐渐促成了一个由不超过30位记者组成的“内部俱乐部”。这种互助形式虽然会提高效率，但固定人群组成的小团体成为主导，会使得科技报道高度统一，缺乏多样性。[④]这一问题在争议性议题上表现得格外突出。尽管在科学界，有信誉的科学家

① Evans W, Priest S H. Science Content and Social Context[J]. Public Understanding of Science, 1995, 4(4): 327-340.

② Viscusi K. Smoking: Making the Risky Decision[M]. New York: Oxford, 1992.

③ Swinehart J W, Mcleod J M. News About Science: Channels, Audiences, and Effects[J]. Public Opinion Quarterly, 1960, 24(4): 583-589.

④ Dunwoody S. The Science Writing Inner Club: A Communication Link between Science and the Lay Public[J]. Science Technology & Human Values, 1980, 5(30): 14-22.

们常常会对特定议题给出不一致或相互矛盾的说法，但这些意见也并不会如实反映在科技报道之中，而是由少数顶尖记者们选择某些说法，而舍弃另一些说法。[①]例如，DNA重组研究至今都是科学界争论不休的议题，但不同媒体的报道却口径一致，并没有将学者之间的争论体现出来。这是因为，隶属于不同媒介的记者之间存在着“毫无节制的合作与交流；判断什么能够成为科学新闻，新闻界的观点相当统一”。[②]

第二是媒介行业惯例和实际条件，包括新闻发布会的例行程序、截稿期限、新闻机构适应实际限制的能力以及其他不可预测的因素。在这些条件的限制下，记者经常按照既定的角度或框架来写作。例如，Baker研究了《纽约时报》上关于艾滋病的报道，认为对艾滋研究的媒体注意已“早逝”（early death）；艾滋病患者被污名化，报道所呈现的艾滋与医学界对艾滋的初始定义之间，存在着相当的延迟。这是因为，记者受到时间和资源的限制，经常从“预先确定的角度”或框架中工作。[③]也就是说，记者们将自己已经适应了的、一般新闻的报道规范用于对科学技术的报道之中。Ramsey将影响本地科技报道的新闻规范总结为：突出性/重要性（有多少生命、财产受到影响）、参与者的地位（强者的行动比普通人或穷人的行动更有新闻价值）、娱乐性（是否涉及名人、八卦）、冲突性/争论性、时效性和邻近性（与实际生活相关的事件被认为更有价值）。新闻记者作为“守门人”，按照以上“工艺规范”，将科技信息编辑为新闻内容。[④]不难发现，以上规范，都与严谨、求真的科学精神并不相符，甚至相违背。最明显的是“时效性和

---

① Allgaier J, Dunwoody S, Brossard D, et al. Journalism and Social Media as Means of Observing the Contexts of Science[J]. BioScience, 2013, 63(4): 284-287.

② Altimore M. The Social Construction of a Scientific Controversy: Comments on Press Coverage of the Recombinant DNA Debate[J]. Science Technology & Human Values, 1982, 7(4): 24-31.

③ Baker A J. The Portrayal of AIDS in the Media: An Analysis of Articles in the New York Times[C]//The Social Dimension of AIDS: Method and Theory.edited by D. A. Feldman and T. M. Johnson. New York: Praeger, 1986: 179-194.

④ Ramsey S A. The Role of Technological Development in Setting the Stage for Expanded Local Science Coverage[J]. Southwestern Mass Communication Journal, 1989, (5): 33-40.

邻近性”。基础科学与实际生活并不具备紧密联系，所以即使它是科技研究的重头戏，却并不是科技报道的重要内容。

第三是媒介从业者的教育背景。多数媒介并不设置专门的科技记者，而是将与科学有关的报道任务分配给普通记者，他们之中很少有人在从业前就具备足够的科学背景。①实际上，曾主修数学、物理科学或生物科学的人寥寥无几，约半数拥有大学学历的记者都出身于与传播相关的专业。②直到2013年，一项针对全球新闻从业者的调查显示，仅有26%的撰稿人接受过科学写作培训③，更普遍的情况是记者们在工作中学习科学④。这种情况的后果，一是科技报道的质量不尽如人意，二是报道内容的趋同。因为，科学素养不足的记者们高度依赖可靠科学信息来源，却又无法与科学家进行有效沟通。于是，相互分享可用的消息源成了记者们彼此合作的重要内容。⑤最终的结果就是，科技报道所反映的，只是科技活动的少数侧面；并且这些片面的信息并不能原原本本地呈现在媒体报道之中。

（二）传播者的外在视野度

传播者的外在视野度最主要取决于政治系统。具体说来，包括以下几个方面：

① Klaidman S. Health in the Headlines: The Stories behind the Stories[M]. New York: Oxford University Press, 1991.

② Weaver D H, and Wilhoit G C. The American Journalist in the 1990s: U.S. News People at the end of an Era[M]. Mahwah, NJ: Lawrence Erlbaum, 1996.

③ Friedman S M, Gorney C M, Egolf B P. Reporting on Radiation: A Content Analysis of Chernobyl Coverage[M]. Journal of Communication, 2010, 37(3): 58-67.

④ Hartz J and Chappell R. Worlds Apart: How the Distance between Science and Journalism Threatens America’s Future[M]. Nashville, TN: First Amendment Center, 1997.

⑤ Friedman S, Dunwoody S, Rogers C. Scientists and Journalists: Reporting Science as News[M]. New York: Free Press, 1986.

1. 政府意见与意识形态

有些科技报道并不符合媒体或科学界的意见，但符合政府的意见。[①]也就是说，政府的意见能够决定哪些科技信息能够过门。比如，Racine等人发现，生物医药报道普遍呈现乐观态度，包括关于基因组学、遗传学、生物技术等议题的新闻报道。有关神经影像学的报道中，79%都使用了非批判论调，包括乐观论调和中立论调。使用平衡论调和批判论调的报道仅占21%。[②]这种倾向性违背了新闻报道对真实性、平衡性的要求，也并不符合医学科学界对已有研究成果的谨慎态度。谨慎、怀疑或是反对的信息不符合政府的宣传需要，无法过门。

在时间的变化上，政府意见的作用更加明显。以干细胞报道为例，在科学、政治和政策的不同发展阶段，媒介会改变关注、框架和信源选择的模式，进而突出干细胞议题的特定维度，推动该议题的演化，从而使该议题取得、维持或失去政界和读者的注意。换句话说，科技事件在不同时期会被建构为不同的报道，以满足以上所说的不同目的。具体操作方式，是在不同时期允许不同的信息过门；或者，即使过门的信息没有发生变化，媒介也将从不同的角度对其进行解读，从而将相同的信息建构为不同的报道。

具有相似影响力的还有意识形态因素。以核能议题为例，相关报道显示出媒介对新技术风险的担忧。这导致了公众的误解，甚至引发了20世纪六七十年代的环境运动，最终导致公众对核能的支持减少。在这一过程中起决定作用的是美国精英群体的潜在意识形态，这作为外在因素，促使记者做出符合精英群体意志的报道。[③]

---

① Lewenstein B V, Allaman T, Parthasarathy S. Historical Survey of Media Coverage of Biotechnology in the United States 1970 to 1996[J]. The Annual Meeting of the Association for Education in Journalism and Mass Communication, 1998.

② Racine E. Brain Imaging: A Decade of Coverage in the Print Media[J]. Science Communication, 2006, 28(1): 122-143.

③ Rothman S, Lichter S R. Elite Ideology and Risk Perception in Nuclear Energy Policy[J]. American Political Science Review, 1987, 81(2): 383-404.

2. 不同规模的社会组织都可能影响科技报道的媒介建构

首先是大型社会组织，例如国家。相似科技事件若发生在不同国家，最终形成的报道并不相似。例如，只有经济实力雄厚的发达国家建造的科技设施，才能引起媒介的注意。发展中国家的类似工程则会被忽视甚至无视。[①]其次是小型社会组织，例如社区。本地技术的发展和本社区对科技的支持，都能够提升本地报纸科技版面的地位以及科技报道中有用信息的含量。[②]

值得注意的是，政治与意识形态并不直接充当“守门人”，而是作为外在因素，归束“守门人”的视野范围，从而影响门区的信息筛选和改造。正因如此，媒介并不是完全受到政治与意识形态的约束，而是在新闻的政治背景、科技内涵和社会影响中寻找平衡。这方面的一个典型例子是三哩岛事件的报道。该事故发生之后，媒介面临着两难的局面——过于惊人的报道可能会引发恐慌，过于安心的报道可能会危及生命。这种局面被称为“枪口上的科学报道”，报道中的任何倾向性都可能影响公众对争议的看法，因为附近地区的居民会从全国或本地媒介上搜寻是否需要逃离的暗示信息。此时，无论是ABC、CBS、NBC、《纽约时报》、《华盛顿邮报》、《洛杉矶时报》、美联社、合众国际社这样的全国性媒介，还是《费城问询报》和《哈里斯堡晚间新闻》这两大本地报纸，都做到了平衡处理，既没有过于谨慎，也没有危言耸听。[③]

① Moser S C. Communicating Adaptation to Climate Change: the Art and Science of Public Engagement When Climate Change Comes Home[J]. Wiley Interdisciplinary Reviews Climate Change, 2014, 5(3): 337-358.

② Ramsey S. Science and Technology: When do They Become Front Page News?[J]. Public Understanding of Science, 1994, 3(1): 71-82.

③ Stephens M, Edison N G. News Media Coverage of Issues during the Accident at Three-Mile Island[J]. Journalism Quarterly, 1982, 59(2): 199-259.

四、结论与讨论

通过以上梳理可知，在“新闻与社会实在的关系”这一命题上，科技议题并不具备特殊性；科技报道并不是对科学技术活动的被动还原，而是主动建构的结果。这一结论包括三方面要点。第一，科技报道并不是科技事件本身在媒体中的呈现。科技事件所包含的要素不能全部过门，而是要经过媒体的挑选、删改、塑造。经过以上处理，科技信息大量丢失，科技报道难以完全准确、充分地传播科技事件。受众往往只能从报道中知道科技事件的发生，无法从中获得充足的信息以加深对科学技术或科学家的了解，或是做出相关决策。第二，科技报道并不是对科技事件的被动反映，媒体主动参与了科技报道的建构过程，新闻媒介建构、解释和框定着科技议题。①原始的科技事件被建构为吸引读者的、与科技相关的社会事件，科技本身并不是报道的核心。即使科学技术对严谨性与客观性的内在要求会对媒介建构活动造成一些困难，但这并不代表建构活动无法进行。在这个意义上，科技报道与其他类型的报道并没有本质上的区别，都是媒介对新闻事件进行改造的结果。第三，影响媒介建构的因素分为内在和外在两大类，包括影响记者和编辑的采编过程的内在因素，和作为媒介外在环境的政治系统。②

因此，已有研究通常对科技报道持批判态度。学者们普遍认为，科技报道被扭曲了，媒体上的科技事件实际上是与科技有关的社会事件。这些社会化报道只包含少量的、并且是经过戏剧化或美化的科技信息。这不符合科学技术对准确性和严谨性的要求，无法构成充分、可靠的信息来源，严重影响了受众对科学技术的认知。而合理的科技报道应该是这样的角色：分析、解释科学研究和技术进步，监督并曝光不端行为，

① Gamson W A, Modigliani A. Media Discourse and Public Opinion on Nuclear Power: A Constructionist Approach[J]. American Journal of Sociology, 1989, 95(1): 1-37.

② Nisbet M C, Brossard D, Kroepsch A. Framing Science: The Stem Cell Controversy in an Age of Press Politics[J]. International Journal of Press/politics, 2003, 8(2): 36-70.

让受众了解科技工作的“方法、目标、限制和风险”，以及它所带来的巨大变化。[①]

不可否认，来自于媒介建构的科技报道确实存在着一些问题：例如，知识和研究方法的缺乏、论调不够平衡、代表部分利益群体的意见，等等。这些问题确实会对科学传播产生不利影响。但是，现有研究对合理科技报道的期待却未必是恰当的。实践中的科技报道确实面临着许多挑战——新闻工作者如何处理平实或晦涩的科技信息？如何让这些信息引起读者注意？报道内容会引起何种舆论导向和社会影响？所以，我们不能否认，比较现实的观点是，媒介本就是在复杂的社会语境中对科学技术进行综合报道。再者说，科技报道的功能并不应该局限于传播科学技术信息，同时也要加深公众对科技活动的了解。此时，学术化的科技信息很难吸引大量读者的注意，需要经过媒介的处理，科技报道才能变得更加通俗化、大众化，能够“回答读者更多的问题……使读者的立场更加明确，使全球化的问题个人化”[②]，有利于在公众与科技之间建立联系，从而获得更好的传播效果。

因此，比“反映还是建构”更重要的问题是：如何建构科技报道。具体问题是，如何找到一个“度”，在提高其通俗性的同时，不违背严谨性，不删减过多的研究细节。换句话说，使科技报道兼顾“科技”与“报道”两方面特征。这个问题值得科学传播工作者和研究者进一步思考。

---

① Fahy D, Nisbet M C. The Science Journalist Online: Shifting Roles and Emerging Practices[J]. Journalism, 2011, 12(7): 778-793.

② 刘梓娇, 李志红. 中美新闻周刊科技报道比较研究——以《三联生活周刊》与美国《时代》周刊为例[J].自然辩证法研究, 2012, 28(9): 71–76.

第三编

社交媒体科学传播的经验研究

3.1 新冠肺炎疫情期间公众对人工智能的认知与态度
——基于新浪微博内容的文本挖掘

黄楠　肖俊　张增一

（科普研究，2021年第5期）

一、研究背景

一般认为，人工智能起源于1956年的达特茅斯会议，美国计算机科学家麦卡锡等人提出“让机器达到与人类做同样的行为”。[①]而杰弗里·辛顿（Geoffrey Everest Hinton）、杨乐昆（Yann LeCun）等人对深度学习的开创与发展再次掀起了人工智能发展的第三次浪潮，伴随互联网数据的指数级增长以及信息技术革新带来的算力大幅提升，人工智能一次次在应用上取得了巨大突破。

抗击新冠肺炎疫情期间，人工智能被快速和广泛地应用于环境消杀、医护服务、物流运输、疫情监测、促进复工复产等多个方面，并发挥了重要作用，也为公众在现实生活中接触、体验和理解人工智能提供了有利契机。与此同时，人工智能目前所处的发展阶段仍具有较多的潜在和未知风险，在技术应用、伦理和治理方面存在诸多争议，其在疫情期间快速和广泛的应用是非常态化的。因此，了解这一时期公众讨论人工智能话题的特点，深入挖掘公众的观点与立场，呈现其对人工智能的认知与态度，对人工智能未来的发展具有重要意义。

在“科学媒介化”不断发展的背景下，社交媒体平台成为当下公众

---

① 尼克. 人工智能简史[M]. 北京: 人民邮电出版社, 2018: 2.

获取科技信息、表达观点和态度的主要渠道。新浪微博作为目前我国主流的公共信息传播平台，其中讨论人工智能话题的内容文本为我们研究和理解公众对人工智能的认知与态度提供了丰富的材料，呈现出的特点具有一定的普遍性和代表性。

在公众对人工智能的态度问题上，国内外诸多科研机构曾进行了多项调查。2018年中国科普研究所的调查显示，有90.7%的被访者赞成“人工智能的发展有助于提高人类工作效率，给人们的生活带来巨大的便利”；78.5%的被访者赞成“人工智能的发展可能会导致大量失业，但同时也会创造出新的就业机会”；74.9%的被访者赞成“人类将永远不会失去对人工智能的控制，有能力开发、管理和利用人工智能”。[①]腾讯研究院进行的网络问卷调查也显示，我国受访者就人工智能对社会的影响表现出积极的态度，并且公众对人工智能的了解程度越高，评价越正面。公众接受程度较高的领域包括服务业和工业、自动驾驶等，在教育研究、医疗和诊断领域接受程度较低，而接受程度最低的是设计和艺术创作领域。[②]在针对医学领域中人工智能应用的调查显示，83.3%的公众有初步的了解，67%的公众持积极的态度，但也有相当比例的公众对其应用和安全问题表示担忧。[③]牛津大学、剑桥大学等单位联合进行的调查研究显示，41%的美国受访者“在某种程度上支持或强烈支持人工智能的发展”，22%的美国受访者“在某种程度上或强烈地反对人工智能的发展”[④]，对比来看，美国公众对人工智能的乐观程度较我国

① 何薇, 张超, 任磊, 等. 中国公民的科学素质及对科学技术的态度——2018 年中国公民科学素质抽样调查报告[J]. 科普研究, 2018(6): 49–58, 65.

② 腾讯研究院, 中国信息通信研究院互联网法律研究中心, 腾讯 AI Lab, 等. 人工智能——国家人工智能战略行动抓手[M]. 北京: 中国人民大学出版社, 2017: 8–11.

③ 席嘉苑. 公众对人工智能医学领域应用的态度及接受程度的调查研究[J]. 中国高新科技, 2019(7): 75–77.

④ Miles Brundage, Shahar Avin, Jack Clark, et al. The Malicious Use of Artificial Intelligence: Forecasting, Prevention, and Mitigation[EB/OL].(2018-02-20) [2020-04-20]. https://img1.wsimg.com/blobby/go/3d82daa4-97fe-4096-9c6b-376b92c619de/downloads/1c6q2kc4v_50335.pdf.

略低。《2020年中国公民科学素质调查报告》显示，近年来我国公民对科学技术的看法更加成熟，态度更加理性，理性求实的科学文化氛围正在形成。例如调查显示，有76.7%的公民赞同“科学技术既给我们带来好处也带来坏处，但是好处多于坏处”的观点，公民对科技发展提升就业机会的乐观程度有所降低。[①]因此，我国公众对人工智能的态度也应更趋于成熟和理性。

通过内容分析、框架分析、话语分析对国内外主流媒体的人工智能议题报道进行的相关研究也发现，我国报道中积极乐观态度和科技进步框架的内容占主要地位，对技术的风险关注不足。对1980—2017年间《中国日报》和《纽约时报》有关“人工智能”的建构对比研究发现，在态度上，《纽约时报》对人工智能技术采取了更为谨慎的态度，更担心相关的潜在风险；《中国日报》则对人工智能的发展持更为积极乐观的态度，报道中对人工智能技术带来的风险几乎没有担忧。[②]对《人民日报》和《纽约时报》报道的框架与话语建构研究发现，《人民日报》更多地描绘人工智能推动社会发展进步、造福社会的图景，报道关注范围更加开放，呈现出一种学习的态度，但是对技术的风险关注不足。[③]针对“虎嗅”、“三十六氪”、《新京报》、澎湃新闻中有关阿尔法围棋（AlphaGo）报道的内容分析，也表明我国大众媒体和科技媒体对人工智能的态度都呈积极的趋势。[④]

总体而言，国内外有关人工智能的意见调查和对媒介报道的分析呈现出对人工智能的积极态度。在研究方法上，研究以内容分析、文本分析、话语分析、框架分析居多。本研究试图通过文本挖掘与质性研究相

---

① 何薇, 张超, 任磊, 等. 中国公民的科学素质及对科学技术的态度——2020 年中国公民科学素质抽样调查报告 [J]. 科普研究, 2021, 16(2): 5–17.

② Ding Huiling, Kong Yeqing. Constructing Artificial Intelligence in the U.S. and China: A Cross-Cultural, Corpus-Assisted Study[J]. China Media Research, 2019, 15(1): 93-105.

③ 郭珂静, 张悦晨. “赛托邦”与“赛维坦”：人工智能的媒介呈现——以人民日报与纽约时报的报道为例[J].青年记者, 2020(14): 33–34.

④ 江昕陶, 沈杨曦, 王雪聪. 国内媒体对人工智能及其发展趋向的态度研究——以 AlphaGo 战胜柯洁事件为例[J].新闻研究导刊, 2018, 9(15): 9–11.

结合的方法，对社交媒体内容进行研究，通过呈现微博文本中公众对人工智能认知与态度的特点，为我国公众理解科学技术的理论与实践研究提供内容丰富的案例支持。

二、研究材料、研究问题与方法

2019年12月31日至2020年4月中旬，我国新冠肺炎疫情逐步得到基本控制，人工智能产品也已全面应用其中，公众讨论人工智能话题较为集中，因此本研究样本选取的时间范围是2020年1月1日至4月15日。以“人工智能”“AI”“机器人”等作为关键词在清博大数据的疫情相关微博数据中进行检索，共计41649条，自2020年1月25日起，人工智能的话题关注度逐渐上升，2020年4月11日出现了讨论高峰（见图1）。

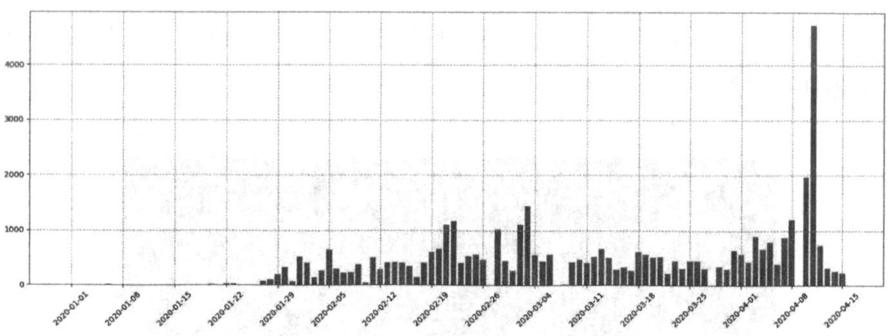

图1 人工智能话题的微博发文量分布

在研究方法上，使用文本挖掘与质性分析方法相结合对微博文本内容进行分析，呈现用户发布微博内容中关注的人工智能的主题及情感态度倾向，并深入分析不同态度背后呈现的观点与立场，探讨新冠肺炎疫情可能改变或影响的公众对人工智能认知与态度。具体的研究路线为，首先，对微博文本进行词频分析与主题聚类，呈现新冠肺炎疫情中人工智能话题讨论的主题特征；其次，将清博大数据的微博情感指数与微博中的提及地进行地理统计分析，呈现我国各地区相关人工智能话题的关注度及情感分布特点；最后，分析公众讨论中不同态度背后所持有的观点、立场与影响因素。

三、研究发现

借助质性分析软件NVivo对获取的41649条微博文本进行词频统计，公众讨论人工智能话题中出现频率最高的关键词依次为：“疫情”“人工智能（AI）”“企业”“科技”“技术”“数据”“复工”“发展”“中国”“工作”“经济”“医院”（见图2）等。对关键词进行聚类，可以发现公众对人工智能的应用场景聚焦于企业和医院，在人工智能技术应用方面集中关注了人工智能辅助CT影像识别、智能服务机器人、疫情监测、人工智能辅助药物研发。具体而言，相关微博讨论中呈现以下三个特点。

图2　微博中人工智能话题讨论的词云图

（一）人工智能与经济、政策相关话题关注度最高

对含有出现频率最高的50个关键词的微博文本进行主题的聚类发现，微博发文量最多的是人工智能与经济、政策相关的话题。

一方面，人工智能的强经济属性在疫情期间凸显，人工智能助力企业的复工复产话题在全部微博讨论中最受关注。人工智能“精准防控”助力“复工复产”、云办公、云打卡、云会议等微博热搜话题集中涌现在2020年2月17日我国各地全面复工的新闻中。另一方面，国务院、工业和信息化部以及地方政府发布了多项政策以推动人工智能在抗击疫情中的使用，新基建、产业转型以及疫情后的经济发展方向态势也成为企业、各级地方政府、媒体和公众重点关注的议题。此外，这一时期，中美之间的贸易摩擦多次围绕人工智能领域，多次发生美国限制中国人工智能相关软件出口事件，使得人工智能企业自身在疫情期间能否抓住发展契机成为企业和全社会热议的话题。人工智能企业自身也以疫情期间的应用为契机进行了大量的宣传和推广，如某企业发布的《AI无畏》抗疫纪录片，在微博话题“＃AI无畏，抗疫88＃”下引发了数千条转发和评论。可以发现，这段时期，公众对人工智能关注的话题主要围绕国家、企业、个体多方面的经济问题以及推动人工智能应用、产业布局、增强国际竞争力方面的政策问题。

（二）公众对医疗类人工智能应用了解程度有显著提升

美国风险投资数据公司CB Insights在《人工智能全局报告》中指出，医疗健康是人工智能最热的投资领域①，但2019年我国公众对医疗人工智能的调查显示出“公众认为人工智能在医疗方面不一定会普及，

① 腾讯研究院，中国信息通信研究院互联网法律研究中心，腾讯AI Lab，等. 人工智能——国家人工智能战略行动抓手[M]. 北京：中国人民大学出版社，2017: 8–11.

接受度较低"[①]。疫情期间，公众在微博讨论中不仅体现出对人工智能应用的深入了解，更呈现出对医疗人工智能应用的极高关注度，如人工智能助力CT影像识别、医疗服务类机器人在配送与消毒等高危场合的应用，以及阿里巴巴、京东、搜狗等互联网企业推出的家庭医生，疫情咨询机器人的投入使用很快获得了大量用户关注，并且用户在微博就其使用中的问题与感受进行讨论。除此之外，主流媒体对人工智能应用于"病毒"的测序、研发治疗新冠肺炎新药等来自科研方面的成果等报道也引起了微博用户的二次传播与大量转发，如"美国首例新型肺炎患者，由机器人治疗""中国科学家通过人工智能进行药靶筛选，发现其具有治疗新冠病毒肺炎的潜力""火神山会诊首次应用AI技术"。可以发现，公众对医疗人工智能较疫情前有了更全面和深入的了解。

（三）数据安全、个人隐私等问题受到关注，但有待全面深入讨论

微博话题中，与个人数据安全、隐私相关的问题依旧是公众关注的重要议题。大数据智能分析系统如"新冠肺炎同乘速查""确诊患者同程查询""新冠肺炎病例到访小区查询"便捷快速，与此同时"公众各类个人生物识别数据、个人隐私数据收集出现的信息泄露"引发公众的担忧。警方查处的多起低价出售个人信息事件在微博引发热议，不仅是被查处事件本身，公众个人数据的来源、使用权、删除权以及社会的发展也引起了一定的讨论。但从疫情防控中所产生的数据体量和影响力来看，主流媒体和公众对于人工智能大数据应用与发展中如何对数据源头进行管理，如何管理公众的个人数据，疫情后如何处置相关数据，以及对于人工智能应用中的伦理和风险问题的讨论仍有不足。

---

① 席嘉苑. 公众对人工智能医学领域应用的态度及接受程度的调查研究[J]. 中国高新科技, 2019(7): 75–77.

（四）我国各地区的人工智能议题关注度特点

在抗击新冠肺炎疫情中，各地人工智能的发展和应用情况有所区别，各地受到关注的人工智能议题、关注度以及公众态度也存在一定差异。因此，对具有提及地的微博内容文本进行地理统计分析可以呈现公众关注人工智能议题的区域特点。在全部41649条微博中，有25141条微博内容中提及明确的地区，其中国内24051条，国外1090条，国内各地区相关微博数量依次为北京4616条、广东3356条、上海1858条、山东1502条、浙江1446条，即与以上地区相关的人工智能议题受到的关注度最高。通过数据可视化工具Pyecharts对微博发文中提及地区的数量绘制了分布图，可以整体看出，公众在这一阶段对北京、上海等一线城市以及东南沿海地区出现的人工智能议题关注度高于西部地区，南方地区的议题关注度也总体高于北方地区，这也基本与国内人工智能、大数据发展水平吻合。

（五）各地区人工智能话题讨论中的态度分布

根据每条微博的文本内容，清博大数据依据其分类算法对微博的情感态度进行赋值，有0.2、0.5、0.65、0.8四个赋分值。其中，0.2代表正向态度，0.5、0.65代表负向态度，0.8代表中性态度（见表1）。在本研究中，公众参与各地区人工智能议题讨论的态度由全部提及该地区并呈现出明显态度倾向（具有正向态度或负向态度）微博的情感指数取平均值，作为该地区的情感值。因此，地区情感值在0.2～0.39区间范围内，可以认为公众参与该地区人工智能议题讨论的整体情感态度是正向的，情感值在0.39～0.65的区间范围则认为是负向的。在同一个区间范围内，情感值越接近0.2，则代表该地区在参与人工智能议题讨论时的积极程度越高，越偏离0.2，其消极的程度越高。

表1 微博文本与情感态度判断示例

微博文本	情感指数	情感态度
【抗疫实验室里的北京速度】1月20日实验室开始加班，2月20日高通量快速核酸检测设备发往武汉火神山医院，3月4日新型冠状病毒 AI 辅助诊断系统设备发往韩国	0.2	正向
从科学角度看，一旦AI有了神圣的责任感、使命感和荣誉感，那世界必将走到末日	0.5	负向
又人工智能AI又5G互联网的，疫情当下没看到都应用在哪了，整天炒比国外多先进能耐	0.65	负向
# 李兰娟院士回应推荐药涉利益输送 # 李兰娟回应@紧急呼叫称这是谣言，杭州华卓公司是人工智能公司，和药毫无关系	0.8	中性

研究发现，在参与各地人工智能讨论中提及我国各地区的情感值分布范围在0.234～0.364，全部落在正向态度的区间范围内。在区间范围内，提及宁夏的相关微博内容积极的程度最高，情感值为0.234，提及香港的消极程度最高，情感值为0.364。再结合人工智能相关微博的数量分布来看，北京、上海、浙江、广东等高话题关注度地区，公众呈现的情感态度却相对更为消极。此外，贵州是我国的大数据中心，人工智能相关产业发展程度相较更高，但关注贵州的微博数量不多，且所呈现的情感态度也更偏消极，为0.334（见表2）。

表2 人工智能话题文本中各地区关注度与情感值分布（部分）

提及地区	微博数	情感值	关注度排名	情感值排名
北京	4616	0.338	1	3
广东	3356	0.319	2	8
上海	1858	0.362	3	2
山东	1502	0.303	4	17
浙江	1446	0.321	5	7

续表

提及地区	微博数	情感值	关注度排名	情感值排名
香港	121	0.364	29	1
贵州	213	0.334	25	4
海南	155	0.329	28	5
湖南	721	0.266	11	33
宁夏	98	0.234	30	34

（六）公众对人工智能不同态度中的观点与特点

为具体呈现用户在新冠肺炎疫情背景下对人工智能的具体态度与观点，利用NVivo软件的语料库对全部微博文本以句子为单位进行情感态度编码，并进行了文本分析。通过NVivo的语料库进行情感态度编码显示，情感态度为正向的节点有13823个，编码为负向的有9818个，整体态度倾向是正向的，与清博大数据的情感值倾向一致，具体在每一个人工智能的应用领域上，则呈现出一些不同的特点（见图3）。

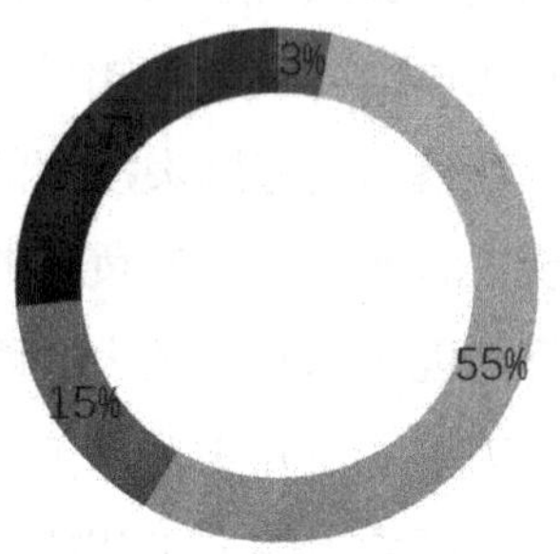

图3 基于NVivo语料库的全部微博文本情感态度分布

1. 公众认可人工智能的准确性、有效性和安全性

首先，微博用户在参与人工智能话题讨论中，具有正面态度倾向的

观点主要有以下三方面。（1）认可人工智能在应用中的有效性。此类态度的产生主要来源于公众在生活中实际感知到“人工智能精准助力复工复产”“人工智能模型成功预测疫情发展趋势”“物流配送服务类机器人的使用成效显著”。（2）认可人工智能带来的安全性。对于安全性的讨论集中在医疗人工智能的应用上，公众对于安全性的认可背后，更多体现出一种期待，即公众在医疗资源紧缺的背景下寄望于医疗类人工智能应用能够降低医护人员的风险，减轻医务人员的压力，期待未来人工智能用以对抗其他病毒和瘟疫。虽然大多数人在疫情期间没有切身接触或体验过医疗类人工智能，但在疫情下对于医疗类人工智能应用呈现出的态度十分积极。（3）认可人工智能应用的准确性。公众在人工智能准确性上的积极态度主要来源于媒体对人工智能应用于抗击疫情时，在报道中会重点体现人工智能应用系统的准确率，尤其是在人工智能辅助CT影像识别应用的报道上，如“阿里云AI诊断新技术：新冠肺炎CT影像识别准确率96%”“该系统从胸部CT影像上检出新冠肺炎的敏感性达到97.6%，初筛普通型和重型患者的准确率达到91.5%”等，此类新闻在微博平台被多次转发。

在本研究的时间范围内，公众对于人工智能呈现出负向态度的微博是远少于正向态度的，对比疫情前公众在知乎平台“人工智能”精华话题下提问和回答的态度，在抗击新冠肺炎疫情的背景下，公众对人工智能应用中负向态度的呈现也有所减弱。偏负向的态度主要源自两方面：一方面是对人工智能期望与现实水平有较大差距的不满，认为人工智能的应用没有满足疫情下的需求，但并未对人工智能技术本身产生怀疑；另一方面则是对企业宣传中高大上的人工智能形象与社会实际需求存在差距的不满，认为许多人工智能研究是“无用”的，应该关注和发展有价值的应用。

2. 对机器人替代人类工作的态度有所转变

在疫情期间，公众在讨论失业问题、机器人取代人工的话题上态度更为积极。在新冠肺炎疫情这一特殊背景下，公众认为医疗机器人的使用能够在一定程度上保护医务工作者，出于保护人类的角度，在微博讨论中用户表达出人工智能是替代人工的最好途径，机器替代人工是历史大趋势，并将新冠肺炎疫情视作一种催化剂。在疫情前，知乎平台上"如何看待'普通医生迟早被计算机替代'的观点？""将来医院哪个科室医生最容易 / 不容易被人工智能取代？"等相关问题也引起了用户热议，而这些问题与回答更坚定呈现的是人类如何不被人工智能取代，人类如何优于人工智能，人工智能无法超越人类之处。通过此次疫情，公众对于医疗人工智能采用有所改观，公众能在一定程度上接受并希望较为危险的工作由机器代替。

3. 人工智能发展是各国国际地位的竞争

在公众的认知中人工智能的发展是各国在科技、经济、政治领域进行角逐的结果，因此用户在微博中支持我国人工智能发展的态度是最为鲜明的，并将人工智能的发展与我国科技实力、国际地位相联系。而在具有负面态度的微博中则表达了人工智能产业发展是在吹泡沫、"龙头企业"在夸大其词等观点，支持与反对的双方在态度的表达上都较其他问题更为强烈。此外，在微博的讨论中也出现了谣言和阴谋论的观点，其中有一些是源自对人工智能错误或片面的认知，将人工智能与新冠病毒相联系，认为"生物病毒是人工智能的核心技术""新冠肺炎是人工智能创造的"，也有将其他不同事件与人工智能关联的传播内容，如对高福院士的质疑、对中国科学院武汉病毒研究所的污蔑是西方媒体为了确保美国在人工智能领域的绝对领先等。

四、结论与启示

（一）人工智能在抗疫中的广泛应用，促进了公众对人工智能的理解

从上述分析不难发现，在举国抗疫的大背景下，公众在微博上关于人工智能议题的讨论是伴随着疫情发展而发展的。首先，疫区医院危险环境中的智能机器人助力环境消杀和医护工作，辅助消毒、送药、问诊、导诊和清洁等备受关注；其次，由于疫区社区封闭，公众关注到无人机助力环境消杀、监控巡逻、送餐送菜以及运送物资的情况；最后，随着全国范围内疫情防控措施的实施，智能防控服务与管理平台、疫情溯源快速排查系统、健康宝和人脸识别技术等在助力复工复产、恢复生活秩序等方面的作用都成为公众关注的内容。此外，疫情的特殊背景使我国社会公众有了更多直接接触、亲身体验和感受人工智能技术应用的机会，促进了公众对人工智能的了解。

（二）倡导多元主体参与人工智能风险、伦理等议题的深入讨论

疫情期间的微博讨论在很大程度上体现了我国公众对人工智能在新冠肺炎疫情应用中的积极态度，呈现出对人工智能的有效性、安全性、准确性的认可多于对技术不成熟和风险性的担忧。例如，平时公众关注的个人数据安全和隐私问题，在我们所分析的关于人工智能的微博讨论中"风险""安全"和"隐私"等词出现的频次都不高。对比疫情前知乎用户在人工智能精华议题下的讨论，用户提问中回答数和点赞数最多的前10个问题中有6个是在讨论人工智能技术应用引发及可能带来的风

险，以及隐私、歧视、失业等伦理问题。[①]这在一定程度上与抗击疫情的特殊背景有关，也可能源于议题的主要发起者及其关注的议题大多围绕经济和政策。

研究发现，公众在疫情期间对医疗人工智能的支持程度有所提升，但有研究认为，我国医疗人工智能技术的研发与应用中一直面临着多方主体的伦理和风险认知较薄弱的现象，尤其是患者与公众人工智能素养不足的风险与挑战。人工智能的应用需要接受医疗服务的患方及其家属、社会公众对医疗人工智能及其影响有所认识，我们应避免公众的盲目抵制或贸然接受。[②]疫情前，公众对医疗人工智能的接受程度、信任程度都相对较低，但在治病救人为第一要务的特殊背景下，公众接受了一些正常情况下可能会被反复质疑或抗拒的医学应用。然而我国公众对于医疗人工智能的实际应用，以及其中技术风险和伦理问题的认知仍旧是缺乏的。

事实上，在人工智能伦理及其潜在风险方面，由牛津大学、剑桥大学等多家机构联合建立的人工智能非营利组织OpenAI就曾共同主张“对适当使用人工智能技术进行公开对话，积极寻求扩大参与讨论的利益相关者和领域专家的范围，应该包括公众以及民间社会、企业、安全专家、研究人员和伦理学家”。[③]对于关乎我国人工智能发展和应用的问题，也应在经济、政策、技术应用的推广基础上对更为广泛的人工智能伦理、治理、风险等议题展开讨论，鼓励公众、相关从业人员和更为多元的主体参与。

---

① 黄楠, 张增一. 公众对人工智能的认知和态度——以知乎平台的讨论为例[C]//中国科学院. 2020高技术发展报告. 北京: 科学出版社, 2021: 434–436.

② 李鸿浩, 段伟文, 陈蕾, 等. 医疗人工智能技术研发与应用的伦理挑战和对策——以我国大型公立医院为例的思考[J].人工智能, 2019(4): 70–78.

③ Artificial Intelligence: Public Perception, Attitude and Trust [EB/OL]. (2019-09-27) [2020-10-07]. https://d1pvkxkakgv4jo.cloudfront.net/app/uploads/2019/06/11090555/Artificial-Intelligence-Public-Perception-Attitude-and-Trust.pdf.

（三）以公众关注的话题为切入点，进行有针对性、系统性的科普

研究中也发现，尽管疫情期间人工智能成了微博平台上的热门话题，但从微博讨论的内容来看，不仅在风险和伦理问题的讨论上有所欠缺，有关人工智能的科学问题、人工智能科普知识类的微博内容也有所欠缺。许多公众无法区别人工智能的基础研究和实际应用，将人工智能单纯地理解为“人工智能是一项技术”“人工智能等于机器人”的认知依旧存在。

日常大众媒体有关人工智能的报道集中于政策落地和技术应用层面，特别是大众商业类科技媒体更关注技术的娱乐性和商业性，以各类具有趣味性或话题性的应用产品吸引用户眼球，或聚焦产业布局、资金投入，用动辄数亿元的风投凸显人工智能行业的重要性和良好发展前景，而较少涉及人工智能的基础知识、理论、技术与应用及其与社会之间的关系、影响等方面的内容。如果企业长期作为人工智能话题的发起者和关注对象，经济和政策问题将不断被聚焦和放大，人工智能相关的科学知识、人工智能的风险和伦理问题会更加难以进入公众视野并展开深入的讨论。因此，大众媒体、相关科研机构和科普工作者应以公众关注的人工智能话题为切入点，尤其是针对抗疫背景下公众能切身接触和感知的技术，开展更具有针对性、系统性的科普活动，这也将有助于提升公众对人工智能的认知水平，让公众以理性的态度看待人工智能发展与应用及其对社会的影响，为促进我国人工智能领域的健康发展营造良好的社会氛围。

3.2 在线健康传播运动的传播效果及其影响因素研究

——以优酷网“渐冻症冰桶挑战”为例

张伦　徐德金　张增一

（新闻大学，2017年第4期）

一、引言

社会化媒体的迅速发展可能改变了传统的健康传播模式。首先，在以“用户自创内容”（User Generated Content，UGC）为内容特征的社会化媒体中，健康传播不再依赖于传统媒体提供内容，转而寻求来自于用户的自创内容。更重要的是，社会化媒体集社交和信息传播功能于一体，更加注重用户的参与和互动。这使得社会化媒体在促进用户获得健康信息方面可以发挥重要作用。报纸、电视等传统媒体主要依靠“一对多”的传播方式进行自上而下的健康传播，并不注重受众参与。而在网络传播时代，人们能够通过社会化媒体更主动地寻求健康知识。[①] 中国互联网络信息中心（CNNIC）早在2011年发布的《中国科普市场现状及网民科普使用行为研究报告》就显示，61.1%的网络用户主要通过观看网络视频的方式获取科普内容。[②]一项2010年的统计数据显示，Facebook已经成为美国第四大主要健康信息来源，61%的美国成人曾经

① 张自力. 健康传播学: 身与心的交融[M]. 北京: 北京大学出版社, 2009: 15–23.

② 中国互联网络信息中心(CNNIC).中国科普市场现状及网民科普使用行为研究报告[R]. 北京: 中国互联网络信息中心, 2011: 16–19.

在线搜索健康信息。①

尽管如此，中国的在线健康传播实践尚不成熟。目前在线健康传播运动内容上以公益广告形式（例如反吸烟广告）为主，其内容并不具有互动性。在传播模式上，由于这类“公益广告”式的健康信息并未引发公众的参与式传播，其本质上还是传统的“一对多”广播式传播。

与此相应，中国的在线健康传播研究也尚处于起步阶段。喻国明和路建楠通过对1999年至2009年CNKI核心期刊中关于“健康传播”的学术论文的统计分析发现，中国学界以“健康传播运动”为主题的学术研究数量在传播学期刊论文中所占比例不到1%。②而且，这些研究大多是关于健康传播运动的定性探讨，如郭明和王红漫介绍了我国防治艾滋病的健康传播运动现状和问题，并对运动中的政府角色和定位进行了分析。③肖爱树对20世纪60年代至90年代的爱国卫生运动进行了探讨，回顾了当时的大体过程和取得的成果。④由此可见，我国学界对健康传播运动的理论研究还不够充分，方法上局限于定性分析。

“冰桶挑战（Ice Bucket Challenge，IBC）运动”是一项于社交网站上发起的健康传播运动，旨在引起人们对肌萎缩性脊髓侧索硬化症（简称“渐冻人症”）的注意。参与者要将一桶冰水从自己头上倒下，并将过程拍成视频上传至社交网站。该活动在多个国家取得了成功，并成为在线社交媒体健康传播运动的典范。首先，全球多个支持“渐冻人症”患者的慈善机构在极短时间获得了大量捐款。行动由2014年7月29日开始，在短短四周时间，该行动已经为美国“渐冻人症”协会筹得超过8850万美元的捐款。⑤更重要的是，大众短时间内获得了对“肌萎缩

① Dawson J. Doctors Join Patients in Going Online for Health Information[J]. New Media Age, 2010: 7.

② 喻国明, 路建楠. 中国健康传播研究现状、问题及走向[J]. 当代传播, 2011(1): 12–13.

③ 郭明, 王红漫. 以艾滋病为例论健康传播运动中的政府定位[J]. 中国社区医师, 2005(21): 95–96.

④ 肖爱树. 20世纪60—90年代爱国卫生运动初探[J]. 当代中国史研究, 2005(3): 55–65.

⑤ 参见[EB/OL]. https://zh.wikipedia.org/wiki/冰桶挑战.

性脊髓侧索硬化症”的基本认知。

“冰桶挑战”运动在多个国家取得成功之时自2014年8月16日进入中国。仅一周时间，该活动受到社交网络用户的关注。“冰桶挑战”出现于“微博热门话题榜”，话题阅读数超过30亿。但该活动随即招致社交网络用户的质疑，指责中国的冰桶挑战“沾染娱乐和浮躁”，参与者并非真心募捐，而是假意炒作。相比于“冰桶挑战”运动发起者传播疾病信息、获得捐款的初衷，中国的参与者以及旁观者更关注于淋冰水的狂欢本身。①

基于此，这项在以YouTube为代表的社交网站取得成功的在线健康传播活动在中国传播效果如何？本文结合文本挖掘和分层线性模型等方法，以“说服理论”为基本框架，描述在线健康传播运动的健康传播效果，并试图探究其主要影响因素。

二、文献综述

Rogers认为，凡是涉及健康内容的信息传播，都可以认为是健康传播。②“基于社会化媒体进行健康传播主要是指一般公众、病人及健康专业人士使用Facebook、YouTube等社会化媒体平台发布、接受和传播关于健康的内容信息。”③通过对Web of Science、CNKI等数据库中相关文献的梳理，本文发现关于社会化媒体上的健康传播的研究主要集中在以下几个方面：

---

① “冰桶挑战”中国走红记[EB/OL]. http://news.sohu.com/20140824/n403722286.shtml, 20140824.

② Rogers E M. The Field of Health Communication Today[J] American Behaviouralentist, 1994, 38(2): 208-214.

③ Moorhead S A, Diane E H. A New Dimension of Health Care: Systematic Review of the Uses, Benefits, and Limitations of Social Media for Health Communication[J]. Medical Internet Research, 2013, 15(4): 85.

第一，社会化媒体在健康传播方面的应用研究。探讨社会化媒体如何更好地应用于健康传播实践成为近来健康传播领域的研究热点。该领域研究认为，社会化媒体能够鼓励人们提升健康意识和改变行为。[①]例如，Korda和Itani发现，新兴的社会化媒体信息传播方式能够提升公众健康意识，且公众更倾向于运用社交媒体来获得健康信息。[②]Fisher和Clayton评估了病人在他们的健康护理过程中对社会化媒体的使用情况和倾向性。该研究发现，病人年龄越低，越倾向于使用社会化媒体。此外，该研究还发现，56%的参与者期望医疗服务提供者使用社会化媒体提供健康信息并进行互动。[③]

第二，健康传播的社会化媒体用户研究。该领域研究旨在考察社会化媒体中用户基本特征。例如，皮尤研究中心的一项调查显示，超过70%的青少年利用社交网络获取信息。[④]黄力力通过对微博进行抽样分析发现，微博健康传播账号博主密集于北上广等一线城市及浙江等经济发达省区、博主性别比例悬殊、粉丝分布及微博数量呈现出“两端少、中间多”的不均匀分布特征。[⑤]

第三，优势与局限性探讨。基于社会化媒体的健康传播的一个明显优势是可以“为一般公众和病人提供群体的、社会的以及情感层面的支持，如戒烟者之间可以在线交流心得和问题”。[⑥]但社会化媒体也有自身的局限性，特别是用户生产内容的模式带来了信息的质量和可靠性

---

① Webb T L, Joseph J. Using the Internet to Promote Health Behavior Change: A Systematic Review and Meta-Analysis of the Impact of Theoretical Basis, Use of Behavior Change Techniques, and Mode of Delivery on Efficacy[J]. Medical Internet Research, 2010, 12(1): 4.

② Korda H, Itani Z. Harnessing Social Media for Health Promotion and Behavior Change[J]. Health Promot Pract, 2013, 14(1): 15.

③ Fisher J, Clayton M. Who Gives a Tweet: Assessing Patients' Interest in the Use of Social Media for Health Care[J]. Worldviews on Evidence-Based Nursing, 2012, 9(2): 100-108.

④ Lenhart A, Purcell K. Social Media and Young Adults[R]. Washington: Pew Internet & American Life Project, 2010: 12.

⑤ 黄力力. 以新浪微博为平台的健康传播研究[D]. 呼和浩特：内蒙古大学, 2014.

⑥ Colineau N, Paris C. Talking about Your Health to Strangers: Understanding the Use of Online Social Networks by Patients[J]. New Review of Hypermedia and Multimedia, 2010, 16(2): 141-160.

问题。Orizio发现社交网站用户发表的很多关于健康疾病的内容存在知识性错误。[①]一些中国学者建议传统媒体可以和社会化媒体进行优势互补。例如，健康类电视节目可以和微博进行互补。[②]

三、理论框架与研究假设

媒介传播效果从大的方面可以区分为：认知层面（即知识与概念）、态度层面（情感倾向），以及行为层面。[③]本研究引入用户对于“渐冻人症”疾病信息的认知度以及对媒介信息的评价作为传播效果变量。具体而言，“认知度”指用户对于疾病相关知识的知晓程度；“对媒介信息的评价”指用户对于信息的情感倾向。

说服理论认为，说服信息可以分为理性诉求信息和感性诉求信息。[④]理性诉求主要基于事实信息，专注于讨论内容的客观特征。而感性诉求则旨在通过强化信息的情感倾向，从而产生传播效果。

与此相应，说服理论认为媒介信息存在着两种说服策略。一种策略为“诉诸事实”（Factual Appeal），即强调可见的（Tangible）、具有逻辑性的（Logical）客观（Objective）事实。在商业说服领域，“诉诸事实”策略往往指信息中对于产品信息、性能、表现等客观事实的陈述。另一种策略为“诉诸情感”（Emotional Appeal），即强调信息的

① Orizio G, Schulz P. The World of E-Patients: A Content Analysis of Online Social Networks Focusing on Diseases[J]. Telemed J E Health, 2010, 16 (10) : 6.

② 王小平. 健康类电视节目与微博的融合之道[J].声屏世界, 2013(6): 66–68.

③ 麦奎尔著. 麦奎尔大众传播理论(第五版)[M]. 崔保国, 李琨, 译. 北京: 清华大学出版社, 2010: 380–382.

④ Johar J S, Sirgy M J. Value-Expressive Versus Utilitarian Advertising Appeals: When and Why to Use Which Appeal[J]. Journal of Advertising, 1991, 20 (3): 23-33.

主观性（Subjective）与情感性（Emotional）特征。[①]“诉诸事实”策略意味着通过强调客观信息使得个体获得知晓和说服作用；而“诉诸情感”策略则意味着个体通过与事实无关的情感性信息来接受信息，并产生知晓与说服作用。

从本质上来说，健康传播运动属于说服行为，即通过传播与健康相关的信息，来使得受众获取知识，并产生相应的说服效果。因此，本研究将探讨关于“冰桶挑战”运动的媒介信息通过上述双重策略对社会化媒体用户产生的说服效果。具体而言，本研究引入“渐冻人症”疾病基本信息量化“诉诸事实”策略，而信息的情感强度量化“诉诸情感”策略。

（一）“诉诸事实”策略

决策制定（Decision Making）研究认为，受众基于信息中的客观事实作出具有逻辑性和理性的决策。[②]信息认知研究发现，个体信息认知的主要影响因素包括信息的可提取性（Accessibility）和可获得性（Availability）。可提取性即关于知识的图景（Schema）在个体头脑中所处位置的优越性以及当个体需要调用该知识时，其被调用的可能性。而可获得性指个体是否具备对于该知识的事先储备。[③]研究发现，增加信息的可获得性以及可提取性能够提高个体对某一议题的客观认知。[④]

① Liu S S, Stout P A. Effects of Message Modality and Appeal on Advertising Acceptance[J]. Psychology & Marketing, 1987, 4(3): 167-187.

② Albers-Miller N D, Stafford M R. An International Analysis of Emotional and Rational Appeals in Services vs Goods Advertising[J]. Journal of Consumer Marketing, 1999, 16(1): 42-57.

③ Higgins E T, King G. Accessibility of Social Constructs: Information Processing Consequences of Individual and Contextual Variability[J]. Personality, Cognition, and Social Interaction, 1981, 69: 121.

④ Tulving E, Pearlstone Z. Availability Versus Accessibility of Information in Memory for Words[J]. Verbal Learning and Verbal Behavior, 1966 5(4): 381-391.

换言之，“诉诸事实”策略直接呈现传播客体的特征，提高了用户对于传播客体相关知识的“可获得性”和“可提取性”，对受众产生直接说服效果。广告研究发现，广告信息中对于品牌信息的可获得性和可提取性影响了用户对于品牌信息的认知度。①一项基于Facebook的广告研究发现，“诉诸事实”策略相比于没有使用“诉诸事实”策略的信息认知传播效果更好。②因此，本研究假设：

假设1：“冰桶挑战”运动关于“渐冻人症”的客观信息量正向影响受众对于该疾病的认知度。媒介信息对于“渐冻人症”的客观信息越多，受众对于该疾病的认知度越高。

信息可信度是用户评价信息的重要线索。③④“诉诸事实”策略能够提高对信息可信度（Credibility）的评价⑤⑥，从而激发用户的“启发式信息处理模式”（Heuristic Mode of Information Processing）。换言之，媒介信息的客观性以及信息丰富程度作为启发性线索（Heuristic Cues），使得个体认为该信息具有较高的信息质量（Information Quality）以及可信度，从而最终对信息本身产生积极评价。⑦

例如，在社交媒体中，对于客观事实的强调能够增强人们对于健康

① Biehal G, Chakravarti D. Information Accessibility as a Moderator of Consumer Choice[J]. Journal of Consumer Research, 1983, 10(1): 1-14.

② Cadet F T. Determining the Advertisement Value of Facebook: A Content and Financial Analysis[M]. Hampton University, 2016: 30.

③ Sundar S S. The MAIN Model: A Heuristic Approach to Understanding Technology Effects on Credibily[C]// Digital Media, Youth, and Credibility.Cambridge, MA: The MIT Press, 20088: 73-100.

④ Chaiken S. The Heuristic Model of Persuasion[J]. Social influence: the ontario symposium, 1987(5): 3-39.

⑤ Holbrook M B. Beyond Attitude Structure: Toward the Informational Determinants of Attitude[J]. Journal of Marketing Research, 1978, 15(4): 545-556.

⑥ Liu J, Li C, et al. Like It or Not: The Fortune 500's Facebook Strategies to Generate Users' Electronic Word-of-Mouth[J]. Computers in Human Behavior, 2017, 73: 605-613.

⑦ Ma T J, Atkin D. User Generated Content and Credibility Evaluation of Online Health Information: a Meta Analytic Study[J]. Telematics and Informatics, 2017, 34(5): 472-486.

信息可信度的评价。[①]一项关于艾滋病的公益广告研究发现，“诉诸事实”策略有效提升了受众对于公益广告的评价。[②]因此，本研究假设：

假设2：“冰桶挑战”运动关于“渐冻人症”的客观信息量正向影响受众对于该媒介信息的评价。媒介信息对于“渐冻人症”的客观信息越多，受众对于信息评价的情感倾向越趋向于正面。

（二）“诉诸情感”策略

具有情感倾向的说服信息能够有效创造个性化、以用户为中心的说服语境。[③]因此，具有强烈情感倾向的信息更容易引起用户的关注，从而增加用户信息处理的可能性和融入度，进而促使用户增加对于说服信息的认知度。

例如，广告研究发现，广告商可以将积极情感（例如爱、喜悦、自豪以及幽默）与产品联系起来，构建良好的品牌形象，提高受众对产品的认知度。同时，广告商也能够通过消极情感信息的植入（例如诉诸恐惧、罪恶感以及羞耻感）来唤起受众对信息的注意[④]，进而提高受众对说服信息的认知度。既往研究发现，诉诸情感策略能提升用户对于产品信息的回忆[⑤]。

---

① Song H, Omori K, et al. Trusting Social Media as a Source of Health Information: Online Surveys Comparing the United States, Korea, and Hong Kong[J]. Journal of Medical Internet Research, 2016, 18(3): 25.

② Struckman-Johnson C, Struckman-Johnson D, Gilliland R C. Eroticizing Creates Safer Sex: A Research Synthesis[J]. Journal of Primary Prevention, 2006, 27(6): 619-640.

③ Yoo C, MacInnis D. The Brand Attitude Formation Process of Emotional and Informational Ads[J]. Journal of Business Research, 2005, 58(10): 1397-1406.

④ Ausman A. Effect of Persuasive Appeals in AIDS PSAs and Condom Commercials on Intentions to Use Condoms[J]. Journal of Applied Social Psychology, 1994, 24(24): 2223-2244.

⑤ Choi Y, Thorson E. Memory for Factual, Emotional, and Balanced Ads under Two Instructional Sets[C]//Fletcher A D.(ed.) Proceedings of the 1983 Conference of the American Academy of Advertising. Knoxville, TN: University of Tennessee, 1983: 160-164.

因此，本研究假设：

假设3："冰桶挑战"运动媒介信息的情感强度正向影响受众对于该疾病的认知度。媒介信息的情感强度越强，受众对于该疾病的认知度越高。

此外，信息的感性诉求被认为可以有效影响用户对信息的评价。[①]媒介说服过程存在"启动效应"（Priming Effect），即个体由于之前受信息情感刺激的影响而使得其更容易获得相应情感刺激或对同一刺激的知觉和加工变得容易。启动效应认为，信息的情感倾向有助于唤起受众相应的情感倾向。[②]一项基于Facebook的说服传播研究发现，具有强烈情感倾向的信息能够获得用户更多的积极回应（例如，"点赞"行为）。[③]一项针对安全驾车的健康传播研究发现，信息中出现"恐惧"等负面情绪时能够显著提高受众对信息的评价并降低驾车速度。[④]因此，本研究假设：

假设4："冰桶挑战"运动媒介信息的情感强度正向影响受众对于该媒介信息的评价。媒介信息的情感强度越强，受众对于信息评价的情感倾向越趋向于正面。

此外，本研究引入受众"媒介使用经验"作为模型控制变量。在接受媒介信息时，受众会依据过去媒介使用经验表现出对信息一定的认知倾向，形成对媒介信息趋同、协商或对立。

---

① Baker W E, Lutz R J. An Empirical Test of an Updated Relevance-Accessibility Model of Advertising Effectiveness[J]. Journal of Advertising, 2000, 29(1): 1-14.

② Goldberg M E, Gorn G J. Happy and Sad TV Programs: How They Affect Reactions to Commercials[J]. Journal of Consumer Research, 1987, 14(3): 387-403.

③ Swani K, Milne G R, Brown B P. Spreading the Word of Likes on Facebook: Evaluating the Message Strategy Effectiveness of Fortune 500 Companies[J]. Journal of Research in Interactive Marketing, 2013, 7(4): 269-294.

④ Carey R N, Sarma K M. Threat Appeals in Health Communication: Messages that Elicit Fear and Enhance Perceived Efficacy Positively Impact on Young Male Drivers[J]. BMC Public Health, 2016, 16(1): 645.

四、研究方法

（一）数据收集

优酷网是中国主要的视频分享网站之一，且是“冰桶挑战”运动的一个重要传播平台。所以，本文选择优酷网上的“冰桶挑战”相关信息作为研究案例。本研究通过编写Python程序，通过优酷的API数据接口来获取所需的数据。具体而言，本研究以“冰桶挑战”“Ice Bottle Challenge”以及“IBG”为关键词，爬取冰桶挑战的相关视频、用户评论和参与评论的用户信息。由于数据爬取权限的限制，本研究选取了中国“冰桶挑战”运动的关键时段8月16日至9月18日（共34天）作为研究时段。具体而言，本研究随机抽取12天爬取信息（分别为8月16日、8月19日、8月22日、8月25日、8月28日、8月31日、9月3日、9月6日、9月9日、9月12日、9月15日以及9月18日）。本研究继而选取了评论量在1500次以上的视频作为研究样本，共30个。在所选择的30个视频中，每个视频下系统抽样100条评论，最终获得共3000条评论以及相应3000条用户信息。

（二）数据预处理

用户评论为典型非结构化文本数据，因此无法直接进行量化分析，需要通过语词识别（即分词）构建语义网络，来完成评论文本数据的结构化。①本文利用R语言加载Rwordseg分词包进行分词。在此基础上，本研究对数据进行清洗，并进行降维处理，包括剔除URL等冗余字符、删除停用词（介词、叹词等）和常用词。

① 例如，对于用户评论“冰桶挑战是一项在线健康传播运动”，通过分词，识别出该评论包含以下词汇：“冰桶挑战”“是”“一项”“在线”“健康”“传播”和“运动”。同属于一条评论的词汇之间两两存在一条连边。

（三）变量测量

1. 认知度。本研究首先从关于“渐冻人症”的介绍性资料中提取最典型的11个与该疾病有关的关键词，包括：“ALS”“罕见病”“肌肉萎缩 / 肌萎缩”“渐冻”“肌肉无力 / 肌无力”“呼吸衰竭”“肌肉僵硬”“运动神经”和“遗传”。用户评论中提及这些关键词的频率即为用户对于该疾病的认知度。

2. 信息评价。本研究利用情感分析方法来测量用户评论的情感极性，用于度量用户的信息评价。情感倾向可以分为“积极”“消极”和“中性”。本研究首先提取了中文情感词词典的情感词[①]，并将情感词的情感倾向与每一条用户评论的词汇进行匹配。在此基础上，本研究利用评论中出现的否定词、转折语句以及表示程度的形容词和副词对匹配结果进行调整。最后对所有情感词的情感极性进行加总，并分别用-1、0、1来表示消极情感、中性情感、积极情感。例如，评论“我觉得冰桶挑战是一项善举，支持！”为积极情感（语句中出现“善”和“支持”两个词汇，表示积极情感）；而评论“太无聊！瞎搞！”则属于消极情感（语句中出现“无聊”）。

3. 受众媒介使用经验。本研究通过计算每个评论用户的用户留言与信息发布数量（个人信息中的“动态数”数据项）来测量用户的媒介使用经验。

4. 媒介信息客观信息量。由于自动分析视频内容技术尚不成熟，本研究对视频内容进行了人工编码。具体而言，本研究聘请2位编码员，分别对30个视频的信息“客观介绍”进行了计算，即测量视频中接受挑战者提到“ALS”“罕见病”“肌肉萎缩 / 肌萎缩”“渐冻”“肌肉无力 / 肌无力”“呼吸衰竭”“肌肉僵硬”“运动神经”和“遗传”等疾病相关词汇的频数。

---

① HowNet[EB/OL]. http://www.keenage.com/zhiwang/e_zhiwang.html.

5. 媒介信息情感强度。与上述对诉诸事实策略的测量相似，本研究通过人工编码方法计算了视频中挑战者所提到的与情感有关的词汇频数，例如：支持、帮助、关爱、捐款、关注、赞、顶、加油、爱心等。对词频数量进行累计，计算出视频内容的情感强度。

五、研究发现

（一）评论数量分布

图1展示了人们对“冰桶挑战”的评论数量分布。从图中可以看出，自2014年8月16日该运动传入中国，在8月20日左右，人们的评论量达到了最大值，之后迅速下降，到9月底的时候已经很少再有人去评论。本文认为，用户的评论量一定程度上可以代表人们对“冰桶挑战”的关注度。这说明“冰桶挑战”运动进入中国后（即2014年8月16日雷军第一个发起挑战），很快就吸引了人们的极大关注。但是，在一个月左右的时间后，人们就对这个活动失去了兴趣，这种现象基本符合热点事件在网络上的传播规律。“冰桶挑战”运动之所以能够在短时间内吸引大量人群的注意力，主要是由于社交媒体“裂变式”的信息传播方式

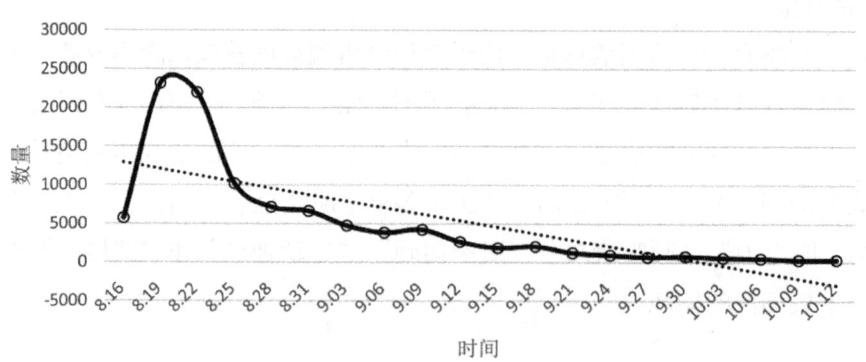

图1　用户评论数量随时间的分布情况

和大量名人的参与。

（二）传播效果分析

1. 受众认知度发展规律

冰桶挑战的一个重要目的是引起公众对“渐冻人症”疾病的关注。图2为公众对该疾病的认知度随时间的变化趋势。具体而言，认知度为某个时间点用户所有评论时间点中出现上述与“渐冻人症”相关的关键词的评论数量在总体评论中的占比。可以看出，“冰桶挑战”运动进入中国后，公众关于“渐冻人症”的认知度从8月中旬的1.78%一直上升到了8月25日左右的9.70%，在很短时间内实现了快速增长，而后缓慢下降，从9月6日左右开始维持在大约6%。但是，就绝对值而言，参与在线“冰桶挑战”的公众对于渐冻症的认知度最高仍然不足10%。这说明，冰桶挑战促进了公众对于罕见病的知识传播，但这种知识传播作用有限。后期公众的认知情况之所以会下降，本研究认为可能是公众对“冰桶挑战”运动的关注点逐渐转向娱乐化，而非疾病信息本身。

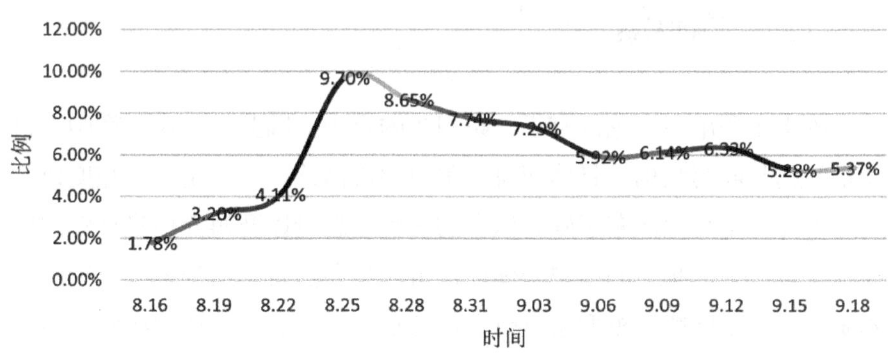

图2 公众对于渐冻症的认知度随时间变化趋势

2. 受众态度

图3展示了参与评论的用户评论情感倾向随时间变化趋势。由图3可以看出，带有积极情绪的评论内容比例一直大于消极情绪，这说明，公

众对冰桶挑战的情感态度一直以正面倾向为主。从8月16日开始，正面情感值缓慢上升，在8月22日左右达到了最大值46.20%，表示这时公众对冰桶挑战的情感态度最为积极或正面。随后，用户评论的积极情绪占比下降，消极情绪占比上升。与图3相符，由于“冰桶挑战”运动在中国逐渐娱乐化，用户对于该运动的质疑也逐渐出现，从而导致消极情绪评论的占比上升。

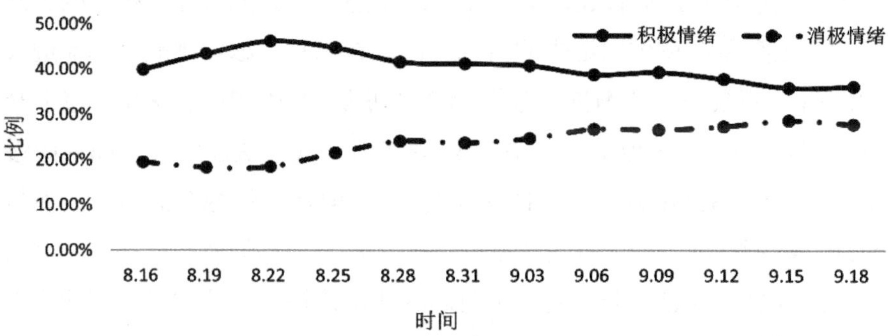

图3 用户评论情感倾向随时间变化趋势

（三）影响因素分析

由于多条用户评论嵌套于一条视频内容中，因此，在本模型中，自变量间属于嵌套结构。具体而言，用户评价情感倾向、用户认知度以及用户媒介使用经验嵌套于媒介信息的客观信息量以及媒介信息情感强度中。且每一条视频下的用户个体评论可能具有显著的组间差异。因此，本研究采纳多层线性模型来进行数据分析。受众的媒介使用经验与用户评价认知度和情感倾向为第一层变量；而媒介信息“客观信息量”以及“情感强度”变量为第二层（即聚合层面）变量。

由表1可以看出，“冰桶挑战”运动关于“渐冻人症”的客观信息量正向影响受众对于该疾病的认知度（β知识介绍＝.42，p＜.05）。因此，假设1成立。同时，“冰桶挑战”运动关于“渐冻人症”的客观信息量与受众对于该媒介信息的评价情感倾向无显著关系。因此，假设2不成立。研究还发现，“冰桶挑战”运动媒介信息的情感强度正向影响受众对于该信息的评价（B情感呼吁=.37，p<.001），而与用户对疾病的认知度并无显著统计关系。因此，假设3不成立，假设4成立。此外，用户媒介使用经验以及视频信息对“渐冻人症”的客观信息介绍皆能够提高受众对于“渐冻人症”的认知度（β媒介经验=.34，p＜.05）和信息评价（β媒介经验＝.21，p＜.001）；这说明用户的媒介使用经验对于用户评论的情感倾向以及对疾病的认知度具有显著正向影响作用。

表1　用户评价情感倾向与认知度回归模型

	认知度		情感倾向	
	回归系数	标准误	回归系数	标准误
媒介客观信息量	.42*	.02	.06	.04
媒介信息情感强度	.04	.03	.37***	.02
媒介经验	.34*	.02	.21***	.02

六、结论与讨论

本研究以优酷网为例，分析了“冰桶挑战”运动在中国社会化媒体的传播特征以及传播效果。通过爬取优酷网关于“冰桶挑战”运动的视频信息以及用户评论信息，本研究首先利用文本分析方法呈现了参与“冰桶挑战”的用户对于“渐冻人症”疾病的认知度以及情感态度的演化。研究发现，用户对于事件的认知度以及对视频信息的评价在8月22—25日之间出现转折，主要表现为用户的认知度在8月25日到达最高点，继而开始下滑；而用户评论的情感倾向也在8月22—25日表现出正面情绪主导，负面情绪次之。而在此之后，用户的积极情绪比例逐渐缩小，消极情绪比例增大。这反映了“冰桶挑战”作为典型在线健康传播案例在中国的传播现状。“冰桶挑战”在2014年8月16日进入中国后，首先受到网络用户的关注，并得到肯定；但在大约1周后，人们对该项运动的关注点从疾病本身以及善款捐助转向了娱乐化以及对事件的质疑。因此出现了用户认知度的下降以及负面情绪占比的提升。

本研究继而根据说服理论，探讨了“诉诸事实”策略以及“诉诸情感”策略的传播效果。研究发现，“诉诸事实”策略有效提升了用户对事件的认知度；而“诉诸情感”策略则提高了用户对于信息的积极评价量。本研究同时纳入“诉诸事实”与“诉诸情感”两种策略，即对比了两种不同的说服策略的传播效果。该研究的理论贡献在于，扩展了说服理论的应用范畴，即将传统的广告说服理论应用于在线健康传播领域。

此外，本研究还具有一定的方法论意义。本研究采用数据挖掘的方法，利用文本分析方法客观分析了“冰桶挑战”用户评论特征，并对用户评论（即认知度和情感倾向）进行了历时性分析，有效弥补了在线健康传播运动以案例分析以及对事件进行单一时间点量化分析为主的缺陷。历时性分析发现，“冰桶挑战”运动对于用户的认知度存在有限效果，即受众对于渐冻症的认知度短期内有所上升，在到达某一顶点后逐渐下降。

本研究对于基于社交媒体的健康传播运动有实践借鉴意义。在线健康传播应同时注重用户的关注度与传播效果。本研究发现，“冰桶挑战”运动在收获了用户的关注度的同时，其传播效果——无论从用户的认知度还是用户对信息的评价层面，皆未呈现出递增趋势，而是在该项运动进入中国仅一周左右开始出现传播效果的下降。健康传播运动的核心目的是在获得公众注意的基础上普及健康知识。本研究结论意味着媒介信息内容如果仅靠娱乐化策略无法获得理想的认知效果。提升在线用户对于健康传播信息的认知度以及评价需要对内容采取“诉诸事实”或者“诉诸情感”策略。

与此同时，本研究还存在一定的局限性。第一，由于在线数据爬取的限制，本研究不能纳入更多的解释变项（例如更丰富的用户个人信息），因此尚不能对在线健康传播效果构建全面的解释模型。对于变量主要采纳了基于用户行为记录的测量方式。相较于传统的问卷调查，这种用户行为测量具有更高的测量信度，但这种基于行为的测量方式也具有可能的效度缺陷，即对变量的测量相较于传统的问卷测量，往往偏向于简单化。这也是利用计算方法（Computational Methods）对传播现象进行研究时所必然面临的困境。第二，本研究只选取了“冰桶挑战”作为研究案例。本研究结论的可推广性还需要吸纳更多案例进行研究和对比方能验证。未来的研究可以选择不同媒体平台以及不同案例，对在线健康传播的基本规律和效果进行比较和探讨。

3.3 社交媒体中错误信息传播的回音壁效应

温家林　张增一

（科普研究，2018年第1期）

互联网在改变信息传递机制的同时，也改变了议程设置的过程。低门槛和弱“把关”使得许多确定的事实与半真半假的陈述、谎言混杂在一起，给身处其中的人们造成了极大的困扰。

在这种情况下，海量的信息中鱼龙混杂，既有正确的信息，又充斥着各种各样的虚假信息、不实信息、欺诈信息、恶意信息等。同时，在错误信息形成和传播过程中，相关纠正机制也没有发挥有效的作用，反而起到了强化的效果，从而经常引起人们快速、强烈但不理性的反应。而在社交媒体上对于用户生产内容的接近性和易得性，使大量共享相似经历、信念、兴趣和价值观的人们聚集在一起，为错误信息的传播提供了便利的环境和条件。因此，分析错误信息在社交媒体中的传播机制显得尤为重要。

一、概念辨析：misinformation、disinformation、gossip、rumor

根据《21世纪大英汉词典》的解释，misinformation 为“误报；错误的消息（或情报）”；disinformation为“（迷惑外国情报人员的有关某国军事实力、计划等的）假情报，假消息，相反的信息，反面情报”；gossip为“（尤指涉及私人、私事的）闲话，流言蜚语，小道消息，内幕新闻”；rumor为“谣言、传闻、传说”。

本文的研究对象 misinformation（中文直译为“错误信息”），指的是这样一类信息：（1）在人们日常经验或科学研究中已经被定性为错误的或子虚乌有的信息，如国外学者的研究中提到的关于“奥巴马是穆斯林”“鲍林格林大屠杀”以及瑞典和美国亚特兰大市不存在的恐怖袭击等；（2）在业界或科学共同体内部没有得到认同、缺乏依据的信息，如张悟本的“绿豆茄子”养生理论。这类信息之所以能够传播，是因为在传播过程中，它们被有意无意地进行了删减、篡改，或者假借其他公认为合理的“外衣”，让人们误以为是正确的。张悟本的著作《把吃出来的病吃回去》借用的就是“病从口入”的常识。

需要指出的是，misinformation、disinformation、gossip、rumor这四个词，虽然定义中都含有“不实信息”之意，但各有侧重。misinformation侧重于指信息的错误性；disinformation侧重于指虚假信息；gossip在国外更多地涉及私人、个体的隐私，传播的方式一般是口头的、非正式的、非官方的；rumor侧重于指信息未经证实，无法确定真假。另外，misinformation与中文语境下的谣言、流言也不同，在中文语境下，谣言有较强烈的贬义色彩，而流言并没有局限于私人、私事的范畴，而是将其指称范畴扩大到了社会事务。因此，本文使用的“错误信息”对应于misinformation一词，侧重于信息的错误性。

二、研究的主要问题、现状及意义

从目前国内的研究现状来看，人们对于流言、谣言的研究已经比较深入，在二者的传播语境、传播特征、社会功能、预防控制等多方面都有不少研究成果。但是基于新的媒介形式，人们对错误信息在网上的传播机制还没有深入研究，尤其是面对当今网络社会出现的新情况和新问题，需要进行更加细致的、深层次的探索。

本文主要研究的是社交媒体中错误信息的传播机制问题，在中国的语境下，以张悟本微博的内容及其评论为抓手，通过个案研究，从微观的层面进行实证分析，从而了解这一类错误信息是如何在网上传播的。

对此，国外已有的研究成果值得借鉴。例如，有学者从集体记忆的角度研究了后真相时代[①]，社交媒体、假新闻及个人的朋友圈是如何扭曲人们的记忆的。虽然错误信息很快被纠正了，但一些讹传很难从人们的记忆中消除。哈佛大学研究记忆的心理学家Daniel Schacter指出，通过Facebook和Instagram等平台，记忆以一种全新的方式在群体之间被分享，个人记忆和集体记忆之间的界限变得模糊。社交网络会强有力地塑造记忆，人们不需要多少暗示就会服从主流记忆，即使那是错的。[②]由美国新闻学会和美联社诺克公共事务研究中心合作开展的“媒体洞察项目（the Media Insight Project）”中的一项研究指出，在社交媒体上，信息的分享者比制造者更能影响受众对于该信息的信任程度，而且，这些信息的接收者会参与到信息的再次传播过程中。[③]Walter Quattrociocchi等国外学者通过分析Facebook上阴谋论话题和科学性话题的传播过程，考察了错误信息被广泛接受和传播的原因，提出了“回音壁效应（echo chamber effect）”——信息或想法在一个封闭的小圈子里

① 牛津词典宣布其2016年度词汇为post-truth(后真相的), 单独发布的英美年度词汇也是这个词。词典将post-truth定义为形容词, 描述的是在特定环境中, 客观事实的陈述, 往往不及诉诸情感更容易影响大众民意。《牛津词典》负责人格拉斯沃(Casper Grathwohl)表示, 随着人们阅读习惯的改变, 社交网站已经成为人们获取新闻的重要来源。人们也开始质疑传统媒体的报道, 民众忽略事实, 以立场来决定是非或者支持政见及政客, 这导致了post-truth一词开始具有代表性。

② Spinney L. How Facebook, Fake News and Friends are Altering Memories and Changing History[J]. Nature, 2017, 543(7645): 168-170.

③ The Media Insight Project.‘Who Shared It?’: How Americans Decide What News to Trust on Social Media 2015[DB/OL]. [2017-3-11]. http://mediainsight.org/Pages.

得到加强。①这种现象，既强化了同一集群内成员的认知，又使其更加抵制与既有观点不相符的信息。②这些研究都为进一步探索错误信息的网络传播机制提供了重要参考。

三、研究材料

张悟本，原北京针织三厂下岗工人，自称“卫生部营养专家”，开了“悟本堂”帮患者看病。他的“绿豆汤可以治疗肺癌、肺炎、糖尿病、心脑血管疾病等数十种常见疑难病症”“生吃茄子控血脂”“补钙降血压”等万能“食疗方法”的观点受到许多人热捧。在被揭发之前，一个病人的挂号费是2000元，咨询费是7000元，红火的时候，张悟本每天坐诊进账就超10万元。③下面是笔者对张悟本事件的简单梳理（见表1）。

表1 张悟本事件简单梳理

时间	事件
2010年以前	下岗工人
2010年2月	做客湖南卫视《百科全书》
2010年4月	《把吃出来的病吃回去》进行了第二版第二次印刷
2010年5月	媒体报道学历造假，食疗理念遭质疑
2010年5月26日	张悟本在北京召开“新闻发布会”回应媒体质疑

① Quattrociocchi W, Vicario M D, Bessi A, et al. The Spreading of Misinformation Online[J]. Proceedings of the National Academy of Sciences of the United States of America, 2016, 113(3): 554-559.

② Bessi A, Coletto M, Davidescu G A, et al. Science vs Conspiracy: Collective Narratives in the Age of Misinformation[J]. PLoS One, 2015, 10(2): 1-17.

③ 新民晚报. 张悟本不惜血本包装, 牌匾“悟本堂”3个字花5万 [EB/OL].(2010-05-27)[2017-03-11]. http://news. sohu.com/20100527/n272388250.shtml.

续表

时间	事件
2010年5月27日	央视《新闻1+1》曝光张悟本骗局
2010年6月2日	“悟本堂”停业并遭拆除
2010年6月5日	张悟本养生书籍被各地书店下架
2010年6月7日	“悟本堂”同意退还市民预付款
2014年2月20日	张悟本因脑梗入北医三院治疗

从表1不难看出，从2010年5月开始，张悟本提倡的“绿豆茄子”养生理论开始遭到质疑或批评，他本人也作出了相应的回应，结果以失败告终。据新浪微博显示，张悟本于2010年8月9日加入微博，继续宣扬“食疗养生”。2010年9月22日，张悟本发了第一条有关“生吃茄子能预防控制高血压、抑制癌细胞”的博文。笔者利用python 软件程序抓取了张悟本从2010年9月22日至2015年3月4日（此后张悟本微博没有再更新）期间发布的所有微博内容，共计70条，网民评论1528条。

当然，张悟本的微博并不全是关于“绿豆茄子”养生理论的。本文从中筛选出32条以“绿豆茄子”养生理论为主要内容的微博作为研究对象，这些内容不管从日常生活实践还是从现代科学技术、现代医学的角度，都被批评为“夸大其词”，甚至“没有科学依据”①，符合“错误信息”的特征。举例如下（以下引文全部来自于张悟本的微博原文）：

生吃茄子：中医治疗、促进健康的原则是清、调、补。茄子里有能控制血压和抑制癌症的物质，主要是其中的茄碱，这种物质能够入药，能抑菌、降压、强心、促进癌细胞凋亡。茄子里的类黄酮可抗氧化，改善血管弹性。生吃茄子时，要一点点加大量，一周吃两次茄子便可，就能预防控制高血压、抑制癌细胞。

① 腾讯新闻. 卫生部批驳张悟本“绿豆治病”[EB/OL].(2010-05-29)[2017-03-11]. https://news.qq.com/a/20100529/0001- 25.html.

生吃茄子的食疗和作用：中医认为茄子性味苦寒，有散血瘀、消肿止疼、治疗寒热、祛风通络和止血等功效。茄子中主要成分有葫芦巴碱、水苏碱、胆碱、蛋白质、钙、磷、铁，茄子纤维含一定量的皂草甙，紫茄子中含有丰富的VPP。生吃可使血液胆固醇含量降低，不易患黄疸病、肝脏肿大、动脉硬化等疾病。

常食绿豆：对高血压、动脉硬化、糖尿病、肾炎有较好的治疗辅助作用。此外绿豆还可以作为外用药，嚼烂后外敷治疗疮疖和皮肤湿疹。如果得了痤疮，可以把绿豆研成细末，煮成糊状，在就寝前洗净患部，涂抹在患处。绿豆衣能清热解毒，还有消肿、散翳明目等作用。

转基因食品：转基因食品本身技术不足，未进行较长时间的安全性试验，食品容易产生毒素，基因化食品能产生不可预见的生物突变、过敏或变态反应，减少食品的营养价值或降解食品中重要的成分，产生抗菌素耐药性细菌，所以不建议大家食用！！！

通过逐条浏览张悟本博文的评论发现，即使某条微博内容不是关于“绿豆茄子”养生理论的，网民对此的回复和评论互动也基本都会围绕此展开。因此，本文将1528条评论也作为分析研究的对象，通过分析网民之间不同的观点及其交流互动，来梳理张悟本“绿豆茄子”养生理论的错误信息是如何在微博上传播的。

四、研究分析

现实生活中，各类错误信息不断地在世界各地产生，但大多数错误信息由于其重要性不大、与人关联性低或模糊性不够等特点没有传播开来，最终自生自灭了，真正广泛传播并对社会造成重大影响的错误信息与其总量相比是微乎其微的。但是，这少量“幸存”的错误信息就需要经过社会管理部门耗费大量人力、物力，采取纠正信息内容、切断传播渠道、控制传播来源等强力干预措施才能逐渐消失，有些依然传播时间很长、影响范围很广。

就社会现实而言，本文研究的抓手——张悟本的“绿豆茄子”养生理论具有很强的社会关联性。随着生活水平的提高，人们对于自身健康的重视程度也越来越高，近年来出现的“养生热”成为分析这一事件的大背景。

（一）网民争论的焦点

本研究借助质性分析软件NVivo对张悟本微博及其评论的具体内容、参与评论的人员情况等进行了详细的分析。首先，通过词频分析，整理出了网民在评论里主要关注和争论的十个关键词：中医、支持、绿豆、茄子、FZZ（方舟子）、健康、理论、养生、骗子、媒体（见图1）。涉及的具体争论内容包括：张悟本所倡导的东西是不是真正中医的内容；“绿豆茄子”养生理论到底有没有治病效果；方舟子应不应该对张悟本打假；媒体在整个张悟本事件中扮演了什么样的角色。其中，很明显的一点是，人们的争论内容，虽然是因张悟本的行为及其言论而起，但受众互动和争论的焦点并不限于张悟本事件本身，而是将范围扩大到中西医之争的层面，而这又可分为三个问题来考虑：一是从性质上来看，张悟本的养生治病理论算不算真正的中医内容？二是从实用主义的角度来看，中医和西医到底哪个管用？三是从机理来看，中医和西医哪个更加科学？

图1 微博评论内容的词频分析图

尽管张悟本的“绿豆茄子”养生理论并没有得到业内专家或科学共同体的认可，央视也对张悟本伪养生食疗专家的身份及行为进行了揭露和曝光，但在张悟本的微博里，支持者大有人在。在总共搜集到的1528条受众评论中，赞成性评论942条（图2中显示为：非常正向789条，较为正向153条），反对性评论566条（图2中显示为：非常负向445条，较为负向121条），中立评论20条。另外，张悟本本人回复受众评论15条。有61.65%的评论内容是支持张悟本的，有37.04%的评论内容反对他，中立性的评论则只占1.31%。由此可以看出，在整个评论区里，对张悟本有利的评论在数量上占了绝对优势。

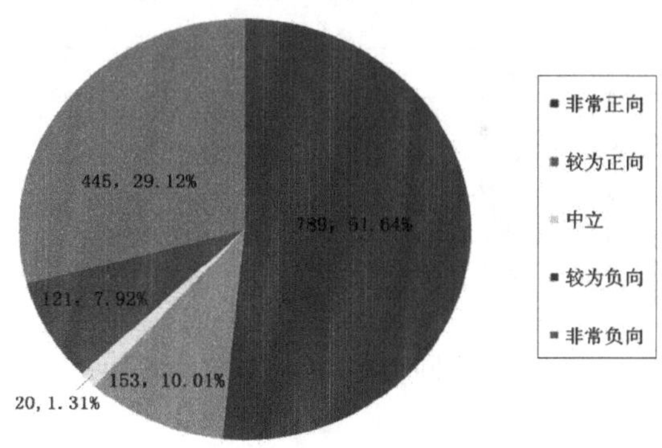

图2 受众评论内容的情感态度统计

（注：正向表示赞成其观点，负向表示反对其观点。）

由于与个人健康息息相关，人们在微博上对张悟本“绿豆茄子”养生理论的讨论与对其他一般性话题的讨论相比有很大的差别，不管是参与程度、认知态度变化、群体情绪反应还是不同主体互动等，都出现了新的特征。出于不了解、信息不对称、对安全隐患担忧等原因，人们对张悟本的“绿豆茄子”养生理论褒贬不一。深入分析这些争论过程中错误信息的传播机制，有助于我们进一步了解和明确究竟是哪些主体在参与争论，其论证的过程是怎样的。

（二）参与评论的人员

在张悟本发表的全部博文里，一共有493人参与评论，其中，389人持赞成立场，88人持反对立场，16人持中立立场（具体情况见图3、图4）。由此可以看出，在整个评论区里，张悟本的支持者占了绝大多数，其人员数量比反对者的四倍还多。

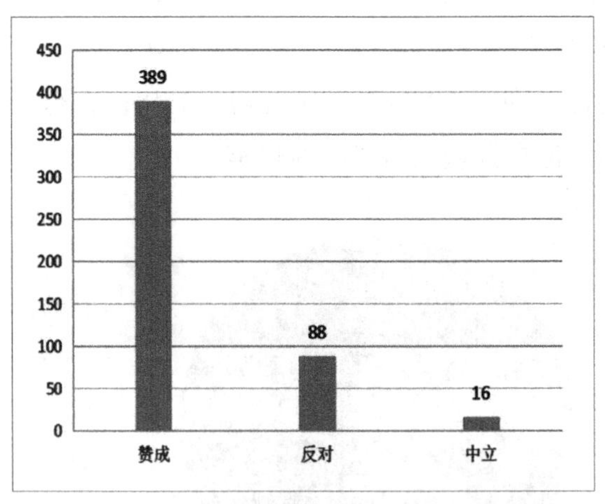

图3　不同态度受众人数统计情况

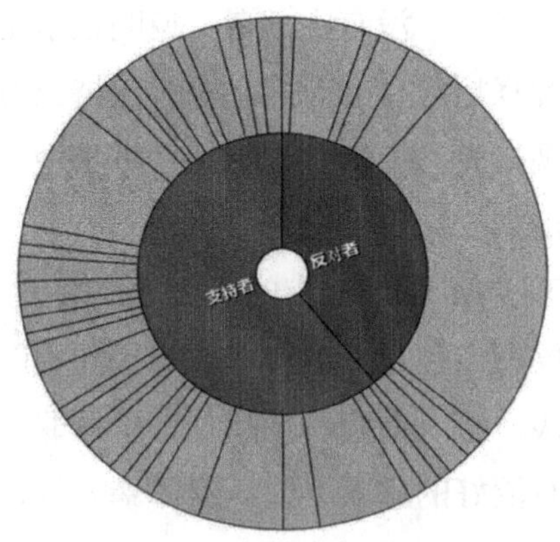

图4　支持者与反对者发表的评论数对比

（三）几个关键的评论参与者

通过分析发现，在评论区里，每名受众的参与度是不一样的，有的人是张悟本的“铁粉”，几乎张悟本发出的每条微博，他 / 她都会积极回应，并与“对手”争论；而有的人对张悟本持绝对的反对态度。493人中，一般参与者（参与评论次数少于5次的人）有450人，积极参与者（参与评论数至少为5次的人）有43人。

在450位一般参与者中，有355人持赞成立场，共发表评论478条；79人持反对立场，共发表评论269条；16人持中立立场，共发表评论20条。

在43位积极参与者中，有34人持赞成立场，共发表评论464条。典型的如名为“百科全书语录”“kelvin1689”“反方之搏”等网民，其评论数都在40条以上；9人持反对立场，共发表评论297条。例如，名为“狼牙剑”的网民，其总共发表了186条评论，此人不仅对张悟本本人发表的微博内容进行评论，还与其他网民进行多次互动，围绕张悟本的“绿豆茄子”养生理论进行辩论。

在43位积极参与者中，没有中立者。说明在争论最激烈的部分，其他网民只能看到两种互相对立的观点，要么支持正方，要么支持反方，没有中立的观点出现，而且张悟本的支持者占了绝对优势，这与从评论具体内容方面分析得到的结论一致。

分别对持正方观点和反方观点的人发表的评论内容进行整合，可以看出，正方的主要观点包括：值得尊敬的民间中医大师、有人故意污蔑、听讲课受益匪浅、医院看病看不起、当了替罪羊、群众的眼睛是雪亮的、无权干涉、有治好的病人为证、媒体暴力等；反方的主要观点包括：老掉牙的骗术、吹牛、讲不清楚原理是什么、没有研究依据、学历造假、钻中国看病难的空子、谋财害命、伪中医等。

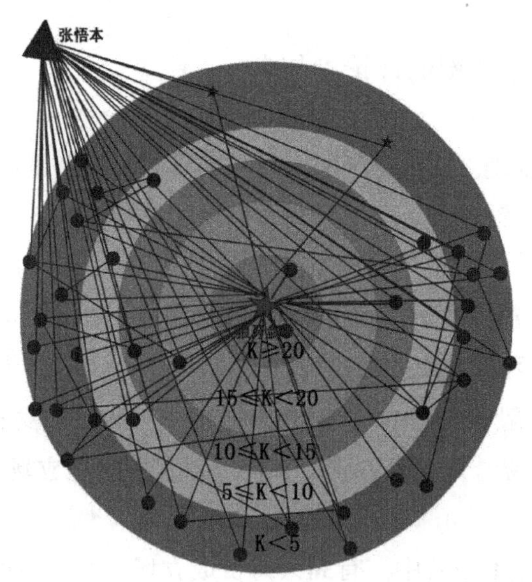

图5　反方代表人物“狼牙剑”与其他微博用户之间的互动关系模型图

（注：在整个模型图中，圆点代表反对“狼牙剑”的用户，两个小五角星代表支持“狼牙剑”的用户，“K”代表其他用户与“狼牙剑”的互动次数。）

以反方代表人物“狼牙剑”为例，通过评论的具体内容，笔者分析了这位微博用户与其他微博用户之间的互动关系。图5是笔者绘制的一个模型图。从图中可以看出，共有42个人与“狼牙剑”（用中间的五角星表示）进行了互动（包括张悟本），这42个人中，只有2个人（最外一圈的两个小五角星）与“狼牙剑”观点态度一致，但这2个人与“狼牙剑”分别只进行了1次互动。其余40个人均与“狼牙剑”观点态度相反，且他们之间的互动有294条。也就是说，在张悟本的微博里，“狼牙剑”几乎要一个人同时应对来自这40个人的反对和挑战，并且，在评论内容里充斥着“你滚吧”“教条”“鼓吹”“胡思乱想”“恬不知耻”等贬义攻击之语，并不能真正理性、合理地交流彼此的观点和意见，而他能够得到的与其观点、态度一致的用户的支持却很少，与反对的声音相比，完全被湮没了。

这样一来，张悟本的微博空间实际上形成了一个闭环的舆论场，而且在这个舆论场里，争论的双方势力严重失衡，许多反对张悟本的人在评论区里出现一两次之后就再也不见了，导致个别积极反对者陷于孤立无援的处境。而同时，张悟本的大量支持者在微博里对反对者群起而攻之，以表明自己支持张悟本的立场，这些支持者大多持实用主义态度和目的，希望张悟本能够给自己带来帮助和好处。例如，“如何防止脱发？”“痛风是不是要避免吃绿豆？”“求张老师给个食谱！”“耳尖放血可以治痘痘吗？”“如何通过饮食让身材均衡？”……

基于此，可以对张悟本“茄子、绿豆治病理论”等错误信息的传播过程进行梳理。受众接触到张悟本发布的信息，然后根据自己的立场、观点、利益诉求等对这些信息内容进行选择性接触、理解和传播，由此形成明显对立的两个阵营：支持张悟本观点的人群和反对张悟本观点的人群。在各自的人群内部，存在高度的同质化，同一阵营的受众可以为了支持一个同样的观点或人而一致对外。由于人数、势力、投入和关注度等方面的巨大差距，反对张悟本的阵营在对比较量中明显处于弱势，其观点被有意忽视、无理批驳之后，难以继续发挥作用，而支持张悟本的观点却大行其道，意见的表明和“沉默”的扩散呈现出螺旋式的社会传播过程，即一方的“沉默”造成另一方意见的增势，使“优势”意见显得更加强大，这种强大反过来又迫使更多的持不同意见者转向“沉默”，如此循环，愈演愈烈。[①]在这种“沉默的螺旋”机制下，不同声音的传递在张悟本的微博环境里，便形成“回音壁效应”：信息或想法在一个封闭的小圈子里得到加强。可以说，支持与反对声音的不对等，既是形成“回音壁效应”的原因，也是其产生的必然结果。这样，错误信息在传播系统内部会出现“回流”现象，成为下一次受众公开接触的信息的一部分，由此形成错误信息的循环传播机制（见图6）。

相对于传统媒体，网络社区容易催生更为多样化的社会群体。网络社区也被寄予更高的塑造理想公共领域的期望，然而基于上述情况，更加多样化的社会群体或许可能反而构成实现这种期望的障碍。[②]因为只有不同意见和背景的群体之间展开平等的对话和辩论，公共领域才能出现，公众需要“暴露于充分的信息以及足够广泛和多样化的选择之下”。[③]

而相似观点或共有记忆在促进人们形成关系更紧密的群体的同时，也会扭曲局外人的角色，在不同群体之间产生隔阂。认知趋同塑造同质化社群，同质化社群引发“回音壁效应”，“回音壁效应”反过来又强化了认知趋同和群体身份，这构成了一个潜在的恶性循环。

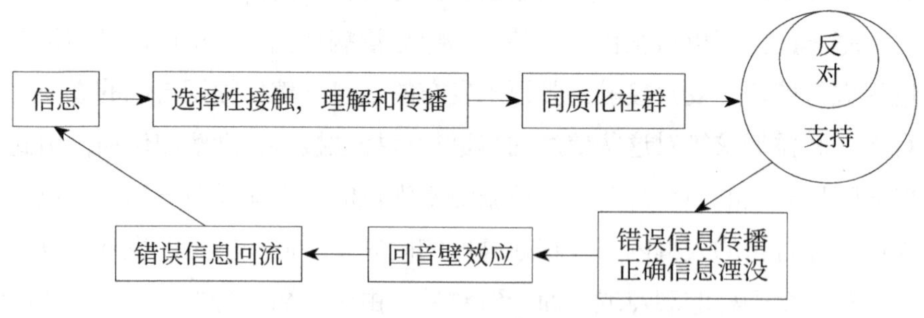

图6 错误信息的循环传播机制

---

① 郭庆光. 传播学教程[M]. 北京: 中国人民大学出版社, 1999: 220–221.

② 胡泳. 新词探讨: 回声室效应[J]. 新闻与传播研究, 2015(6): 109–115.

③ 卡斯・H. 桑斯坦. 网络共和国[M]. 黄维明, 译. 上海: 上海人民出版社, 2003.

五、结论与讨论

本研究通过分析张悟本“绿豆茄子”养生理论在微博上的传播机制，揭示了“回音壁效应”的存在，为研究这类错误信息在网上的传播机制提供了思路。在大规模复杂的社会网络中，能够影响错误信息传播机制的因素越来越多，其中要充分考虑的一个重要因素就是群体影响力。

本研究有助于理解在想法相似的人组成的小团体中，要挑战群体共识并不容易，这是“回音壁效应”给我们的启示。外在的信息过滤和把关机制、内在的选择性接受倾向以及基于这两者出现的“精准推送”，让人们只看到想看的东西，听到认同的观点，接触跟自己意见相同的朋友。这样的环境被不断重复和强化之后，最终形成只能听到一种声音的“回音壁”。“个人希望保持自我认同和自我形象。他们不会阅读那些挑战自己价值观、身份及信仰体系的东西。”[①]同质化成为内容扩散的首要驱动力。

在国外的同类研究中，Walter Quattrociocchi等学者提出，在一个网络空间里，如果你听到的都是对你的意见的正向回响，你会认为自己的看法代表主流，从而扭曲对一般共识的认识，这是“回音壁效应”的突出表现。每一个回音壁又有其自身的信息流瀑动力（cascade dynamics）。[②]回音壁的存在会使人们对批评性话语视而不见，甚至造成阻碍。因此，在线讨论的结果并非开放性地吸收不同观点的可取之处，而是常常导致己方信念体系进一步增强。在此基础上，Emily A.Thorson进一步指出，即使关于某事件的错误信息或谣言已经被纠正

① Feldman L, Myers T A, Hmielowski J D, et al.The Mutual Reinforcement of Media Selectivity and Effects: Testing the Reinforcing Spirals Framework in the Context of Global Warming[J]. Journal of Communication, 2014, 64(4): 590-611.

② Bessi A, Coletto M, Davidescu G A, et al. Science vs. Conspiracy: Collective Narratives in the Age of Misinformation[J]. PLoS One, 2015, 10(2): 1-17.

过来，但这也不会彻底消除其对受众态度的影响①，这种绵长、持续的态度影响（lingering attitudinal effects）被称为“信念回响”（belief echoes）。

因此，无论是国内还是国外社会化网络环境下，“回音壁效应”都会存在。而且，除了共时的表现一致外，历时的趋同也会发生。Alin Coman指出，一旦社会网络对过去发生的事情达成了一致认识，集体记忆就会对与之相左的信息产生一定的抵抗。记忆趋同会强化群体凝聚力，相同的记忆让人们拥有更强的身份认同。“捍卫言论自由的代价是可能形成错误的集体记忆。如果知道它们是如何形成的，当人们再次听说一个从未发生过的大屠杀时，这样的知识或许就能为他们提供某种防御。”②

本文以张悟本“绿豆茄子”养生理论为例，揭示了社交媒体中错误信息传播的“回音壁效应”。这个效应还暗示了一个悲观的结论，即在社会化媒体中阻止错误信息的传播几乎是一个不可能完成的任务。对错误信息进行的“辟谣”“质疑”等，只能争取“中立者”，强化“反对者”的批评态度，而对于其坚定的“支持者”很难产生影响。究其原因，这些认同错误信息及盲从他人观点的人，很大程度上是由于个人素养问题，尤其是缺乏科学素养，导致他们对一个事件或一种观点缺乏判断力。这对于目前我国科学传播工作是一个现实的挑战，也对制定应对错误信息流传的有关政策措施，具有一定的启发作用。

由于研究材料仅限于张悟本个人的微博内容及其评论，微信、论坛、讨论组等不同的网络平台有不同的互动机制，因此本研究得出的结论是否适用其他话题或其他平台，还需要更多的相关研究进行进一步的检验。

---

① Thorson E A. Belief Echoes: The Persistent Effects of Corrected Misinformation[J]. Political Communication, 2016, 33(3): 460-480.

② Gottfried J, Shearer E. News Use Across Social Media Platforms 2016[R].(2016-05-26)[2017-03-11]. http://go.nature. com/2wrtzdg.

3.4 社会化媒体的用户产品评价影响因素研究

——基于文本挖掘的方法

司格　张伦　张增一

（国际新闻界，2015年第6期）

一、引言

集成了社会化媒体（social media）社会交往功能的电子商务网站一定程度上改变了消费者获取产品信息的渠道和产品购买行为，打破了传统媒介时代消费者获取产品信息信源单一、信息匮乏的桎梏。社会化媒体的一个重要特点为用户创建内容（user generated content，UGC），电子商务网站用户在使用产品后能够创建在线评价。用户在浏览产品页面信息时，同时能看到其他用户创建的评分和评论，即不同用户创建的同一产品的信息可以在用户之间传播。Tuten与Solomon[①]将社会化媒体分为社会化社区、社会化出版、社会化商务、社会化娱乐四类。其中社会化商务平台是指包含用户评分和评论的电子商务网站，比如亚马逊、淘宝等。换言之，电子商务网站是社会化媒体的形式之一。

用户在做出购买决策前，除了依靠传统的大众媒体广告（例如电视、报纸、户外广告等）[②]，用户在线创建的内容也能够补充产品的信

① Tuten T L, Soloman M R.Social media marketing[M]. Upper Saddle River, New Jersey: Pearson Education, Inc, 2013.

② Phillip N. Advertising as information[J].The Journal of Political Economy, 1974: 729-754.

息[①]。从这个意义上说，电子商务网站中其他用户创建的产品评价在较大程度上丰富了大众媒体广告信息，从而成为用户做出购买决策的重要信息来源。

然而，在线用户创建的产品评价是否客观反映了产品的性能？本研究以“电子商务网站”为例，以使用与满足理论为理论框架，探讨用户产品评价的主要影响因素，即产品使用时间、需求满足、社交影响，以及用户自身特征。

二、用户在线消费行为研究

（一）电子商务平台中用户产品评价的基本规律与特点

既往研究通过对用户产品评价进行的描述性研究发现，用户产品评价展现出一定的规律性。第一，用户偏向于发布极端正面的评价[②③]，即用户更喜欢给自己使用过的产品（例如看过的电影和书籍）更高的评价。例如，Hu等人[④]发现，书、VCD、DVD的用户评分分布呈两极分化分布，即高分和低分出现的频率较高，特别是高分，而中间分数段出

① Weathers D, Sharma S, Wood S L. Effects of Online Communication Practices on Consumer Perceptions of Performance Uncertainty for Search and Experience Goods[J]. Journal of Retailing, 2007, 83(4): 393-401.

② Hu N, Pavlou P A, Zhang J. Can Online Reviews Reveal a Product's True Quality?: Empirical Findings and Analytical Modeling of Online Word-of-Mouth Communication[C]//Proceedings of the 7th ACM conference on Electronic commerce. ACM, 2006: 324-330.

③ Wu F, Huberman B A. Opinion Formation under Costly Expression[J]. ACM Transactions on Intelligent Systems and Technology, 2010, 1(1): 1-13.

④ Hu N, Pavlou P A, Zhang J. Can Online Reviews Reveal a Product's True Quality?: Empirical Findings and Analytical Modeling of Online Word-of-Mouth Communication[C]//Proceedings of the 7th ACM conference on Electronic commerce. ACM, 2006: 324-330.

现的频率低。第二，产品评分均值随时间呈递减趋势。[①]最初的产品评价往往由该产品粉丝发布，中后期的用户趋向于对产品做出理性客观的评价。第三，用户意见的异质性反映出用户的“情感倾向混杂度”。[②]如果某产品的用户评价具有较高的异质性（即评分方差较高），则说明该产品是一个“非主流产品”。用户评价的异质性也与产品的受欢迎程度相关。当且仅当评分的均值较低时，较高的方差可能会伴随着较高的需求度以及较高的销量。[③④]

（二）电子商务网站产品类型

产品按照用户使用体验的差异，可以分为“搜索型产品”（search goods）和“体验型产品”（experience goods）。[⑤]“搜索型产品”，即用户主要通过信息搜索而不需要太多体验就能做出购买决策的产品；“体验型产品”，即用户不能仅凭信息搜索也需要一定的使用经验才能判断其质量并做出购买决策的产品。[⑥⑦]例如，手机、衣服、家具等属于“搜索型产品”；旅游度假产品、餐饮类服务则属于“体验型产品”。[⑧]有研究指出，产品类型会调节（moderate）产品评价与用户

① Wu F, Huberman B A. Opinion Formation under Costly Expression[J]. ACM Transactions on Intelligent Systems and Technology, 2010, 1(1): 1-13.

② 郝媛媛. 在线评论对消费者感知与购买行为影响的实证研究[D]. 哈尔滨: 哈尔滨工业大学, 2010.

③ Sun M. How Does the Variance of Product Ratings Matter? [J]. Management Science, 2012, 58(4): 696-707.

④ Martin J, Barron G, Norton M I. Choosing to be Uncertain: Preferences for High Variance Experiences[C]// London Business School Trans-Atlantic Doctoral Conference, 2007.

⑤ Nelson P. Advertising as information[J]. The Journal of Political Economy, 1974: 729-754.

⑥ Klein L R. Evaluating the Potential of Interactive Media through a New Lens: Search Versus Experience Goods[J]. Journal of Business Research, 1998, 41(3): 195-203.

⑦ Nelson P. Advertising as information[J]. The Journal of Political Economy, 1974: 729-754.

⑧ Zeithaml V A. Consumer Perceptions of Price, Quality, and Value: a Means-End Model and Synthesis of Evidence[J]. The Journal of Marketing, 1988: 2-22.

购买决策之间的关系[①][②]，相比于“搜索型产品”的用户，“体验型产品”的用户更需要依靠其他用户的使用经验来做出购买决策。[③]

三、理论框架与研究假设

使用与满足理论认为用户是有着特定“需求”的个人，用户通过“使用”某产品或技术，使其某些需求得到“满足”。Katz和Blumler[④]对使用与满足理论进行了经典论述：“基于社会影响和个人心理的需求，激发了用户对媒介和其他来源的期望，这一期望导致了不同的媒介接触，从而造成了用户需求的满足以及其他后果。”该论述涉及使用与满足理论的七个核心概念——“社会和心理起源”“需求”“媒介和其他来源”“期望”“媒介接触”“满足”和“其他后果”。

经典的使用与满足理论研究往往只关注媒介采纳，特别是不同类型的媒介满足了用户的哪些社交和心理需求[⑤]，并常与动机理论密切结合[⑥]。本研究拟将使用与满足理论扩展到产品采纳领域。在互联网时代的电商平台中，产品采纳涉及的要素包括产品的使用经验、产品对用户需求的满足以及用户评价。用户在“产品接触”后会创建“评

① Sundaram D S, Webster C. The Role of Brand Familiarity on the Impact of Word-Ofmouth Communication on Brand Evaluations[J]. Advances in Consumer Research, 1999, 26: 664-670.

② Bone P F.Word-of-Mouth Effects on Short-Term and Long-Term Product Judgments[J]. Journal of Business Research, 1995, 32(3): 213-223.

③ Park C, Lee T M. Information Direction, Website Reputation and eWOM Effect: A Moderating Role of Product Type[J]. Journal of Business research, 2009, 62(1): 61-67.

④ Katz E, Blumler J G. The Uses of Mass Communications: Current Perspectives on Gratifications Research[M]. Sage Publications, 1974.

⑤ Chua A Y K, Goh D H L, Lee C S. Mobile Content Contribution and Retrieval: An Exploratory Study Using the Uses and Gratifications Paradigm[J]. Information Processing&Management, 2012, 48(1), 13-22.

⑥ Chen G M. Tweet This: A Uses and Gratifications Perspective on How Active Twitter Use Gratifies a Need to Connect with Others[J]. Computers in Human Behavior, 2011, 27(2), 755-762.

价”，该“评价”即基于需求满足而产生的“其他后果”。已有研究表明，用户评价与产品对用户需求的满足呈正相关关系。[①]本研究认为，“用户评价”这一概念的加入扩展了使用与满足理论的适用范畴（generalizability）。

本研究基于使用与满足理论框架，旨在探讨用户对某种产品的使用经验（using experience）如何影响了用户评价。此外，产品对用户功能需求的满足、在线用户之间的“社交影响”也是解释用户产品评价的重要影响因素，因此，本研究加入了上述两个因素，旨在扩展使用与满足理论的解释范畴（explanatory power）。具体来说，本研究以电子商务网站为平台，探讨用户产品评价的主要影响因素，即产品使用时间、用户的需求满足、社交影响，以及用户自身特征（如图1所示）。

① Wiebe J M, Bruce R F, O'Hara T P. Development and Use of a Goldstandard Data Set for Subjectivity Classifications[C]// Paper presented at the Proceedings of the37th annual meeting of the Association for Computational Linguistics on Computational Linguistics, 1999.

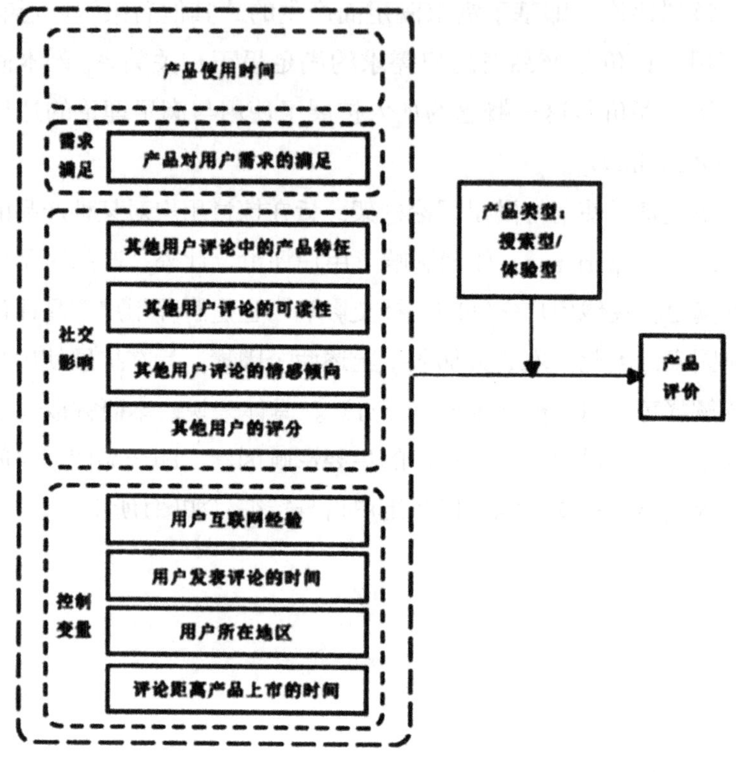

图1 理论框架

（一）产品使用时间

使用与满足理论认为，“使用经验”为影响产品评价的一个重要维度。“人类的时间是一项资源。”①在面临多种媒介选择时，用户使用何种媒介与他们使用该种媒介的时长有关。②③事实上，产品之间的竞

① Dimmick J W. Media Competition and Coexistence: The Theory of the Niche[M]. Routledge, 2002.

② 同上.

③ Lo O W Y, Leung L. Effects of Gratification-Opportunities and Gratifications-Obtained on Preferences of Instant Messaging and E-Mail among College Students[J]. Telematics and Informatics, 2009, 26(2): 156-166.

争也是对用户时间的争夺。与媒介选择类似，用户对产品的评价也可能与其使用该产品的时间有关。此外，有研究发现使用习惯会影响媒介采纳，用户使用某类型媒介的时间越长，由于习惯性，用户会对该类型媒介的评价越高。Li与Hitt[①]发现用户使用产品的时间越长，越不愿意对其做出负面评价。基于此，提出以下假设：

假设1：用户使用产品的时间正向影响了产品评价。

（二）需求满足

研究发现，用户对产品的评价取决于该产品对用户需求的满足程度。使用与满足理论认为，用户对媒介类型的选择建立在自身需求以及需求被满足程度的基础之上。用户在使用产品的过程中，对产品的各项性能做出判断，这些判断通过用户自创内容反映出来，表达了产品对用户需求的满足程度。用户在其自创内容中正面提及产品的特征，说明用户的功能需求得到了满足，用户对产品的评价就可能很高；而用户在其创建内容中没有提及特征或者提及负面特征时，说明用户的功能需求并未得到满足，甚至非常不满足，用户对产品的评价就可能较差。基于此，提出以下假设：

假设2：产品对用户需求的满足程度正向影响了用户评价。

（三）社交影响

用户对产品的评价还可能受到电子商务平台中其他用户的影响。为检验社交影响，本研究引入四个变量：其他用户对产品的评分；其他用户评论的可读性；其他用户评论的情感倾向；其他用户对产品特征的

① Li X, Hitt L M. Self-Selection and Information Role of Online Product Reviews[J]. Information Systems Research, 2008, 19(4): 456-474.

提及。

产品评分是用户对产品最直接的评价。电子商务网站，以及影评、书评网站均将用户评分置于醒目位置，且这些网站通常按用户评价倒序排列产品，使得用户通过评分能够迅速对产品、电影和书籍等产生基本印象。评分较低的对象，用户可能直接拒绝购买、观赏或阅读。研究发现，用户对产品的评价受到在线社交关系的影响，即存在“选举者困境（voters' paradox）”。[①]具体而言，用户倾向于做出与他人不同、甚至相反的评价。[②③]用户为了吸引他人注意，会最大程度上改变既有评价。[④⑤⑥]因而，在前期用户的评分较高时，后期用户很可能倾向于给出较低的评价。基于此，本研究提出以下假设：

假设3：其他用户的产品评分负向影响了用户对其所购买产品的评价。

Petty与Cacioppo[⑦]指出，在一定条件下，用户对质量较高的信息会采纳积极的信息处理模式（central route）。具体而言，信息论点越是强有力，用户的态度越倾向于发生改变。[⑧]高质量的评论具有更强的说服力，因为其包含的产品信息是相关的、可靠的、具体的、容易理解

---

① Garman M B, Kamien M I. The Paradox of Voting: Probability Calculations[J]. Behavioral Science, 1968, 13(4): 306-316.

② Wu F, Huberman B A. Opinion Formation under Costly Expression[J]. ACM Transactions on Intelligent Systems and Technology, 2010, 1(1): 1-13.

③ Godes D, Silva J. The Dynamics of Online Opinion[M]//Working Paper, 2006.

④ Dichter E. How Word-of-Mouth Advertising Works[J]. Harvard Business Review, 1966, 44(6): 147-160.

⑤ Hennig-Thurau T, Gwinner K P, Walsh G, et al. Electronic Word-of-Mouth via Consumer-Opinion Platforms: What Motivates Consumers to Articulate Themselves on the Internet? [J]. Journal of Interactive Marketing, 2004, 18(1): 38-52.

⑥ Sundaram D S, Webster C. The role of Brand Familiarity on the Impact of Word-of-Mouth Communication on Brand Evaluations[J]. Advances in Consumer Research, 1999, 26: 664-670.

⑦ Petty R E, Cacioppo J T. The Elaboration Likelihood Model of Persuasion[J]. Advances in Experimental Social Psychology, 1986, 19: 123-205.

⑧ Metzger M J. Making Sense of Credibility on the Web: Models for Evaluating Online Information and Recommendations for Future Research[J]. Journal of the American Society for Information Science and Technology, 2007, 58(13): 2078-2091.

的，而低质量的用户评论则相反。[①]可读性是信息质量的一个重要衡量标准，指文本被用户理解并留有印象的容易程度。[②③]前期用户评论的可读性较高时，便于后期用户的理解，并对后期用户的产品评价产生影响。基于此，本研究提出以下假设：

假设4：其他用户评论的可读性正向影响了用户对产品的评价。

评论质量的另一个方面为情感倾向，即文本表现出的情感极性。[④⑤]有研究表明，人的主观态度与评论中使用的形容词有显著的正相关关系。[⑥⑦]因而，评论的情感倾向反映了用户对于产品体验优劣的认知。前期用户的负面评论比正面评论更容易引起用户的注意，从而对该用户创建的评价产生影响。[⑧⑨⑩]Wu和Huberman[⑪]则指出用户更倾向于

---

① Lee J, Park D H, Han I. The Effect of Negative Online Consumer Reviews on Product Attitude: An Information Processing View[J]. Electronic Commerce Research and Applications, 2008, 7(3): 341-352.

② 同上.

③ Hu N, Bose I, Koh N S, et al. Manipulation of Online Reviews: An Analysis of Ratings, Readability, and Sentiments[J]. Decision Support Systems, 2012, 52(3): 674-684.

④ 同上.

⑤ Lee J, Park D H, Han I. The Effect of Negative Online Consumer Reviews on Product Attitude: An Information Processing View[J]. Electronic Commerce Research and Applications, 2008, 7(3): 341-352.

⑥ Wiebe J. Learning Subjective Adjectives from Corpora[C]// Paper presented at the AAAI/IAAI, 2000.

⑦ Wiebe J M, Bruce R F, O'Hara T P. Development and Use of a Goldstandard Data Set for Subjectivity Classifications[C]// Paper presented at the Proceedings of the 37th annual meeting of the Association for Computational Linguistics on Computational Linguistics, 1999.

⑧ Chevalier J A, Mayzlin D. The Effect of Word of Mouth on Sales: Online Book Reviews[J]. Journal of Marketing Research, 2006, 43(3): 345-354.

⑨ Dichter E. How Word-of-Mouth Advertising Works[J]. Harvard Business Review, 1966, 44(6): 147-160.

⑩ Hennig-Thurau T, Gwinner K P, Walsh G, et al. Electronic Word-of-Mouth via Consumer-Opinion Platforms: What Motivates Consumers to Articulate Themselves on the Internet?[J]. Journal of Interactive Marketing, 2004, 18(1): 38-52.

⑪ Wu F, Huberman B A. Opinion Formation under Costly Expression[J]. ACM Transactions on Intelligent Systems and Technology, 2010, 1(1): 1-13.

表达出与之前用户相反的观点，当前期用户的情感倾向多为正面时，后期用户可能倾向于发表负面评价。基于此，提出以下假设：

假设5：其他用户评论的情感倾向负向影响了用户产品评价。

在文本分析中，其他用户评论所提及的产品特征也是影响当前用户产品评价的一个重要的变量。[①]Hu和Liu[②]指出，用户描述产品特征有两种方式，一是直接提及的显性特征（例如“做工优良”）；二是间接提及的隐性特征（例如“容易放进包中”是形容尺寸，但未直接提及）。

用户在评论中提及某一特征，说明该特征给用户留下了深刻印象，用户提及的特征既可能是与预期一致的令人满意的特征，也可能是意外的令人满意（或不满意）的特征。这些用户创建内容，区别于产品广告，丰富了产品信息，也体现了产品对于用户功能需求的满足程度，且可以为后期用户判断产品质量提供参考。[③]如果用户并未提及特征，那么该用户的评论就可能不会对后期用户产生影响。

另外，用户对产品特征的描述存在方向性（正 / 负），但本研究并未选择“用户正面（或负面）描述产品特征”作为影响用户评价的自变量之一，这主要是基于以下两点原因：一是不少用户对特征的描述是中性的，或者是信息性的，判断其情感倾向的意义不大；二是某些特征描述的正负倾向是相对的，前期用户给出的负面描述，对于后期用户而言可能是正面的。比如前期用户指出“手机屏幕尺寸小，阅读体验差”，这样的描述偏向负面，但是某后期用户则认为这样的尺寸合适，可以单手操作，即，前期用户对功能的负面描述，对后期用户而言是正面的。综上所述，相对于“用户正面描述产品特征”，本研究认为“是否提及产品特征”作为影响用户评价的自变量之一更有实际意义。基于此，提

① Shi B, Chang K. Mining Chinese reviews[C]// Paper Presented at the Data Mining Workshops, 2006.ICDM Workshops 2006.Sixth IEEE International Conference on, 2006: 585-589.

② Hu M, Liu B. Mining and Summarizing Customer Reviews[C]// Paper presented at the Proceedings of the tenth ACM SIGKDD international conference on Knowledge discovery and data mining, 2004.

③ 同上.

出以下假设：

假设6：其他用户评论是否提及产品特征正向影响了产品评价。

四、研究方法与测量

（一）数据

根据第三方市场研究公司艾瑞咨询的数据，京东商城（JD.com）是中国最大的自营式电商企业。①2010年，京东跃升为中国首家规模超过百亿的网络零售企业。②因而，京东商城能够在一定程度上反映出电子商务网站的普遍规律。本研究采用的数据即为2010年1月从京东商城上抓取的iPhone4手机（以下简称“iPhone4”）和“诺基亚（NOKIA）BL-5C原装锂电手机电池”（以下简称“手机电池”）的用户评论数据。iPhone4的用户评论数目为4452条，手机电池的评论数目为5424条，数据包括用户名（考虑到隐私，已将用户名做了隐私处理），用户级别，用户所在城市，用户产品评分（5分、4分、3分、2分、1分），对产品优点和不足的评价，使用心得，评论日期和购买日期。

该数据有三大特点。一是数据量大，信息丰富，评论和评分起始于产品上市；二是包含具体的评论日期和购买日期，精确记录了用户的购买和评论行为；三是评论中包含“优点”“不足”“使用心得”三部分，研究者能够对这些内容进行文本语义层面的挖掘与分析。

iPhone4在网络上信息详尽，用户通过信息搜索可以对其质量有着充分的估计，因而，本研究将iPhone4定义为“搜索型产品”。手机电池品牌多样，质量参差不齐，用户仅凭手机电池的基本信息很难获知产

① 京东商城官网企业简介 http://www.jd.com/intro/about.aspx.

② 央广网京东简介 http://tech.cnr.cn/techzt/jdipo/jj/201404/t20140418_515322146.shtml.

品质量，并做出购买决策。用户需要在获得他人使用经验之后才能判断某一种手机电池的质量。因而，本研究将手机电池定义为“体验型产品”。

（二）测量

“用户的产品评价”利用产品评分来测量。在本研究使用的数据中，评分的等级划分为5级，5分为最高分，1分为最低分。其中，1、2分属于用户对产品“差评”，用户的产品评价最低；3分表明用户对产品给予“中评”，即用户对产品基本满意，用户的产品评价中等；4、5分表明用户对产品给予“好评”，即用户的产品评价最高。

“用户产品使用时间”利用数据集当中用户“购买时间”和“评论时间”的差值来测量。

“评论中的产品特征”运用自然语言处理领域文本挖掘的手段，对用户评论进行分词和词性标注，当名词和形容词相连时，认为该名词为产品的特征。①本研究抽取500条评论，经过人工编码，发现计算机文本挖掘的正确率在 65%左右。

“产品对用户需求的满足程度”利用“用户是否提及产品的特征”与“评论的情感倾向”的乘积来测量。若用户评论提及产品特征，则“用户是否提及产品的特征”值为1；若用户评论未提及产品特征，“用户是否提及产品的特征”值为0。若情感分数为正，情感倾向值为1；若情感分数为负，情感倾向值为-1。总的来说，当用户提及特征并给出正面评价时，需求满足的值为1，即产品满足用户需求的程度最高；当用户未提及特征或评价中性时，需求满足为0，即产品满足用户需求的程度中等；当用户提及特征并给出负面评价时，需求满足为-1，即产品满足用户需求的程度最低。

---

① Hu M, Liu B. Mining and Summarizing Customer Reviews[C]//Paper presented at the Proceedings of the tenth ACM SIGKDD international conference on Knowledge discovery and data mining, 2004.

“可读性”是指文本被用户理解并留有印象的容易程度。[①]该文章认为评论长度对可读性有着重要的影响，并以字母数、单词数、句子数构成的“自动可读性指标”[②]来测量可读性。英文为字母文字，单词之间存在空格，能够清楚地算出字、词、句的数目；而就中文而言，词的分界不清晰，网络语言使用不规范，标点随意，难以判断词、句的数目。因而，本研究将评论的长度（即字数）作为可读性的量度。

“情感倾向”是指文本的情感极性。Hu等人[③]以情感分数为量度。本研究利用ROST软件[④]直接计算每一条评论的情感分数。ROST软件能够对评论进行分词和词性标注，找出表达情感的词语，根据强弱情感词库，判断这些词语的正面、负面倾向及其强弱程度，计算出评论的情感分数。[⑤]该分数为正，表明用户情感倾向为正面；分数为负，则表明用户情感倾向为负面。分数的绝对值越大，表明用户情感越强烈。该软件目前下载量超过7000次，100多所院校使用该软件进行学术研究。[⑥⑦⑧⑨]本研究邀请两位非本研究小组人员，随机抽取100条评论分别进行人工分析。将其结果与ROST软件的结果相比较后，发现ROST软件的正确率平均在70%以上。

---

① Hu N, Bose I, Koh N S, et al. Manipulation of Online Reviews: An Analysis of Ratings, Readability, and Sentiments[J]. Decision Support Systems, 2012, 52(3): 674-684.

② Senter R J, Smith E A. Automated Readability Index[R]. Cincinnati Univ OH, 1967.

③ Hu N, Bose I, Koh N S, et al. Manipulation of Online Reviews: An Analysis of Ratings, Readability, and Sentiments[J]. Decision Support Systems, 2012, 52(3): 674-684.

④ ROST软件地址 http://hi.baidu.com/ietynxalzidjoye/item/77fa3d392e5f8b6f7c034bae.

⑤ ROSTCM6版本说明 http://hi.baidu.com/ietynxalzidjoye/item/77fa3d392e5f8b6f7c034bae.

⑥ Shen Y, Li S, Zheng L, et al. Emotion Mining Research on Micro-Blog[C]//Web Society, 2009. SWS'09. 1st IEEE Symposium on. IEEE, 2009: 71-75.

⑦ Shen Y, Liu Z, Luo S, et al. Empirical Research on E-Government Based on Content Mining[C]//Management of e-Commerce and e-Government, 2009. ICMECG'09. International Conference on. IEEE, 2009: 91-94.

⑧ 袁红. 基于网络内容分析的高校门户网站可用性测评——以江苏省为例[J].现代图书情报技术, 2010, 26(10): 70–75.

⑨ 许梅华.基于共词分析的近年国内发展心理学研究热点分析[J]. 现代情报, 2010, 30(8): 171–175.

此外，本研究将用户的互联网使用经验、用户所在地区、用户发布评论的时间、评论距离产品上市的时间作为控制变量。“用户互联网经验”利用会员级别①测量；为便于比较，本研究将“用户所在地区”划分为东部地区、中部地区和西部地区；“用户评论时间”则被划分为上午、下午、晚上和凌晨；“评论距离产品上市的时间”为评论时间与产品发售时间之差，以天为单位。

五、研究结果

（一）总体描述

表1为用户产品评价、所在地区和评论发布时间的分布。从中可以看出，大多数用户评价为最高。在iPhone4的4231条用户评论中，评价最高占总评论数的97.8%，评价中等和最低的评论数分别占0.9%和1.4%；在手机电池的5341条用户评论中，评价最高的评论比例高达98.6%，“中评”和“差评”的评论数分别占1.2%和0.2%。这与此前研究中的发现相符——用户偏向于发布极端正面的评价。②③

表1　用户评价、产品对用户需求满足程度、所在地区、评论时间分布

	iPhone4		手机电池	
	N	%	N	%
用户评价				
最低	37	0.9%	66	1.2%

① 京东会员级别介绍 http://help.jd.com/help/question-57.html.

② Godes D, Silva J. The Dynamics of Online Opinion[M]//Working Paper, 2006.

③ Wu F, Huberman B A. Opinion Formation under Costly Expression[J]. ACM Transactions on Intelligent Systems and Technology, 2010, 1(1): 1-13.

续表

	iPhone4		手机电池	
	N	%	N	%
中等	58	1.4%	11	0.2%
最高	4136	97.8%	5264	98.6%
产品对用户需求满足程度				
最低	37	0.9%	157	2.9%
中等	3708	87.6%	3976	74.4%
最高	486	11.5%	1208	22.6%
用户所在地区				
东部	3704	87.5%	4626	86.6%
中部	210	5.0%	415	7.8%
西部	238	5.6%	300	5.6%
缺失值	79	1.9%		
评论时间				
凌晨	119	2.8%	139	2.6%
上午	1334	31.5%	1519	28.4%
下午	1548	36.6%	1931	36.2%
晚上	1230	29.1%	1752	32.8%
总计	4231	100.0%	5341	100.0%

图2为iPhone4的用户评分均值随时间变化的曲线，从中可以看出，产品上市初期，用户评分集中于5分，评分均值较高，随后较快降至4.75左右，再小幅上升，渐趋平稳，整体保持在较高水平上。图3为手机电池的用户评分均值随时间变化的曲线，与iPhone4不同的是，手机电池的评分均值初期波动很大，在几乎稳定于4.55分左右后，逐渐上升，小幅下降，最后趋向平稳。从图2、图3可以看出，两类商品的评分均值均保持在较高水平。其次，相对于iPhone4来说，手机电池的评

分均值波动较大，那么其评分的波动性则会更大；尤其是初期，结合用户评价分布情况，手机电池的用户评价更偏“U型”——“好评”“差评”均高于“中评”比例。

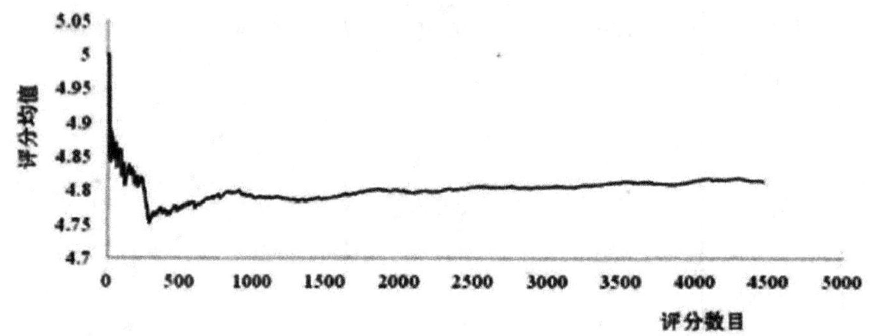

图2 iPhone4评分均值分布

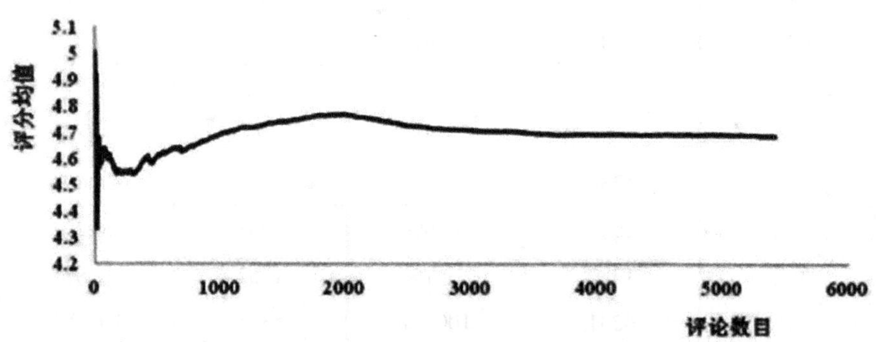

图3 手机电池评分均值分布

表1中“产品对用户需求满足程度”的分布显示，iPhone4和手机电池中“中等”程度的评论数所占比例分别为87.6%和74.4%，远高于“最低”和“最高”的评论数，说明用户给出的评价与实际的功能满足情况并不相符，用户给出高分并不等于该产品满足了其功能需求。“用户所在地区”的分布显示，用户主要集中于东部地区，两种产品的东部用户比例均在85%以上。东部地区的经济发展水平较高，用户消费力

强，互联网普及率高，且电商物流网点密集，在线购物方便快捷。两类产品的“用户评论时间”分布相似，凌晨较少，上午、下午、晚上的分布相差无几，各占三成左右。

（二）用户评价的影响因素

本研究采用逻辑回归模型（Logistic Regression Model）检验用户产品评价的影响因素（分析结果见表2）。“搜索型产品”（即iPhone4）和“体验型产品”（即手机电池）两个模型均显著（–2LLiPhone4=981.918，p<.01；–2LL手机电池=729.026，p<.001），可以认为在这两个模型中，自变量有效解释了因变量“用户产品评价”。

表2 用户评价的多元逻辑回归结果

	iPhone4			手机电池		
	B（SE）	Wald	OR	B（SE）	Wald	OR
用户产品评价为最低						
（常数）	–7.159（11.529）	0.386		0.847（5.295）	.026	
用户使用						
使用时间	–0.008（0.009）	0.799	0.992	–0.007*（0.003）	4.735	0.993
用户需求满足的程度						
最低	–16.718（0.000）		0.000	2.550***（0.573）	19.787	12.810
中等	1.526（1.018）	2.248	4.601	1.066**（0.475）	5.052	2.905

续表

	iPhone4			手机电池		
	B（SE）	Wald	OR	B（SE）	Wald	OR
最高	0			0		
社交影响						
其他用户的评分	–0.072（2.293）	0.001	1.075	–0.021（0.024）	753	0.979
其他用户评论中的产品特征	–0.229（3.019）	0.006	0.796	–0.105**（0.037）	8.166	0.901
其他用户评论的情感倾向	–0.123（0.071）	3.014	0.884	0.000（0.001）	.049	1.000
其他用户评论的长度	0.040（0.049）	0.643	1.040	0.001（0.000）	3.302	1.001
控制变量						
用户互联网经验	–0.039（0.036）	1.204	0.962	–0.334***（0.100）	11.154	0.716
评论距离上市的时间	0.012*（0.005）	4.905	1.012	0.000（0.002）	.001	1.000
用户所在地区						
东部	0.580（1.022）	0.323	1.787	0.287（0.600）	.288	1.332
中部	1.980（1.089）	3.305	7.244	0.485（0.700）	.481	1.625
西部	0			0		
评论时间						
凌晨	–17.603（6448.207）	0.000	0.000	–0.347（1.039）	.111	0.707
上午	0.212（0.413）	0.263	1.236	0.336（0.328）	1.047	1.399
下午	–0.083（0.432）	0.037	0.920	0.289（0.317）	.832	1.336

续表

	iPhone4			手机电池		
	B（SE）	Wald	OR	B（SE）	Wald	OR
晚上	0			0		
用户产品评论为中等						
（常数）	5.239（9.112）	0.331		-99.473***（24.007）	17.168	
用户使用						
使用时间	-0.022（0.012）	3.496	0.979	0.009（0.005）	2.644	1.009
用户需求满足的程度						
最低	-1.839（0.896）	4.218	6.293	0.472（0..000）		1.603
中等	0.541（0.526）	1.058	1.717	17.985（0.000）		64675292.009
最高	0			0		
社交影响						
其他用户的评分	-1.117（1.843）	0.368	0.327	0.160（0.091）	3.113	1.174
其他用户评论中的产品特征	-1.314（2.490）	0.279	0.269	-0.131（0.105）	1.566	0.877
其他用户评论的情感倾向	-0.007（0.054）	0.016	0.993	0.009（0.008）	1.374	1.009
其他用户评论的长度	-0.084（0.044）	3.695	0.919	-0.007（0.008）	.849	0.993
控制变量						
用户互联网经验	-0.001（0.024）	0.002	0.999	-0.421（0.273）	2.372	0.657

续表

	iPhone4			手机电池		
	B（SE）	Wald	OR	B（SE）	Wald	OR
评论距离上市的时间	–0.007（0.005）	2.087	0.993	0.040***（0.010）	15.059	1.041
用户所在地区		2.095	3.355			
东部	–0.122（0.605）	0.041	0.885	16.949***（0.952）	316.734	22942 815.791
中部	1.123（0.690）	2.652	3.074	18.334（0.000）		91680 524.270
西部	0			0		
评论时间						
凌晨	–0.805（1.027）	0.615	0.447	1.537（1.376）	1.248	4.650
上午	–0.690*（0.335）	4.246	0.502	1.926*（0.952）	4.095	6.865
下午	–0.739*（0.321）	5.301	0.477	0.069（0.974）	.005	1.071
晚上	0			0		
X^2	57.25**			139.879***		
–2LL	978.918			729.026		
Nagelkerke R2（%）	6.2			17.2		
*p<.05；**p<.01；***p<.001，SE为标准误，OR为发生比率						

1.“搜索型产品”用户评价影响因素分析

由表2可以看出，对于iPhone4模型而言，“用户发表评论的时间”为上午、下午时，评价“中等”相较于“最高”的发生比分别下降约50%和52%（Wald=4.246，Wald=5.301，p<.05）。用户在上午下午而

非凌晨和晚上发表评价时，产品评价更高。“评论距离产品上市的时间”一个单位的增加，导致评价“最低”相较于“最高”的发生比上升1.2%（Wald=4.905，p<.05）；换言之，评论距离产品上市的时间负向影响了用户评价。总的来说，用户对于iPhone4这样的“搜索型产品”的评价不受需求满足程度、产品使用时间、社交、以及用户自身特征的影响。

2.“体验型产品”用户评价影响因素分析

从手机电池的回归模型中可以看到，“使用时间”一个单位的增加，与评价“最高”相比，“最低”的发生比下降0.7%（Wald=4.735，p<.05），即用户使用产品时间正向影响了用户评价，假设1成立。“产品对用户需求的满足程度”为“最低”和“中等”而非“最高”时，与评价“最高”相比，“最低”的发生比分别上升11.8倍和1.9倍（Wald=19.787，p<.001；Wald=5.052，p<.01），即产品对用户需求的满足程度正向影响了用户评价，假设2成立。“其他用户的评分”“其他用户评论的情感倾向”和“其他用户评论的可读性”对用户评价都没有显著的影响。假设3、4、5均不成立。“其他用户评论中的产品特征”一个单位的增加，与评价“最高”相比，“最低”的发生比下降约10%（Wald=8.165，p<.01），即提及产品特征的其他用户的评论正向影响了用户评价，假设6成立。

“用户互联网经验”一个单位的增加，导致评价“最低”相比于“最高”的发生比下降约28%（Wald=11.154，p<.001），即，用户本身使用互联网的经验正向影响了用户评价。“评论距离上市的时间”一个单位的增加，导致与评价“最高”相比，“中等”的发生比上升约4%（Wald=15.059，p<.001），即，评论距离上市的时间负向影响了用户评价。

“用户所在地区”为东部地区时，评价“中等”而非“最高”的发生比大幅上升（Wald=316.734，p<.001），东部地区用户给出的评价

最可能是中等。“用户发表评论的时间”为上午时，与评价“最高”相比，“中等”的发生比上升5倍多（Wald=4.095，p<.05），用户在上午发表评价最可能是“中等”的。用户在上午时可能最为客观，下午、晚上更容易给出极端评论。

总的来说，手机电池比较能反映出“体验型产品”的特点。用户对产品的评价不仅取决于用户的使用经验、产品对用户需求的满足，还取决于其他在线用户的影响。同时，评论时间、用户本身的特点（互联网经验、地域、评论习惯）等变量也会对用户评价产生显著影响。

六、讨论

（一）用户评价的影响因素

本研究以使用与满足理论为研究框架，探究在线电子商务平台中用户评价的影响因素。“搜索型产品”和“体验型产品”两类产品的评分均值随时间的变化趋势相似；两类产品的评价均多为极端正面评价；两类产品评论距离产品上市时间均负向影响评价。这些与Wu和Huberman①，Godes和Silva②研究中的发现相符，具有普适性。初期用户通常是粉丝，或是产品经销商雇佣的“水军”，他们判断产品的标准具有强烈的主观色彩，后期用户则有更多时间“搜索”产品信息，产品评价也更为客观。

其他用户的评分没有对用户评价产生显著的影响，说明用户在进行产品评价时不注重其他用户的评分，而是更注重评论，这印证了其他

① Wu F, Huberman B A. Opinion Formation under Costly Expression[J]. ACM Transactions on Intelligent Systems and Technology, 20101(1): 1-13.

② Godes D, Silva J. The Dynamics of Online Opinion[M]//Working Paper, 2006.

研究中指出的用户不会“随大流”。[①②③④]我们认为，其他用户的评分无显著影响，主要有两个原因。一是早期评分的质量不高，不能反映产品的质量。具体来说，评分绝大部分是高分；有些用户虽然打了高分，但其评论是负面的。另一个原因可能在于，“其他用户的评分”这一变量的量度区间比较窄，变化范围较小，从统计分析的角度来看，易出现“不显著”的结果，未来的研究应注重对该变量测量方式的改进。

评论质量包括可读性和情感倾向[⑤]，本研究发现，其他用户评论的可读性和情感倾向对用户评价没有显著影响，说明当前用户的评价并不取决于前期用户的评论质量。这与既往研究中“信息论点越是强有力，用户态度越倾向于发生改变”[⑥]的发现相悖，在电子商务网站的语境下，其他用户评论质量对用户态度形成或改变的影响力降低。

更重要的是，本研究发现，其他用户评论中提及产品特征正向影响了用户评价。也就是说，电子商务网站用户在做出产品评价时存在社交影响。Web2.0时代，用户利用社交媒体结交朋友和维持友谊。“社交”并非电子商务平台的主要功能，但不同用户能够对同一产品做出评价，并彼此影响，从而产生虚拟的社交群体。用户浏览前期用户的评价后（例如前期用户评价中对于产品特征的提及频次等），其信息处理和

---

① Dichter E. How Word-of-Mouth Advertising Works[J]. Harvard Business Review, 1966, 44(6): 147-160.

② Engel Jr J. Outcome with Respect to Epileptic Seizures[J]. Surgical treatment of the epilepsies, 1993: 609-621.

③ Sundaram D S, Webster C. The Role of Brand Familiarity on the Impact of Word-of-Mouth Communication on Brand Evaluations[J]. Advances in Consumer Research, 1999, 26: 664-670.

④ Hennig-Thurau T, Gwinner K P, Walsh G, et al. Electronic Word-of-Mouth via Consumer-Opinion Platforms: What Motivates Consumers to Articulate Themselves on the Internet?[J]. Journal of Interactive Marketing, 2004, 18(1): 38-52.

⑤ Hu N, Bose I, Koh N S, et al. Manipulation of Online Reviews: An Analysis of Ratings, Readability, and Sentiments[J]. Decision Support Systems, 2012, 52(3): 674-684.

⑥ Metzger M J. Making Sense of Credibility on the Web: Models for Evaluating Online Information and Recommendations for Future Research[J]. Journal of the American Society for Information Science and Technology, 2007, 58(13): 2078-2091.

决策过程均受影响，其评价又可能进一步影响其后出现的用户。该发现颠覆了人们对于电子商务网站中“产品评价客观性”的假设。用户对于产品的评价并非单纯客观地反映该产品的质量、品牌等特征，而是受到在线其他用户既存信息的影响。这种在线社交影响使得产品评论呈现出一定的时序性演化规律。

（二）对使用与满足理论的再思考

本研究进一步丰富和拓展了使用与满足理论。使用与满足理论作为传播学的经典理论，已经广泛应用于媒介的研究。而在新的媒介环境中，该理论有着更大的发展空间。本研究将其置于电子商务网站这一特定的社会化媒体平台，不再仅仅关注媒介采纳，而立足于新媒体平台中的产品采纳。本研究发现，用户对于产品的评价不仅仅取决于该产品满足用户需求的程度，更取决于其他在线用户的影响，后者是对使用与满足理论的深入阐释，丰富了使用与满足理论的基本观点。

此外，本研究还丰富了使用与满足理论的阐释语境与范畴。本研究结果说明，使用与满足理论不仅仅适于探讨不同媒介使用的比较[①]，其对于解释互联网、手机等新技术的采纳时也有强大的生命力[②③④]。本研究引入“产品类型”这一变量，将该理论应用于不同类型的产品采纳，出现了显著的对比效果，说明使用与满足理论也非常适于解释不同类型

① LaRose R, Mastro D, Eastin M S. Understanding Internet Usage a Socialcognitive Approach to Uses and Gratifications[J]. Social Science Computer Review, 2001, 19(4): 395-413.

② Chua A Y K, Goh D H L, Lee C S. Mobile Content Contribution and Retrieval: An Exploratory Study Using the Uses and Gratifications Paradigm[J]. Information Processing & Management, 2012, 48(1): 13-22.

③ LaRose R, Mastro D, Eastin M S. Understanding Internet Usage a Socialcognitive Approach to Uses and Gratifications[J]. Social Science Computer Review, 2001, 19(4): 395-413.

④ Stafford T F, Stafford M R, Schkade L L. Determining Uses and Gratifications for the Internet[J]. Decision Sciences, 2004, 35(2), 259-288.

产品的采纳行为；这是对使用与满足理论在语境层面的拓展。

（三）文本挖掘对研究在线用户行为的方法论借鉴意义

本研究采用多元逻辑回归模型及相关的统计方法，辅以计算机手段进行文本分析。本研究利用文本挖掘方法，自动提取了9000多条评论中的情感倾向以及产品特征。本研究的文本分析主要分为两个方面，一是判断评论的情感倾向和强烈程度，二是判断评论是否提及特征。

以往的在线行为研究主要依靠便于处理的结构性数据，文本语义层面的挖掘通常主要依靠人工编码分析。在线行为研究涉及的数据量大，人工分析的成本较高，此外，分析结果受到主观因素的影响，不同分析人员对于同一文本材料可能给出差异较大的结果，因此，人工分析文本语义从效率和质量上都存在严重的问题。事实上，文本中包含着内容、表达方式、态度等丰富的信息，能够反映出人的情感、性格、教育程度、所处环境等特征，使研究者更清晰地描述、归纳和解读在线行为。利用自然语言处理的方法进行文本挖掘，能够突破小样本和人工分析误差的束缚，从文本中挖掘信息，这对于在线行为研究有着革命性的意义，也将会扩展传播学研究的方法。

（四）本研究不足之处以及未来研究方向

第一，本研究对于“可读性”这一变量的测量比较简单。可读性，即一段语料容易被读者理解的程度。Smith与Senter①利用“自动可读性指标”测量可读性。这一指标涉及的变量包括一段语料中的句子数、词数和字母数，从英文的角度来看这一指标考虑了字、词、句三个维度，对于“可读性”的测量具有较好的信度和效度。然而，在中文中，词的

① Senter R J, Smith E A. Automated Readability Index[R]. Cincinnati Univ OH, 1967.

界限不易区分，且电商网站中评论的长度有限，句子数的差异不大，因而本研究将评论长度，即字数作为“可读性”的量度，但仅囊括一个维度，测量难免粗糙。未来的研究可以对分词进一步优化，同时关注词语本身的含义，甚至标点符号，并加入词组、句子等更多维度作为“可读性”度量，这或许可以使得对“可读性”的测量更具效度，也可能发现影响用户产品评价的更多评论文本特征（例如关键词和标点特征）。

第二，本研究选取了“iPhone4”和“手机电池”作为“搜索型产品”和“体验型产品”的代表。研究发现在电子类产品中，“搜索型产品”和“体验型产品”的评价影响因素不同。该发现还可以在其他类别（例如母婴产品、图书音像产品等）中加以验证。未来的研究可选择更多的“搜索型产品”和“体验型产品”，从而一般性地验证产品类型对社交影响、产品使用等因素与产品评价之间的调节作用。

第三，本研究使用的数据截止时间为2010年。经过几年的发展，电子商务网站中用户评价的格式和展示形式发生了一定的变化（例如加入了图片上传、“点赞”等功能，且对优质评论有一定的奖励措施），这些变化都可能会影响用户对产品的评价。未来的研究可关注这些变化，从而探究这些因素是否影响用户评价。

第四，有网文称京东会删除差评[①]，因而，本研究使用的数据也可能并非是完整数据，甚至可能是遭到一定程度“清洗”的数据。如果数据不完整，可能会影响到研究的结果。未来的研究为避免此风险，可在数据抓取方面有更多的改进。为了将网站“删改评论”等行为的影响降至最低，研究者应当实时抓取数据，延长数据收集时间，使得抓取的数据更接近原始数据，对用户真实行为的描述也就更严谨。此外，以同一时间段内的评分和评论为研究对象，在不同时间点抓取，比如一天后、一周后、一个月后、一年后，那么或许能够发现网站删改评论的规律，从而更好地解释用户的在线行为。但是，对于本文所采纳的非实验研究

① 网文见 http://tech.sina.com.cn/i/2010-06-28/11244358537.shtml.

方法，这个问题或许将永久存在。研究者无法要求研究情境达到理想化设定，即完全避免人为干预与操作。

第五，本研究利用京东会员等级来测量用户的互联网经验，这一测量方式有可能存在一定的误差。比如，有些用户拥有较丰富的互联网经验，特别是网购经验，但可能由于注册京东会员的时间较短，在京东的会员级别不高。未来的研究可以在测量用户互联网经验上做更多的优化；或利用传统的“使用经验”测量方式与用户级别进行对比，以验证该操作化定义的恰当性。

第六，本研究使用的数据包含的用户自身特征较少，且由于抓取时间较早，彼时的电子商务网站用户主要为年轻人，年龄范围小；用户地区也集中于东部沿海发达地区；用户互联网经验也明显不如目前的用户丰富。总之，当前的电子商务网站用户背景显然更为多样化。受到数据集和时间的限制，本研究所能囊括的控制变量有限，未来的研究可以多关注用户年龄、性别、受教育程度等自身特征，通过严格控制这些变量，得出更普遍的用户评价与使用、社交影响、需求满足等之间的关系。

3.5 “果壳”与“科普中国”微信公众号比较研究

李力　张增一

（科普研究，2019年第6期）

一、问题的提出

截至2018年6月，中国网民规模达8.02亿，互联网普及率为57.7%。[①]信息的爆炸式增长以及传播表达方式的多样化，使科学传播变得高效、快捷、充满乐趣，科普创作应该顺应信息社会科学传播视频化、移动化、社交化、游戏化等发展趋势，综合运用多种形式，实现从平面媒体到多媒体融合的转变。[②]腾讯2018年第三季度财报显示，微信和WeChat的合并月活跃账户数达到10.82亿，比去年同期增长10.5%。[③]微信的出现打破了过去传统媒介的传播模式，呈现出诸多独特的传播特征。

目前国内在这方面的研究主要集中在对新媒体背景下的科学传播研究和对科普微信公众号的研究。对新媒体背景下科学传播的研究问题集中在模式、策略、变化、优势与问题上。陈鹏[④]和高思[⑤]将研究重心

① 中国互联网络信息中心. 第42次中国互联网络发展状况统计报告[EB/OL]. (2018-08-20)[2018-12-05]. http://www.cac.gov.cn/2018-08/20/c_1123296882.htm.

② 中国科学技术协会. 中国科协关于加强科普信息化建设的意见[DB/OL]. [2017-12-05]. http://news.xinhuanet.com/science/2015-06/09/c_134309830.htm.

③ 腾讯. 腾讯2018年第三季度财报[EB/OL]. (2018-11-14)[2018-12-05]. https://new.qq.com/cmsn/20181114/20181114-013100.html.

④ 陈鹏. 新媒体环境下的科学传播新格局研究[D]. 合肥: 中国科学技术大学, 2012.

⑤ 高思. 新媒介环境下的科学传播问题及对策研究[D]. 成都: 成都理工大学, 2015.

放在了新媒体环境下科学传播面临的问题与挑战，在深入研究科学传播的基本理论问题的基础上，探讨新媒体环境下的科学传播特点和科学传播在新媒体中的应用。范雪妮认为科技类微信公众平台的传播具有浏览方便快捷、呈现图文结合、便于分享扩散、易形成阅读习惯等优点，但目前存在传播规模较小、传播科学知识较少、内容可信度有待提高等问题。①孙静、汤书昆认为传统科学传播模式已难以适应新媒体时代的需求，并提出"以科普微信公众号为核心、以朋友圈与微信群为两翼的全方位互动辐射"②科学传播模式。

国外对Facebook和Twitter等社交媒体在科学传播方面的研究同样具有参考价值。Meeyoung Cha在对Twitter的研究中通过对影响力的三个要素 indegree（引用次数）、retweets（转发）和mentions（提及）的分析，表明单独进行引用次数这样的拓扑测量对于用户的影响很小。③G.Fauville等发现Facebook上发布的内容可能会增加用户对科学的兴趣，激励他们更多地了解特定的领域，但是一个组织的Facebook页面似乎并不是引发讨论的合适空间。④Kimberley Collins等发现尽管社交媒体的使用还没有被广泛采用，但各学科的科学家们经常通过Twitter、Facebook、LinkedIn或博客这些平台交换科学知识，科学家们认为在工作场所使用社交媒体有许多潜在的优势。⑤

目前对新媒体科学传播平台的研究主要还集中在网站和微博，对微信公众号的研究偏少。同时，对科普微信公众号的现有研究集中于模

① 范雪妮. 科技类微信公众平台传播研究[D]. 长沙: 湖南大学, 2015.

② 孙静, 汤书昆. 新媒体环境下"微信"科学传播模式探析[J].科普研究, 2016(5): 10–16, 97.

③ Cha M, Haddadi H, Benevenuto F, et al. Measuring User Influence in Twitter: The Million Follower Fallacy[C]//Proceedings of the Fourth International AAAI Conference on Weblogs and Social Media, Washington, DC: AAAI Press, 2010: 11-13.

④ Fauville G, Dupont S, Thun S V, et al. Can Facebook be Used to Increase Scientific Literacy? A Case Study of the Monterey Bay Aquarium Research Institute Facebook Page and Ocean Literacy[J]. Computers & Education, 2015, 82: 60-73.

⑤ Collins K, Shiffman D S, Rock J, et al. How are Scientists Using Social Media in the Workplace[J]. PLoS One, 2016, 11(10): e0162680.

式、优点和缺点等宏观方面，所以本文以“果壳”[①]和“科普中国”[②]这两个国内知名的公众号为研究对象，选取它们在三个月中发布的文章为分析样本，参照有关评价指标进行深入分析，希望得出一个优秀的科学传播公众号应该具备的特征。

二、研究内容和方法

（一）研究样本

本文的主要研究对象为“果壳”和“科普中国”这两个微信公众号推送的文章，样本选取两个公众号2017年4月1日至2017年6月30日3个月内推送的所有文章。按照评价指标对文章进行数据统计，做出量化分析，描述并试图分析其特征和倾向。该时段内，“果壳”推送的文章样本量为454篇，“科普中国”推送的文章样本量为333篇。

（二）评价指标

本文参考《评估网络科学资源》一书中提出的指标与《科普网站与社会化媒体科普能力现状及评价》[③]的理论指标体系，并结合WIC指标及两个微信公众号的运营现状，提出“科普中国”与“果壳”微信公众号的评价指标体系，具体指标见表1。

---

① “果壳网”是在其网站的扶持下发展的营利性机构，由专业人员创作管理，拥有巨大的影响力和商业价值。

② “科普中国”是中国科协推进科普信息化建设重点打造的品牌，是依托于官方机构的信息宣传平台，近几年在微博、微信等各个平台发展迅速。

③ 张增一，李亚宁. 科普网站与社会化媒体科普能力现状及评价[M]//王康友.国家科普能力发展报告(2006—2016). 北京：社会科学文献出版社，2017：163.

评价指标包含文章概况、传播形式、科学性和学科分类这四个主要方面，以及文章涉及的热点与文章话题这两个次要方面。对微信公众号的评价指标中应该包含“互动”这一要素，但该时段内“科普中国”没有开通评论功能[①]，无法将两个公众号的评论进行对比。同时微信文章的评论是后台筛选后呈现，并不能全面反映用户的评论态度。基于以上两个原因，本文的评价指标中没有包含“互动”要素。

表1 “果壳”与“科普中国”微信公众号评价指标

一级评价指标	二级评价指标	三级评价指标
文章概况	文章标题	
	栏目	
	作者	姓名 其他身份信息
	发布时间	
	是否原创	原创（是 / 否） 转载来源 来源未知（是 / 否）
	阅读量	
	点赞量	
	传播内容（科学知识 / 科学方法 / 科学精神 / 科技与社会 / 其他 / 广告 / 活动）	
传播形式	文字	
	图片	
	视频	
	音频	
科学性	有无消息来源	有 / 无
	消息来源类别（专业机构 / 专业人士 / 期刊 / 书籍 / 报告 / 论文 / 网页 / 其他）	

① 在笔者另一项研究的数据采集过程中发现，“科普中国”微信公众号于2017年8月之后开通评论功能。

续表

一级评价指标	二级评价指标	三级评价指标
学科分类	自然科学	
	医药科学	
	农业科学	
	工程与技术科学	
	人文社会科学	
	其他	
话题	日常生活、人工智能等23个话题	
热点	（分别统计）	

三、“果壳”与“科普中国”微信公众号传播内容对比分析

（一）栏目设置

2017年4月至6月“果壳”与“科普中国”推送的文章中，“果壳”没有对文章进行栏目设置，“科普中国”共有14个栏目，其中只有“少数民族科普：藏文科普”“少数民族科普：维吾尔文科普”和“十万个为什么”按时更新，“真相”有两周更新时间不一样，其余栏目随机更新。

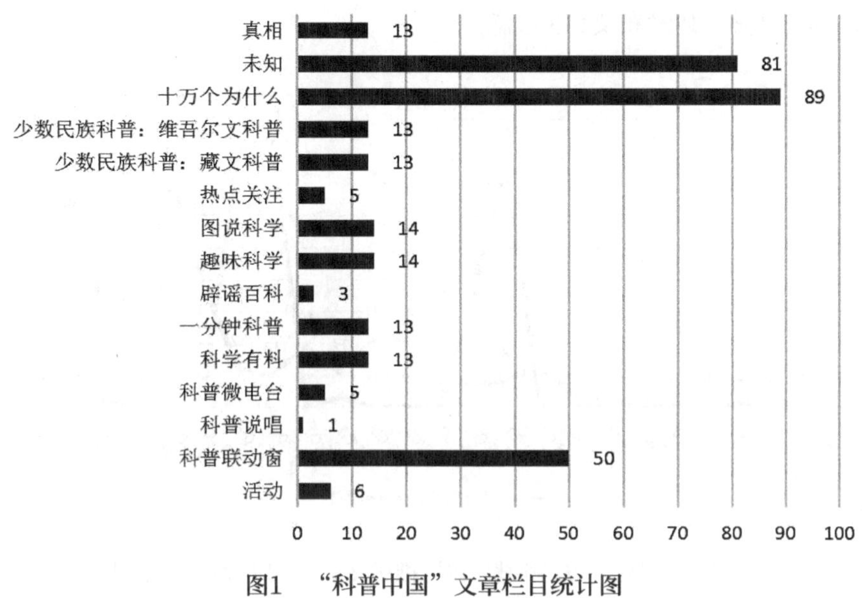

图1 “科普中国”文章栏目统计图

“科普中国”固定更新的4个栏目中，“藏文科普”和“维吾尔文科普”在栏目设置上具有民族特色，突出了少数民族科普这一特点。“十万个为什么”栏目由于书籍《十万个为什么》的畅销和其品牌深入人心，栏目本身具有特殊性。“真相”栏目在内容上以辟谣为主，贴近日常生活，对读者来说实用性高。所以这4个栏目更新规律，有其自身特点和对其感兴趣的读者，而其他栏目很多在定位上不够明确，相似度高，更新没有规律，这些栏目的设置没有太大意义。①

（二）发布时间

“果壳”2017年4月1日至6月30日共发布文章454篇。公众号每日推送1～3次，每次推送2～4篇文章。“科普中国”该时间段内每天推送文

① 在笔者另一项研究的数据采集过程中发现，“科普中国”微信公众号在栏目设置上进行了调整。

章3篇或4篇，共发布文章333篇。

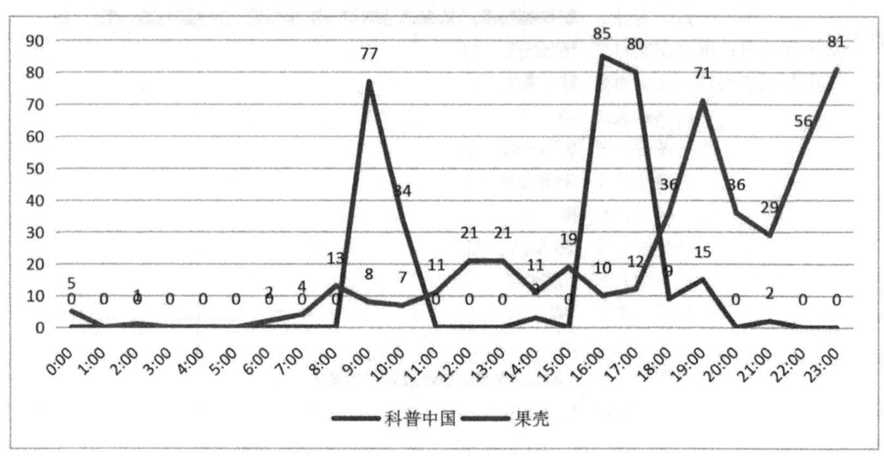

图 2 “果壳”与“科普中国”推送文章 24 小时时间分布图

在推送文章的时间分布上，“果壳”的日推送出现3次推送高峰，分别是12:00至13:00，18:00到20:00、22:00到23:00。“科普中国”的日推送出现2次推送高峰。第一次是9:00至10:00，第二次是16:00到17:00。

中国互联网络信息中心调查显示，截至2018年6月，我国手机网民规模达7.88亿，较2017年底增长4.7%。①根据百度统计流量研究院对移动平台日使用时段流量统计，流量的分布在12:00至13:00有一个高峰，18:00之后到22:00流量也逐步增加。“果壳”的推送主要有两个时间段——饭点儿和睡前。日常生活中工作时间使用手机少，会在吃午饭和晚饭时浏览工作时间错过的推送。所以“果壳”的饭点儿集中推送这一特点正是抓住了用户这一习惯。睡前看手机是很多人的习惯，也形成一个流量高峰，所以推送时间也倾向于“夜猫子时间段”。而“科普中国”的推送从时间分布上看只与工作人员的上下班时间相符，并没有按

① 中国互联网络信息中心. 第42次中国互联网络发展状况统计报告[EB/OL]. (2018-08-20)[2018-12-05].http://www.cac.gov.cn/2018-08/20/c_1123296882.htm.

照用户使用习惯来安排推送时间。

（三）作者情况

“果壳”推送的文章有一批相对固定的作者，例如该时段内作者“海色天痕”的文章有26篇，作者“花生卷i”和“Freude_63192”各有9篇文章，其余13位作者在三个月内都有3篇以上的文章。所以不论原创还是转载，“果壳”有一批固定的合作作者。“科普中国”的文章作者中，通过姓名和身份信息确认是同一人，并且发布文章3篇以上的作者有3位，在时间上都是发布于同一天或者连续两天的推送中。

“果壳”与“科普中国”两个平台相比，“果壳”的作者群更为固定。一方面，相对固定的作者群对于文章质量和科学性的保障较高；另一方面长时间合作的作者的文章风格与公众号整体契合，可以保证公众号内容风格的稳定。“科普中国”微信公众号在内容上没有突出的风格特色，一方面是因为文章作者广泛，风格多样；另一方面是平台自身没有在风格上的明确定位，所以在作者的选择上没有形成固定群体。

（四）原创内容与转载来源

文章标题之下有“原创”标签的文章视为原创文章，没有“原创”标签的文章视为非原创文章。“果壳”2017年4月至6月推送的文章中原创文章226篇，占比49.78%。“科普中国”原创文章135篇，占比40.54%。

“果壳”的非原创文章有228篇，明确的转载来源主要有三类：微信公众号、果壳网和在行 / 分答的课程推荐内容。还有一部分文章没有注明转载来源。其中转载自果壳网的文章有89篇，占39.04%；转载自其他微信公众号的文章有89篇，占39.04%；转载自在行 / 分答的内容有11篇，占4.82%；没有注明文章来源的有39篇，占17.11%。

“果壳”的文章转载来源主要是果壳网和其他微信公众号，来源比较固定。其中89篇微信公众号转载文章来自19个公众号，转载文章3篇及以上的公众号有10个，其中“物种日历”有18篇文章被转载，“吃货研究所”有15篇文章被转载，“万有青年烩”有8篇文章被转载，是被转载最多的三个公众号。从账号主体来看，19个公众号中有11个账号主体是北京果壳互动科技传媒有限公司，这表明“果壳”经常转载的微信公众号大都是同一账号主体下的不同公众号，同一品牌之下风格相近，科学性也有保障。

“科普中国”文章的转载来源大致分为5类：书籍、网站、报纸、微信公众号和其他。其中书籍作为转载来源的最多，有106篇，占53.54%，因为“十万个为什么”和“少数民族科普”两个栏目的内容都来自《十万个为什么》和《知识就是力量（藏文）》；其次是微信公众号作为转载来源，有59篇，占29.8%，来自21个不同的微信公众号；来源于各网站的文章有21篇，占10.61%；其他来源的文章10篇，占5.05%，包括机构、协会以及未知来源；来源于报纸的有2篇，占1.01%。“科普中国”的主要转载来源为书籍和微信公众号，除了《十万个为什么》和《知识就是力量（藏文）》，“科普中国”的文章没有固定的转载来源。

（五）阅读量与点赞量

微信平台对阅读量统计时，超过100 000都计为100 001，这类文章就是平时所说的“10万＋”文章。“果壳”文章的阅读量统计以2万作为单位区间，10万＋的文章有199篇。“科普中国”的文章以2000作为单位区间，阅读量集中在4000以内，阅读量最高是14000＋。“果壳”该时间段内如此之高的阅读量与“果壳”本身庞大的粉丝和用户基础，以及在科学传播中的优势口碑和地位有直接关系。而“科普中国”2017年4月至6月推送的文章阅读量集中在4000以内，阅读量总体偏低。

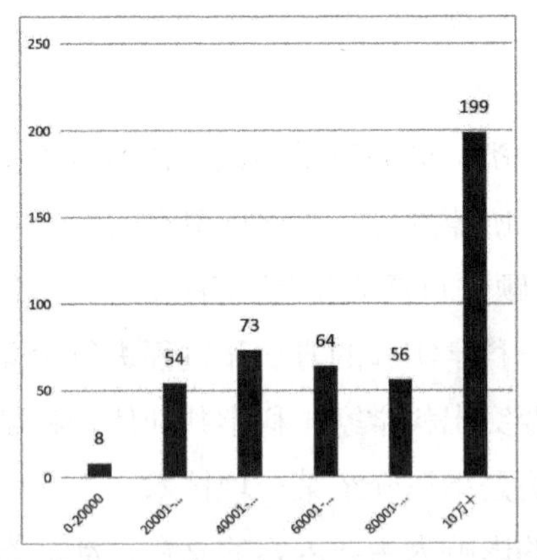

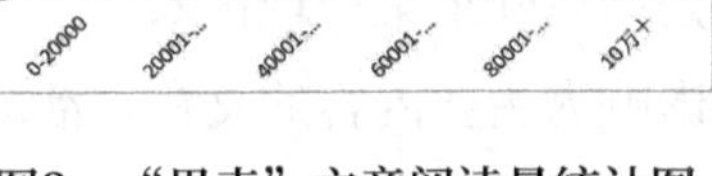

图3 “果壳”文章阅读量统计图

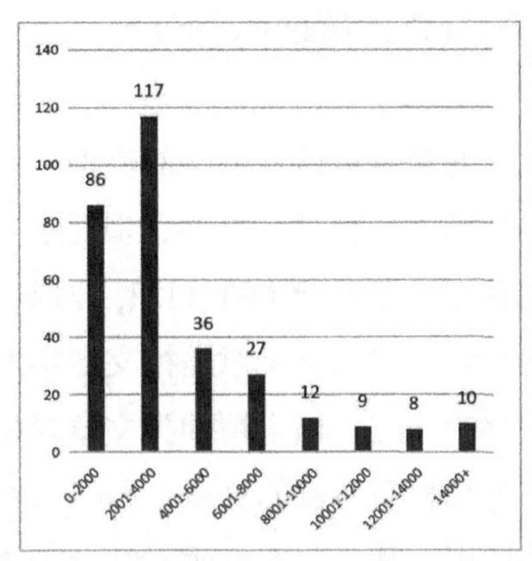

图4 “科普中国”文章阅读量统计图

对“果壳”推送的文章点赞量统计以2000作为单位区间，点赞量主要集中在2000以内，有1篇点赞量1万以上的文章。“科普中国”文章的点赞量统计以50为区间，主要集中在100次点赞以内，超过250个点赞的文章只有1篇。

“果壳”文章的点赞数高，一方面是因为“果壳”文章的质量高、可读性强，符合当下年轻人的阅读喜好和语言风格；另一方面“果壳”庞大的用户基础带来了极高的阅读量，所以也必然带来极高的点赞量。而“科普中国”由于阅读量整体偏少，导致点赞量偏低。

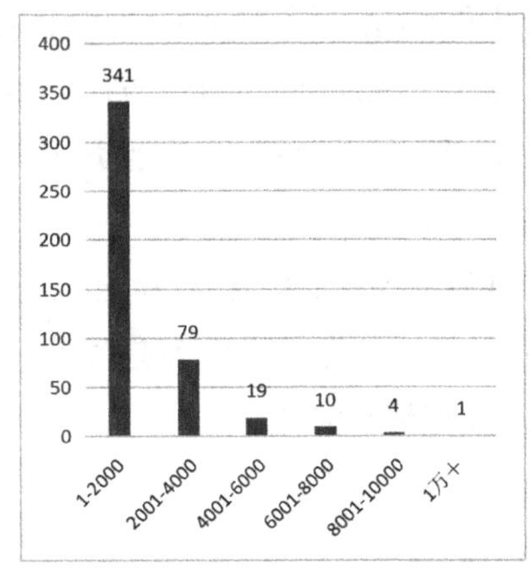

图5 “果壳”文章点赞量统计图

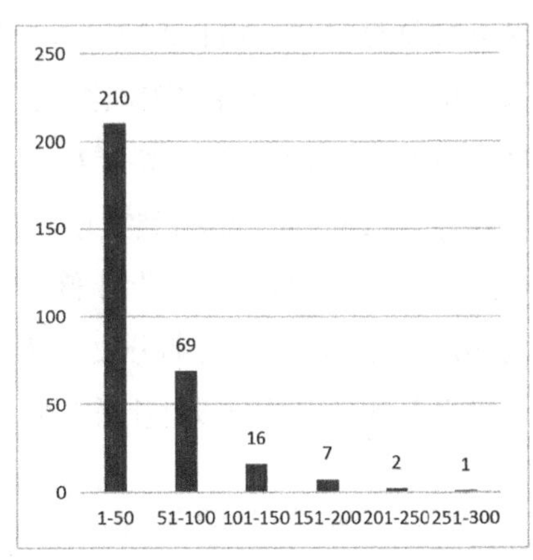

图6 “科普中国”文章点赞量统计图

（六）传播内容分类

对文章从传播内容的类型上进行分类，分为科学知识、科学方法、科学精神、科技与社会、其他、活动和广告7类。科学知识类的文章是指文章主要传播科学知识，对某一话题进行深入讲解，进行知识性科普；科学方法类文章是指文章中对某一科学实验的方法和过程进行全面完整的介绍；科学精神类文章是指主要突出科学家、科学共同体的科学精神和科研事迹的文章；科技与社会类是指以介绍某一项技术在生活中的运用、某一项新发明对社会和生活的影响为主要内容的文章；活动类文章主要是线上、线下活动预告和活动情况报道；广告类文章是针对一些产品定制的广告文章；其他类文章是指上述类型以外的文章，主要包括新闻消息、奇闻逸事、人物传记、事件报道等，这类文章涉及的内容虽说与科学有关，但是知识性不强，也没有突出的科学精神、科学方法以及技术在生活中的应用。有些文章在内容分类上，可能既有科学知识，也涉及一些实验过程，同时也讲到了实际应用，这种情况按照文章的主要内容来进行分类。

“果壳”推送的文章中科学知识类文章有255篇，占56.17%；科学方法类文章有15篇，占3.30%；科学精神类文章有5篇，占1.10%；科技与社会类文章有30篇，占6.61%；其他类文章有71篇，占15.64%；广告类文章有54篇，占11.89%；活动类文章有24篇，占5.29%。“科普中国”推送的文章中科学知识类文章有282篇，占92.46%；科技与社会类文章有8篇，占2.62%；科学精神类文章有1篇，占0.33%；其他类文章有9篇，占2.95%；活动类文章有5篇，占1.64%。

两个平台相比，“科普中国”的科学知识类文章占比高达92.46%，但是其中大部分文章内容与健康养生、生活常识等有关系。“果壳”涉及的内容类型比较多，每一类文章都有涉及。

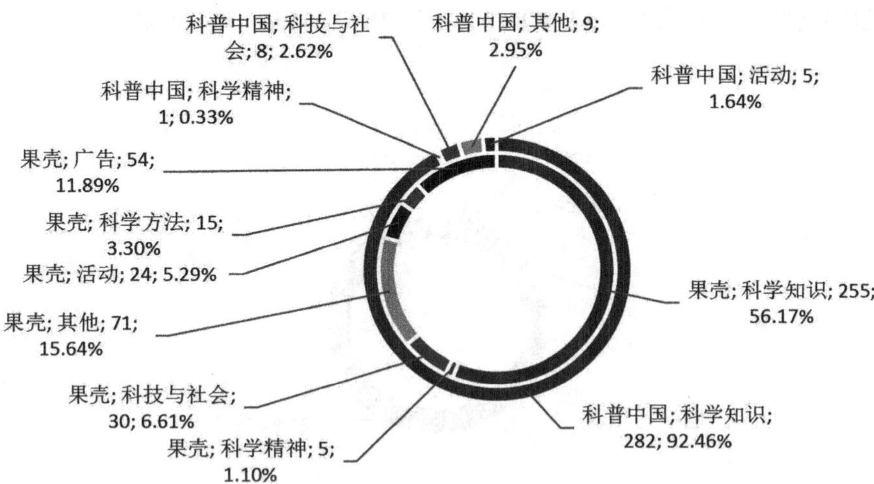

图7 “科普中国”与“果壳”文章传播内容分类图

（七）呈现形式

“果壳”推送的文章使用的传播形式有图片和视频两种。其中有452篇文章使用了图片，42篇文章使用了视频。“科普中国”该时段内推送的文章中使用图片的文章有297篇，使用视频的文章有5篇，使用音频的文章有6篇。

“果壳”推送的文章中图片的使用非常普遍，有的文章配图1幅或2幅，也有的文章配图十几幅或者几十幅。文章中大量使用图片，对知识的解析起到辅助作用，且大部分图片都注明了图片来源。在图片的使用上以15幅以内为主，也有部分文章使用长图形式，即用漫画的形式，创作条形长图来解释知识点。

“科普中国”推送的文章中的配图数量以1至4幅配图为主，使用10幅图片以上的文章有6篇，占2.02%。使用长图形式的文章有23篇，占7.74%。“科普中国”推送的文章中使用图片数量较少，大部分图片都是网络图片，只有个别科学事件的报道中才会使用一些现场配图。

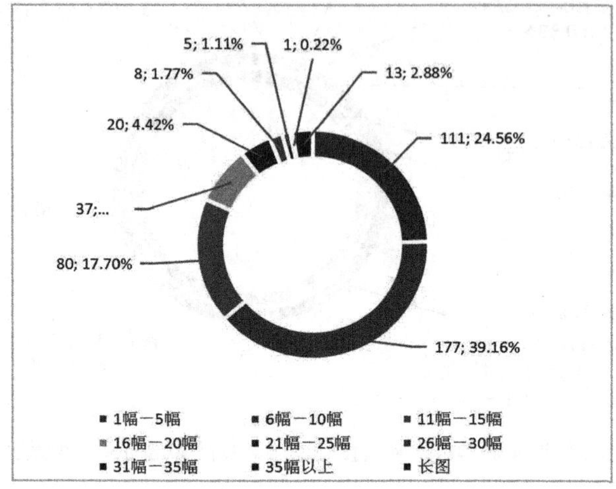

图8 “果壳”文章图片使用情况统计图

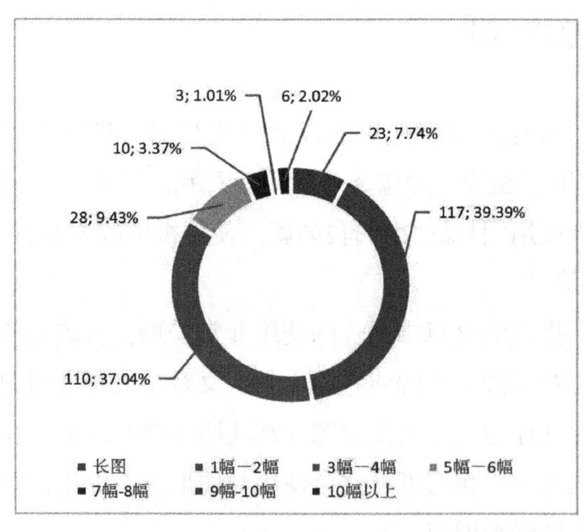

图9 “科普中国”文章图片使用情况统计图

（八）消息来源

明确的消息来源是指文章在引用某一观点、介绍某一技术、提出某一结论的时候，指出该观点、技术、结论的来源，至少包含姓名、工作单位、科研团队、论文题目、学术期刊等其中一项内容，如"××教授指出""××大学的××团队得出""论文《×××》中指出"等。有一些文章中没有具体指出相关知识的出处，或者使用"科学家认为""科研机构提出"等含糊不清的消息来源，都认定为没有明确的消息来源。该时段内"果壳"推送的文章有明确消息来源的为212篇，占46.7%，"科普中国"推送的文章中有明确消息来源的为39篇，占12.79%。

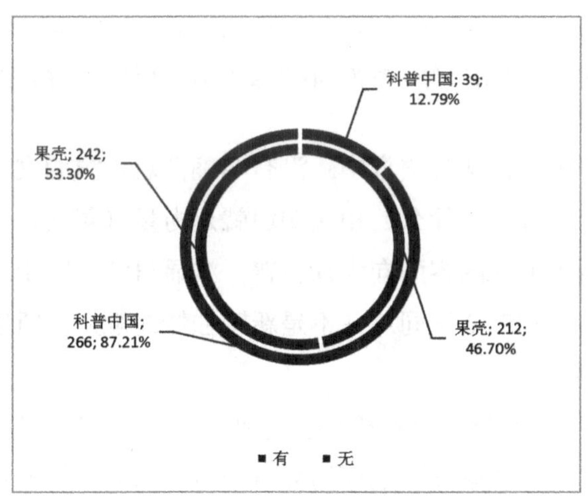

图10 "果壳"与"科普中国"文章有无明确消息来源统计图

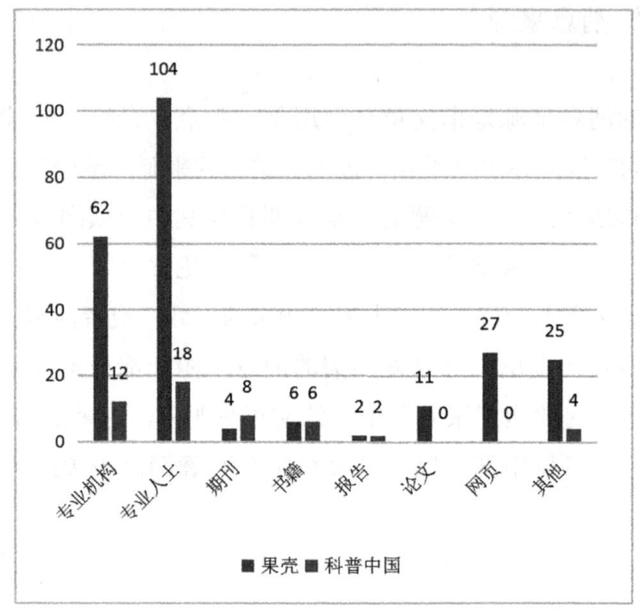

图11“果壳”与“科普中国”文章消息来源分类统计图

“科普中国”推送的文章中，没有明确消息来源的文章数量较多，这与转载自《十万个为什么》和《知识就是力量（藏文）》的文章数量多有关，这两本书的内容面向大众科普，浅显日常，所用观点和结论都已在科学领域得到广泛认同，并不是新颖独特的观点，所以大都不需要特别注明来源。

消息来源分为8类：专业机构、专业人士、期刊、书籍、报告、论文、网页和其他。“果壳”推送的文章中有62篇文章的消息来源是专业机构，104篇文章的消息来源包含专业人士，4篇文章中指出了具体期刊，6篇文章使用书籍作为消息来源，2篇文章的消息来源是报告，11篇文章的消息来源具体到某一论文，以具体网页作为消息来源的文章有27篇，其他消息来源包括普通人、媒体、公司等，有25篇文章。

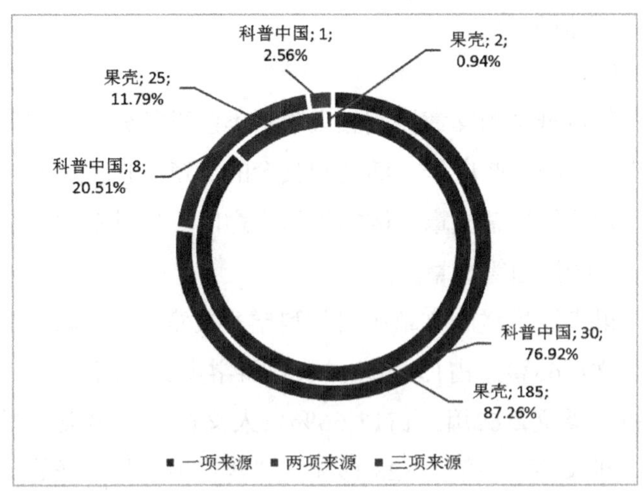

图12 “果壳”与“科普中国”文章消息来源数量统计图

“科普中国”推送的文章中有12篇文章的消息来源是专业机构，18篇文章的消息来源包含专业人士，8篇文章中指出了具体期刊，6篇文章使用书籍作为消息来源，2篇文章的消息来源是报告，其他消息来源的文章有4篇。大部分文章中提到的结论和观点都没有明确的消息来源，只是含糊地使用“科学家称”“研究人员说”等。而且也很少有研究机构、期刊论文等佐证结论，尤其是占比很大的健康知识和生活常识文章，缺少明确的消息来源。

有明确消息来源的文章中，有的文章包含一项消息来源，有的文章包含两项及以上的消息来源。“果壳”的文章中包含一项消息来源的文章有185篇，占87.26%；包含两项消息来源的文章有25篇，占11.79%；包含三项消息来源的文章有2篇，占0.94%。在多重消息来源的使用中，以“专业机构＋专业人士”为主，这类文章有11篇。

“科普中国”的文章中包含一项消息来源的文章有30篇，占76.92%；包含两项消息来源的文章有8篇，占20.51%；包含三项消息来源的文章有1篇，占2.56%。在多重消息来源的使用中，以“专业人士＋期刊”和“专业机构＋专业人士”为主，这类文章分别有4篇和3篇。

（九）学科分类

对两个平台推送的文章按照五大学科类别进行分类，其他类文章包括传播内容分类中一些广告、活动和其余的文章，也包括一部分难以严格按照学科划分的科普文章，例如生活小窍门、日常知识、应急避险、新闻报道、人物报道等文章。

其中“果壳”推送的文章中自然科学类文章有137篇，占30.18%；医药科学类文章63篇，占13.88%；农业科学类文章2篇，占0.44%；工程与技术科学类文章62篇，占13.66%；人文社会科学类文章62篇，占13.66%；其他文章128篇，占28.19%。“科普中国”推送的文章中，自然科学类有59篇，占19.34%；农业科学类有19篇，占6.23%；医药科学类有136篇，占44.59%；工程与技术科学类有45篇，占14.75%；人文与社会科学类有35篇，占11.48%；其他类有11篇，占3.61%。养生保健、健康饮食、日常用药、疾病治疗等内容都划分为医药科学类。还有部分生活常识文章划分到人文与社会科学类中。

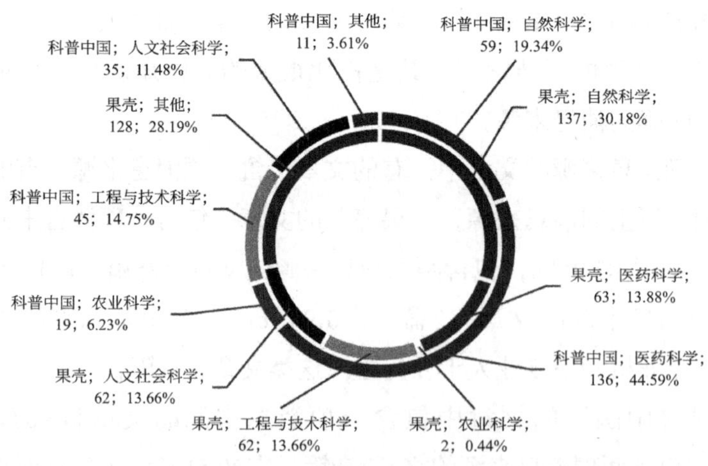

图13 “果壳”与“科普中国”文章学科分类统计图

“果壳”推送的文章在学科分类上以自然科学为主，农业科学类文章较少，其余四门学科分布相对均衡。而“科普中国”学科分类上虽然以医药科学居多，但是其中大部分内容都是养生保健类文章，并不是严格意义上的医药科学，推送文章整体上接近生活，与日常生活相关。

（十）文章话题

通过对“果壳”和“科普中国”推送的广告和活动以外的文章进行阅读，选择22个网络热门话题进行分类，在话题的选择上笔者有很大的主观性，可能对话题的涉及不够全面。

“果壳”与“科普中国”涉及最多的话题都是“健康养生与生活小窍门”，分别有24篇和44篇。“果壳”的其余话题与网络上大家热议的、感兴趣的话题很接近，既有科技领域的热门话题——人工智能、3D打印、智能生活、虚拟现实，也有与生活相关的生活小窍门、减肥、宠物等话题，还有时下年轻人热议的脱发话题，同时也涉及一些相对敏感的话题，如性和同性恋话题。话题广泛，并没有局限于某一方面。“科普中国”的话题总体来说都与生活密切相关，很日常化，且话题种类不够全面。

表2 “果壳”与“科普中国”文章话题统计表

话题	果壳	科普中国
健康养生与生活小窍门	24	44
人工智能	13	0
航空航天	11	4
游戏	9	0
宠物	8	2
生态环境问题	8	1
性	7	1
智能生活	7	0

续表

话题	果壳	科普中国
婚恋情感	7	4
减肥	5	5
3D打印	3	0
“屎尿屁”	3	0
母婴	3	6
VR / AR	2	0
脱发	2	0
同性恋	2	0
雾霾	1	0
器官捐献	1	0
童婚	1	0
能源材料	1	0
引力波	1	0
垃圾食品	0	3

（十一）热点文章

此处的热点文章包括两类：一类是与热点科学事件有关的文章；另一类是与其他热点新闻有关，以此为切入点的文章。

“果壳”推送的文章中涉及的热点有热门电影、电视剧、政治事件、节日和纪念日、科学大事件以及社会热点新闻等。例如高考前后，相关的文章有10篇，文章涵盖了天文、心理、历史、生物、信息通信、人工智能等各个领域。对于科学事件的跟进和解读也是重要的部分，例如C919、琥珀中发现史前鸟爪、“慧眼”发射、柯洁和AlphaGo对战等事件。还有一些在网络上引起广泛讨论的社会新闻，例如网友声称皮皮虾注胶，“果壳”发文对其中存在的知识误区进行纠正。暴雨集中时期“果壳”发文介绍暴雨中的避险逃生知识。“果壳”编辑部每天中午都会开15分钟的选题会，讨论最近正在发生的热点新闻。

“科普中国”推送的文章中涉及的热点有热门电视剧、政治事件、节日和纪念日、科学大事件以及社会新闻热点，以节日和纪念日为主，相关文章有16篇，科学大事件的热点文章只有9篇。“科普中国”该时段内对热点的跟进不够及时和广泛，尤其是作为科学传播平台，对于科学领域的热点关注度不够。

表3 “果壳”文章涉及热点统计表

热点事件	文章数	热点事件	文章数
107篇中国学术论文被撤稿	1	霍金说月球背面有外星人的谣言	1
2017年菠萝科学奖颁奖典礼	4	节日：512纪念日	1
C919首飞	1	节日：520	1
暴雨	1	节日：儿童节	3
特朗普宣布美国退出应对气候变化的《巴黎协定》	1	节日：清明节	1
丹麦生蚝泛滥	1	节日：世界工作安全与健康日	1
电视剧《法医秦明》	1	节日：愚人节	2
电视剧《人民的名义》	1	卡西尼号任务终结	1
电影《变形金刚5：最后的骑士》	1	柯洁对战AlphaGo	2
电影《非凡任务》	1	全国肿瘤防治宣传周	1
电影《攻壳机动队》	2	撒硬币进飞机发动机	1
电影《神奇女侠》	1	首颗X射线空间天文卫星“慧眼”发射升空	2
电影《摔跤吧！爸爸》	2	特朗普否认气候变暖	1
高考	10	谣言：皮皮虾被注胶	1
琥珀里发现鸟爪	1	英国曼彻斯特体育馆爆炸案	1

表4 “科普中国”文章涉及热点统计表

热点事件	文章数	热点事件	文章数
“一带一路”国际合作高峰论坛在北京召开	1	节日：世界高血压日	1
C919首飞	4	节日：世界献血日	1
暴雨	2	节日：世界血友病日	1
电视剧《外科风云》	1	节日：世界自闭症日	1
电视剧《白鹿原》	1	节日：载人空间飞行国际日	1
高考	1	节日：中国航天日	1
节日：512纪念日	3	勒索病毒席卷全球	1
节日：儿童节	1	首颗X射线空间天文卫星“慧眼”发射升空	1
节日：国际禁毒日	1	天舟一号	2
节日：全国爱眼日	1	我国首颗高通量通信卫星（HTS）实践13号用长征三号乙运载火箭成功发射升空	1
节日：全国科技工作者日	3	引力波	1
节日：全国食品安全宣传周	1		

四、结论

通过对“科普中国”与“果壳”2017年4月至6月微信公众号推送的所有文章的分析，对于如何做好受欢迎的科学传播公众号和微信科普文章，从传播形式、传播内容以及传者与受众之间的互动这三个方面进行如下总结。

（一）传播形式

1. 合理设置栏目，并严格执行推送计划。栏目的设置为了使文章的内容分类清晰，特点突出，避免重复设置，并有计划、有规律地更新内容，以便读者根据自己的兴趣进行选择，养成定期阅读的习惯，增加“黏性”。但如果栏目设置做不到有规律地更新，或者栏目设置无法清晰区分推送内容，那么宁可不进行栏目设置。该时段样本中，“科普中国”设置了14个栏目，但是其栏目分类不清晰，除了其中四个栏目外均没有推送规律，甚至个别栏目只推送过一两篇文章。这样的设置并没有达到栏目设置应有的效果。

2. 文章的推送时间要符合新媒体使用特征。手机用户日使用网络的流量分布表现为12:00至13:00出现一个高峰，18:00之后到22:00流量逐步增加，达到日流量峰值，22:00之后开始下降。同时，移动端单次使用时长的统计显示，只有6.81%的用户单次使用移动端超过30分钟，所以文章的推送时段与用户的使用习惯相契合，可以增加阅读量、点赞量和转发量，提高传播效果。“果壳”在推送时间的选择上就很好地契合了用户使用习惯，而“科普中国”在非流量高峰推送，很容易被其他公众号的推送挤到阅读列表底端，降低了点击率。

3. 尽可能使用多种表现形式来呈现内容。纯文本的内容表现形式令读者厌倦，读者更青睐于视觉语言的信息读取方式，以便在最短的时间内获取自己感兴趣的信息①，并且在接收信息的过程中享受视觉上的愉悦②。微信文章的表现形式通常都以“文字＋图片”的形式为主，视频、音频和HTML5等形式可以使文章内容更生动，更能调动读者的阅读兴趣。

① 周荣庭, 韩飞飞, 王国燕. 科学成果的微信传播现状及影响力研究——以10个科学类微信公众号为例[J]. 科普研究, 2016, 11(1): 33–40, 97.

② 王国燕, 韩飞飞. 编码解码视角下数据可视化的传播效果研究[J]. 情报杂志, 2014(11): 169–174.

（二）传播内容

1. 原创性内容和合适的转载来源使公众号个性鲜明。微信公众号除了保证一定的原创率之外，也要保证其转载文章、转载来源的风格与自身无太大差别。“果壳”与“科普中国”从原创率来看两者差距并不大。但是在非原创文章中，“果壳”有一大部分转载文章来自于果壳网和果壳品牌下同一账号主体的其他微信公众号，风格一致性也很强。虽然“果壳”微信公众号的原创率与“科普中国”微信公众号差别不大，但是“果壳”品牌的整体内容原创率高。“科普中国”的非原创文章主要转载自书籍和微信公众号，转载来源多且杂，再加上原创文章少，导致公众号个性不够鲜明。

2. 以贴近读者的角度切入科学。“果壳”的理念是“科技有意思”，它的文章常常短时间内就能将读者的兴趣调动起来。例如《个子高的动物更容易遭雷劈？长颈鹿：我也很绝望啊！》《我们吃的“海蜇头”，其实是水母的脚丫子？！那水母的头呢？》……这些文章从贴近读者生活的角度展开，进而讲解具体的科学知识，这样的手法很自然地将作者与读者的距离拉近。美国学者克拉伯曾将媒体受众的选择性心理归纳为选择性接触、选择性理解和选择性记忆三个环节。其中选择性接触作为受众接触媒介的第一个环节起到非常重要的作用。受众在接触媒体传递的信息时，更倾向于接触与自己既有的立场、观点、态度一致或接近的媒介内容。①由于科学知识专业性较强，知识点晦涩难懂，受众会对科普文章产生抵触情绪。“果壳”以读者熟悉的情境为切入点，进而向人们揭示问题背后的科学奥秘，其科普文章更容易被读者接受。

3. 热门话题与热点事件增加阅读量与评论量。公众阅读微信文章的目的首先在于从中获得娱乐和放松，一个微信公众号越能满足用户的

---

① 张宇怡, 周澍民.果壳网的编辑特点与传播实践探析[J]. 中国编辑, 2014(2): 55–59.

这类使用动机，便越能使用户对该平台的“黏性”增大。[①]因此，科学传播微信公众号话题的多元性和关注热点事件，可以增加内容的娱乐性。除了对人工智能、基因编辑等科技领域热门话题的关注外，关注减肥、婚恋、宠物以及游戏和电影等日常生活中的话题，例如果壳的《甭管暴雨来不来，你先看完这篇文章再说！关键时刻能救你命！》《撒币进发动机，应该赔多少钱？》《机械与人类的联系，是〈变形金刚〉系列永恒的主题》《〈纪念碑谷〉里，藏了多少对埃舍尔不可能图形的致敬？》，很容易吸引读者的注意力，并引发讨论的兴趣。

4. 活泼幽默的话语风格让科学传播更吸引读者。文章标题采用疑问句可以切中读者心中的疑问，不仅吸引读者阅读，同时引起读者对谣言和真相的思考。幽默诙谐的口语化网络流行语不仅使得科普文章脱去科学呆板枯燥的外衣，同时又使内容更具亲和力，容易让受众主动参与。[②]活泼幽默的表达方式可以打破科学在人们心目中严肃权威的刻板印象，拉近了双方距离，营造出一个亲切鲜活的形象。让读者觉得自己与科学家可以平等地交流，科学知识并非晦涩难懂。

5. 有计划地进行选题。“果壳”的采编人员以理工科背景为主，在内容创作上实行“主笔制”。每个主笔负责某一领域，有一两个编辑协助他完成该领域的内容创作。选题来源包括热点事件、科研发现、学术论文等，每天都召开选题会，讨论热点选题和常规选题。有组织有计划的选题策划使公众号在推送量有限的情况下，尽最大可能优化推送文章的内容。

6. 从创作团队和消息来源上保证文章的科学性。“果壳”有专业的创作团队，包括科学家、具有良好理工科背景的记者和编辑团队，也与爱好科学、有擅长领域的自媒体作者合作，他们的学科背景涵盖了各个科学技术领域。消息来源大多是专业权威学术期刊，很多时候会使用多

---

① 黎娟. 果壳网用户使用动机与使用行为研究[D]. 北京: 中国科学院大学, 2015.

② 张宇怡, 周澍民. 果壳网的编辑特点与传播实践探析[J]. 中国编辑, 2014(2): 55–59.

个消息来源，并且在文末附有参考资料并注明出处，做到消息来源明确可靠。文章内容力求每个观点和数据都有据可依，避免因个人判断而导致偏差，确保内容的科学性、真实性和准确性。

（三）传者与受众的互动

1. 线上线下积极互动。点赞与评论代表了读者对文章的认可程度，其中评论内容更能反映读者对文章的理解情况。应该充分重视与用户的互动行为，结合微信平台的特征和功能，开通评论、积极回复、开展线上和线下的活动，打破传受双方间的隔阂，这种立体化的传播模式也契合了当下科学传播发展的“对话模式”。[①]目前微信文章的评论要先经后台筛选才能呈现出来，在筛选评论时除了正面的评价以外，也应该呈现一些有理有据的负面评价或者质疑，以全面地反映用户的态度。同时，通过线上线下的互动，既可以了解用户的需求和困惑之处，又可以增强读者的亲近感，提高传播效果。

2. 清晰定位受众群体。“果壳”的创新之处和竞争力在于其准确的市场定位和垂直细分。果壳的受众定位以青年为主体，19～24岁的用户居多[②]，属于互联网用户中最活跃的群体。CNNIC第42次报告显示，我国网民以青年群体为主，截至2018年6月，20～29岁年龄段的网民占比最高，达27.9%。针对这一年龄段的用户，要求公众号在内容、形式、表达方式及措辞的设计上要符合年轻人的需求，迎合他们的兴趣和特点，进一步增强互动性。

在网络新媒体快速迭代的时代，公众倾向于选择能更快速、更便捷地获得更多、更新信息的渠道，微信公众平台为开展有效的科学传播提供了新的平台。通过对这两个公众号的比较和分析可以得出，优秀的科

---

① 张宇怡, 周澍民. 果壳网的编辑特点与传播实践探析[J]. 中国编辑, 2014(2): 55–59.

② 黎娟. 果壳网用户使用动机与使用行为研究[D]. 北京: 中国科学院大学, 2015.

学传播公众号应该通过在科学性、趣味性、生活化、交互性等各方面的努力，培养自己的用户群，并通过活跃而忠实用户的二次传播进一步扩大用户群体，做到“又好又快”地传播科学知识。科普微信公众号要在保证科学性的同时兼顾娱乐性、便捷性和互动性，才能增加用户黏度，提升传播效果。

第四编

媒介、话语与建构：争议性议题的科学传播案例研究

4.1 知识生产和话语建构：对中国转基因议题建构要素和过程的分析

郑泉　张增一

（科学技术哲学研究，2022年第3期）

一、引言

目前在中国的科技争议案例中，可能没有哪一项会像转基因那样引起全社会的共同关注和如此大的争议。转基因议题是当代社会非常典型的一个关于争议性公共议题的代表，其特点是：一、与公众利益密切相关；二、社会对该议题存在多元化认知。在转基因的知识领域中，出现了各种各样的知识主张，包括各种相互对抗的理论主张与实践主张，这是科学的不确定性引发的必然后果，也是风险社会的特征所在。近年来，已有不少学者针对转基因相关领域的议题开展了大量丰富的实证研究，这些研究大多是限定在某一特定事件或某一特定时间段，从系统、整体的视角审视我国转基因议题发展过程的研究并不多。我国转基因议题的发展有着何种轨迹可循，是如何在我国社会情境中进行建构的？本文试图从社会建构的视角对上述问题做出理论分析。

二、理论基础：伯格和卢克曼的社会建构思想

不系统的建构主义思想在康德的认识论思想中就曾有所体现，康

德认为知识和真理是认知主体在认识世界时通过直觉与经验等主观体验所构建的客观的知识。谢勒详细地分析了人类知识是如何由社会所规划的。曼海姆创造了关系论来代表其知识社会学的认识论立场，指出知识是通过互动和协商形成的，强调了知识的差异性和偏向性。在谢勒、曼海姆等人对知识社会学论述的基础上，建构的思想在彼得·伯格（Peter L. Berger）和托马斯·卢克曼（Thomas Luckmann）的经典著作《现实的社会构建》（*The Social Construction of Reality*）[①]中得到强化，伯格和卢克曼借鉴性吸收了涂尔干对社会客观性的认识以及韦伯对主观意义的理解，指出社会具有客观现实（objective facticity）和主观意义（subjective meaning）的双重特征。社会由三个持续不断的辩证过程组成：外化（externalization）、客观化（objectivation）和内化（internaliztion），这三个过程是社会及其每个组成部分所共同具有的特征[②]。他们关注的是各种知识体系如何被社会建构成一种现实所在，比如很多习俗、规则、角色甚至是科学知识是如何通过这三个过程被社会建构出来的。

在上述三个阶段的建构过程中，知识是核心要素，是社会基本辩证法的核心：知识“规划”各种途径，外化产生客观世界。它通过语言和基于语言的认知器官使世界客观化，使其成为可了解的现实，并在社会化过程中再次内化为客观有效的真理[③]，这种社会知识因此具有双重意义：在理解客观社会现实的意义上和在持续不断生产现实的意义上。

---

① Berger P L, Luckmann T. The Social Construction of Reality: a Treatise on the Sociology of Knowledge[M]. New York: Penguin Books, 1966.

② 同上.

③ 同上.

三、中国转基因议题的建构要素分析

从建构的视角来看，转基因议题发端于专业共同体内部的争论，在进入公共领域后经由不同社会行动者的话语而建构，这是一种涉及科学认识的不确定性、各社会行动者利益的，与我国的社会与文化情境相关的，理论和实践并存的建构。因此，对中国转基因议题建构要素的分析不仅应基于科学维度，同时需要结合社会维度加以考量。在相关实证研究的基础上，通过借鉴伯格和卢克曼的思想，结合中国转基因议题的发展，本文主要从科学要素（不确定性、风险）、社会要素（信任、利益和价值）和核心要素（知识）三方面总结中国转基因议题的建构特点。

（一）科学要素：不确定性与风险

1. 科学的不确定性

不确定性是指在特定的情况下，有多个结果与我们的期望相符合。不管不确定性是否属于人类建构的或者是自然的本质特征，当多个结果与人们的期望相符时，人们不可避免地做出决定。[①]科学，是知识的一种形式，是一种话语。科学旨在追求和达到对自然界的一种正确表征，体现对绝对真理的追求，从这个意义上说，科学被认为是具有“减少不确定性”的功能的。然而科学的历史维度提醒我们，科学知识的获得是暂时的和多元的。这种蕴含着建构思想的观点与传统的客观主义和理性主义的科学观相悖，认为不确定性是内在于科学知识的生产中的，科学知识的生产依赖于特定文化语境下的各种明显的和隐含的磋商与再磋商。在一个经过协议和建构的科学知识模型中，只有“可用的真理”，在科学的可接受性与公众的利益之间取得平衡，在这种背景下，科学服

① 皮尔克. 诚实的代理人：科学在政策与政治中的意义[M]. 李正风，谬航，译. 上海：上海交通大学出版社，2010.

从于一种社会规则。[①]科学知识的暂时性体现在这种语境中，生产知识的某些实践集合，可能因为认知目标的变化，或者因为对现象了解得更多，而被另一些实践集合所取代。科学与其所处的社会语境密不可分，社会语境是一种人与人互动的语境。从特定的社会文化情境出发来考察，话语是社会文化网络中一系列力量相互纠缠和博弈的产物。科学话语和其他话语在此语境中对共同活动的价值或目标进行话语互动（一种主体间性的社会互动过程），以应对在评估具有复杂性和不确定性问题时的新的挑战。

2. 转基因技术的潜在风险

奥特温·伦内（Ortwin Rem）认为，“风险”一词意味着现实中一个有害状态的概率（有害效果）可能作为自然事件或人类活动的结果而发生。这一定义暗示了可能并且的确会在行动（或事件）及它们的结果间建立因果关系，如果避免或更改因果事件或行动，有害结果可以被避免或减轻。[②]尤金·罗莎（Eugene A. Rosa）基于本体论的现实主义，提出风险是“某种具有人类价值的事物（包括人类自身）在其中处于危急关头，而其结果不确定的一种局面或事件”。[③]这一定义强化了不确定性与风险之间的关系：不确定性与风险并存。或者说，不确定性是风险的内在的一种固有属性。转基因科学家通过“高”干预和“强”控制的转基因技术手段赋予了转基因产品以新的生命[④]，然而转基因产品在安全上存在的不确定因素导致了人们对其潜在风险的担忧。同时风险在认识论上体现出社会建构的特性。正是转基因的不确定性和现有技术的局限性，成为保守派和反对者强调转基因风险的重要辩护依据和采取相应

① 汉尼根. 环境社会学(第二版)[M]. 洪大用, 等译. 北京: 中国人民大学出版社, 2009: 112.

② 伦内. 风险的概念: 分类[C]//克里姆斯基, 戈尔丁. 风险的社会理论学说. 徐元玲, 孟毓焕, 徐玲, 等译. 北京: 北京出版社, 2005: 64.

③ 罗莎. 风险的社会放大框架的逻辑结构: 超理论基础与政策含义[C]//皮金, 卡斯帕森, 斯洛维奇. 风险的社会放大. 谭宏凯, 译. 北京: 中国劳动社会保障出版社, 2010: 42–48.

④ 陆群峰. 转基因技术的“深”技术特征分析[J]. 自然辩证法研究, 2017, 33(11): 37.

社会行动的主要依据，以影响政府的决策过程。如在国内有关转基因水稻风险性的报道中，新闻报道会同时引用多种消息来源，来呈现安全与风险观的对抗。[①]

（二）社会要素：信任、利益和价值

转基因引发的争论表明科学已不再是一种纯粹的科学，转基因技术在我国现实社会中的应用需要回答关于利益和价值等一系列社会问题，并需要履行关于健康和环境安全的承诺。在这里，包括信任、利益和价值在内的社会要素发挥着重要作用。

1. 信任

公众理解转基因的前提是信任。一些评估和测试转基因食品安全性的研究表明，公众面对转基因问题最关注的其实是科学之外的因素，诸如转基因食品相关决策制定的透明度、对所生活的世界的担忧、对政府和专家的信任等社会因素。公众对风险的判断也更多地与信任相关，他们主要是在一个社会关系导向的背景下认识风险，公众对转基因风险的放大也往往掺杂着对政府、专家、行业的不信任心理。

2. 多方利益诉求和多元价值观

不同行动者在转基因议题上持有的价值观和立场不同，并在某些情况下出现冲突和对立的局面。即使是对于专家共同体来说，他们的专业视角不同，对待转基因的态度也不尽相同。如在“转基因作物产业化决策”的问题上，专家话语呈现出多元化的知识主张，既有强调转基因作物安全性的推进派，也有对转基因持批判态度的保守派。例如，罗云波

---

① Zheng Q, Zhang Z Y. An Analysis of Media Discourse on Genetically Modified Rice in China[J]. Discourse & Communication, 2021, 15(2): 220-237.

教授曾用杂交水稻的例子来为“转基因食品”正名，指出转基因水稻是人类食品发展史上具有重大意义的变革。[①]另有来自农业技术、环境保护、政策管理、社会科学等领域的一些学者则更注重其潜在风险。郑风田教授指出，用简单的支持和反对来回应转基因问题是片面的，应该重视研究，进行技术储备，而在商业化种植上慎行。[②]

政府代表的是一种程序性权威。官方话语所凸显的客观性代表了国家的资源。从客观性出发，人们就会把它看成是代表所有人的利益，而不屈从于任何特定的利益或者支配者的知识主张。[③]2001年，国务院颁布了《农业转基因生物安全管理条例》，并相继出台了针对农业转基因生物生产加工审批和进出口方面的一系列配套规章，并依据该条例建立了国家农业转基因生物安全委员会，负责我国的转基因生物安全评价工作。对于转基因水稻的产业化，我国采取“大胆研发”和“审慎推广”的态度，并规定严禁任何一种转基因粮食作物种子进口到中国境内进行商业化种植。[④]国务院、农业部、各级农业部门均根据各自的职能划分，以“科学规划、积极研究、稳步推进、加强管理”为指导方针来履行各自的工作。[⑤]在政府机构的话语体系中，引用了大量的科学、政策、法律话语，构建出一整套权威性的符号系统。

绿色和平组织倡导发展更科学和可持续的生态农业，在媒体的报道中，绿色和平的生态环保话语是“反转”阵营的一支重要组成力量，其采取了一系列策略反对转基因主粮商业化，例如绿色和平通过采取诉讼的方式，试图阻止转基因大米流向市场，给企业制造舆论压力迫使其停止销售转基因大米。其认为只有通过长期的科学试验以及严格的监管机制才能确保转基因作物的生物安全，才是对公众负责的行为，挑战了专

---

① 杨帆. 转基因食品无异于杂交水稻[N]. 重庆日报, 2009-08-28(017).

② 孙燕明. 转基因大米商业化种植应慎行[N]. 中国消费者报, 2010-05-10(B03).

③ 贾萨诺夫. 自然的设计: 欧美的科学与民主[M]. 尚智丛, 等译. 上海: 上海交通大学出版社, 2011: 401.

④ 刘建锋. 转基因水稻陷入湖北式尴尬[N]. 中国经济时报, 2010-07-12(006).

⑤ 马晓华. 中国转基因水稻受困产业之难[N]. 第一财经日报, 2014-11-12(B02).

家话语的象征合法性以及官方—专家共同体的知识权威。

此外，社交媒体的广泛应用使公众话语获得了交流和传播渠道。公众话语更多的是基于不同的个人生活经验和知识背景，主观色彩较浓，赋予了转基因不同的意义。公众在转基因议题上的利益诉求集中体现在公众对知情权和选择权的呼吁。由于社交媒体平台缺乏足够的监管和约束，很多关于转基因的谣言也得以发布和迅速传播，这些也对公众的认知和价值判断造成了潜在的负面影响。

（三）核心要素：知识

1. 转基因知识的社会化

知识的形成与社会文化环境不可分割。从科学是实践的视角来看，科学知识是实践的产物，“现有的常识或知识是包含有复杂的社会建构和认知表征过程的结果，它们为新的知识的生产提供了共识性基础”[①]。科学知识的社会化过程是一种“增殖的实践”。科学提供了一种“过度的客观性”[②]，试图仅用科学知识来权衡转基因的风险和收益的关系是不够的。随着转基因知识从科学领域进入社会，围绕转基因的科学问题转变成了一个复杂的社会问题，这时的问题仅靠转基因领域自身的科学知识是无法解决的。由于转基因技术突破甚至是颠覆了传统的自然的秩序，科学家对转基因技术的评价以及对可能出现的风险的认识仍不够全面，“在转基因技术评价中，科技专家具有技术理性局限，存在着知识的专业性失灵，进行正确的转基因技术安全评价是艰难的”[③]。

社会各界围绕转基因的安全性、产业化等核心问题引发了激烈争

① 刘翠霞. 科学表征与社会建构之间的张力: 方法论的反思追问及其超越[D]. 济南: 山东大学, 2014: 171.

② 皮尔克. 诚实的代理人: 科学在政策与政治中的意义[M]. 李正风, 谬航, 译. 上海: 上海交通大学出版社, 2010.

③ 陆群峰. 转基因技术评价应该坚持科学例外论吗[J]. 自然辩证法研究, 2016, 32(10): 35.

论，转基因的推广遭遇了不同程度的反对，问题从最初的科学表征转向社会建构，这个过程不是对科学的毁坏和替代，而是践行理性的载体，不同领域的社会行动者从各自角度出发传播转基因知识与实践，赋予了转基因不同的意义。由此，一种新的包容了社会因素的合理性取代了传统的科学合理性概念，即体现了科学知识的社会建构性。

2. 媒介的知识再生产

新闻报道是接收和传播知识的实践。但并非在这种实践中传播的一切都是知识。首先，媒介报道的内容与消息来源有很大的关系，消息来源在很大程度上决定了事件的“真相”。[①]其次，新闻文本是记者从某种特定的角度出发，是选择、解释、强调后的结果，是记者通过框架化的叙事策略将事实和观点有意识地结合起来形成的选择性的建构，是一种经过阐释的现实。[②]笔者曾对中国转基因争论中比较具有代表性的转基因水稻议题进行过案例研究[③]，通过采用话语取向的综合性分析方法，对相关报纸报道进行实证分析，认为报纸通过设置不同的议题框架和遵循与政府一致的意识形态，向公众展现了转基因水稻议题中不同行动者的基本信念和话语宣称，有选择性地建构并赋予了转基因水稻在中国社会语境中以特定的意义，传播了不同的风险观。因此，媒介生产的知识应该被看成是新闻记者在特定的组织机构和社会框架的情境下进行的一种“二阶”知识的生产。

学者陈刚认为媒体通过议题竞争和议题突出，建构了转基因在伦

① 对于新闻记者和消息来源之间的关系，布鲁勒和古雷维奇(Blumler & Gurevitch)区分了两种看待新闻记者和消息来源关系的模式：“对立模式(the adversary model)”和“交换模式(the exchange model)”，并建议发展一种扩展的框架，其中新闻记者和消息来源互相认可对方的价值观与实践(参考Hjarvard S. The Study of News Production[C]//JensenK B. A handbook of media & communication research: qualitative and quantitative methodologies. London: Routledge, Taylor & Francis Group, 2002: 95-96.)。

② 麦奎尔. 麦奎尔大众传播理论[M]. 5版.崔保国, 李琨, 译. 北京: 清华大学出版社, 2010: 82.

③ Zheng Q, Zhang Z Y. An Analysis of Media Discourse on Genetically Modified Rice in China[J]. Discourse & Communication, 2021, 15(2): 220-237.

理和风险上的“不确定性”及转基因传播的话语秩序，并强化了知识生产和传播的权力关系框架。[①]媒介不仅是定义转基因议题和争议的场所，并通过对消息来源的选择性引用、一定的结构组织、叙事策略和修辞手段建构了媒介对转基因知识的再生产，透过媒介展现出的转基因议题的发展可以体现出不同行动者的话语争夺，从这一意义上说，转基因议题的发展就是经由话语的社会建构的产物，并且媒介对转基因议题的塑造与特定的文化情境、意识形态密切相关。正如劳伦斯·格罗斯伯格（Lawrence Grossberg）所说，“正是在一个文化被分享的社会中，意识形态牢牢地锚定在那里。当媒介发展为社会中最重要最明显的文化机制，它们就成为最重要的意识形态战场”[②]。

四、中国转基因议题的建构过程分析

社会建构论认为，社会问题是行动者根据自己的目标进行社会建构的产物。从建构视角来看转基因议题的发展，重点是对建构过程（而非结果）的关注与分析，这一建构过程的主要特点是：首先，这是一种在认识上从结果到过程的转变，该视角把转基因议题的建构过程看成是多种因素参与的集体定义过程，建构了转基因议题的发生机制；其次，在这种集体定义的过程中，必然涉及不同的社会群体，不同的社会行动者行动的方式与他们以何种方式理解自己的行动并赋予其行为的意义相关。在转基因议题的社会实践领域中，每一种话语（不管是专家话语、官方话语、生态环保话语等）都与该行动者的行动“合调”，它们之间建立了一种同步的关系。每一个行动者为了特定的目的通过复杂的方式

---

① 陈刚. “不确定性”的沟通：“转基因论争”传播的议题竞争、话语秩序与媒介的知识再生产[J]. 新闻与传播研究, 2014(7): 17–34.

② 格罗斯伯格, 渥泰拉, 惠特尼, 等. 媒介建构：流行文化中的大众媒介[M]. 祁林, 译. 南京：南京大学出版社, 2014: 227.

构建自己的话语特点，这是一种由语言、物品、价值观和态度等构成的成套装备。社会和历史的运作已经产生了无数的成套装备。我们可以用这些装备，以不同类型或多种类型的人的身份，在不同的时间和不同的地点实践社会生活。①社会行动者赋予自己的行动意义，并通过解释、互动和实践，构成了整个世界及其生活。并且，行动者的这种构建活动依赖于一定的规则和资源为基础。②不同行动者在转基因议题上的话语宣称不可避免地隐含着各自的科学观、价值观、身份和社会关系。他们通过话语互动和实践共同建构了转基因议题，在这一建构过程中，有着利益、权力、资源、意识形态等各种社会因素的介入。

（一）外化阶段：转基因技术的不确定性引发了社会问题和争议

在外化阶段，首先随着转基因技术的发展，科学家利用一定的基因操作手段将外源基因整合到目标物中进行转基因产品的研发，转基因产品进入社会领域，这时转基因从科学问题演变成社会问题，由于转基因技术蕴含的不确定性和风险，加之发生在我国的一系列与转基因有关的负面事件（如黄金大米事件、转基因作物非法种植事件），使得其在面向社会推广的过程中产生了社会问题与冲突，引发了一系列经济、伦理等社会问题。例如，转基因技术专利是否会被跨国公司垄断，在涉及主要粮食上，是否会导致国家的粮食主权面临潜在风险；转基因产品是

---

① 詹姆斯·保罗·吉. 话语分析导论：理论与方法[M]. 杨炳钧，译. 重庆：重庆大学出版社，2011: 34.

② 这种作为社会系统的特性组织起来的规则与资源被吉登斯称作“结构”，吉登斯认为行动者和结构之间体现着一种“二重性”，系统的基础是处于情境中的行动者可认知的活动，而行动者的行动又是利用了丰富多样的行动情境中的规则与资源。换言之，行动的生产和再生产据以为基础的规则和资源同时也是系统再生产的媒介，社会系统中的结构不仅是实践的中介，也是实践的结果(参考吉登斯. 社会的构成[M].李康，李猛，译. 北京：中国人民大学出版社，2016: 23–29)。

否会对生态环境以及我国宝贵的野生品种资源造成污染和危害；对于市场上已经出现的转基因食品，公众是否有选择的权利等，特别是水稻作为一种日常食用的主要粮食，自2009年我国自主研发的两种转基因水稻获得安全证书后，围绕其是否应该产业化的问题曾在国内很长一段时间内引发了激烈的争议。SSK的利益模式指出，科学家在实验室中制造的局域性知识是负荷着科学家的主观认知与利益的。这种利益模式在转基因产品进入市场的过程中同样得到了体现，转基因的产业化会给部分研究机构和企业带来利益，科研部门、企业和政府部门之间存在着复杂的利益关系，影响了国内科技创新，导致了转基因技术研发进程缓慢。

从上述方面来看，转基因技术的不确定性和风险、行动者的利益与价值观影响着转基因议题在这一阶段的建构，并引发了争论。托马斯·古德奈特（Thomas Goodnight）认为，争论扮演着重要的传播角色，合理的争论会使不同利益方进行更多讨论和交流。[①]从这个意义上说，争论是在转基因议题建构过程中的一种合理性存在。

（二）客观化阶段：转基因知识的制度化与合法化

在客观化阶段，不同的行动者基于不同的主体目标和利益进行不同的话语宣称，目的是使转基因知识走向制度化和合法化。在这一阶段中，不同的行动者代表不同的角色。通过其所扮演的角色，行动者被引入社会客观化知识的特定领域，角色也是制度秩序的代表，制度秩序定义了角色的特征，角色从中获得客观意义。[②]转基因的争议和不同的知识宣称在这一阶段得到充分体现，不同的社会行动者基于不同的利益、

① 考克斯. 假如自然不沉默：环境传播与公共领域[M].3版. 纪莉，译. 北京：北京大学出版社，2016: 148.

② Berger P L, Luckmann T. The Social Construction of Reality: a Treatise on the Sociology of Knowledge[M]. New York: Penguin Books, 1966.

价值与资源，赋予了转基因不同的意义，转基因在科学上的不确定性为所有意图保护自身权利的反对者们敞开了大门，不同的话语宣称都在此阶段寻求一种知识合法化的途径。在我国，不同行动者在转基因议题上的话语建构逻辑是不同的，专家话语主要通过科学证据这一有效资源论证转基因的安全性或风险性；作为反对转基因作物推广的一支民间力量，绿色和平组织通过构建多种形式的活动以及通过和其他行动者的联盟来试图影响政府在转基因作物上的政策制定；公众话语则体现了公众在面对转基因问题上对科学之外的因素的关注，如对知情权的诉求。在这一阶段，媒介为社会行动者的诉求提供了话语竞争的场域，同时媒介本身也作为一类行动者，对转基因知识和风险观进行着生产与传播。

（三）内化阶段：对转基因知识的认同和争议的化解

内化阶段是社会化的过程，其中已经制度化和合法化的知识转化成人们的主观认知，寻求社会的认同。伯格和卢克曼认为，“成功的社会化”意味着在主客观现实之间建立一种高度的对称。而在一个存在着复杂的知识分配的社会中，不成功的社会化可能是个体在社会化过程中异质化的结果。其中有两个方面的问题导致了这种结果的存在：一是由于知识分配的复杂性导致的矛盾的客观世界；二是不同的个体对待现实都有着不同的视角，他们会有不同的认同和选择。①这种社会化的过程映射到转基因领域，涉及的就是转基因知识的科学传播和公众理解科学的问题。转基因知识需要经由科学传播、有效的话语互动等方式来实现个体的理解与认同。

公众对转基因问题的理解不仅意味着公众对转基因知识的接受、对专家和政府机构的信赖，还包括对科学不确定性和风险的认识以及对不

① Berger P L, Luckmann T. The Social Construction of Reality: a Treatise on the Sociology of Knowledge[M]. New York: Penguin Books, 1966.

合理知识的批判和怀疑。公众的批判和怀疑并非完全是非理性的表现，其中也体现了公众在转基因议题上维护自身利益的诉求。如何在转基因议题上进行有效的科学传播和话语互动就成为衡量内化程度的主要指标。换言之，转基因知识是否得到有效的传播以及公众是否真正地理解转基因问题，是内化阶段能否顺利进行的必要条件。在我国，近几年一些负面事件的发生导致了公众对专家和政府的不信任心理，这种不信任心理又将进一步影响着公众对转基因的认知和价值判断。公众对科学不确定性带来的风险的考量，是建立在对相关机构和行动者信任的基础上的，信任需要在公众领域根据特定的目标来加以建构。①

以上三个阶段的辩证过程构成了我国转基因议题的发展历程，如图1所示。在三个阶段的建构过程中，知识作为核心要素，起到贯穿转基因议题发展的作用。转基因领域的知识生产带来了新的不确定性，不确定性一方面引发了转基因的争议，另一方面也推动了多元化的话语互动与实践。正是由知识的生产促进了转基因议题在外化、客观化和内化三个阶段的循环往复和争议的进一步化解。

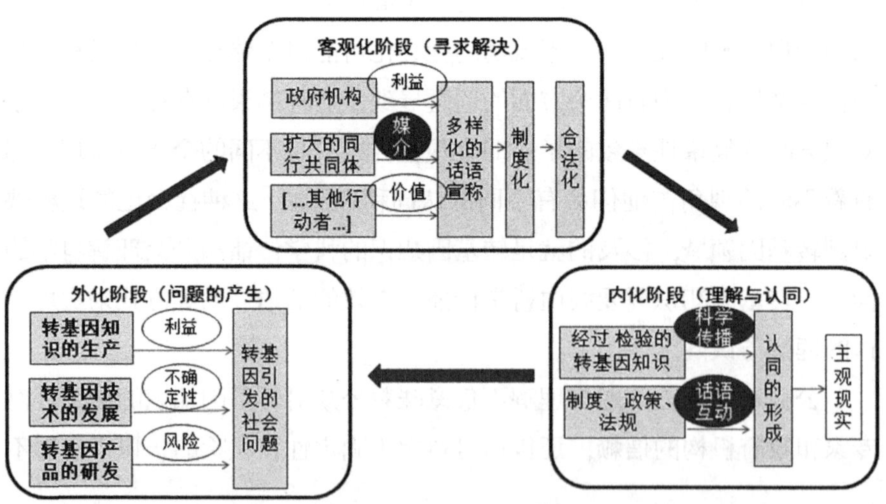

图1　中国转基因议题的社会建构过程

① 郑泉，张增一. 争议性科技议题中的公众参与[J]. 自然辩证法研究，2019, 35(4): 57.

五、结论

本文以伯格和卢克曼的社会建构思想为理论基础，对我国转基因议题的建构要素与过程进行了分析。首先，从建构要素上看，知识作为核心要素贯穿于整个转基因知识的社会化过程中，同时知识也被理解为一种经由话语的社会构建（或者说，话语是建构知识的一种实践）。在转基因议题的发展过程中，存在着一定的风险和不确定性以及基于不同价值标准的冲突的承诺。科学在这种争议性议题中具有明显的局限性，包含了不确定性和风险的科学要素与包含了信任、多种利益诉求和价值观的社会要素将在转基因议题的建构过程中共同发挥作用。

其次，转基因议题的建构过程是多种因素参与的集体定义过程，是一个包含了外化、客观化和内化共同作用的辩证过程。在外化阶段，由于转基因本身蕴含的不确定性和风险，加之发生在我国的一系列与转基因有关的负面事件，引发了包括伦理、信任危机在内的一系列争论和社会问题；在客观化阶段，不同的话语宣称在客观化阶段寻求一种知识合法化的途径；在内化阶段，已经客观化的转基因知识需要经由科学传播、有效的话语互动等方式来实现个体的理解与认同。正是这三个阶段的循环往复构成了我国转基因议题的社会建构过程。

作为社会建构论的先驱人物，伯格和卢克曼认为，关于人们日常生活的现实是如何被建构、其要素和过程是怎样的，人们知之甚少，于是他们从经验层面出发，发展了外化、客观化和内化的思想以洞察社会被构建的方式。本文以转基因议题为例，具体化了社会建构的要素，细化了外化、客观化和内化的过程，为社会建构论的研究提供了一个重要的、内容丰富的案例研究。

在社会建构的视角下我们看到了科学、技术与社会的复杂互动，也将有助于我们看待充满复杂性的转基因议题如何在社会语境下得到有效传播的问题。从转基因议题的社会建构过程来看，转基因技术仍在向前发展，转基因议题仍处于外化、客观化和内化共同作用的辩证过程中以及由政府、专家、媒体、公众等社会行动者共同推动的知识生产中。如何在转基因议题的发展过程中让公众更加有效地参与，如何发展适合我国文化情境的科学传播模型等问题将是进一步研究的方向。

4.2 转基因议题中科学话语的建构策略分析

——以美国“智能平方”举办的一场转基因辩论为例

郑泉　张增一

（自然辩证法通讯，2018年第4期）

一、研究现状与问题

近年来，有关转基因的议题曾无数次引发了各种层次的激烈争论。原本在科学共同体内部关于转基因食品是否安全的争论，早已被扩展到了整个社会语境中。目前，国内外有一些研究者从话语和修辞的视角开展了对转基因争论的研究。这种话语和修辞的方法为公众理解科学提供了新的视角。

莫森（Judy Motion）[①]指出，在社会争论中，科学家试图寻找一个“话语空间”，可以使他们的话语和行动成为有道德的和合法化的。山口（Tomiko Yamaguchi）的研究[②]，分析了社会行动者建构话语的过程以及精英行动者如何通过构建一个不同的社会界限来获得信任。[③]利奇（Shirley Leitch）[④]研究了在新西兰生物技术中（主要是转基因），冲

---

① Motion J, Doolin B. Out of the Laboratory: Scientists Discursive Practices in Their Encounters with Activists[J]. Discourse Studies, 2007, 9(1): 63-85.

② Yamaguchi T, Harris C K. The Economic Hegemonization of Bt Cotton Discourse in India[J]. Discourse & Society, 2004, 15(4): 467-491.

③ Yamaguchi T. Controversy over Genetically Modified Crops in India: Discursive Strategies and Social Identities of Farmers[J]. Discourse Studies, 2007, 9(1): 87-107.

④ Leitch S, Davenport S. Strategic Ambiguity as a Discourse Practice: The Tole of Keywords in the Discourse on ‘Sustainable’ Biotechnology[J]. Discourse Studies, 2007, 9(1): 43-61.

突性和不同意识形态话语中模糊策略起到的作用。库克（Guy Cook）等①通过对转基因科学家、非专家以及其他利益相关者的深度访谈，指出科学家使用的修辞手法描绘并削弱了非专家在合理性、知识、理解和客观性等方面的参与。奥古斯蒂诺（Martha Augoustinos）②的研究说明了对转基因作物和食品的观点和态度是如何在争论性和修辞性语境下得到论述的。霍尔姆格伦（Lise-Lotte Holmgreen）③分析了修辞和话语在塑造公众对待生物技术的态度方面起到的作用。蒂娜④以转基因食品的争论为例，分析了行动者是如何再生产、使用和对抗主导话语的。目前国内尽管已经有文献⑤~⑩开始从话语和修辞的角度分析转基因争论，但是没有西方学者深入。

2014年12月3日，美国辩论组织“智能平方”（Intelligence Squared）以“转基因食品”（Genetically modify food）为主题举办了一场辩论节目，辩论进行了90多分钟，辩论双方以“转基因对人体健康

① Cook G, Pieri E, Robbins P T. The Scientists Think and the Public Feels: Expert Perceptions of the Discourse of GM Food[J]. Discourse & Society, 2005, 15(4): 433-449.

② Augoustinos M, Crabb S, Shepherd R. Genetically Modified Food in the News: Media Representations of the GM Debate in the UK[J]. Public Understanding of Science, 2010, 19(1): 98-114.

③ Holmgreen L. Biotech as ‘Biothreat’?: Metaphorical Constructions in Discourse[J]. Discourse & Society, 2008, 19(1): 99-119.

④ Tina A H. The Legitimation of Knowledge in Discourse about Genetically Modified Food[D]. University of Pennsylvania, 2005.

⑤ 刘珂. 精英话语与转基因论争: 批判的话语分析视角[D]. 深圳:深圳大学, 2012.

⑥ 孙由之. 国内转基因报道批评话语分析: 语料库语言学视角[J]. 琼州学院学报, 2014, 21(3): 47–51.

⑦ 黄少萍. 从批评性语篇分析看对转基因食品是与非的构建[J]. 佳木斯教育学院学报, 2013(12): 453.

⑧ 姜萍. 修辞学视野中的转基因技术争论研究: 以“转基因主粮事件”为例[J]. 科学技术哲学研究, 2011(12): 96–101.

⑨ 陈晓静. 科技传播视角下的转基因争论话语分析: 以 2013年转基因争论事件为例[J]. 今传媒, 2014(8): 50–51.

⑩ 韦敏, 蔡仲. “黄金大米事件”中行动者的网络修辞[J].自然辩证法通讯, 2015, 37(3): 103–109.

和环境安全的影响”这个公众普遍关心的议题为主线，开展了一系列科学表述实践。[①]在这场辩论中，正反双方的代表均是在生物领域有一定权威的科学家，这使得该辩论从整体上以一定科学知识背景为基础，站在一个较高的层面上讨论转基因技术的整体价值和利弊权衡。

辩论分为三部分：开场陈述、自由辩论和总结陈词。在第一部分的开场陈述中，四位科学家分别就转基因技术提出自己的主张并为之辩护；在自由辩论部分，四位科学家针对转基因技术中产生的热点问题进行辩论，并解答了观众的提问；最后是四位科学家进行各自两分钟的表达陈述，使自身的论点得到强化。运用NVivo软件对这场辩论的文本进行词频分析，其中出现频次较高的单词如图1所示。[②]这场辩论围绕着转基因技术的安全性和对环境的影响展开，涵盖了科学界对转基因技术的发展问题、转基因安全性的共识性问题、杂草的抗性问题等公众普遍关心的热点问题。

本文试图在已有研究的基础上，以这场辩论为切入点，以科学话语为分析对象，探讨转基因议题的实践视域中科学话语的表达特点，分析在争论性和修辞性语境下，四位科学家是如何建构科学话语和维持其主导地位，他们是如何建构出不同的转基因形象，以及他们在表述实践中用到了哪些修辞手段和策略。

① 资料来源：智能平方官方网站中可查看和下载这场辩论的录音。参见：[EB/OL].https://www.npr.org/2014/12/10/367842658/debate-should-we-genetically-modify-food.2016-05-17.

② NVivo是一个定性资料分析工具，可处理多种文本数据和非文本数据。有关这场辩论的文本详见(Intelligence Squared U.S. Genetically modify food.[EB/OL]. http://intelligencesquaredus.org/images/debates/past/ transcripts/120314%20GM%20Food.pdf. 2016-05-17)。通过词语云分布可看出在辩论中出现的频次较高的词汇，在辩论文本中单词出现的频次与图中显示的字体大小成正比，某一单词出现的频次越高，在图中显示的字体就越大。

图1　本次辩论文本的词语云分布

二、理论基础与研究路径

本文的理论基础主要是建构论进路以及话语和修辞的相关理论研究。建构论进路认为，科学是话语和实践的一个集合，同时科学也是修辞的产物。这种认识论强调了语言和话语体系在社会建构中的作用。20世纪七八十年代，伴随着人文学科的修辞转向和修辞学的批判性转向①，学者们转向对话语和修辞在社会现实建构中的作用的重新认识。本文的分析方法基于建构主义的话语分析路径，这种方式侧重于发现语言或话语在建构世界、重塑现实时所具有的功能或效果。②或者可以说，这种方式关注的是话语的表述特点以及话语主体如何按照其认知体

① 曲卫国. 人文学科的修辞转向和修辞学的批判性转向[J]. 浙江大学学报(人文社会科学版): 2008(1): 114–122.

② 刘立华. 社会建构主义视角下的话语分析[J]. 西安外国语大学学报, 2009, 17(2): 51–53.

系，并借助一定修辞手段来建立意义和相关性的，强调了语言、论证、象征性和修辞性因素的重要性。其中，修辞是话语主体在建构现实中使用的一项重要策略。借助于修辞，主体和客体的张力将达到一种平衡。正如肯尼思·伯克（Kenneth Burke）指出，所有语言都是修辞性的、隐喻性的和辩证的，即使那些貌似中立的语言形式背后都隐藏着修辞动机。①

话语是一个普遍而复杂的概念，它在不同的学科领域中有着不同的含义。很多学者提出的话语分析研究在方法论和研究途径上均有较大差异。近年来，费尔克拉夫（Norman Fairclough）的社会文化分析法、梵·迪克（Van Dijck）的社会认知分析法、沃达克（Ruth Wodak）的话语—历史分析方法、詹姆斯·保罗·吉（James Paul Gee）的文化语言学视角的话语分析、马汀·哈杰（Maarten Hajer）的政策视角的话语分析等研究方法逐渐引起了国内学者的关注。

在各种话语分析的研究取向中，有的侧重于语言学分析，有的侧重于对权力和意识形态的探讨，有的则侧重于对话语生产中制度实践的研究。不同的方法适合于不同的话题和问题，然而不论哪种类型的话语分析，都意在揭示出语言是如何塑造现实的。②

吉提出了一套话语分析方法用来探讨话语主体是如何通过语言构建不同的情景身份和不同的世界的。他认为使用语言是一种积极的构建过程。人们总是改变旧话语，创造新话语，争夺话语边界，扩展话语边界。本文的研究目的正是希望去分析该辩论中的科学家们如何通过话语表述来构建身份和维持其话语的主导地位的。基于此，本文将采用吉提出的一套话语分析方法，从这场转基因辩论的话语内容入手，即从微观

① 邓志勇. 修辞理论与修辞哲学: 关于修辞学泰斗肯尼思·伯克的研究[M]. 上海: 学林出版社, 2011: 105.

② Hajer M. A Frame in the Fields: Policymaking and the Reinvention of Politics[C]//Hajer M, Wagenaar H. (eds.) Deliberative Policy Analysis: Understanding Governance in the Network Society. Cambridge: Cambridge University Press, 2003, 103-104.

层面分析行动者（正反双方）的科学主张和策略，分析科学家是如何通过语言来构建意义，并使其立场合法化的。

吉认为，人们通过口语和书面语创造或构造周围的活动、身份和机构世界，每个实践领域，每个科学话语都与行动、表达、物体和人合调，它们彼此之间建立起一种“切实可行的”关系。[①]他提出了话语分析的“七项构建任务”，分别是：（1）意义：事物的意义是由话语主体赋予的，人们利用语言使事物有意义（赋予它们意义或价值）；（2）活动：人们使用语言来确认从事什么样的活动；（3）身份：人们使用语言以获得某种身份或角色；（4）关系：人们通过语言构建了社会关系，这是一种情景所涉及的人确立并协商的重要而有效的关系；（5）立场与策略：人们使用语言来传达对社会产品分配性质的看法，即构建一个关于社会产品的观点；（6）联系：人们使用语言使事物相互联系或彼此相关；（7）符号系统与知识：在任何情景中，一个或多个符号系统和各种认识方法都是以一定的方式发挥作用和占据优势的。

三、科学话语表述中的话语特征和策略分析

吉提出的七项话语建构任务是一种理想的话语模式，他认为真正的分析对一些构建任务关注程度高，对另一些关注程度低，在不同情况下关注的构建任务也不同。并且这些构建任务是同时发挥作用的。很多手段可以同时作用于一个以上的任务。因此，下面作者根据本案例的分析选取了构建身份、联系、策略、符号系统与知识这几项做出论述。

---

① 詹姆斯·保罗·吉. 话语分析导论：理论与方法 [M]. 杨炳钧，译. 重庆：重庆大学出版社，2011: 29–31.

（一）构建身份：劝导性话语和“中立”的价值观

在这场转基因的辩论中，无论是挺转方还是反转方都是通过话语表述构建情景意义。[①]他们的科学话语受到各自的“专业”和“机构”的影响，通过谈论“专业”和“证据”为自己构建出一个挺转或反转的身份，并试图削弱对方的话语，影响公众对待转基因的态度和观点。这里分析的问题是：一个人的语言表述被用来促成了哪种或哪几种身份的确定？更明确地说，什么身份（角色）与伴随而来的个人、社会、知识、价值观等与情景中的构建相关？在辩论的第一部分开场陈述中，正方和反方首先构建出的就是在这场辩论中所扮演的角色以及对转基因的认知和价值观。他们需要在一种竞争性的情境中对主张进行竞争性的解释，选择那些能够促使特定的境遇性公众产生回应的内容，来吸引公众同意他们的观点，使他们的理论、观点和价值为不同视角的公众所接受。[②]伯克认为，话语的宣称活动是构建意义的劝说过程，也是一种修辞过程，话语主体在其中赋予了事物一定的意义。

正方代表是弗莱里（Robert Fraley）和埃宁纳姆（Alison Van Eenennaam）。弗莱里是2013年世界粮食奖得主，现任孟山都执行副总裁、首席技术官。他以转基因抗虫作物和抗草甘膦作物为例指出转基因技术的好处有：减少了杀虫剂的用量、增加了作物的产量、农民可以使用更加安全和对环境友好的化学制品、不需要再犁地等。通过下面几点表述表明了自己的挺转态度：（1）转基因不是圣杯（Holy Grail），而是一项重要的工具，合理运用这项技术可以使农民生产出高质量的产品并使消费者受益；（2）转基因技术并不是唯一的工具，我们需要继续研发植物育种和开发新领域，比如精密农业（precision agriculture），需要继续研发有机农业技术和其他工具；（3）转基因技术并不完美，

① Intelligence Squared U.S. Genetically Modify Food. [EB/ OL]. http://intelligencesquaredus.org/images/debates/past/ transcripts/120314%20GM%20Food.pdf. 2016-05-17.

② 李小博. 科学修辞学研究[M]. 北京: 科学出版社, 2010: 61.

和其他技术一样需要被有效地管理和规范。

埃宁纳姆是加州大学戴维斯分校基因组与生物技术研究员。她认为人们通常把转基因技术和孟山都、农业公司巨头相混淆，而实际上转基因只是一个育种工具。她列举了一系列转基因植物和动物：耐洪涝水稻、抗旱小麦、抗病毒木瓜、抗旱玉米、抗病毒西葫芦、抗氧化苹果、抗柑橘黄龙病橙、抗栗疫病栗树、抗非洲昏睡病的家畜等来论述转基因带来的好处——可以降低作物损害、给农民带来收益、降低杀虫剂的使用。并指出这与农业生态学、可持续发展、使更多农民受益同时减少对环境的影响的目标是一致的。

反方代表是梅隆（Margaret Mellon）和本布鲁克（Charles Benbrook）。梅隆是美国科学政策顾问、忧思科学家联盟前负责人。她指出转基因技术的局限性。遗传工程（转基因）并没有达到最初科学家设想的愿景和对公众的承诺。农民在早期种植转基因抗草甘膦作物和抗虫作物时，确实对于杂草和害虫的处理非常成功，然而随着杂草产生对除草剂（主要成分是草甘膦）的抗性，除草剂将不再像以前那么有效，为了应对这些抗性杂草，农民将不得不使用更多的除草剂。据此，梅隆认为，经过30年的时间，转基因技术并没有达成早年对公众许下的承诺，在它唯一达成的领域，好处也在倒退，农民不得不继续走向除草剂不断增加的道路。在应对重大的农业挑战面前，传统育种和农业生态学会比转基因技术更有力量，同时强调了其观点“并不是要禁止或者放弃研究（转基因技术）”。

本布鲁克是华盛顿州立大学可持续农业与自然资源中心教授。他承认转基因作物在开始的几年里使用效果很好，但是遗传工程的现实与当初的愿景差别很大，比如对转基因抗草甘膦作物的最大担忧是其导致除草剂使用量的大量增加，而且情况一年比一年糟糕。此外还有对健康和环境的担忧也在逐渐增加。人们需要综合考虑转基因技术带来的后果：

它的实际产量、Bt蛋白[①]对环境和水生生态系统的影响以及对农民成本的影响等。他认为，科学界对转基因食品的安全性并没有达成共识。

通过语言表述，科学家们提出了自己的主张，构建出了各自所扮演的角色，呈现出一种对立性的话语表述，正方强调转基因技术是“安全的”“是一项重要的育种工具”，反方强调“科学界对转基因技术的安全性并没有达成共识”“杂草的抗性问题”等，然而他们在建构一种劝导性话语的同时都在尽力维持一个“表面中立”的价值观。下面摘录两个典型的双方表述：

（正方）：（1）弗莱里：“转基因作物完美吗？当然不是。像任何技术一样，转基因技术需要有效地被监管和管理。”

（反方）：（2）梅隆：“我们并不是要禁止和放弃对转基因技术的研究，而是希望把它从舞台的中央移开。”

通过比较挺转和反转的话语，可以发现：支持转基因的一方并没有完全地肯定转基因技术，而是从转基因技术的好处入手，且强调转基因技术只是一项技术，它并不完美；反方在表明自己的立场时也并没有完全否定转基因技术，而是在肯定转基因技术带来的好处的基础上，强调转基因技术并不是一项不可或缺的技术，重点从转基因技术可能带来的负面影响和长期潜在风险做出辩护。约瑟夫・劳斯（Joseph Rouse）认为[②]，科学论证的目标是如何合理地说服同行专家，这种说服依赖于特定的社会情境，科学主张是在修辞空间而非逻辑空间中被确立。在这场辩论中，这种表面上看起来具有“中立性”的价值观和科学话语正是一种关键的修辞资源，是一种劝服的手段，科学家们试图通过建构出一种“风格上具有非个人性、内容上具有技术性，价值取向上具有中立

---

① Bt蛋白是苏云金芽孢杆菌(Bacillus Thuringiensis, Bt)产生的一种伴孢晶体，这种伴孢晶体含有的内毒素可破坏害虫的消化道，杀死害虫。转基因抗虫作物就是通过转入Bt蛋白，保护作物不受害虫的侵害。目前学术界对Bt蛋白的安全性存在争议。

② 约瑟夫・劳斯. 知识与权力：走向科学的政治哲学[M]. 盛晓明，邱慧，孟强，译. 北京:北京大学出版社，2004: 124–130.

性”[①]的科学话语来排除主观选择带来的“偏见”，从而获取信任。

（二）构建联系：转基因的安全性vs.风险性

吉认为，事物在任何情景中都是彼此以某种方式联系或不联系的。这涉及互文性。这里话语分析的问题是：互文性（引用或暗指其他文本）是如何被用来在当前情景或不同的话语中创建联系的。费尔克拉夫指出，互文性是文本所具有的属性，即：一些文本充满着其他一些文本的片段，它们可以被明确地区分或融合，而文本也可以对它们加以吸收，与之发生矛盾，讥讽性地回应它们，等等。[②]科学家在建构他们对待转基因技术的立场时，会选择性地把各种科学报告、经过同行评议的论文，或者权威机构的话语与自身的话语建立一种联系，来支持自己的观点。

例如，埃宁纳姆在论述转基因安全性时这样说道：“2013年的一篇由意大利公共研究机构的科学家完成的综述总结了1700份关于转基因作物安全性的科学报告……得出的结论是到目前为止并没有发现任何与转基因作物直接相关的重大危害。我在2014年发表的一篇综述……也没有发现与危害相关的可信证据。”

在该表述中，埃宁纳姆采用了互文性的方式使该机构的话语与自身的话语建立了一种联系，策略性地将2013年的一篇综述报告和自己在2014年的一篇报告联系起来，构建了对转基因安全性的辩护。费尔克拉夫将这种“特定的其他文本公开地被利用到一个文本中的情形”称为“明确的互文性”。[③]

科学家在具体的表述时还可以通过选择语词表达他自己文本的方式来构建某种联系。例如，本布鲁克评论孟山都公司研发的一种豪华型转基因玉米SmartStax时，指出这种玉米把八种性状混合在同一种植

① 迈克尔·马尔凯. 科学社会学理论与方法[M]. 林聚任, 等译. 北京: 商务印书馆, 2006: 343.
② 诺曼·费尔克拉夫. 话语与社会变迁[M]. 殷晓蓉, 译. 北京: 华夏出版社, 2003.
③ 同上.

物中，引发了科学界极大的担忧。他对此的表述是："这种混合了八种不同性状的转基因玉米引发了一些重要的科学担忧……"这句话暗含了一个预设："叠加了多种性状的转基因植物会更危险"。费尔克拉夫认为，预先假设是由文本的生产者作为业已确立的或"给定的"东西而加以采纳的主张，而在文本的表层结构上存在着各种符合规范的暗示。有些预先假设的说明以一种非互文性的方式，当作是被文本生产者视为理所当然的立场。[①]在上面这个例子中，通过预先假设和语言表述，本布鲁克在转基因产品与风险之间构建了一种联系。埃宁纳姆回应本布鲁克的观点时，就注意到了这一暗含的预设，她通过以反问的方式指出——"为什么性状叠加会更加危险，你的生物学基础是什么呢？"——来对这一预设提出质疑，质疑对方的观点缺乏生物学基础，即试图使用"生物学基础"这一潜在的科学资源暗示本布鲁克的观点是缺乏生物学基础的，因此是不可靠的。

（三）构建符号系统与知识：科学话语主导地位的争夺与维持

这里话语分析的问题是：某段话如何使获取知识和信念或宣称知识和信念的方式占优势或不占优势？

首先，科学家通过提出主张的方式构建一种占据优势的符号系统。"科学界对转基因的安全性问题是否达成共识"是在这场辩论中正方和反方争论的主要分歧之一，正方认为，科学界对转基因的安全性问题已经达成共识。弗莱里指出，在转基因技术进入市场后的20多年中，没有一项食品安全事件是与这项技术相关。科学界在转基因的安全性上达成了强有力的共识。数千项学术研究和很多国家自己的独立健康安全评估都得出被世界主要科研团体所接受的结论——转基因产品是安全的。埃宁纳姆通过列举科学证据等方式使其宣称的知识进一步占据了优势（关

① 诺曼·费尔克拉夫. 话语与社会变迁[M]. 殷晓蓉, 译. 北京: 华夏出版社, 2003.

于埃宁纳姆使用的策略将在第4点作出解释）。此外，透过科学家在这场辩论中所使用的词汇，可以看出话语主体背后的认知与价值观。吉认为词汇的使用不仅与社会身份和社会活动有关，同时也体现了话语主体的价值观与利益。

例如，摘录（4）弗莱里：“我想说的是，关于转基因作物的安全性已经形成强烈的共识。”摘录（5）埃宁纳姆：“如果没有对转基因安全性的广泛科学共识，这些研究不可能顺利开展。”

反方则主张“对转基因的安全性没有共识”，本布鲁克认为随着转基因植物的增多，需要的除草剂也会越来越多，伴随的将会有更多的安全和环境问题，他通过引用科研机构的报告等方式指出转基因食品带来更大风险的可能性是存在的；虽然梅隆赞成“目前还没有证据表明转基因技术存在明显的短期效应”的观点，然而她通过强调“（1）一些潜在的负面效应可能还没有被发现。（2）不同的转基因技术应该被区分对待，并不能证明所有的转基因技术都是安全的”来反驳正方的观点。并在具体的表述时，加强了语气。例如，摘录（6）：我们必须考虑转基因技术的安全问题，尤其是它的长远影响。

其次，在辩论中，科学家不仅通过提出主张的方式使其宣称的知识占据优势，并且在话语对抗中通过批评的方式为自己构建某种符号系统。话语对抗的常见形式是对一项主张（assertion）进行批评（critique）。格根（Kenneth Gergen）指出，批评依赖于一个主张的本体、维持了该主张的可理解性、使不同意见具体化、引发相反的意见。格根认为批评是一种修辞策略，其作用是解构对方话语、削弱对方的观点、模糊现有的文化。[①]例如，埃宁纳姆批评反对转基因的科学家会为过分的谨慎而付出代价，并且作为一名科学家，需要让数据告诉自己到底有没有安全担忧。这句话的潜在含义则是想告诉公众，相比并没有发生的假想风险，更应该相信科学数据和结论。通过对双方的原主张提出

① Gergen K J. Social Construction in Context[M]. London, Sage Publication Ltd, 2011: 55.

批评，辩论双方可以进一步维持其话语的主导地位。

（四）构建策略："话语同盟"的力量

在这场辩论中，科学家通过构建一系列的语言策略来提出有说服力的主张并为之辩护，从而实现话语对知识具体内容的影响。他们的目的不仅仅在于希望其语义表述得到理解，而且希望能够使它们作为真相、或至少是可能的真相而被公众接受。这里想要分析的是，科学家是如何通过语言表述和使用策略等表征其科学话语的。正反双方为其主张进行辩护所采用的主要策略就是构建一种"同盟"，构建同盟的方式是多样化的，这种同盟可以是引入非人的物质力量、科学术语、数据或符号资源，也可以是人类主体。

具体而言，双方采用的主要策略有：

（1）援引数据。数据起到主体为自身辩护而免于主体主观偏见的作用。可以说，对数据的引用贯穿了辩论的整个过程。通过借助"数据"这一可信的客观实在来表明其观点是有依据的，是科学家在辩论中使用次数最多的手段。例如，针对正方指出的转基因技术可以减少杀虫剂的使用，本布鲁克通过数据举例直观地反驳了对方的观点，他指出每公顷包含六种Bt蛋白的转基因玉米会用到3.7磅的生物杀虫剂，这实际上增多了杀虫剂的使用量。在论述转基因作物导致草甘膦使用的增加时，本布鲁克也采用了数据举例："1995年，美国农业系统使用的草甘膦是2700万吨。10年后上升到1.57亿吨，2014年，美国农业部的数据表明草甘膦的使用量达到2.3亿吨。"

（2）援引科学研究和实验结论。对科学研究而言，多个独立证据和重复的研究成果更可信。[①]埃宁纳姆在辩护过程中，引用了德国科学家的报告、意大利公共研究机构的科学家独立完成的报告和她本人在

① 石左虎. 政策: 解释科学论断的20个提示[J]. 世界科学, 2016(1): 60.

2014年发表的一篇关于动物喂养试验的综述文章来论证“科学界对转基因技术的安全性形成了广泛共识”的主张。梅隆则通过引用《自然》中的研究报告指出“遗传工程并没有生产出人们需要的那些症状”。

（3）援引权威机构话语。有选择性地利用具有较高可信度的机构的观点，是科学家增加其论证合理性和可信度而使用的另一种策略性手段。埃宁纳姆在辩护时引用了世界最大、最负盛名的科研团体美国科学促进会（AAAS）的声明“现代生物技术和分子手段用于改良作物是安全的”。同样，反方也采用了同样的手段为其辩护，本布鲁克在自由辩论一开始就引用了两篇来自美国国家科学院的报道指出转基因食品存在高风险的可能性，在最后的总结陈词中，他引用了美国农业部（USDA）的数据来表明美国草甘膦使用量增多的观点。

（4）使用修辞格的策略。在这场辩论中，科学家使用到的修辞格有隐喻和类比。在杂草产生抗性的问题上，弗莱里通过类比的方式指出制药公司不会因为抗生素的使用产生了抗药性就不再研发新的抗生素，来暗示人们“同样不能由于杂草产生抗性就放弃草甘膦的使用”。

隐喻则是一种浓缩了的类比，它把一个所指意义用于指一组与特别的方式相关联的事物，目的在于构建起不同语域之间的通约。[①]本布鲁克最后在提出转基因技术导致除草剂使用量增加的观点时采用了隐喻的方式说道：“不幸的是，转基因技术的发展实际上演变成了一场和杂草进行的军备竞赛，使用除草剂变成唯一的武器。”在这里，他把抽象的转基因技术描绘成一场具体的“竞赛”，杂草的增多和抗性的增强暗示着除草剂这个“唯一的武器”变得不再有力，从而暗示了这场“竞赛”的结果。通过使用修辞格的策略，科学家试图使一些不容易被理解的知识变得简单、明晰和易于理解，从而达到其说服的目的。

① 闫世强，李洪强. 科学修辞语言战略[J]. 科学技术哲学研究, 2014, 31(1): 23–25.

四、结论和讨论

本文以吉的话语建构任务为分析框架，以四位科学家在这场辩论中的话语为分析对象，研究了其话语是如何在争论性和修辞性语境下得到论述的。回顾这场辩论，可以看出，正反双方的对话始终是在基于一种科学争论和理性并存的实践视域中进行的。在这种争论性的语境中，科学话语的特点主要有：（1）科学界就转基因的安全性、杂草的抗性等问题目前并没有达成一致的意见，双方的话语表述具有对立性。通过构建身份、合理性和“中立性”的话语，正反双方试图构建出一种权威性的科学话语来获得信任。（2）双方采用互文性和预设的方式在转基因的安全话语和风险话语之间构建联系，在两种对立的话语对抗中通过主张和批评的方式构建一种符号系统来争夺话语权，在具体的论述中使用了一系列的语言和修辞策略为之辩护，凸显转基因技术的安全性或者风险性，以强化其话语的力量或者解构对方的话语。

此外，在这场辩论开始和结束时，观众分别进行了投票，以表明他们是支持或反对转基因。其中支持的人数由32%上升到60%，反对的人数由30%变成31%，未决定者由38%下降到9%。这场辩论对中间派的影响很大，大部分中间派在辩论后改变了对转基因的看法。

近年来在我国媒体上出现的转基因争论一种是媒体人和学者之间的争论，如公众熟知的崔永元和方舟子之间的论战、崔永元和卢大儒的转基因之辩等，由于双方的知识背景和信息的不对称等因素，争论主要集中在挺转或反转的立场、权益和动机方面，难以理性地讨论转基因的安全性或风险性，甚至演变成双方的相互指责和争吵，算不上真正意义的辩论。另一种是媒体举办的一些转基因公开辩论，如凤凰卫视的电视评论节目“一虎一席谈——中国该不该拒绝转基因”。与本文案例中辩论双方均是生物领域的科学家不同的是，在国内的辩论中，正反双方的组成更加多元化，通常生物领域的科学家扮演着挺转角色，而诸如绿色和平组织、人文学者等则扮演的是反转角色。在辩论中由于知识背景的差异，双方在一些问题的提出和解答上呈现出“单向”“错位”“失衡”的话语表达特点，并且部分观点的表述不够严谨，对于受众而言缺乏可信度。[①]有学者指出，只有存在争论双方共同认可的一种“符号”，争论双方才有可能彼此理解，从而进行平等的对话。[②]

因此，如何在中国开展一种更加有效和理性的转基因辩论和科学对话活动？科学家们如何用科学数据和研究案例来解释公众普遍关心的转基因问题，促进转基因议题的深入讨论或形成共识，是现阶段我国科学传播面临的重要课题。纳瓦罗（Mariechel Navarro）指出[③]，科学家应该精心建构一种共享文化（a shared culture），在该文化中，科学信息需要和公众利益相互协商。这样可以使科学家维持其解释性说明并通过意义共享来构建现实。如何去建构这种共享文化？需要政府、科学界、媒体和公众等共同努力，搭建起转基因议题沟通、对话和协商的平台，越来越多地开展深入的和理性的辩论，促进在转基因议题上的实质性对话或形成共识。这就是分析美国“智能平方”举办的这场转基因辩论对我们的启示。

---

① 黄礼福. 传播者的观察判断和满足受众需要策略分析：以《一虎一席谈——中国该不该拒绝转基因》为例[J]. 今传媒, 2014(7): 99–100.

② 王大鹏, 钟琦, 贾鹤鹏. 科学传播：从科普到公众参与科学：由崔永元卢大儒转基因辩论引发的思考[J]. 新闻记者, 2015(6): 8–15.

③ Navarro M J, Malayang D B, Panopio J A. Media Representation of Science: How the Philippine Press Defines Biotechnology[J]. Journal of Media and Communication Studies, 2011, 3(9): 281-288.

4.3 "PX"风险何以持续争议

——基于微博和知乎文本的公众话语分析

岳丽媛 张增一

（自然辩证法通讯，2019年第6期）

一、引言

2007年厦门海沧的PX项目因市民集体"散步"反对，搬迁至漳州古雷半岛，PX项目首次进入公众视野，随后，大连、宁波、成都、昆明、茂名等地先后发生了公众反PX"散步式"维权抗争。十年来关于PX项目风险的争议持续不断，与此同时，公众对PX的抵制也从未停歇，使得"PX"一词早已超出了其原有的意义所指，成为现阶段我国环境风险的代名词。在历次PX事件中，公众借助手机、网络等新兴媒体进行话语沟通、风险传播和诉求表达，一定程度上形成了与地方政府所代表的"官方舆论场"对立的"民间舆论场"。公众对PX风险的认知究竟如何？公众的话语又是如何影响争议和塑造PX风险形象的？

通过中国知网（CNKI）进行全文检索，篇名或主题包含"PX"关键词的人文社科类论文有314篇（截至2017年3月1日），统计数据显示，自2007年厦门PX事件爆发后，国内学者对关于PX议题的研究不断增多。从研究内容看，文献分析视角主要有传统媒体新闻报道、政府治理与危机公关、网络舆情分析等方面，与公众相关的研究不多。其中，谭爽（2013）分析了公众从焦虑到反抗PX类项目的心理过程，指出公众的群体焦虑未得到及时疏解，最终引发了群体行为；李修棋（2013）的研究指出了公众政治意愿的加强，抵制PX实际上是为权益而进行的斗争；戴佳等（2014）指出了谣言对公众抵制PX的推动作用，描述了谣言信息传播和发生作用的过程；还有一些研究者从公众风险感知角度出发，提出利用媒体加强风险沟通或加强风险管理。科学传播专家指出，“公众是政府和科学家的顾客、消费者、使用者和投资者，所以科学争论的结局主要依靠那些决定当选者，并应表达出自己观点和关注的公众”。[①]从传统的科普活动到公众理解科学，再到科学传播，在科学技术社会化过程中，公众的地位越来越明显。尤其在科学争论上，公众的声音即使不直接发挥作用，也始终扮演着重要的角色。而公众的风险话语和修辞在科学争议中的构建作用，国内学者对此研究甚少，并未给予足够的重视。本文借助具体案例进行初步的探索。

二、样本选择和研究方法

（一）研究样本——公众话语语料库

在2007年厦门PX事件时期，公众主要采用的新媒体是手机短信、QQ、博客和论坛，随后几年中，各门户网站的微博相继上线，其因信息传播更快更广、互动方便，成为公众表达态度和意见的主要网络空间。其中新浪微博是当前国内网友使用最广泛、最典型性的社交媒体之一。[②]此外，知乎作为新兴起的网络问答社区，已被广泛用于用户知识传播以及信息质量研究[③]，为分析公众PX风险认知提供了素材，因此，本文将新浪微博和知乎的PX话题文本列为主要研究对象。此外，为更全面分析公众话语，还从现有研究成果中归集了厦门和大连PX事件中

---

① 李正伟, 刘兵. 生物技术与公众理解科学: 以英国为例的分析[J]. 科学文化评论, 2004, 1(2): 61–74.

② 刘振声. 社交媒体依赖与媒介需求研究[J]. 新闻大学, 2013, 117(1): 119–129.

③ 黄鲁成, 蒋林杉, 苗红, 等. 基于网络问答社区的话题识别与分析——以知乎“老年人”话题为例[J]. 图书情报工作, 2016, 60(5): 93–100.

的短信、博客、采访等二手资料，共同构成公众语料库。

新浪微博设定时间范围为2009年9月1日（上线时间）—2016年9月1日，以“PX项目”为关键词，检索到原创微博11260条。借助计算机编程方法抓取相关数据，筛选个人网友微博1415条，通过对评论、转发数量和内容可读性的筛选，最终得到279条微博作为研究样本。同时检索知乎上有关PX话题的文本，包括问题、答复。时间跨度为2011年—2016年9月，搜集到问题138个，总答复数目1022条。根据答复文本的评论和关注数量权重，选取精华问题和答复为样本，共得到125条问题，242条答复。

（二）研究方法

采用量化与质化分析结合的方法，在对网络文本内容运用分析法的基础上进行话语分析。先对微博和知乎样本编码统计，进行内容分析，作为进一步开展话语分析的量化依据。然后在此基础上，结合补充材料进行反PX公众的话语分析。话语分析借鉴了詹姆斯·保罗·吉（James Paul Gee）提出的话语分析综合法。[①]吉提出人们在说话或写文章时同时创建七种“现实”，即完成七项构建任务：意义（significance）、活动（activities）、身份（identities）、关系（relationships）、立场与策略（politics）、联系（connections）、符号系统与知识（sign system and knowledge）。[②]本文借鉴这些调查工具，从构建任务的七个维度，考察反PX公众的风险认知和态度，分析他们是如何实现话语构建任务的，分析公众话语对PX“高风险”形象的建构作用，以及新媒体作为公众构建反PX话语和行动的作用，揭示公众建构反PX话语和行动的深层原因。

---

① Gee J P. An Introduction to Discourse Analysis: Theory and Method[M]. 北京: 外语教学与研究出版社, 2000.

② 詹姆斯·保罗·吉. 话语分析导论: 理论与方法[M]. 重庆: 重庆大学出版社, 2011.

（三）分析单位与类目设置

根据样本具体内容，结合进一步话语分析所要考察的意义、活动、身份、关系、立场和策略、联系、符号系统与知识七个维度，设定了样本考察的分析单位为文本类型和发帖态度、对PX风险的认知、对其他主体的态度、采用的修辞手法四大类目。

1. 文本类型和发帖态度。根据文本的内容属性，将微博和知乎文本划分为信息、评论两类。关于社交媒体文本的发帖态度，夏雨禾（2011）将微博舆论整合成认同、协商、质疑、情绪、游离五种模式。[①]靳明等人（2013）在此基础上操作化为客观关注、寻求解决、理性质疑、情绪宣泄、游离模式五个类别[②]，本文借鉴此分类并结合样本实际增加一项“谣言传播”，将发帖态度设置为六类。

2. 对PX风险的认知。借鉴李克特量表对调查者认知的评分设置，通读样本内容并归纳，将公众对PX风险程度认知划为五类：①危害巨大；②有风险；③风险不确定；④有风险，但可有效控制；⑤利国利民，却被妖魔化。

3. 对其他主体的态度。在对所有内容的通读分类基础上，将公众对其他主体（政府、企业、专家、媒体、其他公众）的态度归纳概括为五种：①批评 / 否定（负面）；②质疑 / 不信任（负面）；③客观（中性）；④理解（正面）；⑤肯定（正面）。

4. 采用的修辞手法。总结样本内容，归纳出修辞手法，分为语言文字修辞和视觉图像修辞。其中语言文字修辞有7类：引证、案例（对比 / 类比）、现身说法、逻辑思辨、隐喻、讽刺（反讽）、讲故事（段子）。视觉图像修辞包括真实照片、编辑图片和象征符号。

---

① 夏雨禾. 突发事件中的微博舆论：基于新浪微博的实证研究[J]. 新闻与传播研究，2011, 18(5): 43–51.

② 靳明, 靳涛. 从黄金大米事件进展透析公众的态度与认知变化——基于新浪微博的内容分析[J]. 商业经济与管理, 2013(11): 89–96.

三、基于微博、知乎样本的内容分析

（一）公众话语的文本类型和发帖态度

统计数据显示，知乎网友的评论（95.0%）比微博（56.7%）多，占绝对比重。可能由于选择的知乎文本恰是针对某项问题的答复内容，其更注重论证和评价。值得注意的是，在微博文本中，呼吁（抵制PX）型的评论占比达8.3%，而知乎上没有出现。微博上（9.5%）持“寻求解决”态度的比重大于知乎（4.6%），可能是由于知乎文本本身就是针对特定问题的答复，“寻求解决”的意愿已体现在问题文本中。虽然微博上（30.6%）持“客观关注”态度的比重大于知乎（22.9%），“情绪宣泄”两者不相上下，但知乎上（34.6%）“理性质疑”的比重明显多于微博（12.7%），且微博上“谣言传播”（6%）比重远大于知乎（0.8%）。比较来看，知乎答复者似乎相对更理性一些。整体来看，网民情绪宣泄的比例最高，其次是客观关注和提出理性质疑。

表1 网民对PX项目/事件的态度

态度	微博	占比	知乎	占比	整体	占比
客观关注	87	30.6%	55	22.9%	142	27.1%
寻求解决	27	9.5%	11	4.6%	38	7.3%
理性质疑	36	12.7%	83	34.6%	119	22.7%
情绪宣泄	114	40.1%	85	35.4%	199	38.0%
游离模式	3	1.1%	4	1.7%	7	1.3%
谣言传播	17	6.0%	2	0.8%	19	3.6%
合计	284	100.0%	240	100.0%	524	100.0%

（二）公众对PX风险的认知

PX风险负面认知上，微博网友（67.4%）高于知乎（52.6%）；持中性态度的，知乎（22.9%）远高于微博（7.9%）；但微博上认为PX风险被妖魔化的比重却略高于知乎，可能由于微博注册人数众多，挺PX的人士的回应会比较及时，还受到微博上负面信息被删减的影响。从整体上，知乎网民对PX危害的认知还是低于微博网民。

表2　网民对PX风险的认知

对PX风险的认知	微博	占比	知乎	占比	整体	占比
1. 负面：危害巨大	19	6.8%	3	1.3%	22	4.2%
2. 负面：有风险	169	60.6%	123	51.3%	292	56.3%
3. 中性：风险不确定	22	7.9%	55	22.9%	77	14.8%
4. 正面：风险可控	34	12.2%	21	8.8%	55	10.6%
5. 正面：被妖魔化	17	6.1%	8	3.3%	25	4.8%
6. 未明确表态	18	6.5%	30	12.5%	48	9.3%

（三）公众对PX项目相关主体的态度

整体来看，政府（39.8%）和公众（31.5%）的提及率较高。针对政府角色，有17.8%的网友指责地方政府，21.7%的网友表示“不信任政府”，与之相对应的负面态度分别是“针对事件、事故指责当地政府”和“批评当地政府程序不当、不尊重民权”，“理解政府面临的困境”的只有0.3%（1人）。针对公众角色，网友态度存在明显分歧。对PX持否定态度的网友主要来自微博，“呼吁民众抗争”（5.0%），而客观看待PX项目的网友主要来自知乎，如“批评民众不理智，知识素养有待提高”（17.3%）。其他与民众有关的表述有“不同地域民众之间的‘邻避’之争”（4.7%）、“理解公众之困境和抗争之行动（利益）”（3.3%）、“批评意见领袖造谣煽动群众”（1.1%）。此外，对专家、企业和媒体一样表现出了明显的不信任态度。相对来看，微博网友比知乎网友表述更为极端，表现出更多的情绪化和非理性内容。

（四）公众的修辞手法

近一半（48.9%）的网民在话语中采取了修辞手法。总体上使用最多的是视觉图像修辞（图片），语言修辞具体主要有案例对比/类比（14.5%）、讽刺（12.5%）。知乎网友采用引证（科学数据、材料、法律法规），案例和讲故事的比例高于微博网友，而微博网友夸张修辞、图片修辞的比例更高。从这一点上看，知乎网友相对较为理性和客观。

四、公众反“PX”话语分析：关于危害“在场”的建构

（一）构建活动：“散步”——公众的行动话语

公众话语对活动的构建主要体现在促成反PX行动——“集体散步”上，包括提出主张，呼吁和组织民众共同反抗PX项目，这一点从微博文本中也可以明显看出，评论中呼吁反抗PX的文本类型比较明显，大连、宁波、昆明、成都及茂名等地反PX游行都是在发起者的组织、游说和倡导下进行的。追溯至厦门PX事件期间，意见领袖连岳的博客内容《厦门人民这么办》和《厦门人民这么办2》，形成了著名的“连十条”。此外还有游行发起者和倡导者建立的“还我厦门碧水蓝天”QQ群，以及厦门百万市民互相转发的那条将PX危害类比“原子弹”“白血病”“畸形”并煽动游行的短信。①

① 张晓娟. 厦门PX危机中的新媒体力量[J]. 国际公关, 2007, (5): 48–49.

（二）构建身份："我们"是守卫家园的"公民"

从厦门事件开始，源于意见领袖启蒙和引导，和一些市场化大众媒体的渲染（如《南方周末》），反PX公众构建了"我们"的身份：守卫家园的"公民"。这一身份在之后的历次PX事件中不断延续和确立。①（1）"我们"——突出"家园"的归属感。连岳强调自己是"厦门人"，大连记者卢壬子写给市领导的公开信也以"大连公民"自居。这在微博公众话语中也有明显体现，呼吁公众参与反PX行动，也都强调自身"宁波人"或"昆明人"等地方身份。例如"为了美丽的家园转发""所有热爱XX的朋友，团结起来""一起加入反抗队伍"等等。公众将拟（在）建的PX项目置于与地方（"家园"）利益相冲突的位置上，表达"我们"是出于保护"家园"而反抗。这种表述强调了对地方的认同感、归属感，构建了"我们"这一"地方共同体"。（2）"公民"——强调权利的正当性。微博和知乎公众多批评地方政府未及时公开信息，不尊重公民合法权益的诉求。普通民众"公民"身份的构建，多源于意见领袖连岳的引导。厦门PX事件期间，连岳强调环保主体应具有公民性，在博客中不止一次地提到公民、公民社会，对公众的公民意识进行启蒙。

（三）构建关系：与一切利益相悖的主体对抗

在反PX行动中，公众主要反抗的对象是地方政府（占39.7%）和石化企业，认为地方政府为了追求GDP，不顾生态环境，也罔顾百姓安危，与石化企业结成了利益联盟。在媒体上科普PX相关知识，为PX正名的专家，也因为与石化企业和地方政府的一致性立场，遭到民众反抗，成了民众口中的"砖家"。公众对官方媒体同样存在着对抗性

① 周海晏. PX及其后: 新社会运动视域下中国网络环保行动研究[D]. 上海:复旦大学, 2012: 49–51.

解读，只有批评其不作为和不信任两种负面态度。针对《人民日报》《焦点访谈》的PX科普文章，微博上普通民众的反对声音一直持续而激烈。此外，公众之间也存在着对立和矛盾。从态度上看，反PX的网友“呼吁民众抗争”，而客观看待PX项目的网友“批评民众知识素养有待提高”。从内容上看，明显的是围绕两个话题展开的对立。一是百度词条争夺战，捍卫PX词条低毒科学结论的清华学子持续不断遭到反PX公众的挖苦、讽刺和攻击（辱骂），尤其是2015年古雷PX工厂再次发生燃爆事故后。二是不同地域民众之间的“邻避”之争，话语甚至显示出明显的地域攻击。

表3 网民对PX项目相关主体的态度

提及主体	微博	微博占比	知乎	知乎占比	总计	占比
1. 政府	94	48.21%	49	29.88%	143	39.80%
①批评否定	48	24.62%	16	9.76%	64	17.83%
②质疑/不信任	46	23.59%	32	19.51%	78	21.73%
④理解	0	0.00%	1	0.61%	1	0.28%
2. 企业	19	9.74%	23	14.03%	42	11.70%
①批评否定	1	0.51%	8	4.88%	9	2.51%
②质疑/不信任	18	9.23%	15	9.15%	33	9.19%
3. 专家	11	5.64%	33	20.12%	44	12.30%
②质疑/不信任	10	5.13%	23	14.02%	33	9.19%
④理解	1	0.51%	10	6.10%	11	3.06%
4. 媒体	14	7.18%	3	1.83%	17	4.70%
①批评否定	4	2.05%	0	0.00%	4	1.11%
②质疑/不信任	10	5.13%	3	1.83%	13	3.62%
5. 公众	57	29.23%	56	34.15%	113	31.50%
① A 批评否定	18	9.23%	0	0.00%	18	5.01%
① B 批评否定	19	9.74%	43	26.22%	62	17.27%
②质疑/不信任	10	5.13%	7	4.27%	17	4.74%

续表

提及主体	微博	微博占比	知乎	知乎占比	总计	占比
④理解	6	3.08%	6	3.66%	12	3.34%
⑤肯定	4	2.05%	0	0.00%	4	1.11%
合计	195	100%	164	100%	359	100%

（四）构建符号系统与知识："风险"的符号化传播

1. 对厦门PX事件的"原型"塑造

"厦门PX事件"是国内公众对"PX"形象形成固有定见的基础。2007年以后，厦门PX项目遭到抵制迁址的事实脱离了选址问题等背景信息，逐渐被塑造成简单因果逻辑：因为PX是高风险，存在巨大危害，所以招致厦门人集体抵制。微博网友多表现出这样的话语态度，以厦门事件为由质疑政府"厦门人赶走的，为什么我们要？"这其中还传达出一种对环境公正的诉求，从道德角度，要求这一个问题得到重视。

2. 语义的"符号化"传播

在历次PX事件中，一些话语经过人们口口相传，以及手机、互联网社交媒体等广泛传播后，在舆论中逐渐被简化成标签符号和口号。比如"生存""生命""子孙""家园"等，这种符号化了的语义表达针对性强，诉求非常直接，同时也表现出强烈行动正义感，容易扩散开来，转化为整体公众的"群体记忆"。在系列PX事件中几乎都有较大面积出现，对公众反PX行动起到了促进和推动作用。此外，配合视觉修辞（46.3%）也比较广泛，集体"散步"、PX工厂爆炸、附近海马大批死亡、晴空万里PX的浓烟排放等真实照片触目惊心，增强现场感和提高可信度，从而提高帖子的说服力和感染力。而以花圈隐喻即将消逝的花园城市等的编辑图片，起到一种强烈对比、警醒世人、批判现状的效果，也具有强烈的说服效果。

3. 缺乏科学逻辑的谣言扩散

公众在其对抗话语中还伴随着谣言的传播，对于PX毒性和危害进行随意夸大。例如在厦门事件那条富有煽动性的短信中，采用了“剧毒”“原子弹”“白血病”“畸形儿”的夸张表述，而没有任何科学论证和解释。另外，道听途说的传闻也被当成事实来陈述，例如一条关于“克拉玛依大火责任人况丽是PX项目负责人”的谣言在大连、宁波和昆明PX项目中都有出现。

（五）构建联系：PX＝“高风险”

公众反PX话语通过夸大危害、谣言传播等方式，将PX与“高风险”画上了等号。微博和知乎样本统计显示，超过一半（60.5%）的网民认为PX具有高风险，14.8%的网民对PX的风险持有怀疑态度。微博中PX的形象也大多是剧毒、易燃、致畸、致癌、污染，作为核心语词的“PX”本身被污名化。此外，还和其他社会问题建立联系。公众将PX事件与其他如环境污染、食品安全事故、地方政府贪污腐败等一系列令人不满的社会现象联系在一起，倾向于将此类事件视为一个统一的社会问题，从道德层面提出质疑，将这一状况定义为“不公正”，这也是西方社会新社会运动中对集体认同感进行建构的惯常做法。因而有学者研究指出，“把社会问题转入集体行动，这不是自动发生的，而是社会行动者、媒体和社会成员共同阐释、重新定义形势的过程”。[①]

（六）构建意义：保卫家园环境、保护子孙后代

在每一次爆发的PX事件中，反PX公众通过将语义符号化、谣言传播，将PX与高风险画上了等号，又通过“我们”这一共同体身份的

① 曼纽尔·卡斯特. 认同的力量[M]. 北京: 社会科学文献出版社, 2006: 174–175.

建立，将反PX行动构建为保卫家园、保护子孙后代的正义运动。与此同时，反PX公众通过使用简单有力的呼吁口号和象征符号成功捕获民心，促使更广泛群体对可预见的风险进行抵抗，并在这一运动中实现了“自我赋权”，即感受到其自身行为的无比“正义感”和“公益性”，充满“无畏”和“牺牲精神”，并形成归属感和认同感、神圣感。

（七）构建立场与策略：中国式环境正义运动?

在对PX的描述上，反PX公众极尽可能地把PX项目的潜在危害论证为“在场”，争先恐后地对PX的风险进行界定，将PX塑造成高风险的形象。在话语模式上，主要以生活化语言为主，尤其是语义符号化特征明显。诉求直接，直指对象，表现出强烈的情绪。虽然也试图调度科学话语作为论证依据，但大部分并不能经得起科学有效验证。在话语立场上，归纳反PX公众表现出的态度主要有：①反对和抵制PX项目；②PX蕴藏巨大风险；③PX难以被有效监管（不信任地方政府和石化企业）。公众不断要求政府放弃正处于论证阶段的PX项目，或对已有、在建PX项目做停建、搬迁处理，并承诺永不上马。可以看出反PX公众立场：就是坚决反对将PX项目建设在自家附近。此外，在意见领袖的引导下，公众还通过与国家立场保持一致，将中央政府作为运动的支持者，赋予运动以合法性，而将批评指向地方政府、企业，甚至专家和地方媒体。

在修辞策略上，一是采用危害修辞。[①]用夸张或讽刺的语言修辞手法、传播谣言的手法，展现PX项目的巨大危害。二是将风险进行语义符号化、视觉化（图像修辞）传达。三是诉诸道德—环境正义，表现出一种公正修辞，赋予反PX行动以保卫家园、保护子孙后代的正义感。四是通过“散步”这一维权抗争行动，达成阻止PX项目的目的，进而

① 汉尼根. 环境社会学(第二版)[M]. 洪大用, 等译. 北京: 中国人民大学出版社, 2009: 68.

发展成为反对PX项目的“常规做法”，形成了某种程度上的中国式邻避运动。

五、结论与讨论

一是并非全民反对PX项目。通过样本内容分析结果可知，认为PX有风险的网民占比60%左右，即超过一半的公众对“PX”持否定态度。但并不像我们表面感受到的那样，近一半的网民对“PX”的态度表现出客观关注（27.1%）和理性质疑（22.7%）的中立态度，超过持情绪宣泄（38%）态度。这一结论与一些媒介已有研究结果基本吻合，例如《南方周末》2011年开展的网络调查，两万参与者中逾四成网民认为PX是“剧毒、高致癌物”[①]；环球舆情调查中心2014年对发生过PX事件的厦门、大连、昆明、成都和茂名普通公众进行了调查，36.8%公众持有“反对”态度，39.8%表示出“中立”态度。[②]可见，并非全民对“PX”持反对态度，研究显示反PX的公众话语和行动比较积极和强烈，一定程度上掩盖了其他微弱的声音。

二是新媒体对公众建构反PX话语和行动的促进作用。从厦门PX事件中的手机短信、QQ群、博客，到后来居上的微博及知乎等社交类媒体，新媒体成了民众表达自身利益诉求、聚集民心、参与PX项目的主要渠道和方式。尤其是网络媒体使得每个人都可以参与公共事务，有些敏感议题受到传统媒体限制和排斥，在新媒体得以表达和传播，甚至那些未经证实的谣言，在未经过专业“把关人”审核，就铺天盖地展现在众网友的视野中。在这种情形下，舆论力量更易集中爆发。从某种意义上说，互联网为“大众”转型为“公众”提供了基本条件。在建构反

① 记者. 谁制造了PX全民敏感词?化工陷恐慌症困局[N]. 南方周末, 2014-11-10.

② 崔茉. 为PX“正名”需要突破三道关[N]. 中国石油报, 2014-04-21(4).

PX话语实践上，新媒体发挥了不可忽视的推动作用，这其中也反映出中国民众对自身权益的保障意识和对环境问题的日益重视。

三是公众建构反PX话语和行动的深层原因——私人利益。分析显示公众主要针对PX项目的环境风险和健康危害，提出诉诸“环境正义”的主张，要求公平分配环境风险，在此基础上提出子孙后代的健康和生存“权利”诉求，属于奈尔金（2004）提出的“作为道德声讨的争论”。[①]这与西方的“邻避效应”类似，从西方环境运动的发展来看，“邻避运动”在现代社会中在所难免。但中国的情况却有所不同，官方媒体的科普和示范无法消除人们建立在不信任基础上的恐惧。PX事件与西方传统环境邻避运动也有不同之处，公众的关注点在不同事件中有较大的差异。例如相对于厦门、大连等地市民对地方环境环保的追求，在宁波当地，“环境问题只是一个导火索，关键问题是村民希望借助化工项目实施获取更多的物质利益”。同时，我国发生的历次PX事件均为“单一议题型”，邻避设施PX工厂本身是民众关注的唯一议题。并且，不同于西方有组织、成体系地为保护自然环境而持续抗争的环境运动，国内历次PX事件的发起者和抗争者都是独立的，不同事件之间行动是非连续的，一旦政府被迫做出让步，独立事件就此终结。可见，在PX事件中公众寻求和维护的主要是个人利益，公众反PX行动和话语是在自身利益（将）受到侵害，而常规表达途径受阻时被迫采取的一种激进的手段。正如周志家（2011）指出的“现阶段我国居民的抗争性参与是以政府会进行“理性”应对的预设为前提，是居民一种政治上自利的表现”。[②]案例研究也表明了反PX公众事实上对政府的依赖和自利性，因而关注公众话语背后的真实利益诉求，以利益的合理分配为切入点，为解决此类争议提出可供参考的讨论基础。

---

① 桃乐茜·奈尔金. 科学争论: 美国公众争论的动力学[C]//贾撒诺夫, 等. 科学技术论手册. 盛晓明, 等译. 北京: 北京理工大学出版社, 2004: 343–351.

② 周志家. 环境保护、群体压力还是利益波及——厦门居民PX环境运动参与行为的动机分析[J]. 社会, 2011, 31(1): 1–34.

4.4 风险与安全："PX"议题报道中专家话语分析

岳丽媛　张增一

（自然辩证法研究，2017年第8期）

一、引言

"PX"（para-xylene，对二甲苯的简写）原是一种普通化工产品的专有名词，近些年在国内，这一符号早已超出原有意义所指，发展出饱含争议的内涵和意义。从2007年的厦门到2014年的茂名，有关"PX"风险的争议持续发酵，"PX"成为唯恐避之不及的"剧毒"化工项目，逢上必反。近十年时间，多位化工、环境专家曾多次在媒体发声，对PX的毒性、项目安全性等内容进行"解读"或"正名"，2013年来更是进入密集科普期，经媒体广泛报道，形成了较为丰富的专家话语语料库。

许多环境问题的社会建构研究指出，科技专家在建构主张中扮演着重要角色。[①]国内有关"PX"风险争议的研究文献，分析视角主要集中在媒介与环境新闻、政府与企业公关、公众与公共领域等方面，对"专家"角色的研究寥寥无几。赵万里、王红昌（2012）曾指出厦门PX事件中，专家认知存有分歧，但并未对专家意见详述和分析。[②]曾繁旭等（2015）研究了PX事件风险传播中的专家与公众的风险故事如何展开

---

① 汉尼根. 环境社会学(第二版)[M]. 洪大用, 等译. 北京: 中国人民大学出版社, 2009.

② 赵万里, 王红昌. 自反性、专家系统与信任——当代科学的公众信任危机探析[J]. 黑龙江社会科学, 2012(2): 87–91.

竞争[①]，但将大多数专家的支持态度视为专家的整体意见，忽略了专家内部的意见分歧。在“PX”的风险传播中，专家发表了哪些主要观点？存在怎样的分歧？采取了怎样的修辞策略？如何在媒体上呈现的？这些问题值得我们关注和研究。通过对这一时期媒体报道中的专家话语进行梳理，发现专家内部对“PX”的认知和意见确非铁板一块，事实上，关于“PX”的毒性和选址距离这样的争议焦点恰恰肇始于“反PX派”专家的话语经由媒介的广泛传播。尝试从专家话语入手，采用话语分析方法来考察“反PX派”和“挺PX派”专家是如何实现话语构建任务的，并通过分析、对比专家话语修辞的实践逻辑，结合文本产生的具体情景，探索话语背后的社会原因。

二、研究方法及样本

（一）综合话语分析法——七项构建任务

詹姆斯·保罗·吉在《话语分析导论：理论与方法》中提出了独到的话语分析综合法。此方法从认知、社会和互动结合的角度切入，分析语言是怎样进行社会活动、表现视角和建立社会身份的，即思考在特定的时间和地点语言是如何构建情景网络的，以及情景网络是如何使语言具有意义的。[②]在PX风险的争议中，专家的话语主要通过大众媒介呈现，不仅饱含大量的化工、环境、工程技术等科学话语，还有丰富的社会化情景和语言，不同于传统的科学争论在实验室、科学论文等科学共同体内部交流。所以，本文没有采用马尔凯的科学话语分析法，尝试用

① 曾繁旭，戴佳，杨宇菲. 风险传播中的专家与公众：PX事件的风险故事竞争[J]. 新闻记者，2015(9).

② Gee J P. An Introduction to Discourse Analysis: Theory and Method [M]. 北京：外语教学与研究出版社，2000.

吉的综合话语分析法，探讨PX环境风险争议中专家话语的构建逻辑。

吉认为人们根据语境使用口语或书面语，实际上是在创建或重构社会身份、社会活动和社会机构。他提出人们在说话或写文章时同时创建七种"现实"，即完成七项构建任务：意义、活动、身份、关系、立场与策略、联系、符号系统与知识。[①]总的来说，人们使用语言创建情景，就是在一项活动或一组活动中，确定某种身份或角色，促成彼此之间的某种关系，使用某种符号或知识体系，在这种活动中，人和事物承担某种意义或含义，事物通过不同的方法彼此联系或不联系，以不同方式发挥作用。[②]吉还给出了考察构建任务的调查工具：情景意义、社会语言、话语模式、互文性等[③]，但他也强调调查工具用于指导分析和研究，在具体操作上可灵活掌握。本文借鉴这些调查工具，从构建任务的七个维度，考察PX风险争议中的"挺""反"专家话语如何建立和识别社会活动和身份，如何构建其与公众的关系、公众与PX的联系并赋予意义的，进而探讨专家话语争议建构的社会因素及影响。

（二）研究样本与分析类目

针对PX风险争议中专家的话语文本，选取了国内报纸为研究对象。以"PX""对二甲苯"为主题，通过对CNKI重要报纸数据库的检索，得到与PX事件相关的新闻521篇。对报纸文本通读后进行筛选，选取包含专家话语（包括采访、会议发言、评论等）的98篇新闻为研究样本，分析媒介再现专家话语的特点与修辞策略。

文中所指的专家，是指来自石油化工行业、高等院校、环境保护部门以及专业咨询机构的掌握化工、环境相关知识、技术的权威人士。其中，"反PX派"专家是指公开且明确表示质疑、反对PX项目的专家，

---

① 詹姆斯·保罗·吉. 话语分析导论: 理论与方法[M]. 重庆: 重庆大学出版社, 2011.

② 同上.

③ 同上.

代表人物主要有赵玉芬、袁东星等。“挺PX派”专家指公开且明确表示支持PX项目建设，认为PX低毒、环保及安全可靠的专家，代表人物主要有曹湘洪、金涌等。此外，还有部分持中立态度的专家不作为本文分析对象。

三、专家话语对比分析——基于七项构建任务

（一）构建活动：“风险”沟通与“安全”科普

双方专家话语都展现出对一系列活动的历时性构建。“反PX派”专家的活动有：2006年11月，赵玉芬等6位院士就联名上书厦门市委书记，指出PX项目潜在的安全后果和污染隐患。2007年1月专家们再次与政府官员专项沟通。2007年“两会”期间，赵玉芬院士联合其他104位来自科技、教育、医药卫生等领域的全国政协委员提交《环保与城市——厦门海沧PX项目的迁址建议》详尽分析报告，迅速引起媒体关注，瞬间引起厦门市民强烈反响。通过“反PX”派专家长达数月的沟通努力，PX项目的争论焦点主要集中在了环评报告上。2007年11月新的重点区域环评报告公布，指出在“石化工业区”和“城市次中心”之间存在定位矛盾，结论证实了“反PX派”专家言论。在12月13日的环评公众座谈会上，袁东星教授再次以详尽的数据和专业论述，阐释了“不反对建PX，但反对建在厦门”的观点，赢得满场掌声。最终，福建省政府和厦门市政府决定尊重民意，将该项目迁往漳州古雷半岛兴建。

“反PX派”专家在厦门PX项目迁址漳州后悄然隐退，形成鲜明对比的是，2011年大连PX事件后，“曾经鲜见露面的”“挺PX派”专家开始直面公众，陆续在媒体发声。“挺PX派”持续不断地开展了一系列科普宣传活动。2011年9月，金涌教授等化工专家在中国石化联合会

专家学者座谈会上对PX有关问题进行现场解疑释惑。2013年全国“两会”上，曹湘洪院士提交了“消除化工恐惧症”的提案，建议国家设立专项资金，加强公众的化工科普教育。2014年茂名PX事件后，曹湘洪院士现身央视《对话》栏目坚定地表述“PX绝对不是剧毒”。4月，在“中国PX发展论坛”上，专家代表们对PX“被妖魔化”作出系统性的回应。其中，曹湘洪院士发表专题演讲，普及有关PX的基本知识。6月，曹湘洪院士在科技新闻大讲堂进行科普。

（二）构建身份：权威专家的“感性”和“理性”

在身份的表述上，都注意用专业背景的定语来修饰和强调话语主体的权威身份或地位。例如在引用“反PX派”专家赵玉芬院士的话语时，反复提及“全国政协委员”（19次）、“中科院院士”（14次），以及“有着浓厚化工背景”的“教授”。对“挺PX派”专家曹湘洪也反复提及“中国工程院院士”（15次）、“国家石油产品和润滑剂标准化技术委员会主任”（3次）等身份。并用“40多年的老科技工作者”、“在PX研究中最有发言权的学者之一”、“组织过PX设备的生产、检修，组织过技术创新，没有发生事故”等细节描述，强调曹湘洪院士丰富的PX理论和实践经验，赋予其高度话语权。

在态度方面。“反PX派”专家是极其诚恳、急迫和关切的，例如在接受采访时“‘因为牵涉到重大的环保问题’，没等记者过多询问，赵玉芬委员就脱口而出”。赵玉芬院士在提案中显得“忧心忡忡”。还有这样的细节描述：赵玉芬院士得到厦门大学校领导的认可，认为“院士们的做法是科学家良知的表现”，赵玉芬院士对此“颇感宽慰”。在面对“挺PX派”公开指责甚至已诉诸法庭的对峙，袁东星教授在市民座谈会发言时回应：“我们头顶上是大学教授的头衔，但之下是我们的良心。”通过“良知”“良心”“宽慰”等一系列诉诸道德的感性修辞基调描述，构建了“反PX派”专家有良心的、有社会责任感的专家形象。

“挺PX派”则一直走在“风口浪尖”上。“很多专家不愿惹火上身谈论热点话题时，曹湘洪却对PX的科普邀请从不推辞。”每当PX事件引发争议时，曹湘洪院士“这位化工领域的权威专家，都会通过媒体向公众解释一番”。在描述曹湘洪院士对PX进行科普的态度时，多采用“坚定”“坚决”“不退缩”“乐此不疲”“从不推辞”等积极词汇，来形容曹院士“捍卫科学真理”的“坚持”。当遭到“反对声音甚至人身攻击”时，曹院士表示“这是我熟悉的事，作为一个科技工作者有责任讲”，“骂我也没关系，我相信大家最终会了解的”。通过一系列描述，展现了“挺PX派”不惧怕质疑和批评，勇讲真相，坚持真理，构建了理性的、客观的、具有科普责任感的专家形象。

（三）构建关系：公众环保权益的“同盟”与“对立”

“反PX派”专家主要提出两点风险主张，一是PX的“剧毒性”，二是“选址距离”太近，这直接关系到公众的健康和未来，甚至潜在危害祸延子孙。可以说其话语的出发点就站在了公众利益的立场上，成为公众利益的权威代言人。而与政府部门反复沟通、在全国“两会”联名提交报告、深入调查等一系列行动，彰显了“反PX派”专家作为公众利益代言人，在为公众争取利益时，勇于担当、尽职尽责的形象，从而与公众结成“利益同盟”。

“挺PX派”则将公众反对PX建设的主要原因归纳为两点：一是公众缺乏科学素养。多位专家认为PX项目遭遇了民众误解，主要是因为公众缺乏相关知识，并列举日本福岛核事故后国内出现的抢盐事件等案例来证明“抵制PX反映公民科学素质待提高”。二是归因于“自私”的“邻避效应”。专家认为还有相当多人即便认可PX的价值和风险可控，仍反对建在自己家附近，在这种“邻避”行为中，“有符合人性的自私心理在作怪”。通过这些归因话语，强调发展PX是公共利益，突出自身无私利性，把支持PX的行为与私人利益区分开来。但客观上拉开了与公众的距离，树立了"挺PX派"专家与公众环保权益对立的关系。

（四）构建符号系统与知识："科学"与"生活"话语的结合

双方专家都采用了科学知识与生活话语相结合的方法，但具体表述上各有侧重。关于PX的毒性，"反PX派"专家用通俗易懂的生活话语构建了其"危险化学品""高致癌物""对胎儿有极高的致畸率"的高风险形象。通过用"炒菜时往锅里添加酒或者醋"形容化工企业的跑冒滴漏现象，并类比已发生重大爆炸事件的吉化联苯厂，为公众建立了真实情景中的恐惧联想。在PX项目的选址上，"反PX派"专家的论述更为简单直接。例如赵玉芬院士提出"为了厦门的安全，PX项目至少要建在100公里以外"。"百公里安全距离说"由此而来。袁东星教授也曾通过列举韩国、马来西亚、泰国及国内一些PX项目与城市的实际距离，指出"厦门PX项目距市中心仅7公里，是目前国际国内距离最近的项目"。赵玉芬、袁东星等几位教授也对PX的毒性、项目的选址的风险，以及与厦门市城市规划的矛盾性都做出过专业的科学论证。

"挺PX派"专家在力证PX"低毒"的表述上，主要使用了专业的科学话语，利用一些抽象的学术语言（如"半数致死剂量"）和科学理论（毒性的动物实验）为其公众及对手进行了科普，从而处于权威科学的位置上，为给PX正名谋求了合法性。同时，也与生活中常见用品进行了联系和对比，例如有人们熟知的"汽油""天然气"和"酒精"，甚至"咖啡""食盐""味精""咸菜"等食品。针对"百公里安全距离说"，金涌教授回应"国内外任何法律、法规、标准等规章制度都没有规定PX项目必须建立在距离居民区100公里以外"。"挺PX派"还引用了多个国际的案例和国内新疆、九江等PX项目，力证其

“夸大其辞”不实之处。并通过引用国家石油和化学工业局制定的标准做出正式回应“依据风速和污染物的不同，防护距离有所不同，但标准中的推荐值一般都在1公里以下，PX当然也不例外”。

（五）构建意义：“反建”与“挺建”的合法性争夺

如前文所述“反PX派”专家通过塑造“PX”这一符号的高风险形象，构建了充满责任感、有良心的权威专家形象。通过诉诸相关法律法规，抓住“选址之悖”和“敏感环评”的漏洞，彰显“反PX派”行为的正义感，从而赋予“反PX派”以正当性、合法性，进而构建出“反PX派”以保护环境、保卫家园、造福子孙后代的重要意义。“挺PX派”专家则通过广泛科普和“正名”行动，论述PX安全可靠，构建“挺PX派”理性、客观的权威专家形象。通过详述PX的生活、经济、环保乃至政治价值，详述发展PX与民生国计休戚相关，论证我国PX建设的重要性与必要性，从而赋予“挺PX派”以正当性、合法性，构建了发展PX所具有的超越时代的深远意义。

（六）构建联系：“危害”与“价值”

“反PX派”通过类比双苯厂，结合生活话语和科学话语的论述，给PX贴上“剧毒”“致癌”“致畸”标签，塑造了PX项目“100公里安全距离”的风险形象。从此“PX”不再是不为公众所知的普通化工项目，而是与公众自身生命安全，乃至子孙健康都息息相关的高危化工项目。为什么要建设如此危险的项目？赵玉芬院士曾指出“年增800亿元GDP，对于2006年GDP为1126亿元的厦门市来说，诱惑实在无法抗拒”。通过简单的推理可得，建立这样的高危项目是由于地方政府盲目追求经济增长，罔顾环境和公众健康，从而将矛头指向地方政府和相关企业。

“挺PX派”专家在试图建立PX与公众之间正面的、重要的联系上，主要通过详细论述发展PX的价值来完成。一是强调PX的生活价值，指出生活中的PX用途广泛。曹湘洪院士提到“人们常喝的饮料塑料瓶、涤纶衣物、家里的窗帘、床上用品等，基础原料基本上都是PX”。工程师曹坚曾强调“1吨聚酯相当于15亩棉田的棉花产量”，PX解决了棉粮争田的难题，等等。二是强调PX的经济价值。化工、纺织、期货等行业专家从化工产业对国家经济发展的角度，讲述不发展PX产业会带来经济风险，也与公众利益休戚相关。三是强调PX还具有一定“环保价值”。指出PX还是提升中国油品质量的主要物资保障，有专家还预测，未来汽油中PX的含量将占比更多。

（七）构建立场与策略：“环保”与“发展”话语权之争

对PX的风险论述上，“反PX派”专家更多地采用通俗的生活化语言，采用简单易懂的短句展开论述，常诉诸主观、感性描述，论述环境困境，希望通过对环保、民权的呼吁，引发公众的共鸣。“挺PX派”更注重概念的严谨和规范性，使用大量数据、图表等对其观点进行严格论证，较为客观、理性地看待风险问题，论述可以通过科学技术解决环境难题。

在修辞策略上，双方专家都运用了类比、举例、互文的修辞手法。“反PX派”专家通过论证强调PX项目对当地居民健康和安全构成不可承受的风险，唤起民众对环境和健康的忧虑，总体上是一种“危害的修辞”①。例如将PX项目类比发生重大事故的联苯厂，形象化了风险；简单列举部分国内外PX项目与城市的较远距离，得出国际上PX的“百公里安全距离”说；还援引环境相关法律法规及政策文件作为合法性证据。“反PX派”专家通过一系列感性化的描述突出和强调PX的巨大环

① 汉尼根. 环境社会学(第二版)[M]. 洪大用, 等译. 北京: 中国人民大学出版社, 2009.

境风险，彰显了环保主义立场。

“挺PX派”则力证我们可以同时拥有经济增长、环境保护和环境正义，采用的是一种让人安心的修辞手段。[①]例如为证实PX的低毒性，除了引述科学权威出处，还通过与各种生活日常品类比。在论述PX项目安全可控和发展必要性时，既建立起PX的民生、经济等宏大价值，也生动地讲述了“动物园也有风险”“吸烟致癌”“因噎废食”等故事。还多次应用互文手法，如援引“反PX派”专家的观点和主张，从对方论证中汲取营养，来回应、批评、推翻对方观点，从而占据主导地位。还调度清华学子修改百度词条为例，采用“捍卫”“坚守”“胜出”等词汇，将清华学子对PX低毒特性描述的坚持，描绘成一场有责任有担当的严肃的追求科学真相的“正义之战”。总体来看，“挺PX派”专家站在科技立国的立场上，主要采用的是强调“发展”的可持续性环境话语。[②]

四、结论与讨论

根据吉（Gee）提出的话语分析的七个维度和分析工具，对“反”“挺”双方专家话语进行的上述分析，得出以下几点结论。

首先，风险是不确定的，专家话语具有一定的“建构”作用。专家内部主要在PX项目风险大小，即毒性和选址安全距离上存在分歧。始于厦门PX事件时期“反PX派”专家通过话语行动构建了“PX”的高风险形象，随后“挺PX派”专家“挺身而出”积极构建了“PX”的安全可靠形象。然而，结合双方的援引的存在矛盾的实证论据来看，“反PX派”专家声称的“剧毒、致癌、致畸”和“百公里安全距离”等论

① 约翰·德赖泽克. 地球政治学: 环境话语[M]. 蔺雪春, 郭晨星, 译. 济南: 山东大学出版社, 2012.

② 同上.

述是不准确的。而"挺PX派"的关于"低毒性"和"安全"表述也存在局部可说明性和解释的弹性空间。①可见，PX项目既非"高风险"，也非"零事故"，也就是说，PX的风险存在着很大的不确定性。无论是主张"风险"论还是"安全"论，专家话语的建构作用不容忽视。

其次，专家话语构建任务的执行效果，不仅取决于话语模式、修辞手段的选择，还受到专家立场的影响，是否关切公众切身利益是重要因素。PX风险争议中，以调度代表客观、真理的科学知识为主的"挺PX派"专家并没有占据明显优势，公众更愿意相信"反PX派"专家对"风险"的生活化描述。对于不能确定的风险，由于专家观点并不一致，究竟哪种符合事实真相，一般公众难以彻查，出于自保"宁可信其有"。相对于国家发展战略层面的深远意义，公众更在意保护自身的环境和健康权益。在当下中国，公众对以科学权威为代表的专家系统已显现出信任困境，不断加剧的科技风险迫使公众寄希望于从专家体制中寻求保障，但高科技事故的不断爆发又使公众对专家的权威地位产生质疑②，而专家意见的分歧会进一步削弱公众对专家系统的信任。

最后，"反PX派"与"挺PX派"专家之争，实际上是两种环境话语的对峙，话语争论的背后则是双方专家不同的立场。"反PX派"专家代表着环境保护主义立场，从"民权"的角度，为受影响的民众提出一系列主张，主要采用了"环境正义"话语。③"挺PX派"专家则站在科技立国的立场上，主要采用的是强调"发展"的"可持续性"环境话语。值得注意的是"反PX派"专家主要是生活在厦门本地的高校科研人员，厦门PX项目迁址后便悄然隐退，而"挺PX派"多为附属于政府部门或石化企业的研究人员。由此可见，进入公共领域的专家立场是一个社会化选择过程，专家意见本身可能并不是利益无涉的。

奎因（1988）在反思美国阿肯色州创世学审判的争论时，曾指出

① 西斯蒙多. 科学技术学导论[M]. 孟强, 等译. 上海: 上海科技教育出版社, 2007.

② 乌尔里希・贝克. 风险社会[M]. 何博文, 译. 南京: 译林出版社, 2004.

③ 汉尼根. 环境社会学(第二版)[M]. 洪大用, 等译. 北京: 中国人民大学出版社, 2009.

专家在从专业领域进入到公共领域时要注意避免“脏手问题”。当专家卷入司法或政治活动时，其角色通常是为最后决策者的论证服务——建议、作证或说服。这些活动的规范和约束与他们学术环境下的活动迥然不同。[①]专家在参与类似PX项目这样的决策活动时要非常谨慎，要努力避免由于沟通的失败、被误解和缺乏代表性所带来的危险。[②]也就是说，专家的立场是否中立，专家的观点是否代表同行共同体，专家如何避免专业表述造成的理解障碍和简化表述造成的理解偏差，以及大众媒介在报道争议性科学事件时，如何平衡新闻客观性和不确定性科技知识之间的矛盾等，这些问题都值得进一步深入研究和思考。

---

① Quinn P L. The philosopher of Science as Expert Witness [C]// Michael Ruse. But Is Science It? N. Y. : Prometheus Books, 1988. 367-397: 15.

② 张增一. 创世论与进化论的世纪之争——现实社会中的科学划界[M]. 广州: 中山大学出版社, 2006.

4.5 对中国报纸关于“巴黎会议”报道的话语分析

李晓丹　张增一

（自然辩证法研究，2018年第4期）

一、引言

巴黎会议即第21届《联合国气候变化框架公约》（简称 UNFCCC）缔约方大会（即联合国气候变化大会，简称COP），于2015年11月30日至12月11日在法国巴黎举行，举世瞩目。通过巴黎会议的召开，在世界各缔约方之间建立了一个有法律约束力的气候协议。于2015年12月12日正式通过的《巴黎协定》为2020年之前的缓解气候变化的全球行动做出指导。巴黎会议建立了一个新的普遍的国际气候机制，各缔约方之间的合作得到加强。巴黎会议在很大程度上终止了气候问题博弈中的争议，从历次会议中脱颖而出，是国际社会应对气候变化的一个有意义的开端。

目前，学者主要从如下几个角度对本次会议展开研究。第一，Clara Brandi[①]等人从政策角度对后巴黎时代的前景进行展望，这些文章以美国、英国、欧盟等国家或国家团体为政策主体，或者从发展中国家和发达国家及至整个世界水平的视角看待气候政策的演变。中国学者Zou Ji和Fu Sha[②]基于CBDR原则，在自主贡献的框架下，为2020年之后的国际气

① Brandi C, Bauer S, Maxwell S, et al. Climate Change: the European Union towards COP21 and Beyond[Z]. European Think Tanks Group, 2015.

② Zou J, Fu S. The Challenges of the Post-COP21 Regime: Interpreting CBDR in the INDC Context[J]. International Environmental Agreements: Politics, Law and Economics, 2015, 15(4): 420.

候机制提出实际建议。第二，Nathan Fioritti[①]等人从传播学角度对关于巴黎会议的报道进行分析，研究方法主要涉及内容分析和框架分析，研究对象涉及澳大利亚主流媒体报道、美国和印度的新闻报道等。这些作者探究了政治和政策背景等对报道的影响，对如何提高报道的水平提出建议。第三，Stuart Haszeldine[②]等人从技术角度对后巴黎时代的前景进行展望。这些技术涉及CCS（碳捕捉和碳封存）和NET（负排放技术）等等。在我国，对巴黎会议的研究集中在政治、经济、科学等领域。在科技传播领域，仅有刘丽从批判话语分析的视角对中美关于签署《巴黎协定》的英文报道进行比较研究，揭示出背后的意识形态的作用。

本文运用批评话语分析的定量和定性的方法，以知网重要报纸数据库中的报纸为研究对象，分析中国报纸对本次会议的话语表征，力图在论述记者运用何种话语策略来阐明主题的基础上，揭示中国报纸对“巴黎会议”的话语建构中体现的历史背景、意识形态立场和价值观。

二、研究方法和样本

批评话语分析（简称CDA）将话语视作一个社会现象，旨在通过语言学手段分析话语，揭示其背后的意识形态、价值观及权力的演变。

本研究主要运用批评话语分析学者Wodak的话语—历史分析方法，这一方法的三个核心向度是：内容向度、所采用的话语策略和文本的语言体现。内容向度是指确立所要研究的某一话语的具体内容或主题；话语策略指“说话人为了完成特定的社会、政治、心理或语言目标而故

① Nathan Fioritti. Australian Media Representations of Sea-level Rise in the Pacific: An Assessment of Coverage Around COP21[D]. Melbourne: The University of Melbourne, 2016.

② Haszeldine R S. Can CCS and NET Enable the Continued Use of Fossil Carbon Fuels after COP21? [J]. Oxford Review of Economic Policy, 2016, 32(2): 304.

意采取的行动方案（包括话语行动）”[①]；文本的语言体现向度则在话语、词汇、句子等层面展开，采用语言学的方法探讨在话语实践中所采用的主要的语言表达方式和语言手段。Wodak等人提出五个层次的话语策略：所指或提名策略、视角化策略、辩论策略、强化—弱化策略、谓语指示策略。

话语活动的历史维度在这一话语—历史方法中通过两种方式被强调。第一个是探索话语“事件”的历史背景。第二个是探索话语的特定类型和风格的历史变化。

将时间设定在2015年11月30日至2016年末，将“气候变化”设定为关键词，运用“巴黎会议”这一词语对知网重要报纸数据库进行全文搜索，共得到352篇文章。首先，将这些文章建立一个初始的语料库，对它们进行仔细阅读，去掉对这两个词语进行简单引用的文章，以“巴黎会议”为核心主题的文章共计246篇。其次，以这246篇文章为最终的语料库，以定性和定量的方法对它们进行细致的批评话语分析。

语料库的分析显示出五大主题。

第一个主题是“巴黎会议的积极意义”，贯穿于整个语料库中所有的文章。报道表明巴黎会议取得了极大的成功，并建立了一个积极的国际气候机制。

第二个主题是“在共同但有区别的责任原则指导下的南北合作”，反映这一主题的文章数目占语料库的72.6%。这一主题下的报道对共同但有区别的原则（简称CBDR）进行反复陈述。报道强调在CBDR原则的指导下，在南北国家之间展开公平合作。

第三个主题是“中国在全球气候治理中的关键角色”，反映这一主题的文章数目占语料库的45.8%。这一主题下的报道指出，中国在巴黎会议的谈判中发挥积极的推动者的角色。中国是气候变化国际政治行动

---

① 季丽珺.《华盛顿邮报》关于哥本哈根气候会议报道中的中国形象的批判话语研究[C]//中国跨文化交际学会、国际跨文化交际学会、美国中华传播研究学会. 第十届中国跨文化交际国际学术研讨会论文集, 2013.

的重要贡献者。

第四个主题是“以巴黎会议确立的气候治理体系为指导，践行《巴黎协定》的承诺”，反映这一主题的文章数目占语料库的38.1%。在《巴黎协定》生效后，仍需采取有力的行动促进它的落实。

第五个主题是“巴黎会议和《巴黎协定》的不确定性”，反映这一主题的文章数目占语料库的23%。这一主题下的报道指出，虽然巴黎会议和《巴黎协定》在很多方面取得了成功，开创了一个新的国际气候话语体系，但是仍然存在不确定性。

本文的关注点是话语策略，这是文本分析方法的一个基石。为了生动具体地呈现报纸报道如何实施每一种话语策略，从文章中做出摘录。这些摘录是具有一定的代表性的，能够很好地反映主题。

三、分析过程和结果

依据Ruth Wodak等人提出的话语策略的五个层次，考察媒体记者如何通过对这几个话语策略的使用，来呈现上述五大话语主题。

（一）视角化策略

视角化策略关注作者的观点是以什么视角或立场传达的，也就是说，在对事件或言语进行描述或转述的过程中，作者通过选择不同的视角将自己的观点融入其中。在本语料库中，作者大量使用了这一策略，突出体现在对视角转换策略的运用上。视角转换即在同一篇文本中保持戏剧性的视角，从多重角度揭示不同的行动者对同一个事件的认识，对他们的观点或立场做出明显的或隐晦的正面 / 负面评价。

第一，从不同的人物或国家的视角表达他们对巴黎会议或《巴黎协定》的看法，旨在证明本届会议和《巴黎协定》具有积极意义或不确定性。如《推进全球气候治理，让〈巴黎协定〉尽早生效》①在巴基斯坦政策研究所所长拉赫曼、泰国国家发展学院教授乍伦等三个人的视角间进行依次转换。这三个人分别代表三个或大或小的国家，这表明应对气候变化是一个世界性的行动，使“《巴黎协定》的签订是一个里程碑事件”这一主题更具有广泛的意义。

第二，从不同的人物或国家的视角表达他们对本届会议中“争议焦点”的立场。如在《巴黎气候大会彻夜冲刺资金承诺成最大悬疑》②中，在印度、南非、小岛屿联盟的视角之间进行切换，最终以中国气候变化事务特别代表解振华的视角结束，从他们的角度看待“雄心联盟”所关注的1.5℃升温目标和资金承诺等问题。不同的政治立场形成不同的看法：印度认为对1.5℃目标的实施是有条件的，即发达国家必须加大力度承担责任；小岛屿联盟则认为1.5℃的目标必须以清晰的方式在协议文件中得到呈现。作者使用多角度的语言，增加了叙事的立体感和多面性。作者所试图创造的不仅仅是关于1.5℃升温目标等的争论，而是对于“共同但有区别的责任”的坚持。作者对小岛屿联盟的观点做出隐晦的负面评价，借助“基础四国”的视角表达对如下观点的支持：谈判必须体现发达国家与发展中国家之间的“区别”原则。

（二）辩论策略

辩论策略是指话语生产者为了证明或质疑某些声明所采取的一种话语策略，在话语—历史分析方法中，体现为对如下一些辩论题目的使用：有用 / 无用、责任、法律、威胁、事实、历史，等等。通过这些辩论题目，为社会行动者及社会事件的正面或负面特征进行辩护。

① 焦翔. 推进全球气候治理，让《巴黎协定》尽早生效[N]. 人民日报, 2016-08-30(003).

② 冯迪凡. 巴黎气候大会彻夜冲刺资金承诺成最大悬疑[N]. 第一财经日报, 2015-12-11(A04).

1. 辩论题目之“事实”

以“事实”为辩论题目的策略是指：通过指出真实的情况就是如此，那么我们就应该遵照实际的情况来制定目标或采取行动。也就是说，既然事实是真的存在，那么我们的所作所为就要遵照事实。这一策略在本语料库中表现为：

第一，指出发展中国家与发达国家之间在经济发展、科学技术、减排与适应能力之间的差距是真实存在的，那么我们的行动要基于这一巨大差距，发达国家必须对发展中国家提供资金技术支援。报道对这两个团体之间的“现实”因素进行对比，将发展中国家描述为经济技术水平较差、受气候变化影响最严重的团体，将这一团体当前的首要任务定位为实现工业化、摆脱贫困、提高经济和社会发展水平。与之相对照，报道把发达国家描述为具有较高的应对气候变化的经济能力和科技水平并且减排成本相对低、受危害程度相对小的团体。通过对二者的经济技术现状、适应与缓解气候变化的实际能力、受气候变化影响的实际程度进行表征，使用反衬手法，将发展中国家团体定位为“弱势方”，将发达国家团体定位为“强势方”，援引代表国际最高道义准则和价值观的CBDR原则，将发达国家对发展中国家的帮扶构建为具有正当性、必要性和可行性的。报道将发达国家要求发展中国家承担过高的减排义务的企图定位为不符合客观事实和“公正”的价值观，旨在将这些企图非法化。

第二，对目前的经济、科技、政治“事实”进行陈述，表明巴黎会议及《巴黎协定》是具有不确定性的。首先，通过对经济、科技等“现实”条件的解读，指出1.5℃目标不具有实际操作的可行性。一些文章指出1.5℃目标会限制发展中国家的碳排放，对这一团体的工业化进程和经济社会发展造成不利影响。如《聚焦历史性的〈巴黎协定〉》引入印度的视角，对1.5℃目标呈现出批判的态度，指出这一目标的执行会影响经济和社会的稳定。另一些文章指出这一目标缺乏科学基础，不具有技术可行性。如在《全球气候协议达成　中国加速低碳转型》[①]中，引入中外专家和科学家的视角，指出这一升温目标是缺乏科学论证的，目前还不存在能够达到这一目标的减排技术。还有一些文章指出目前各缔约方宣布的减排目标与达到1.5℃升温目标所需减排量之间仍存在着巨大的差距。在整个语料库中，2.7%的文章将1.5℃目标构建为《巴黎协定》中的不确定因素。其次，一些现实政治因素如特朗普的当选等导致《巴黎协定》的落实存在不稳定性。如在《马拉喀什气候变化大会：落实〈巴黎协定〉开启细节博弈》[②]中，作者指出特朗普的当选是气候谈判中的不确定因子之后，引入法国总统奥朗德的视角，依据“最大的经济体”和“碳排放大国”等措辞对美国实施定位，通过这一现实定位进一步明确了美国在目前的气候体系中的减排责任，旨在抨击美国退出《巴黎协定》的企图。接着进一步引入分析人士的视角，借助他人的观点表达对构建公平的应对气候变化的国际机制的期望。通过适当地转换视角，作者的意图在其中得到渗透：不确定性是真实存在的，在建立公平的气候机制的基础上，针对《巴黎协定》采取切实行动是必要的。

2. 辩论题目之“历史”

通过历史叙述，指出目前的情形较历史有或没有发生实质性的改变，对目前的结果实施历史定位，证明这些结果是具有开拓性的或者不完备性的。在本语料库中，这一策略具体体现为：

第一，对巴黎会议和《巴黎协定》在COP会议的历史进程中的作用进行定位。一些报道将《巴黎协定》在气候谈判史中的地位表征为与UNFCCC的CBDR原则、1997年的《京都议定书》等是同样重要的。另一些报道指出巴黎会议在一定程度上终止了以前会议中的争论，将巴黎会议表征为全球气候谈判由虚到实的转折点。如《中国参与国际气候

---

① 冯迪凡. 全球气候协议达成中国加速低碳转型[N]. 第一财经日报, 2015-12-14(A01).

② 王婧. 马拉喀什气候变化大会：落实《巴黎协定》开启细节博弈[N]. 经济参考报, 2016-11-18(005).

治理需权责匹配》一文指出“持续推进的国际谈判与合作一度陷入僵局……直到2015年底气候变化巴黎大会的召开”[①]，表明巴黎会议的完备性与集大成性在历时21年的气候谈判史中是处于第一位的。

第二，依据宏观历史模式去回顾中国在气候谈判史中向领导者的“转变”。如《中国成为国际气候治理领导者》[②]等文章对从《京都议定书》的通过到巴黎会议、哥本哈根大会的召开这一宏观历史背景进行回顾，借助权威历史话语，诉诸历史理性的公正与无私，逐步构建了中国作为气候谈判的领导者的形象。作者将这一转变归因于我国经济结构的整顿、经济状态的提升等等。通过对原因的解释说明，强化了中国自身的能动性。

第三，指明发达国家和发展中国家之间难以调和的历史矛盾并没有通过巴黎会议得到真正的解决，这是本次会议具有不确定性的一面。这里的历史矛盾是指在以往的气候谈判中，发达国家与发展中国家之间关于减排指标和责任的分配、资金援助的承诺等关键议题的传统分歧。如《巴黎协议落实尚需爬坡过坎》等文章明确指出关于责任和资金等传统分歧并未通过本次会议获得消解，进一步突出强调对“共同但有区别的责任”这一原则的坚守，体现出对国际气候合作中公平性的诉求。

（三）强化—弱化的策略

强化—弱化策略是指在语篇再现现实的过程中，对现实采取突出的或隐晦的表征，将某些方面强化或弱化，旨在增强或削弱话语的言后效力。在本语料库中，主要使用了强化策略。

报道使用对比修辞，将本次会议在某些方面的“成功”与往届会议在这些方面的“失败”放在一起进行对照，强化本次会议取得的成效，

---

① 张清俐. 中国参与国际气候治理需权责匹配[N]. 中国社会科学报, 2016-02-25(001).

② 杨驿昉. 中国成为国际气候治理领导者[N]. 中国石化报, 2015-12-25(005).

使巴黎会议的积极意义更加鲜明突出。

第一，报道将“自下而上”的自主减排机制与“自上而下”的强制性减排机制表征为本次COP会议相较于往届会议的突出贡献之一。一些报道指出，由于“自上而下”的减排机制有损于一些发达国家的利益，它们在往届会议上对这一机制进行强烈抵制，因此不具有实践意义。而“自下而上”的减排机制则考虑到各个国家的具体情况，具有可操作性。减排机制发生转换的直接动因是考虑到它屡次的失败，而根本动因则是随着一些大的发展中国家在全球经济份额中所占比例的提高，它们成为温室效应气体（简称GHG）排放的主要贡献者，发达经济体要求发展中经济体在全球气候治理中要承担越来越重要的责任。

第二，将本次会议和《巴黎协定》对发展中国家团体及其部分代表的重视与往届会议对它们的忽视进行对比，强调本次会议对发展中国家的关注是前所未有的。一些报道将巴黎会议上关于缔约方的层次划分与往届会议上关于缔约方的层次划分进行对比。往届会议将缔约方划分为发达国家与发展中国家两个团体，本次会议依据各缔约方的经济发展水平实施进一步的细化，将缔约方划分为发达国家、发展中国家、最不发达国家和小岛屿发展中国家四个团体。通过对后两个团体的重新界定，显示出本届会议对受气候变化影响最严重的两个经济欠发达地区的前所未有的关注。小岛屿国家作为受气候变化影响最显著的地区，在历次COP会议上都会提出将升温目标控制在“1.5℃”这一要求，但在之前的会议上这些呼吁都被回避。而“曾经无法想象，现在势不可挡”[①]等报道指出，不同于往年大会上对小岛国的诉求的否定，小岛国对升温“1.5℃”标准的诉求被写入《巴黎协定》，通过书面协议的形式被确定为升温目标的努力方向。

① 王硕. “曾经无法想象，现在势不可挡”[N]. 人民政协报, 2015-12-17(005).

四、报纸对巴黎会议话语表征的意识形态立场、价值观和国际政治背景

报纸将应对气候变化的实际行动与人类可持续发展的严峻挑战相结合，表达了这一媒介期望：巴黎会议是走上绿色低碳转型和可持续发展道路的机遇。这体现了可持续发展理念作为意识形态的作用。报道将"采取切实的减排行动"构建为巴黎会议开创的新的低碳时代的首要任务，这体现出实用主义价值观的指导作用。实用主义反对空泛的言论，反之，将实践的重要性置于首位，认为只有以务实的态度参与实践，才能发现问题和解决问题，以实现更高的目标。中国报纸显示出针对CBDR原则毫不妥协的立场。报道认为，发达国家对历史上的碳排放承担主要责任，因此需要在全球气候治理中承担更多的义务；发展中国家与发达国家享有平等发展的权利，在减贫的过程中产生一定的碳排放是不可避免的，需要维护自身的生存排放权益。通过将发展的权利与对历史责任的强调相结合，报纸将发展、平等和责任的价值观贯穿于对巴黎会议的报道中。

Masudul Karim Biswas等人对美国和印度关于本次会议的报道进行比较分析，表明国际政治冲突、政策框架对美国和印度的新闻报道都起到支配作用。[①]批评话语分析的历史视角对当时的国际形势和社会背景投入重点关注。从这一视角来看，关于巴黎会议报道的国际政治背景是：发展中国家和发达国家之间的权力天平发生了轻微的倾斜，中国的国际地位有所提升。话语分析的目的之一是通过语言考察权力和权力的演变。通过关于"巴黎会议"的报道对往届会议的回顾，得出在往届COP会议上，发达国家始终掌握着气候谈判的话语权，南北国家之间的权力存在着严重的不对等。通过巴黎会议的召开和《巴黎协定》的签

---

① Biswas M K, Kim N Y. Framing of Climate Issues and "COP21": U. S. Newspaper Coverage vs. Indian News-paper Coverage [J]. Environment and Social Psychology, 2016, 1(2): 142.

署，发达国家团体与发展中国家团体间“主导者”与“从属者”的角色定位有所变化，严重不对等的权力天平开始向后者倾斜，体现了由经济发展所决定的发展中国家的控制力和地位的提升。

五、结语

报纸在对“巴黎会议”事件的报道中，通过对Wodak总结的五种话语策略进行有意识的使用，旨在实现建构社会事件和社会行动者的目的。通过大量巧妙地运用视角化策略、辩论策略等等，在向人们传达巴黎会议精神的同时，建构了CBDR原则的不可动摇性、中国在气候变化国际合作中的领导者身份以及减排行动的重要性。

对报道的批评话语分析，有助于揭示隐含的意识形态、价值观倾向，使我们更好地理解语篇。新闻语篇不仅是一种表达观点的话语，而且是对“国际政治语境”的重构。探索话语背后广阔的社会政治背景，有助于理解话语背后的深层含义。

在之前的COP会议中，呈现出发达国家和发展中国家之间的一种强大的对峙。在发达国家应该就过去和将来GHG排放的不可避免后果对发展中国家进行补偿等问题上，一直存在分歧。在巴黎会议中，发达国家和发展中国家对气候变化的归因、责任、补偿和行动达成了一个共享的意义和表征。从而为采取正确的全球行动、同心协力应对气候变化提供了可能性，有望在之后开启新一轮的减缓和适应的行动。然而正如一些报道所指出的，很多问题仍然未解决，存在不确定的方面。正如Anthony Quinones等人所认为的，巴黎会议虽然取得了巨大的外交成功，但仍然受到不确定性的干扰。①

在巴黎会议谈判中，关于气候变化的世界话语秩序是否被真正地转变是具有不确定性的。实际上，正如Fairclough（2003）所认为的，一种新的话语也许会在不被颁布或贯彻的情况下形成一项制度，或者它会被颁布但不被完全地贯彻。②贯彻意味着人们承认这一话语。巴黎会议的成功召开表明南北国家已经“了解到”这一气候谈判过程的新话语，但是对这一新话语的内化需要一个艰苦而漫长的过程。

对关于巴黎会议报道的研究，揭示了发展中国家的谈判权在本次会议中有所提升。这显示出权力天平开始逐渐地由发达国家向有利于发展中国家的方向倾斜，后者参与国际治理的积极性有所提升，虽然这也许是微不足道的。

报纸除了授予中国在国际气候政治体系中积极的贡献者角色，还建构了它作为一个领导者的身份。通过话语策略的使用，中国的引领者的形象被赋予报纸读者，使读者对这一身份产生认同。北京大学教授张海滨认为，巴黎会议也许会成为中国应对气候变化全球性挑战中从参与身份转变为领导身份的一个起点。③这一转变与中国国际地位的提升有密切关系，对《巴黎协定》的落实成为中国在国际舞台上展示领导力的有效途径。

① Quinones A, Nava M. Paris COP21: The Clean Economy Is Possible[DB/OL]. (2015-12-21) [2017-03-19]. https://www. bbvaresearch. com/en/catalogos/, 2015.

② Fairclough N. Analyzing Discourse: Textual Analysis for Social Research[M]. London: Routledge, 2003.

③ 安峥. 巴黎气候大会: 中国从参与者转向引领者[DB/OL]. (2015-11-29) [2017-03-09]. http:// news. dahe. cn /2015/11-29/106072236. html, 2015.

4.6　中国报纸关于“气候门”事件报道的话语分析

李晓丹　张增一

（科学与社会，2017年第1期）

一、引言

气候变化是一个充满争议的环境议题。围绕着它一直存在着两个派别之间的争论：气候变化支持论者和气候变化怀疑论者。前者认为人类活动是近百年来全球气候变化的主要原因，倡导采取行动来减缓气候变暖；后者质疑人为气候变化的表征，反对减缓气候变化的政策与行动。

2009年12月7日至18日，第15届联合国气候变化大会（简称COP）在丹麦首都哥本哈根召开，各国代表就气候变化的责任和义务等问题进行了激烈博弈。就在这次会议召开前夕，有黑客攻击了英国东英吉利大学气候研究中心（CRU）的一个服务器，将超过1000封气候科学家之间进行非正式沟通的邮件公布到互联网上。这些邮件显示，以CRU主任Phil Jones为首的气候科学家涉嫌操纵数据，支持人为因素导致气候变化的结论。这一事件被称作“气候门”。在事件发生后，气候变化怀疑论者和支持论者之间的争论变得白热化。在这场争论中，气候变化怀疑论者连连发难，支持气候变化的科学家的信誉遭受质疑，气候科学本身也受到来自多个方面的冲击。“气候门”事件对哥本哈根大会产生了一定的影响。

一些学者如Andrew J. Hoffman①、Nelya Koteyko②等人在传播学的范畴内来研究这一事件的影响，可以分为如下三类：第一，考察媒体对气候科学、气候政策等的表征；第二，考察媒介受众对气候变化议题的讨论；第三，考察关于气候变化的公众认知是否发生改变。研究对象有报纸、小报、数字化媒体，等等。另一些学者如Reiner Grundmann③、Edward Maibach④等人在科学技术哲学的范畴内来研究这一事件，可以分为如下两类：第一，考察这一事件对气候变化科学与气候变化政策的影响；第二，依据科学社会学与科学知识社会学的视角，考察气候科学家在科学争论中的角色和他们对气候变化科学的建构。研究方法涉及内容分析、话语分析、实证研究，等等。

然而，到目前为止，很少有研究涉及这一事件对发展中国家的媒体或公众的影响。本文从科学、技术与社会（STS）视角，运用批评话语分析的定量和定性方法，以知网重要报纸数据库中的报纸为研究对象，分析中国报纸对这一事件的话语表征，力图在论述记者运用何种话语策略来阐明观点的基础上，探索报纸对气候科学、气候政治与减缓气候变化的社会行动及三者之间关系的话语建构，进而揭示中国报纸对“气候门”的话语建构中体现的新闻专业规范、历史背景、意识形态立场和价值观。

① Hoffman A J. Talking Past Each Other? Cultural Framing of Skeptical and Convinced Logics in the Climate Change Debate[J]. Organization & Environment, 2011, 24(1): 3-33.

② Koteyko N, Jaspal R, Nerlich B. Climate Change and ‘Climategate’ in Online Reader Comments: a Mixed Methods Study[J]. The Geographical Journal, 2013, 179(1): 74-86.

③ Grundmann R. “Climategate” and The Scientific Ethos[J]. Science, Technology & Human Values, 2013, 38(1): 67-93.

④ Maibach E, Leiserowitz A, Cobb S, et al. The Legacy of Climategate: Undermining or Revitalizing Climate Science and Policy?[J]. Wiley Interdisciplinary Reviews Climate Change, 2012, 3(3): 289-295.

二、研究方法与样本

（一）批评话语分析

批评话语分析（CDA）始于20世纪八九十年代的一组语言学家如Norman Fairclough、Teun A. van Dijk和Ruth Wodak创立的话语分析的新走向。它源于找寻话语与社会之间的关系，将语言视作受到社会和意识形态的驱使。[①]Fairclough的批评话语分析考察话语的三个维度：语篇分析、话语实践和社会实践。其中，语篇分析涉及“词汇、语法、语义衔接和文本结构”。话语实践涉及“文本生产、分布和消费的过程；依据社会因素，这些过程的本质在不同的话语类型中有所不同”。社会实践考察在不同的话语中体现出的意识形态和霸权。[②]Fairclough 指出，CDA关注分析语言中体现的统治、歧视、权力和控制之间透明的和不透明的结构关系。Dijk则认为，CDA关注话语如何在特定的社会、政治、历史环境下被维持和再生产。这些学者以他们自己的术语提出了CDA的一般原则。Fairclough和Wodak提出了CDA的八个主要原则，其中重要的有：第一，CDA强调社会问题。CDA尝试探索与社会、文化、政治甚至经济的背景有实际相关性的结果。第二，话语构建社会和文化。这意味着语言使用的每一个例子都为再生产和转换社会与文化（包括权力关系）做出了贡献。第三，意识形态经常通过话语进行生产。为理解意识形态是如何产生的，对文本进行细致分析是必要的；话语实践（文本如何被解释和接收，它们会产生什么社会影响）也必须被考虑。第四，话语是历史的。因此话语只能够通过它们的历史背景被理解。从这个角度，CDA涉及语言以外的因素，如一定历史条件下的文化、社会和意识形态。[③]

① Fairclough N. Language and Power [M]. New York: Longman Inc, 1989.

② Fairclough N. Discourse and Social Change[M]. Cambridge: Polity Press, 1992.

③ Dijk V. Discourse as Social Interaction[M]. London: Sage, 1997: 271-280.

本研究主要运用Wodak的话语—历史分析方法。这一方法的三个核心向度是：第一，确立所要研究的话语的内容或主题；第二，揭示文本中使用的话语策略；第三，从词汇、句子、修辞等层面考察具体的语言体现形式。本文的研究侧重话语—历史分析的两个维度。第一个维度是探索话语的历史背景。第二个维度是揭示语言背后的意识形态和价值观。

本文同时借鉴了Fairclough、Dijk和Wodak等学者的观点。[①]本文的关注点是话语策略，这是本分析方法的一个基石。“话语策略”在这里被理解为话语的发出者为了达到一个特定的目标，对“实在”进行话语操作的形式。一个话语策略涉及对一个目标（或行动者）在语义上的重新定义。通过密切关注文本的结构组织、文本所表征的目标和行动者、语言和修辞问题，可以识别出话语策略。

（二）研究对象与样本

运用词语“气候门”，将时间定位在2009年、2010年，对知网中国重要报纸数据库进行全文搜索，共得到76篇文章。通过简要的阅读，排除对“气候门”进行简略引用的文章，选择以“气候变化”为中心议题的文章共71篇，将它们作为样本进行分析。进而，对所选的报道文章进行反复阅读，抓住每一篇文章的主旨，建立几个初步的话语主题：第一，“气候门”对气候变化的科学共识不造成影响；第二，“气候门”对气候变化在国际政治谈判与合作中的政治正确性不造成影响；第三，“气候门”对减缓气候变化的行动不造成影响；第四，“气候门”对人为气候变化的科学共识造成了负面影响；第五，“气候门”对气候变化共识的公信力造成影响。根据本文的研究视角和方法，选取前四个话语主题。运用分析与实例相结合的方式，对每个主题下面的话语策略进行

① Dijk V. Principles of Critical Discourse Analysis[M]. Discourse & Society, 1993, 4 (2): 249-283.

揭示。要指出的是，一些报道涉及一个或多个话语主题。

在四个最终的话语主题内，对文章进行审慎的阅读，重点关注对“气候门”进行描述的部分。为了生动具体地呈现报纸如何实施每一种话语策略，从文章中对代表性内容做出摘录。

表1　对每个主题下报道数目的统计

话语主题	报道数目
“气候门”对气候变化的科学共识不造成影响	27
“气候门”对气候变化在国际政治谈判与合作中的政治正确性不造成影响	38
“气候门”对减缓气候变化的行动不造成影响	27
“气候门”对人为气候变化的科学共识造成了负面影响	8

三、分析过程与结果

（一）话语主题1：“气候门”对气候变化的科学共识不造成影响

在这一话语主题下的文章，主要表达了如下观点：虽然发生了“气候门”事件，但是它无法撼动已有的关于气候变化的科学共识。在这一主题下的重要话语策略涉及定位策略和权威化的策略。

定位策略体现在将“气候门”表征为一个违法的事件。通过“侵入”“断章取义”“投机取巧”“可耻”等带有贬斥的感情色彩的词语将采用黑客手段侵入电子邮件系统、泄露科学家之间进行交流的邮件的“气候门”的肇事者定位为阴谋的实施者，表达了对他们的讥诮和怀疑。

如《专家怒批“气候门”，称应捉拿肇事者》中有“英国能源和气候变化大臣埃德·米利班德在邮件泄露后不久表示，这是一起非法侵入他人电脑的犯罪行为，当地警方已经展开调查。不过，由于哥本哈根大会影响大，各方对此给予高度关注，因此一个简单的‘黑客门’被炒成‘气候门’”。①

这段话引用知名政客埃德·米利班德的观点，将“气候门”明确地表述为一个引起警察注意的犯罪行为。作者在将肇事者去合法化的基础上，将他们引起的被媒体称作“气候门”的事件去合法化，将事件的本质定位为“黑客门”，由于媒体的炒作而复杂化，演变为一桩对媒介议程造成较大影响的“科学丑闻”。

权威化的策略体现在作者通过诉诸个人、机构、团体和文本的权威，证明“气候门”无法否认已经达成的科学共识。将个人（科学家或知名政客，如联合国政府间气候变化专门委员会即IPCC主席帕乔里、英国能源和气候变化大臣米利班德）、机构（知名国际气候组织，如IPCC、世界气象组织）、团体（科学群体，如“国际科学联盟”“国际主流科学界”）、文本（科学报告和政策文件，如IPCC科学评估报告、《坎昆协议》）等的观点或话语作为支持气候变化的科学共识的证据。

如《谁绑架了科学？IPCC遭遇史上最强信任危机》中有“以最严重的‘气候门’为例，即使忽略有篡改数据嫌疑的英国东英吉利大学气候研究部门（CRU）的全球温度序列，仍然有来自美国国家气候资料中心和戈达德空间研究所的数据在有利地支撑着‘近百年全球地表温度具有升高趋势’这一结论”。②

这段话采用的句子结构，突出了美国国家气候资料中心和戈达德空间研究所的研究结果为全球地表温度升高提供科学证据，将“气候门”定位为无法撼动IPCC报告结论的事件。

① 关建武, 黄堃, 杨骏. 专家怒批“气候门”，称应捉拿肇事者[N]. 新华每日电讯, 2009-12-09(08).

② 袁瑛, 郭海燕. 谁绑架了科学? IPCC遭遇史上最强信任危机[N]. 南方周末, 2010-02-04(C13).

（二）话语主题2：“气候门”对气候变化在国际政治谈判与合作中的政治正确性不造成影响

在这一话语主题下的文章，主要将“气候门”表征为国际气候政治谈判中的一个小插曲，借以表达如下观点：气候变化的政治正确已经成为国际政治话语中约定的共识，“气候门”这一插曲性事件不会对国际气候政治谈判与合作的进程造成影响。在这一主题下的重要话语策略涉及定位策略、强化或弱化的策略、诉诸历史和现实的辩论策略。

定位策略具体体现在：第一，将“气候门”表征为一些国家、个人或团体为了干扰国际政治议程而炮制的事件。如《通向墨西哥COP16的风雨之路》引用IPCC主席帕乔里的言语，将“气候门”事件描述为既得利益者试图“阻止在2010年底的墨西哥气候谈判达成一个有约束力的协议”的举措。[①]《哥本哈根没有留下“童话”》运用对比的手法，将发达国家爆出“气候门”事件的行径与丹麦作为一个童话国度给人们带来的希望进行对比，对它们进行讥讽。作者将发达国家把自己的责任转嫁给发展中国家的行为描述为是自私的和推卸责任的，将它们排除在国际规则之外。第二，将“气候门”表征为发达国家在哥本哈根会议上实施阴谋的“工具”。这些阴谋包括制约发展中国家的工业化进程、维护本国的利益等。《气候大会“三十六计”》通过使用“趁机发难”“大肆炒作”[②]等带有轻蔑感情色彩的词语，意图揭示出美国为维护本国气候变化政策并取得哥本哈根会议的话语权，以“气候门”为现实依据，为自己的单边主义行为进行辩护的企图。《哥本哈根的标点符号》运用“谈判武器”的隐喻[③]，形象地表明“气候门”被一些国家部署为在哥本哈根会议上回避自身责任、拒斥减排目标的手段。

强化或弱化的策略具体体现在：在对气候变化中的科学不确定性进

① 冯迪凡.通向墨西哥COP16的风雨之路[N].第一财经日报, 2010-01-06(C01).

② 冯武勇.气候大会“三十六计”[N].新华每日电讯, 2009-12-15(005).

③ 陈墨.哥本哈根的标点符号[N].中国经济时报, 2009-12-24(008).

行弱化表征的同时，对气候变化的政治正确性进行强化表征。《哥本哈根：一场谈判的由来》一文在用简洁的文字将“气候门”定位为一个微不足道的事件之后，指出“其实整个延续至哥本哈根的气候谈判机制，就缘起于科学的研究和发现”。作者运用表示强调的语气副词“其实”与表示承接的副词“就”，将科学研究与发现表征为本次气候谈判的科学基础。在介绍牛羊打嗝会导致气候变化的学说之后，作者通过运用表示转折的连词“但是”，对全球一致应对气候变化的政治行动予以强调“气候变化问题让人类真正意义上走到了一起，而且是以和平的方式”①。

诉诸历史和现实的辩论策略具体体现在：从历史主义角度，对国际社会关于气候变化认识的发展进行回顾；从现实主义视角，指出目前存在的气候灾难进一步证明了国际气候谈判的紧迫性。如《倒计时10天》将气候变化的政治化进程与气候变化的科学确定性不断提高的过程进行平行叙事，并在后面的段落中指出“此次哥本哈根大会，极有可能达成将全球升温控制在2摄氏度内的决议，虽然争论将依然存在”。②这一话语表明，以IPCC为代表的气候变化科学家们的共识是哥本哈根会议的科学基础，气候变化已经成为本次会议的一个国际政治共识。《有益的回应》中有“喜马拉雅冰川仍在融化，亚马孙森林仍在受到威胁，国际气候谈判的进程不能半途而废”。作者通过指出冰川和森林目前受威胁的状态，旨在说明“现实就是如此”，从而论证得出如下观点：国际气候谈判是一个持续而紧迫的任务。③

（三）话语主题3：“气候门”对减缓气候变化的行动不造成影响

这一主题下的报道主要表达了如下观点：“气候门”的发生不能影

① 马连鹏.哥本哈根：一场谈判的由来[N]. 中国经营报，2009-12-14(A05).

② 陈晓晨.倒计时10天[N].第一财经日报，2009-11-27(A04).

③ 陈迎.有益的回应[N].人民日报，2010-03-04(015).

响应对气候变化的迫切行动。在这一主题下的重要的话语策略涉及定位策略，强化或弱化的策略、权威化的策略。

定位策略具体体现在：将“气候门”表征为一个没有实质性影响的事件，指出它对减排行动不会造成影响。如《坎昆大会之后中国如何加速低碳转型》中引用国家气候变化专家委员会副主任何建坤的话语，将“气候门”体现的气候科学的不确定性表征为“枝节性的问题”，在“人为活动的温室气体排放不断增长，导致全球气候变暖，负面影响日益显现”等表示因果关系措辞的基础上，进一步强调发展中国家采取减排行动的重要性。作者将“人类活动导致气候变暖”构建为减排行动的科学基础。①

强化或弱化的策略具体体现在：第一，运用特定的句式、段落结构和话语强调应对气候变化的迫切性，弱化对气候变化的科学不确定性的表征，将应对气候变化行动的重要性建构在气候变化科学确定性的重要性之上。作者运用“即便”“不管”“无论如何”等表示递进的关联词语连接两个分句，突出强调应对气候变化或者保护环境的行动是当下的重中之重。如《“气候门”难以影响国际气候博弈》中有“即便气候变化问题是个‘伪命题’，国内的节能减排事业仍然要大力推进”。②《应对气候变化全球不能犹豫》将说明人类可持续发展现状严峻性的自然段放置在说明中国需要节能减排的两个自然段之前，并且运用表示肯定的副词“必须”以示强调说明“不管全球气候变暖是否属实，中国都必须改变‘高能耗、高污染、高排放’的发展模式”③，自然地有助于形成这样一种观点：必须重视实际的节能减排行动。第二，采用危言耸听的话语对环境恶化的灾难后果进行强化的表征，试图营造一种危机感和紧迫感。如《谁的低碳？》中有“但无数的事实又摆在了人们的面前，南极的冰架在坍塌漂移，北极的封冻期越来越短”。作者将冰原的

① 陈磊.坎昆大会之后中国如何加速低碳转型[N].中国贸易报，2010-12-23(H01).

② 刘新宇.“气候门”难以影响国际气候博弈[N].社会科学报，2009-12-24(002).

③ 辛本健.应对气候变化全球不能犹豫[N].人民日报海外版，2010-06-07(001).

缩小、冰盖的融化等自然灾难与气候变暖联系起来，强调只有人人参与减排行动，才能防止迫在眉睫的灾难的发生。

权威化的策略体现在作者通过诉诸个人和文本的权威，证明应对气候变化行动的必要性与紧迫性。将个人（有影响力的政治家与气候变化领域的专家，如时任总理温家宝、中科院科技政策与管理科学研究所王毅研究员）、文本（政策文件和领导人的演讲，如《中国应对气候变化国家方案》、时任国家主席胡锦涛关于《携手应对气候变化挑战》的重要讲话）等的观点或话语作为支持减缓气候变化的行动的证据。如《不该如此的历史 不可忽视的真相》中有“正如温家宝总理在领导人会议上所言……每个国家和民族，每个企业和个人，都应当责无旁贷地行动起来”。[①]

（四）话语主题4：“气候门”对人为气候变化的科学共识造成了负面影响

这一主题下的报道主要表达了如下观点：“气候门”对全球变暖的科学论断的确定性造成了冲击。在这一主题下的重要话语策略是定位策略，具体体现在：

第一，将CRU的科学家们和他们所代表的气候科学表征为是受到利益驱使的。在《从“全球变暖”到“气候变化”》中，作者运用讽刺修辞，对宣传“全球变暖”的美国前副总统阿尔·戈尔和CRU的菲尔·琼斯等科学家进行诋毁，揭示全球变暖科学背后的经济和政治动机。作者将“全球变暖是人为造成”的本质表述为受到获取研究资金和巨额工业利润的驱使。将纯科学与金钱分离是一个传统的价值观，因此声称科学与金钱的任何联系能够使科学立即呈现为不纯的、欺骗性的或不可信的，金钱似乎被视作污染或玷污了科学的“纯洁”。在这一背景

---

① 刘海英.不该如此的历史 不可忽视的真相[N]. 科技日报, 2009-12-21(002).

下，作者将气候科学与科学在传统上的积极领域相分离，运用“政治和商业上的精明操作”[①]的措辞反方向地构建了它。

第二，将“气候门”表征为体现气候变化科学不确定性的“证据”。如《“碳金融”的“货币战争”》以“气候门”为现实论据，印证了如下观点：人类活动是全球气候变化的“重要原因之一”，而不是“主要原因”。[②]

四、结论与讨论

报纸在对“气候门”事件的报道中，所采用的主要话语策略有定位策略、诉诸历史与现实的辩论策略、权威化的策略、强化或弱化的策略。通过有意识地使用这些策略，84.3%的文章旨在强调气候变化的科学性、气候变化的政治正确性、采取减排行动的迫切性，11.3%的文章旨在质疑气候变化的科学性。可见话语的发出者为了对某一社会问题进行建构，会对话语策略进行有目的性的使用，意图增强他们观点的可信度。

Carol Terracina[③]、Brigitte Nerlich[④]等人对美国和英国的媒体关于“气候门”报道的研究发现，在这一事件发生后，一些西方媒体对“气候怀疑论”的观点投入了更多关注，他们开始诋毁气候科学，抵制气候政治和减缓气候变化的行动，这对受众关于气候变化议题的认知造成了影响。我们将依据新闻专业规范、历史背景、意识形态和价值观，对中

① 袁晓明. 从“全球变暖”到“气候变化”[N]. 上海证券报, 2009-12-08 (F08).

② 李俊辰. “碳金融”的“货币战争”[N]. 上海证券报, 2010-01-18(006).

③ Terracina C, Tsuyoshi O. Climate Change on trial: An Analysis of the Media Coverage of Climategate[J]. International Journal of Climate Change Impacts & Responses, 2013, 4(3): 119-132.

④ Nerlich B. ‘Climategate’ : Paradoxical Metaphors and Political Paralysis[J]. Environmental Values, 2010, 19(4): 419-422.

国报纸关于“气候门”事件的话语建构进行解释。

对话语主题一和话语主题四的分析表明，38%的报道将“气候门”建构为对气候变化的科学共识不造成影响的事件，只有11.3%的文章将气候科学共识在一定程度上问题化。在2007年的IPCC第四次评估报告中，气候科学家已经指出，有90%的把握确定，气候变化正在发生，而且与人类活动有关。正如我国学者严俊所提出的，美国对气候怀疑论的观点投入了过多的关注，美国新闻业的平衡规范造成了“气候门”的报道中的“虚假平衡”现象。[①]与美国媒体相比，中国报纸的报道更接近于气候科学的真实状态。这在一定程度上反映了中国媒体更加注重对客观性规范的诉求。

对话语主题二的分析表明，53.5%的文章将“气候门”建构为对气候变化在国际政治谈判与合作中的政治正确性不造成影响的事件，这可以与气候政治的历史背景联系起来。IPCC于1988年成立，标志着气候变化这一科学问题正式进入国际气候政治议程。IPCC分别于1990年、1995年、2001年和2007年发布了四次气候变化科学评估报告，成为国际社会进行气候谈判与合作的科学基础。联合国环境与发展大会在1992年7月于里约热内卢举办，各国首脑在大会上签署了《联合国气候变化框架公约》（UNFCCC），这是第一个旨在稳定温室气体浓度的国际公约，为国际社会应对气候变化提供了一个基本框架。为履行 UNFCCC的承诺，从1995年起，每年都要举办一次世界性的UNFCCC缔约方会议。1997年在日本京都召开的第3届缔约方会议上通过的《京都议定书》，和2007年在印尼巴厘岛召开的第13届缔约方会议上通过的“巴厘岛路线图”决议，具有里程碑意义，进一步巩固了UNFCCC的体系，为全球减排时间、额度和资金等问题指明了方向。一个强势的国际气候政治话语体系被逐步确立。在2009年第15届缔约方会议即哥本哈根大会上，气候变化的政治正确已经成为一个世界性的共识，已被意识形态

① 严俊. 从“气候门”事件看美国媒体的虚假平衡报道[J]. 新闻记者, 2010, 7: 64–68.

化。因此“气候门”不会对国际气候政治秩序造成影响。

对话语主题三的分析表明，38%的文章将“气候门”建构为对减缓气候变化的行动不造成影响的事件。这些文章强调，必须采取实际行动来保障未来环境安全。报道对气候变化行动重要性的强调，体现了在中国语境下可持续发展的意识形态的指导作用。在这一话语主题下，57.9%的文章在承认“气候门”体现了气候科学的不确定性的基础之上，将减排行动的重要性建构在了气候变化的科学共识的确定性的重要性之上。这体现了实用主义价值观的指导作用。实用主义将实践的重要性置于首位，认为只有以务实的态度参与实践，才能发现问题和解决问题，以实现更高的目标。这一话语建构同时具有积极意义和消极意义。积极意义体现在，这有助于促进承担气候变化的责任和采取行动，因为将科学确定性作为减排行动的唯一有效的基础，是具有潜在的危险的：得到气候变化全部影响的明确证据可能来不及。消极意义体现在，这将导致受众忽略气候变化科学的不确定性。虽然气候科学可能必须要解决很多不确定性，但是它作为一个“常规”的科学，仍然会产生大量确定的、客观真实的和相当有用的知识。对大量具有确定性的客观知识进行报道是媒体的责任，但是对科学的不确定性进行弱化的表征，是不客观的。公众对气候科学的理解，应该基于对已形成的不确定性和不可能性甚至不合需要的欣赏。在气候变化问题上，必须让公众在不确定性的情况下决定是否采取决策或行动。因此，从长远意义上说，对不确定性进行弱化建构并不是媒体的一种积极态度，反而会削弱气候变化议题的公众参与。

在话语主题二与话语主题三中，一些文章（占样本的12.7%）将气候变化的科学性表征为政治正确性和行动迫切性的科学基础。这反映了中国社会对科学的一个很常见的感知：科学在中国被视作一个绝对可靠与客观的智力活动。气候科学为国际谈判和采取真正的减排行动提供权威性的指导。而在话语主题四中，一些文章（占样本的2.8%）通过揭示科学背后的政治经济等利益因素，将气候科学与科学的“寻求真理”

的领域分离，可能也与这一感知有关。这表明中国报纸倾向于将气候科学与气候政治、减缓气候变化的行动之间的关系建构为双向的，即关于气候变化的科学为气候政治和减排行动提供权威基础，却在一定程度上忽略了政治等社会因素对科学的反作用。

还需考虑的是这四个话语主题之间的关系。有41.2%的文章同时涉及2个或3个话语主题。其中一些文章在将气候变化建构为一个科学议题的同时，对该议题的政治与社会维度投入了极大的关注；另一些文章则仅仅关注气候变化议题的政治与社会维度。只有15.7%的文章对气候变化的科学维度投入了重点关注。可见，我国报纸在促进气候变化的政治化和社会化进程中起到了很大的作用，但在一定程度上忽视了气候变化同时也是一个科学议题。在信息化的当下，报纸与网站之间存在一定的互动。据统计，有94.6%的文章被公布在腾讯、新浪、搜狐、凤凰等各大媒体的门户网站、新闻报刊网站或原作者的博客上。这些网站及博客具有较高的点击率。而对这些文章的传播渠道和传播效果还需要进一步研究。

第五编

科学传播理论探索

5.1 《申报》中的科学家形象研究

张芳喜　张增一

（自然辩证法通讯，2017年第4期）

引言

科学家形象与媒体有着重要的关系，一般而言公众获取科学家信息主要是通过大众媒体。本文选择《申报》为研究对象基于如下考虑：一是《申报》跨越晚清和民国时期，时间跨度长、影响大；二是这一时期正是西方近现代科学传入和中国科学建制化发展的关键时期。本文的主要研究目标是通过对《申报》中科学家报道文章进行量化统计和内容分析，揭示媒体中科学家形象构建的社会历史成因。

一、研究现状与问题

国外科学家形象研究主要有四个方面：一是科学家形象的性别研究；二是科学家形象的媒介研究；三是研究学生或公众眼中的科学家形象；四是研究艺术作品中的科学家形象。尼尔肯（Dorothy Nelkin）和拉弗利特（Marcel C. LaFollette）较早对科学家形象进行了性别研究。拉弗利特在对美国1910—1955年报纸和杂志的科学家报道研究中发现，对女科学家的描述存在一定的歧视和刻板印象，并且他深入分析了成因。[①②③]斯坦克（Jocelyn Steinke）对如何驱除女科学家的刻板印象进行了研究。有学者研究发现英国的媒介中男女科学家呈现的比例存在不对等情况。[④]研究文学作品和科幻小说中的科学家形象有海恩斯（R.D Haynes）[⑤]和沃尔特（H. Walter）。沃尔特运用内容分析方法，研究了1926—1950年的科幻故事，发现不同时期对科学和科学家的看法都有不同。

国内的科学家形象研究起步晚，从性别视角进行研究的主要有陈彤旭[⑥]、邢佳妮[⑦]，主要研究女科学家刻板形象的媒介建构。詹琰[⑧]从几个方面总结了国内科学家形象的研究特点，比如起步晚、缺乏创新性；研究对象的选择缺乏规范，研究方法有待丰富等。

科学家形象虽具有一定的共性，但不同历史时期的科学家形象也会有所差别，同当时的政治制度、经济基础、文化传统都有很大的关系。晚清至民国是西方近现代科学传入和中国科学建制化发展的关键时期，科学家形象的塑造对引进和倡导科学、营造氛围有重要的作用和意义。《申报》是近代中国出版发行时间最长、影响最大的报纸之一，对《申报》中科学家报道的内容进行分析，对于了解中国近代科学传播的过

---

① Nelkin D. Selling Science: How the Press Covers Science and Technology[M]. New York: W. H. Freeman, 1987: 18.

② Lafollette M C. Eyes on the Stars: Images of Women Scientists in Popular Magazines [J]. Science, Technology & Human, 1988(3): 262-275.

③ Lafollette M C. Making Science Our Own: Public Images of Science 1910-1955[M]. Chicago: The University of Chicago Press, 1990.

④ Chimba M, Kitzinger J. Bimbo or Boffin? Woman in Science: an Analysis of Media Representations and How Female Scientists Negotiate Cultural Contradictions[J]. Public Understanding of Science, 2010(5): 609-624.

⑤ Haynes R D. Scientists in Literary Works—Images, Stereotypes, and Their Importance[J]. Interdisciplinary Science Reviews[J]. 1989(12): 28.

⑥ 陈彤旭. 改变性别刻板成见——美国电视中的女科学家形象对女孩的影响[J]. 国际新闻界, 1998(1): 74–114.

⑦ 邢佳妮. 媒介对科学家形象塑造的影响分析[J]. 中国商界(下半月), 2010(5): 393.

⑧ 詹琰, 胡宇齐, 郝君婷.科学家形象研究现状及发展动态分析[J]. 自然辩证法通讯, 2014(5): 93–98.

程、推动中国当代科学技术传播和科学家媒介形象的塑造具有一定的现实意义。

二、概念界定、研究样本与方法

（一）科学家形象概念界定

从文献来看，现在没有关于科学家形象的准确和统一的定义，且多数文章倾向于将科学家形象分为内在形象和外在形象、职业形象或人性形象。本文中科学家的媒介形象是科学家的若干特征被作者进行综合和概括后呈现出来的特征。

（二）研究样本

本文研究样本是国家图书馆《申报》全文数据库（1872—1949）。检索到的文章不仅包括时评、消息、自由谈、名人传记、通俗讲座、科学常识等版面中重要内容，还包括儿童周刊、妇女园地、衣食住行特刊等版面中的内容，除掉一些与本文研究不相关的文章，最后所选样本是77篇。

（三）研究方法

本文利用定量与定性研究相结合的方法。对《申报》中的科学家报道文章样本进行内容分析，结合文本分析和社会建构理论研究科学家形象的媒介构建。

三、《申报》中呈现的科学家形象

在二十世纪以前，“科学”一词还未在中文里出现，对声光化电等学问统称为“格致学”。徐光启等最初西方科学的传人就用了“格致学”。在《申报》上最早出现“格致”一词是在1875年，有格致书院、格致之学等。十九世纪末，科学一词由日本传入中国，此词最早由日本的加藤弘之于1877年开始使用，是为了翻译“SCIENCE”一词而新造的。《申报》上出现的第一篇有“科学家”这个词的文章是在1904年7月15日第1版，标题为“地积大小与丁口疏密为文化迟速比例差说”。[①]《申报》中第一篇提到科学家名字的文章是在1916年1月17日，标题为“科学与战争之关系”，出现的科学家名字是英国的化学家莱姆谢氏（现译为莱姆塞）。[②]

（一）科学家的人性特征

1. 科学家的人格特征

依据北京大学心理学专家王登峰教授制定的中国人的人格因素结构[③]和样本文章中科学家报道的特点，将科学家性格的描述分成下面的18小类。

表1 人格特征统计

	活跃	合群	乐观	利他	诚信	重感情	严谨	自制	沉稳
出现次数	8	7	23	25	5	22	30	6	6
样本频次	10.3%	9.0%	29.9%	32.5%	6.5%	28.6%	39.0%	7.8%	7.8%

① 地积大小与丁口疏密为文化迟速比例差说[N]. 申报, 1904-07-15(1).

② 科学与战争之关系[N]. 申报, 1916-01-17(3).

③ 王登峰, 崔红. 中国人的人格量表的信度与效度[J]. 心理学报, 2004, 36(3): 347-358.

续表

	决断	坚韧	机敏	耐性	爽直	宽和	热情	自信	淡泊
出现次数	17	61	33	3	0	20	10	22	11
样本频次	22.1%	79.2%	42.9%	3.9%	0.0%	26.0%	13.0%	28.6%	14.3%

文中出现最多的描述是坚韧类，即做事的毅力特点。反映做事目标明确、坚持原则、有始有终且持之以恒。有79.2%的文章中出现类似的描述。例如对居里夫人的介绍，她“十七岁时，已精习物理算学，赴巴黎谋考博士学徒，寓一小舍五年，终年自炊，冬则自提煤篮，步登五层之高楼，其所有光阴，皆用于攻读”。“一八七九年，长女诞生，夫人虽已为母，求学不辍。其夫居里遇祸陨生后，夫人之悼痛可知，然不因此废其研究工作。”[①]其次是机敏类，有42.9%的文章中出现类似的描述，机敏反映为工作投入、热情、敢为和积极灵活。例如，牛顿“年幼时曾备配一套器具，如锯鉴之类，自制精巧玲珑之玩物，见者莫不称绝。曾制一规模狭小之风车”。[②]再次是严谨、利他类，严谨表现为工作态度和自我克制的特点，反映做事认真、踏实和严谨；利他表现为对人宽容、友好和顾及他人，分别有39.0%、32.5%的文章中出现类似的描述。例如，列文虎克“研究态度是非常谨严的，他是绝不轻下决断的，他在没有把握之前，他是不著一字，不作一图”。[③]在人际关系方面，宽和热情类的描述占26.0%和13.0%。例如，对医学家博尔代的描述，“他的容貌是和蔼的，一见可看出是一位温厚笃学的学者”。[④]物理学家、量子力学的奠基人玻尔曾经到过中国访问和讲学。玻尔在中国做演讲时，文章中写道“近来游远东，沿途曾在各处演讲，教授虽名满

① 物理学发明家居里夫人逝世[N]. 申报, 1934-07-05(9).

② TC. 大科学家牛顿小传[N]. 申报, 1924-04-10(10).

③ 伍必雄. 吕芬呵克[N]. 申报, 1937-02-18(18).

④ 桀人. 医学者居列・波尔德[N]. 申报, 1936-03-22(21).

天下，但发言谦和”。[①]报道中描述多数科学家对人比较宽和与热情，但也有个别科学家性格很古怪。比如英国化学家卡文迪许，他虽在学术有很大贡献，“但秉性孤独不与人往来，尤不喜见女人。家中偶用女仆，只要被他看见，没有不被辞退的”。[②]除此之外，一些文章也展现科学家在日常生活中对待生活、对待家人的态度，从某些侧面展现出科学家的性格品质特征。

2. 科学家的学术态度

在对研究过程和经历的描述中，会出现科学家的学术态度和对科学的态度的描述，本文主要归纳为创新、长期坚持、合作、不求名利四种学术态度。

对科学家亲自参与试验以及长时间研究进行的描述，68.8%的案例中提到了类似的描述，64.9%的案例中提及科学家的创新意识，22.0%的案例中提及科学家的合作态度，24.7%案例提及科学家不求名利，其中对某些科学家的描述出现不止一种学术态度，统计结果见表2所示。

表2　学术态度统计

	创新	长期坚持	合作	不求名利
出现次数	50	53	17	19
样本频次	64.9%	68.8%	22.0%	24.7%

3. 科学家的他人评议

科学家的他人评议主要有合作者、同事、同行、其他领域科学家、政治人物、家人亲属、其他。

---

① 丹麦科学家玻尔教授新语——探讨原子学获长足进步[N]. 申报, 1937-05-28(10).

② 不除庭草齐夫谈荟. 学半个卡汾狄士[N]. 申报, 1931-09-11(17).

表3　科学家的他人评议

	合作者	同事	同行	其他领域	家人亲属	政治人物	其他	无
出现次数	0	0	9	3	0	4	5	62
样本频次	0.0%	0.0%	11.7%	3.9%	0.0%	5.2%	6.5%	80.5%

统计发现只有同行、其他领域、政治人物和其他给出了评议。在四类中出现的21条评议都是正面评价。只有一篇写卡文迪许性格古怪，对其学术成就还是肯定的。其中最多的正面评价（11.7%）来自于同领域科学家，其次是政治人物和其他领域科学家，分别占5.2%、3.9%。合作者、同事和家人亲属没有给出评议。没有他人评议的文章占80.5%。

（二）科学家的外在特征

外在特征是一个人从外表可以直观表现出来的，包括性别、外貌等。

1. 性别

很多研究表明科学领域存在性别的刻板成见，性别和科学的文化差异在美国社会也是普遍存在的。

样本文章中出现的科学家共有47人，其中男性科学家有43人，占91%；女性科学家有4人，占9%。男女科学家的比例、报道的方式及所采用的语言均表现出性别选择的倾向性。《申报》科学家报道的四位女科学家是法国的居里夫人、约里奥·居里夫人（居里夫人之长女）、李约瑟夫人和钱三强夫人何泽慧女士。这四位报道的女科学家的丈夫都是有名的科学家，并且夫妇几乎都是从事同一个领域，在同一个实验室里进行研究，可谓夫妻志同道合。另外，女科学家良好的家庭环境对于她们走上科学道路也有重要的影响。

2. 科学家的外貌特征

有些文章属于名人传记和通俗讲座，有科学家的年龄、外貌的描写，也有些文章描述科学家正在进行的工作以及当时的穿着等。例如，居里夫人小时候“安静温柔得像只小白鸽，哥哥姐姐尽管闹得天翻地覆，他只坐在屋角的凳子上，转动着两只晴明的眼睛，呆呆地看他们跳，自己从不加入”。①爱迪生“年幼时体弱，沉默寡言笑，喜研究探讨”。②

（三）科学家的职业特征

科学家的职业特征可从学科领域、行政职务两个方面进行研究。

1. 科学家的学科领域

表4　科学家的学科分布

序号	领域	数量	序号	领域	数量
1	病理学	1	11	农学	1
2	物理化学	2	12	生理学	1
3	博物学	1	13	天文学	2
4	地质学	1	14	微生物学	1
5	电报	1	15	无线电	2
6	电学	3	16	物理	17
7	飞机发明	1	17	医学	2
8	古生物	1	18	生物化学	2
9	化学	6	19	生物	1
10	水利	1			

① 林兰. 居里夫人：镭的发现者[N]. 申报, 1937-06-10(18).

② 美商昨开庆祝大会(大科学家爱迪生发明电灯泡五十周年纪念)[N]. 申报, 1929-10-22(13).

将这些学科按学术领域进行分类后，各类别的具体情况见表5。

表5　科学家的学科领域分布

各类别	所占人数比	科学家人数
生物学与生物医学科学	14.9%	7
自然科学、数学与统计学	72.3%	34
信息科学与职业专门技术	6.3%	3
医学与心理学	9.7%	2
其他	4.2%	1

2. 科学家的行政职务

有些文章会提及科学家担任的职务和参加的社会活动，表6对科学家的职务进行了统计。

表6　科学家的职务统计

	政治事务	机构管理者	主任	社会活动	无
出现次数	8	14	4	2	54
样本频次	10.4%	18.2%	5.2%	2.6%	70.1%

可以看出70.1%的文章中未曾提及科学家担任职务。18.2%的文章中描述了该科学家作为研究所所长、院长或公司管理者职务，如1931年诺贝尔化学奖得主卡尔·博斯任德国化学托拉斯总经理，诺贝尔公司董事；乔治·伊斯特曼，照相机软件发明家，美国柯达公司创办人。有5.2%的文章描述该科学家任系主任或实验室主任职务，例如，中山大学的叶格尔兼地质学主任二十余年；约里奥·居里夫妇是巴黎法兰西学院原子核实验室的主持人。有10.4%的文章中，描述了该科学家在政治事务中发挥作用，例如，马可尼一九一八年出席凡尔赛和会，是参议院议员、法西斯党最高会议会员。

（四）环境因素凸显科学家形象

科学家仍是一个实实在在的生活在社会中的正常人，有自己生活的国家、学习成长的家庭、从事工作的社会等等，所以科学家的形象还需要考虑到科学家的国别、家庭、学习、工作等环境因素。在本节将讨论文章是如何通过环境因素凸显人物形象的。

1. 科学家的国别统计

在《申报》样本文章中共有47名科学家，中国科学家12名，占25.5%，外国科学家35名，占74.5%。各外国科学家具体国别分布如下：

表7　科学家的国别统计

国别	人数	名字	国别	人数	名字
比利时	1	居列·博尔德	丹麦	1	玻尔
荷兰	1	吕分呵克	瑞典	1	诺贝尔
希腊	1	阿基米德	德国	3	柏鸠斯、卡尔博斯、叶格尔
苏联	2	伊丹米丑林、巴夫洛夫	意大利	3	马可尼、费米、伽利略
法国	5	居里夫妇、约里奥·居里夫妇、巴斯德	美国	7	爱迪生、爱因斯坦、布拉希斯、富兰克林、兰哥力、莫尔斯、乔治·伊斯特
英国	10	达尔文、德斐、法拉第、马休斯、卡汾狄士、莱姆塞、列斯特·的瑟、尼德汉夫妇、牛顿	中国	12	曹仲渊、陈德良、陈筱舫、何泽慧夫妇、侯宾璋、李仪祉、萨本栋、唐宏庆、王善、陈善辽、颜德庆

从表中可以看出，中国科学家12名，占总人数的25.5%；美国科学家7名，占14.9%；英国科学家10名，占21.3%；法国5名，占10.6%。报道中科学家人数的多少一定程度上反映了该国的社会经济发展水平和科技文化发展程度。

2. 科学家的家庭环境

科学家走上科学道路或者是因为偶然发现、兴趣使然，或者是因为家庭熏陶。良好、开放的家庭氛围和可以获得知识的途径让他们的研究生涯获益匪浅。美国芝加哥大学著名心理学家本杰明·布鲁姆（Benjamin Bloom）的一项调查显现了类似的结论：统计了360名早于1985年获得诺贝尔自然科学奖的科学家，发现其中约80%以上的科学家在8岁以前就受到过良好的家庭教育。[①]

家庭环境和父母的教育对科学家的成长影响很大，比如，居里夫人的父亲为华沙大学的数学与物理教授，母亲为女子小学校长。达尔文出生在一个外科医生家庭，“他的父亲是名著《植物园》作者伊拉司默司之子”。[②]诺贝尔的父亲是一个机械师，所以他自幼与科学为伴。[③]也有一些科学家儿时生活艰难。戴维“十五岁时，不幸父亲病死了，他找一面研究一面做事的机会”。[④]出身贫寒的科学家，只要勤奋好学，坚持自己的研究，也能取得成功。

3. 科学家的教育背景

在《申报》的科学家报道的文章中，对科学家的学历进行了统计，得到下面的结果。

---

① Griset J, Bohr N. Practical Genius[J]. UNESCO Courier, 1985(6): 21.

② 几凡. 达尔文传记(一)[N]. 申报, 1934-02-18(25).

③ 果轩. 诺贝尔炸药发明[N]. 申报, 1936-06-04(18).

④ 德斐[N]. 申报, 1936-10-01(18).

表8 科学家学历统计

学历统计	大学以下	大学	博士	无描述
人数	7	10	15	15
所占比	14.9%	21.3%	31.9%	31.9%

从表中可以看出大学学历以下的科学家有7名，占14.9%；接受过大学和博士教育的各有10名和15名，分别占21.3%和31.9%。

科学家们受到的专业科学训练为他们日后的科学研究奠定基础。《申报》中描述了这些科学家在选择科学领域时的兴趣导向，以及在学习过程中的坚持和刻苦，也反映出了科学家的一些学术道德是来源于其上学期间受到的影响，以及长时间的积淀。

有些科学家家境贫寒，没有良好的学习环境，但是凭借自己的爱好兴趣、刻苦学习和反复试验，也取得了很大的成就。比如爱迪生、法拉第等。

4. 科学家的工作环境

居里夫人获得诺贝尔奖之后，避居在巴黎郊外的一座房屋之中，因为她名声太大，远道往访者很多，所以避居到清静之处。她说，在树荫的中间，拿了一支像人一样长的巨棍去搅拌化学炉，人生恐怕没有一件事比这更快乐了。居里夫人的长女约里奥·居里一九二四年得到博士学位后，在她母亲主持的镭学研究所当助教，她和她丈夫孜孜不倦地从事放射体的研究，终于在一九三四年试验成功了人工放射性同位素。通过这些对科学家工作环境的描述可以看出伟大的科学家投身于科学事业，但个人生活却极其简朴，淡泊名利。

四、《申报》对科学家形象的构建

《申报》中展现的是天资聪颖、勤奋刻苦、热爱科学事业和科学真理的科学家形象。那么为什么媒介会呈现这样一种理想、完美的科学家形象呢？这和当时的社会历史条件有紧密联系。

《申报》创办于1872年，当时是晚清至民国西方近现代科学传入和中国科学建制化发展的关键时期，科学家形象的塑造对引进和倡导营造科学氛围有重要的作用。被誉为近代科普开拓者的任鸿隽创办了中国第一个科学团体“中国科学社”和中国第一本综合性科学杂志《科学》。

《申报》作为晚清至民国时期具有社会影响力的报纸，从多个角度和层次来介绍科学和科学家，构建的科学家形象有利于近代科学在中国的传播。一是有利于社会形成崇尚科学、尊重科学家的氛围，通过“科技救国”推动社会发展。二是有利于提升中国科学家的社会声望和公众地位。

总的来看，《申报》中科学家形象的构建与晚清到民国时期的社会背景有着紧密的联系，是时代的要求。报纸报道科学家的方式以及形成的科学家形象实际上是受历史环境影响的。科学家正面形象的建构和传播是出于国家和社会发展的需要。例如在《申报》上就有许多征文“我做怎样的人”，其中写道“二十世纪的世界是科学的世界，哪国科学发达，哪国就强盛。倘科学发达了，就可以发明武器，打倒侵略我国的敌人。科学进步，发展实业才有希望。因科学具有伟大的力量，我决心要做一个科学家，来救我们垂亡的祖国”。这样的文章反映出当时中国经济落后、科学落后的现实，促使国人清醒、科学救国。

《申报》作为中国当时最有影响力的报纸媒介，通过介绍科学家及其科学成就，让人们了解、关注科学家群体。《申报》报道了较多的国外科学家，介绍了他们的科学新发现和研究成果，从而提高民众的科学素养，激发他们的爱国热情，激励国人热爱科学，勤奋刻苦钻研科学，改变中国科技落后的状况。

5.2 从科学的视角看燕窝：解构还是建构

秦婧　张增一

（自然辩证法研究，2015年第4期）

引言

燕窝有“东方珍品，稀世名药”之美誉。中国本草类医药典籍如《本草备要》《本经逢原》《本草从新》《本草求真》《本草纲目拾遗》等关于燕窝的营养和医药价值的记载支持这种论点。燕窝不过是一种“普通食品”。现代科学对燕窝化学成分和营养成分的研究则支持后一种观点。本文首先分析我国古代医药典籍、文学作品构建的传统燕窝形象；其次，系统梳理现代科学关于燕窝的研究成果及其揭示的燕窝形象；最后，以社会建构论为基础，探讨现代科学关于燕窝的研究对燕窝传统形象的解构与建构过程。

一、传统的燕窝形象

燕窝指金丝燕用唾液筑成的巢窝，有“白海菜”[①]“燕蔬”[②]“燕

① [明]黄衷. 海语[M]. 台北: 台湾学生书局, 1984.

② [清]屈大均. 广东新语[M]. 清康熙水天阁刻本.

室”[①]“燕窝菜”[②]等别称，但“燕窝”一词的使用频率最高。燕窝曾被归类于“海错”[③]。据李约瑟[④]、关培生和江润祥[⑤]等人考证，燕窝在唐朝由南洋输入，最早作为食品被引入国内。已知最早记载燕窝的文献——元朝贾铭所著《饮食须知》便记载了“燕窝，味甘性平。黄黑霉烂者有毒勿食”[⑥]。类似该文，关于燕窝性质、食用经验的记述表明，最晚在元朝燕窝就已经被当作食品食用了。[⑦⑧]

自《本草备要》[⑨]记载了燕窝的药效之后，后人的记载与《本草备要》几乎没有争论之处，而是在其基础上搜索各类笔记、方书，不断对燕窝的药效进行丰富和补充。中医本草文献记载的燕窝特性与药效有：燕窝性味甘、淡、平；能养肺阴，化痰止嗽，调理虚劳；壮阳益气，可开胃气，润大小肠，止痢疾；能帮助治疗小儿痘疹；可止尿频。[⑩⑪]药方中燕窝的用法则有两种，可以作为处方中的一味药材，用于治疗疾病，能调节脾胃[⑫]、润肺止咳[⑬]、治愈痢疾[⑭]、疮症[⑮]等；也可以作为药方中的辅助配料、药引子[⑯]为了使药力平缓释放，防止药力过猛而伤身。

---

① [清]周亮工. 闽小纪[M]. 清康熙周氏赖古堂刻本.

② [清]嵇璜. 续通志[M]. 清文渊阁四库全书本.

③ 海错即各种水产动植物等海产品。

④ 李约瑟. 中国科学技术史: 第4卷[M]. 北京: 科学出版社, 2008.

⑤ 关培生, 江润祥. 燕窝考[J]. 明报月刊, 1985(3): 33–37.

⑥ [元]贾铭. 饮食须知[M]. 北京: 中华书局, 2011.

⑦ [清]袁枚. 随园食单[M]. 北京: 学苑音像出版社, 2004.

⑧ [清]梁章钜.浪迹三谈[M]. 清咸丰七年刻本.

⑨ [清]汪昂. 本草备要[M]. 台南: 世一文化事业股份有限公司, 2009.

⑩ 同上.

⑪ [清]张璐. 本经逢原[M]. 北京: 中国医药科技出版社, 2011.

⑫ 陈可冀. 清宫医案集成(上册)[M]. 北京: 科学出版社, 2009.

⑬ [清]柳宝诒. 柳选四家医案[M]. 清光绪惜余小舍刻本.

⑭ [清]赵学敏. 本草纲目拾遗[M]. 北京: 中国中医药出版社, 2007.

⑮ [明]王肯堂. 证治准绳[M]. 清文渊阁四库全书本.

⑯ [清]柳宝诒. 柳选四家医案[M]. 清光绪惜余小舍刻本.

燕窝也被认为能作为食补的补品用于补养身体。[①]《金瓶梅词话》《红楼梦》《绿野仙踪》《镜花缘》《老残游记》《聊斋志异》《二十年目睹之怪现状》《儒林外史》《三言二拍》《官场现形记》等文学作品中燕窝都曾被当作补品，比如在《红楼梦》中，燕窝有14次以补品的形象出现，不仅补身治病可用燕窝，伤神、忧心、腹空之时也可用燕窝，燕窝不再局限于是药材和菜肴，而更偏重于是一种补品。比如林黛玉生病时，宝钗便劝黛玉食冰糖燕窝粥进行调养，认为吃久了比药还强。[②]广告与报纸则以两种报道方式来强调燕窝的补品形象，一种是以中医理论为基础，突出燕窝的滋补功效，比如认为燕窝功效主要在于滋阴润肺、化痰止咳、补虚健脾，因此燕窝具有一定抵抗衰老的功效，适合肾功能不佳者进补；另一种报道方式是以"自古以来……""众所周知……"为依据，把燕窝能够补养身体这一观点的长久性、约定俗成性作为该观点正确性的依据。[③]

医药典籍、文学作品、广告传媒等记载了燕窝的营养食品、药品、补品的传统形象。伴随着燕窝的食用和消费，燕窝早已不单纯只是一种食品或一味药材，基于燕窝的传统形象，形成了以滋补为特点、以药补食补为表现形式的独特的中国燕窝文化，燕窝已成为一种特殊的象征——代表了稀有、高贵、养生。燕窝文化强调燕窝的稀有，燕窝由岛民采摘下来，"随舶至广贵家，宴品珍之其价翔矣"。[④]自古以来燕窝就是价格高昂的食之珍品。[⑤]燕窝文化也突出燕窝的高贵，至少从明朝始，燕窝已经是宫廷贡品了。[⑥]作为馈赠亲友的礼品、宴请的菜品，燕窝也被用来提高礼遇的档次以显示社会身份地位的尊贵。燕窝甚至被一

---

① 陈可冀. 清宫医案集成(上册)[M]. 北京: 科学出版社, 2009.

② [清]曹雪芹. 红楼梦[M]. 清乾隆五十六年萃文书屋活字印本(程甲).

③ 秦婧, 张增一. 食品养生中的两种知识传统的冲突——以我国报纸的燕窝报道为例[J]. 科学与社会, 2014(1): 97–111.

④ [明]黄衷. 海语[M]. 台北: 台湾学生书局, 1984.

⑤ [明]马麟. 续纂淮关统志[M]. 清乾隆刻嘉庆光绪间递修本.

⑥ [明]吕毖. 明宫史[M]. 清同治刊本.

些商家鼓吹为适合任何人群、任何疾病症状的“滋补圣药”。时至今日，高档商场、超市卖场、药店大多都有燕窝和燕窝制品出售，中国一直是世界最大的燕窝消费区，每年约消费燕窝五百吨。①

二、科学视角下的燕窝形象

科学视角下以燕窝为研究对象的问题包括如何区别燕窝的种类、如何测定燕窝的成分含量、如何鉴别燕窝的性状、如何分析燕窝的药理作用等，对这些问题的解答揭示出燕窝的普通食品形象与新的药品形象。

（一）普通食品形象

王季茝（1921）②③是最早对燕窝进行科学研究的中国人，在她之前，Green（1885）和Krukenberg（1886）研究了燕窝的水解，证实了燕窝含有组成糖蛋白的碳水化合物和蛋白质；王季茝则以从中国出口到美国的顶级燕窝为试验样品，进一步认为燕窝中的蛋白质和碳水化合物属于糖蛋白类。

目前，对燕窝化学成分的研究结果显示食用燕窝对人体无害。燕窝含有水分（7.5%～12.9%）、灰分（2.1%～7.3%）、脂肪（0.14%～1.28%）、蛋白质（42%～63%）、碳水化合物（10.63%～

① Wu Y-j, Chen Y, Wang B, et al. Application of SYBRgreen PCR and 2DGE Methods to Authenticate Edible Bird's Nest Food [J]. Food Research International, 2010(43): 2020-2026.

② Wang C C. The Composition of Chinese Edible Birds' Nests and the Nature of their Proteins[J]. Journal of Biological Chemistry, 1921(2): 429-439.

③ Wang C C. The Isolation and the Nature of the Amino Sugar of Chinese Edible Birds' Nests[J]. Journal of Biological Chemistry, 1921(2): 441-452.

27.26%）、氮总量（25.62%～27.26%）[①]，含有18种氨基酸，其中人体必需的8种氨基酸含量（14%左右）超过了蜂王幼虫粉（12%左右）和花粉（9%左右），并且8种人体必需氨基酸中的苏氨酸、缬氨酸、亮氨酸和苯丙氨酸的含量比蜂王幼虫粉和花粉的相应含量多出一倍左右[②]；但与猪肉、黄豆、牛奶、鸡蛋这类普通食物相比，燕窝中人体必需氨基酸的含量很低[③]；不同产地、不同种类的燕窝其化学成分有差异，燕窝含有25种元素，有钙、钠、镁、锌、锰和铁等[④]，其中钙、钠、镁、铁、钾元素的含量较高，一般为0.1毫克 / 克至100毫克 / 克，其他元素如钒、铬、锰、镍、锌等的含量一般小于0.1毫克 / 克[⑤]，25种元素中，镁、锰、铁、锌、铜、铬、钼、硒、锗等也可以从豆类、蛋类或菌藻类[⑥]食物中获得。有害元素汞、镉、铅等在燕窝中的含量很低[⑦]。

对燕窝营养成分的研究结果显示燕窝具有一定的营养成分。燕窝的主要营养成分是糖、淀粉、植物纤维素和树脂，以及作为动物饮食主要能量来源的碳水化合物（含量为10.63%～27.26%）和糖蛋白（含量为42%～63%）。[⑧]糖蛋白中含有丰富的氨基酸、糖类、钙、钠和钾。[⑨]

---

① Ma F, Liu D. Sketch of the Edible Bird’s Nest and Its Important Bioactivities [J]. Food Research International, 2012(48): 559-567.

② 陆源, 韩灯保, 王建云, 等. 云南三种燕窝与进口燕窝成分的比较研究[J].动物学研究, 1995(4): 385–391.

③ 杨月欣. 中国食物成分表2004[M]. 北京: 北京大学医学出版社, 2005.

④ Marcone M F. Characterization of the Edible Bird’s Nest the “Caviar of the East” [J]. Food Research International, 2005 (10): 1125-1134.

⑤ 由艳燕, 李兆杰, 徐杰, 等. 6种市售燕窝营养成分分析[J]. 营养学报, 2012(4): 400–402.

⑥ 杨月欣. 中国食物成分表2004[M]. 北京: 北京大学医学出版社, 2005.

⑦ 陆源, 韩灯保, 王建云, 等. 云南三种燕窝与进口燕窝成分的比较研究[J]. 动物学研究, 1995(4): 385–391.

⑧ Wang C C. The Composition of Chinese Edible Birds’ Nests and the Nature of their Proteins[J]. Journal of Biological Chemistry, 1921(2): 429-439.

⑨ Norhayati M K, Azman O, Nazaimoon W. Preliminary Study of the Nutritional Content of Malaysian Edible Bird ’s Nest [J]. Malaysian Journal of Nutrition, 2010(16): 389-396.

燕窝或燕窝提取物内含有生物活性黏液①、生物活性物质②以及能刺激各种表皮和上皮组织生长的表皮生长因子③。

尽管燕窝被认为能补充营养、提高免疫力、增强人体新陈代谢，但目前并没有明确的作用机制和临床表现来支持"燕窝有营养价值"这一观点。④燕窝的表皮生长因子等大分子或多肽分子活性蛋白成分或许可以避开胃肠道的消化降解而直接作用于肠上皮细胞，发挥燕窝促进胃肠道细胞生长的作用，但具体过程目前还是未知；燕窝含有较高的苏氨酸、亮氨酸、苯丙氨酸和缬氨酸等8种必需氨基酸，这或许是燕窝具有强壮、滋补功效的原因之一，但这种可能性尚未被证实⑤；而且人体胃液环境分解实验⑥和生物效价实验⑦都质疑了燕窝的营养价值⑧。冰糖燕窝等燕窝制品则因为其中氨基酸的含量过低而被认为没有营养价值。

因此，虽然燕窝含有一定的营养成分，但燕窝在营养成分上并不能超越豆类、蛋类等食品；燕窝的营养作用过程也尚未明确。燕窝只是一种普通食品。

---

① Kathan R H, Weeks D I. Structure Studies of Collocaliamucoid: I. Carbohydrate and Amino Acid Composition [J]. Archives of Biochemistry and Biophysics, 1969(2): 572-576.

② 江润祥, 吴文瀚. 怀集石燕燕窝促细胞分裂活性的研究[J]. 动物学报, 1989(4): 429–435.

③ Kong Y C, Keung W M, Yip T T, et al. Evidence that Epi-Dermal Growth Factor is Present in Swiftlets (Collocalia) Nest[J]. Comparative Biochemistry and Physiology Part B: Comparative Biochemistry, 1987(2): 221-226.

④ Norhayati M K, Azman O, Nazaimoon W. Preliminary Study of the Nutritional Content of Malaysian Edible Bird 's Nest [J]. Malaysian Journal of Nutrition, 2010(16): 389-396.

⑤ 陆源, 王建云, 王达瑞, 等. 三种燕窝的蛋白质氨基酸分析[J]. 氨基酸杂志, 1991(2): 30–31.

⑥ 王季茝(1921)认为燕窝是一种能够补充蛋白质的营养品的论断没有意义, 因为同样经过胃蛋白酶和胰蛋白酶的消化分解, 燕窝被消化所用的时间长于煮鸡蛋被消化的时间。

⑦ 王季茝(1921)用玉米朊、燕麦片、燕窝、乳清蛋白、亚麻籽片做饲料喂养动物的实验显示燕窝虽然含有蛋白质, 但燕窝蛋白可能与玉米蛋白一样, 不能促进动物生长。

⑧ 张能荣. 燕窝的成分和药理研究概况[J]. 中国生化药物杂志, 1993(4): 6–10.

（二）新的药品形象

一般认为，燕窝具有清痰、减轻哮喘、抑制咳嗽、治愈肺结核、减轻胃部不适、维护肾功能、改善体质、增强免疫系统、增加能量、提高新陈代谢和注意力等疗效[①]；可以使人容光焕发、保持青春，加速病后及手术后的恢复，刺激食欲，助消化，特别适合孕妇、婴幼儿、老年人、虚弱和消化不良的人。[②]在这种认识的推动和现代商业与技术的帮助下，燕窝被加工成各种商品，包括保健食品、饮料、化妆品等。[③]但科学研究并没有证实燕窝的这些医药价值。

目前燕窝的药理作用研究主要集中在抗流感病毒、抑制血凝反应、抑制花生凝集素的凝集、促进细胞分裂作用、提高免疫功能、延缓脑组织衰老、消除氧自由基、避免骨质流失、强心作用等方面。[④]

燕窝具有抗病毒作用。燕窝提取物在抑制α肿瘤坏死遗传基因（TNF-α）的增生时表现出了强效抗炎特性。[⑤]燕窝提取物虽然不能通过抑制流感病毒唾液酸酶的活性而达到抑制流感病毒感染的效果，但燕窝提取物可以中和MDCK细胞（即狗肾传代细胞系）中流感病毒的感染和抑制流感病毒对红细胞的血凝集，从而实现对流感病毒感染的抑

---

① Chian Haur Jong, Kai Meng Taya, Chee Peng Lim. Application of the Fuzzy Failure Mode and Effect Analysis Methodology to Edible Bird Nest Processing [J]. Computers and Electronics in Agriculture, 2013(96): 90-108.

② Mei Yang, Sau-Ha Cheung, Sze Chun Li, et al. Establishment of a Holistic and Scientific Protocol for the Authentication and Quality Assurance of Edible Bird's Nest [J]. Food Chemistry, 2014(151): 271-278.

③ Yajun Wu, Ying Chen, Bin Wang, et al. Application of SYBRgreen PCR and 2DGE Methods to Authenticate Edible Bird's Nest Food [J]. Food Research International, 2010 (43): 2020-2026.

④ Matsukwa N, Matsumoyo M, Bukawa W, et al. Improvement of Bone Strength and Dermal Thickness due to Dietary Edible Bird's Nest Extract in Ovariectomized rats[J]. Bioscience, Biotechnology, and Biochemistry, 2011(75): 590-592.

⑤ Aswir A R, Wan-Nazaimoon W M. Effect of Edible Bird's Nest on Cell Proliferation and Tumor Necrosis Factor (TNF-α) release in vitro[J]. International Food Research Journal, 2011 (3): 1073-1077.

制。[①]燕窝消化水解后的物质可以有效和病毒H5N1及H1N1结合，达到抗流感的功效，而且燕窝中含有微量的Tn结构，这显示燕窝也可能有抗癌效果。[②]

燕窝具有促进细胞分裂作用，不论对动物还是人体细胞，燕窝水提物都能够促进细胞的增殖。[③④]燕窝水提物对心率没有影响，但可显著增强心收缩力，因此具有明显的强心作用。[⑤]

另外，在动物实验中，燕窝能促进动物的细胞免疫功能和体液免疫功能。[⑥]但是，究竟燕窝的什么成分能增强动物的免疫功能尚不明确，而且目前还没有直接证据表明燕窝能够增强人的免疫功能。有猜测认为，燕窝的免疫功能可能受燕窝中唾液酸化糖蛋白的影响[⑦]，进一步研究唾液酸化糖蛋白的免疫功能或许可以证明燕窝具有延缓衰老、防治肿瘤、抗辐射及防治动脉粥样硬化等作用。此外，有证据表明燕窝也会引起过敏反应[⑧]。

总之，燕窝传统药品形象中的治愈肺结核、改善体质、增强免疫力、提高新陈代谢等药效并没有被现代科学研究证实。目前已有的科学研究结果显示，燕窝的抗流感病毒作用以及促进人体细胞分裂作用已被证实，而且具有强心作用。科学视角下的燕窝研究揭示了燕窝与传统药品形象不同的新的药品形象。

---

① 羚郦, 黄松, 蒋东旭, 等. 燕窝的鉴别和药理研究进展[J]. 世界科学技术—中医药现代化, 2013(1): 146–150.

② Hirokazu Yagi, Naoko Yasukawa, Shin-Yi Yu, et al. The Expression of Sialylated High-Antennary N-glycans in Edible Bird's Nest[J]. Carbohydrate Research, 2008(8): 1373-1377.

③ 江润祥, 吴文瀚. 怀集石燕燕窝促细胞分裂活性的研究[J]. 动物学报, 1989(4): 429–435.

④ Kyung-BaegRoh, Jienny Lee, Young-Soo Kim, et al. Mechanisms of Edible Bird's Nest Extract-Induced Proliferation of Human Adipose-Derived Stem Cells [J]. Evidence-Based Complementary and Alternative Medicine, 2012: 1-11.

⑤ [日]藤冈睦. 燕窝提取物的药理作用: 强心作用[J]. 国外医学中医中药分册, 1998(3): 58.

⑥ 曹妍, 徐杰, 王静凤, 等. 印尼白燕窝对免疫低下模型小鼠免疫调节作用的研究[J]. 营养学报, 2012(2): 168–171.

⑦ 同上.

⑧ Denise L. M. Goh, Kaw Yan Chua, Fook Tim Chew, et al. Immunochemical Characterization of Edible Bird's Nest Allergens[J]. J Allergy ClinImmunol, 2001(107): 1082-1088.

三、科学对燕窝形象的解构与建构

伯格和卢克曼认为，文化、规则、情感等在社会情境中经多种因素共同作用而得到发展、传递和维持，并被视作理当如此的“现实”而在一般认识中固定下来，进而被建构为社会现实。燕窝文化作为一种独特的社会现实，经历了外化、客观化与内化这三个循环往复的过程。外化过程通过语言互动等社会互动使个体主观认识获得客观性；客观化过程通过知识与经验的传承使主观认识制度化，并对制度进行合法性解释，使主观认识成为社会现实；内化过程则根据社会现实产生或改变（又称“替代”）个体的主观认识。①科学便在外化、客观化与内化这三个过程中解构与建构燕窝文化。

首先，科学领域内，科学术语、科学命题是燕窝认识外化的语言符号基础，科学方法、科学成果则是外化的具体对象。一般而言，不同类型的人会有不同的知识，比如“我与我的同事共享专业知识，但我却无法与我的家人分享它们；玩牌的绝技也许唯我独有，他人根本无从领会”。②因此，社会互动中主观认识外化时便伴随着对自己与他人所使用的话语体系的理解、认同或反对。现代科学在考察燕窝时，为了排除杂质对实验的干扰，燕窝的成分分析、营养作用分析与药理作用分析的对象一般是燕窝水解提取物而不是燕窝，燕窝水提物、生物效价实验、对照组等科学术语、科学命题是人们在科学场域就燕窝话题进行交流与互动、外化对燕窝的认识时的语言符号基础。③现代科学往往根据燕窝水提物的化学组成、成分含量、物理性状等判断燕窝的真假，根据药理作用机制判断燕窝的药用价值，根据现代营养学理论、燕窝营养成分的含量及其代谢转运的过程判断其营养价值，并最终以论文、报告等形式

---

① 彼得·伯格, 托马斯·卢克曼. 现实的社会构建[M]. 北京: 北京大学出版社, 2009.

② 同上.

③ 骆传伟. 专名的涵义与指称: 社会建构论视野中的语言认知研究[M]. 杭州: 浙江大学出版社, 2013.

外化对燕窝的认识。

其次，伯格与卢克曼认为，人类活动会受到惯习化的影响，任何一种活动，只要不断地重复，就会形成一种模式，也就是当前的行动可以在未来按照经济省力的方式去操作；在人类赋予活动的意义方面，惯习化使人不必为每一情景进行重新命名；无论什么时候，只要存在与各种类型行动者惯习化的行动相对应的定型化行动，就可以说制度化已经出现，使人可以对别人的行为进行归类和预期。①科学视角下的燕窝定型化行动过程既包括传统燕窝文化的解构过程又包括新燕窝文化的建构过程。一方面，科学研究揭示出燕窝含有18种氨基酸，以及钙、铁、钠等25种元素，但氨基酸的含量少于猪肉、黄豆、牛奶、鸡蛋等普通食品，各类元素的含量也与普通食品差不多，也就是说，燕窝含有的营养成分能从各类普通食品中摄取，因此，传统燕窝文化中燕窝具有滋补特性的认识被科学解构了。另一方面，现代科学虽然没有发现燕窝具有中医所认为的化痰止咳、润肺生津、和胃健脾等疗效，但通过研究燕窝的某种化学成分对病毒、人体细胞、脏器的作用，发现燕窝具有能够抵抗流感病毒、促进人体细胞分裂、强心作用的药用价值，这种新的药用价值与普通食品一道，成为科学建构新燕窝文化的重要组成部分。最后，内化包括初级社会化与次级社会化两个层次。初级社会化是个体在早期经历的社会化，是他人强加给自己的。比如个体在童年时期听说燕窝具有某种功效而获得的燕窝形象，或者初次通过某种媒介而获得的燕窝形象。当接触到另一种与以往不同的燕窝形象时，次级社会化就会主动获取有关为什么不一样的知识，比如通过查找资料来判断燕窝的营养情况，如果个体理解了燕窝普通食品的形象，并进而形成主观认识，那么新形成的燕窝是普通食品的认识就会替代燕窝是滋补品的认识，并经过新一轮的主观认识的外化、客观化和内化过程，解构传统燕窝文化并建构新的燕窝文化。

① 彼得·伯格，托马斯·卢克曼. 现实的社会构建[M]. 北京: 北京大学出版社, 2009.

总之，现代科学关于燕窝的研究，一方面解构了燕窝作为滋补品的传统形象，动摇了传统燕窝文化的基础；另一方面，又通过发现其新的药用价值赋予了燕窝新的形象，建构着新的燕窝文化。与燕窝一样，鱼翅、海参和鲍鱼也都属于滋补品。中医理论认为，鱼翅能“益气、补虚、开胃”[①]，海参能“补肾经益精髓，利小便，壮阳疗痿，其性温补足抵人参”[②]。但在现代科学研究中，鲍鱼和河蚌、田螺的营养价值相当接近，鱼翅也并不具有特殊的营养价值，海参能够提供的营养物如蛋白质、钙元素等也可以从牛肉、牛奶、豆腐等普通食物中取得。鱼翅文化、海参文化、鲍鱼文化是否也如燕窝文化一样面临着科学的解构与建构？以燕窝文化、鱼翅文化、海参文化、鲍鱼文化为代表的中国传统食补文化、药补文化在科学视角下受到了哪些质疑与挑战？这些质疑与挑战能够颠覆中国传统食补、药补文化吗？这或许可以从本文关于科学对燕窝形象和燕窝文化的解构与建构研究中得到一些启示。

① 阮光锋. 燕鲍翅参营养几何[J]. 饮食科学, 2013(7): 4–7.

② 王莹, 康万利, 辛士刚, 等. 鲍鱼、海参中微量元素的分析研究[J]. 光谱学与光谱分析, 2009(2): 511–514.

5.3 食品养生中的两种知识传统的冲突

——以我国报纸的燕窝报道为例

秦婧　张增一

（科学与社会，2014年第1期）

食品养生观念源自中国传统的医学，并随着中医的发展不断深化和强化。食品养生的思想在《黄帝内经·素问》中就有明确的表述，至今已有几千年的历史，其记曰："五谷为养，五果为助，五畜为益，五菜为充，气味合而服之，以补精益气。"[①]但是随着西方近现代科学传入中国，尤其是现代营养学的发展，中国传统的食品养生观念面临着挑战。

燕窝素有"东方珍品，稀世名药"[②]之美誉，是国人心目中典型的养生食品。据李约瑟[③]、关培生和江润祥[④]等人考证，燕窝在唐朝由南洋输入，中国古代本草类医药典籍如《本经逢原》《本草从新》《本草纲目拾遗》《本草求真》等中有关于燕窝的医药和保健功效方面的记载。然而，近年来基于现代科学手段对燕窝所进行的分析指出，燕窝的营养成分与普通食品并无二致，没有证实其具有特殊的医药和保健功效。[⑤]

本文以我国报纸为例，采用内容分析法对我国报纸关于燕窝的报道进行经验性研究，通过描述我国报纸报道中的燕窝形象以及分析传统知

① 黄帝内经·素问[M]. 北京: 学苑音像出版社, 2004: 44.

② 周岱翰. 关于燕窝的旧证新考[N].中国中医药报, 2013–8–17(8).

③ 李约瑟. 中国科学技术史: 第4卷第3分册[M].北京: 科学出版社, 2008.

④ 关培生, 江润祥. 燕窝考[N].明报月刊, 1985(3): 33–37.

⑤ 王君平. 燕窝鱼翅营养有多高?[N].人民日报, 2011–10–8(10).

识和现代知识在建构和解构燕窝形象中的作用，揭示传统知识和现代科学知识在食品养生观念中的冲突。

一、研究的范围与取样方法

本文选取报纸作为分析对象。原因有二，首先，报纸是我国公民重要的信息来源。国内外历次公众科学素养调查表明，报纸是公众获得科学知识最直接的渠道之一。2003年中国公众科学素养调查显示，报纸是公众获得科技知识和信息的主要渠道，仅次于电视。[①]北京市2007年社情民意调查中心对北京市18个区县的2496位受调查者的调查结果显示，23.9%的被调查者选择报纸作为"最重要的信息获取渠道"。其次，在数据的检索方面，报纸有《人民日报》（1946—）图文电子版数据库[②]、《参考消息》（1957—）全文检索系统[③]、《经济日报》（1983—）全文检索系统[④]、中国知网（www.cnki.com）下的《中国重要报纸全文数据库》（2000—）[⑤]等重要的数据库，这四个数据库涵盖了中国主流报纸对燕窝的报道。

在以上各数据库中，笔者均以"全文"为检索项，以"燕窝""血燕""燕菜"为检索词，对2013年1月1日之前的文献进行检索，在得到的结果中以"主题"为检索项，仍以"燕窝""血燕""燕菜"为检索

① 何薇. 中国公众科学素养调查结果回顾[J].民主与科学, 2004(5): 10–13.

② 《人民日报》(1946—)图文电子版数据库收录了《人民日报》从1946年至2003年12月31日的全部图文信息及版式。

③ 《参考消息》(1957—)全文检索系统收录了《参考消息》从1957年至1999年的全部图文信息。

④ 《经济日报》(1983—)全文检索系统收录了《经济日报》从1983年创刊至2003年的全部图文信息。

⑤ 《中国重要报纸全文数据库》收录了2000年6月至今国内公开出版发行的919种重要报纸刊载的学术性、资料性文献。

词进行二次检索，检索到的文献再逐一进行内容筛选，以能够从文章的语句中判断作者或文章主人公对燕窝的认识或态度为筛选标准，最终得到报道291篇。

二、分析框架与变量

笔者采用内容分析法，提出假设——报纸燕窝报道对燕窝形象有建构作用。针对假设设计了框架和变量，并对报道进行统计，然后做定量、定性分析。

设计的变量包括报道主题、作者身份、对燕窝的态度、观点的依据四个类型。

（一）报道主题

报道主题主要分为以下9类：

1. 燕窝商品质量检查与市场监管：以燕窝及其制品、燕窝市场存在的问题或有关评论为主要内容。包括：各地对市场上出售的燕窝及燕窝制品（包括以燕窝为原料的食品和饮品）质量的检查和检测；对燕窝及其制品质量情况的陈述和讨论；工商部门对燕窝市场的监督、管理及相关评论。

2. 燕窝产业和贸易情况：对燕窝产业、交易、贸易的报道。包括：燕窝及其制品的推陈出新；燕窝及其制品的交易、销售情况；燕窝产业的变化、发展、遭受的影响；对生产、销售燕窝或燕窝制品的商家、商人的报道；对燕窝及其制品价格的报道；对燕窝进口贸易、关税或相关规定的报道；我国与燕窝出口国的合作（包括引进外资、投资建厂等）；对燕窝出口国与中国燕窝市场的相关报道；对燕窝产业未来的展望。

3. 关于健康、养生的讨论：以滋补调理身体、饮食营养、疾病与健康为主要内容。包括：对合理饮食、树立正确养生观念的讨论和倡导；对目前国人养生观念的阐述和评价；对养生保健知识、方法的介绍和解释；中医方剂、药膳的介绍；中医养生观念、理论的介绍、讲解或宣传。

4. 保护生态、物种：包括对金丝燕物种和生态现状的报道；出于物种生存困难或生态危机的原因反对食用燕窝；对增加燕窝产量而忽视物种延续行为的谴责；介绍为保护金丝燕而采取的措施。

5. 中华美食：包括介绍以燕窝为原料的菜品；介绍以燕窝为菜品之一的宴席、菜系。

6. 异域风光与旅行见闻：主要内容为介绍我国或国外燕窝出产地的风土人情并简要说明燕窝的来源、分类。

7. 美容养颜：对以燕窝作为原料之一的化妆品或美容食品的报道。

8. 燕窝一般知识性介绍：对燕窝产地、分类、等级、营养、功效、保存方法、真伪鉴别方法等方面知识的讲解。主要内容是介绍燕窝出产国或区域；生产可食用燕窝的鸟类；对燕窝呈现不同颜色的说明；燕窝品质分类的依据和对品相的介绍；中国古代医学典籍对燕窝功效的记载；对食用燕窝的人和时间的溯源；对燕窝营养成分的报道；对燕窝保存方法和伪品鉴别方法的讲解。

9. 其他。

（二）作者身份

按照作者的身份来源分为：记者、专业人士、燕窝行业从业者、其他、未注明5个类别。

1. 记者：隶属于某报社。

2. 专业人士：大学、研究机构中从事营养、健康、疾控研究的工作者；医疗机构的工作者，例如医生、护士；从事食品安全、食品检验检疫的工作者。

3. 燕窝行业从业者：从事燕窝生产、销售、进出口贸易的人员。

4. 其他：读者；转载某作者的书评；刊载某作者著作的节选段落。

5. 未注明：包括未注明作者姓名和身份、标注姓名但未注明身份两种情况。

（三）对燕窝的认识

作者在报道中至少有一句话明确表达出燕窝是否对人体有益，是否有营养，是否赞成食用燕窝等相关观点，或文章中存在体现上述观点的论述。对燕窝的认识分为4类：

1. 正面观点：认为燕窝是好的，对人体有益处。

2. 混合、中立观点：认为燕窝有营养，但营养成分普通；食用燕窝应因人而异，理性选择；燕窝的滋补作用是建立在恰当食用基础上的。

3. 负面观点：认为燕窝营养价值一般，不需要、不提倡食用燕窝；为了保护动物和环境，不应食用燕窝；养成或保持良好的生活、饮食习惯，没必要食用燕窝等贵重补品；燕窝的低营养价值与高价格不匹配，没有购买的必要；购买燕窝等高档补品的“面子消费”不利于形成正确的生活态度和价值观。

4. 无观点：未涉及燕窝营养、是否有益方面的内容；对于燕窝是否有营养、对人体作用的好坏、是否应该购买未表达观点。

（四）观点依据的类型

根据文章体现的对燕窝的认识所提出的依据，分为以下5类：

1. 现代科学：包括理论基础、检验或测量的数据。

2. 中医理论：包括中医师的观点、中医理论、对医学典籍的引用或举例。

3. 以上两者均有：作者一方面以现代科学做支撑，另一方面以中医理论为依据。

4. 其他依据：一般以生态、物种保护为理由，例如保护野生动物的意义大于食用美味。

5. 无依据或依据含糊不明：例如“众所周知……”。

在上述各变量的分类最终确定之前，笔者请一位同专业的研究生按照已有的变量及说明对全部291篇报道进行统计，将结果与笔者的对比后，将第一、第三个变量的分类进行了讨论和调整，并分别再次统计，结果对比基本无出入，现有的变量和分类有基本的信度保证，具有客观性。

三、数据统计

在分析全部样本前，首先对《人民日报》做主题和年代的统计分析。《人民日报》是我国第一大报，极具权威性，它的栏目众多、内容丰富、受众广泛。其在权威性、综合性方面的优势，使它在我国报纸媒体中具有一定的代表性，能够代表我国报纸对燕窝报道所呈现的部分特点。

（一）《人民日报》燕窝报道分析

291篇报道中有42篇文章出自《人民日报》（包括海外版），现统计如下：

1. 不同报道主题文章篇数统计（见表1和图1）

表1 《人民日报》燕窝相关报道不同主题统计表

文章主题	文章篇数
燕窝商品质量检查与市场监管	7
燕窝产业与贸易	10
健康与养生	6
生态、物种保护	1
中华美食	3
美容养颜	0
异域风光、旅行见闻	1
燕窝一般知识性介绍	5
其他	9
合计	42

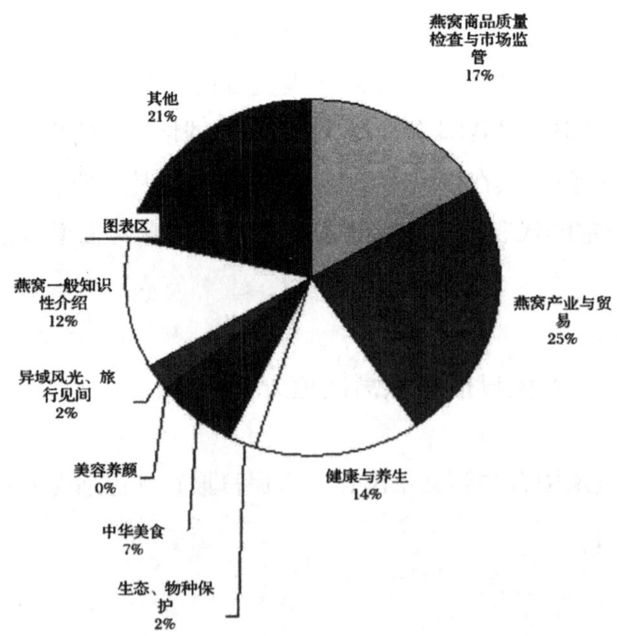

图1 《人民日报》燕窝相关报道不同主题分布情况

如表1、图1所示，1946—2012年，以燕窝产业与贸易为报道主题的文章最多，基本达到总数的1/4，其次是燕窝商品质量检查与市场监管、健康与养生类的文章，这3类主题的文章共23篇，占总数的一半以上。

2. 燕窝相关报道年代分布统计（见图2）

图2显示，1946—1965年间文章数量少，共3篇。1966—1975年间文章数为零，推测这与“文革”有关。1976年后，与燕窝相关的文章开始增多。1991—1995年燕窝的报道量突增，这是由于燕窝类药饮行业的兴起与发展。21世纪初的10年，文章数量有所减少，2011年—2012年有关燕窝的报道达到8篇，与前一个10年的报道量相等，这是由于燕窝行业的造假行为被揭露而引发关注。1991—2012年，共有报道28篇，占总数的66.67%。

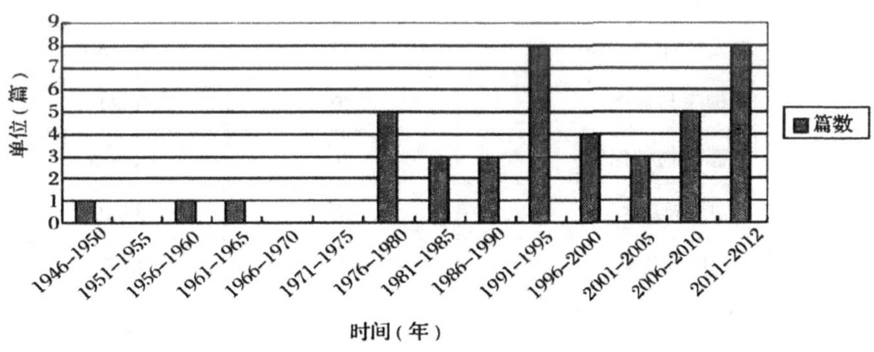

图2　《人民日报》燕窝相关报道年代分布柱状图

《人民日报》文章的主题和年代分布特征比较明显，燕窝商品质量检查与市场监管、燕窝产业与贸易、健康与养生3类主题的报道占半数以上，且集中出现在1990年之后，1991—2012年间的28篇报道有82.14%属于这3类主题。

（二）全样本分析

1. 不同报道主题文章的篇数和比例（见表2和图3）

表2和图3显示，报道燕窝产业与贸易的文章所占比例最高（占26.46%），燕窝商品质量检查与市场监管类的文章次之（占25.09%），健康与养生主题是第三大类（占16.84%），燕窝一般知识性介绍的文章占13.06%，美容养颜、异域风光及旅行见闻类的文章所占比例最低（均为1.03%）。结合《人民日报》的主题统计，发现报道数量占前三位的主题类型是相同的，且这3类主题文章的数量同样占总数的一半以上。

表2　燕窝相关报道不同主题统计表

文章主题	文章篇数	所占百分比
燕窝商品质量检查与市场监管	73	25.09%
燕窝产业与贸易	77	26.46%
健康与养生	49	16.84%
生态、物种保护	6	2.06%
中华美食	10	3.44%
美容养颜	3	1.03%
异域风光、旅行见闻	3	1.03%
燕窝一般知识性介绍	38	13.06%
其他	32	10.99%
合计	291	100%

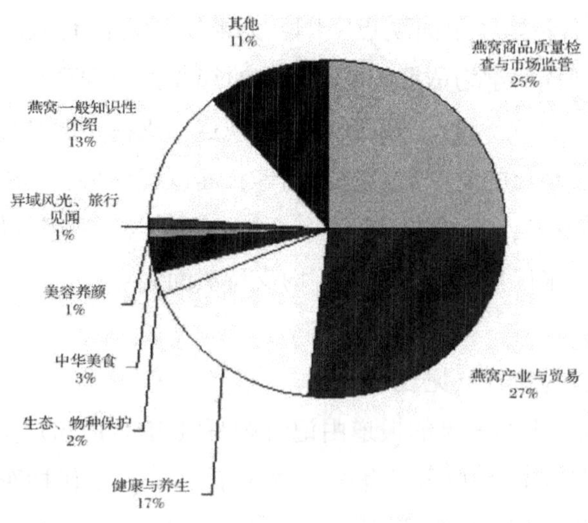

图3 燕窝相关报道不同主题分布情况

2. 观点及依据类型统计（见表3）

除去160篇无观点的文章，有明确观点（正面、混合或中立、负面）的文章共131篇。如表3所示，持正面观点的文章77篇，占一半以上；持混合、中立观点的文章25篇；持负面观点的文章29篇。

表3 作者对燕窝的观点及其依据的类型统计表

单位：篇

	现代科学	中医理论	两者均有	无依据或依据含糊不明	其他依据	合计
正面	5	14	3	55	0	77
混合、中立	3	15	6	1	0	25
负面	21	0	0	1	7	29
合计	29	29	9	57	7	131

观点依据的类型统计也如表3所示。作者的观点或者依据现代科学（29篇），或者依据中医理论（29篇），或者同时依据两者（9篇），或者提出其他理由（7篇），但有57篇文章没有陈述理由或理由模糊，

其中55篇文章表达了正面观点，即认为燕窝对身体有益，应该食用燕窝。29篇以现代科学为依据的文章中有21篇支持负面观点；以中医理论为依据的29篇文章，没有一篇支持负面观点，支持正面观点的文章和支持混合、中立观点的文章数量基本相等；而以现代科学和中医理论共同做论据的9篇文章，有6篇支持混合、中立的观点；采用其他依据的7篇文章（多数主张保护物种和生态）均支持负面观点。

3. 作者身份统计（见表4）

表4显示，大约一半的报道由记者撰写（占50.17%），有相当一部分文章没有注明作者姓名或身份（占39.18%），由包括医生、营养学家、食品检验人员在内的专业人士撰写的文章21篇，占7.22%，只有一篇文章由燕窝行业从业者撰写，其他类型的作者撰写的文章占3.09%。

表4　燕窝相关报道的作者身份统计表

作者身份	文章篇数	所占百分比
记者	146	50.17%
专业人士	21	7.22%
燕窝行业从业者	1	0.34%
其他	9	3.09%
未注明	114	39.18%
合计	291	100%

4. 作者身份与文章主题统计（见表5）

如表5所示，由记者撰写的146篇文章涉及了所有主题，以燕窝产业与贸易为主题的报道占多数（59篇），其次是燕窝商品质量检查与市场监管的报道（45篇）。专业人士几乎不涉及以上两类报道，他们的21篇文章大部分反映了健康与养生的主题（13篇），其次是介绍燕窝一般性知识的文章（5篇）。记者参与了健康与养生类文章的写作（10篇），

15篇介绍燕窝一般性知识的文章中，记者的文章（10篇）占多数（专业人士5篇）。唯一一篇由燕窝行业从业者撰写的文章是以燕窝产业与贸易为主题的。

表5 燕窝相关报道的作者身份与主题统计表

单位：篇

	记者	专业人士	燕窝行业从业者	其他
燕窝商品质量检查与市场监管	45	1	0	1
燕窝产业与贸易	59	0	1	2
健康与养生	10	13	0	2
生态、物种保护	3	1	0	0
中华美食	3	0	0	1
美容养颜	2	0	0	0
异域风光、旅行见闻	1	0	0	0
燕窝一般知识性介绍	10	5	0	0
其他	13	1	0	3
合计	146	21	1	9

5. 观点与作者身份统计（见表6）

如表6所示，记者撰写的有明确观点的47篇文章，有35篇持正面观点；专业人士撰写的有明确观点的16篇文章，有9篇持混合、中立观点；燕窝从业者对燕窝持正面观点。在总体数量（66篇）上，持正面观点的记者在报道的数量和比例上都占有优势，专业人士的表现并不突出。

表6 作者对燕窝的观点与作者身份统计表

单位：篇

	记者	专业人士	燕窝行业从业者	其他	合计
正面	35	4	1	1	41

续表

	记者	专业人士	燕窝行业从业者	其他	合计
混合、中立	5	9	0	1	15
负面	7	3	0	0	10
合计	47	16	1	2	66

6. 作者身份与观点依据类型统计（见表7）

如表7所示，多数记者以现代科学（8篇）或中医理论（7篇）为依据，两者数量相差无几，以两者共同作论据的报道仅有2篇，另有2篇以保护生态、物种为论据。专业人士的观点一般依据中医理论，少数依据现代科学，这与作者多数是中医师少数是现代科学研究人员有关。结合表6，发现燕窝行业从业者表达了对燕窝的正面观点，却没有提出明确的依据。

表7　燕窝相关报道的作者身份和观点依据类型统计表

单位：篇

	现代科学	中医理论	两者均有	无依据或依据含糊不明	其他依据	合计
记者	8	7	2	0	2	19
专业人士	4	9	2	0	0	15
燕窝行业从业者	0	0	0	1	0	1
合计	12	16	4	1	2	35

四、燕窝形象的建构与解构

综合《人民日报》以及全样本的主题统计和年代分布统计图表发现：燕窝报道在20世纪90年代开始增多，以商品质量检查与市场监管、燕窝产业与贸易、健康与养生为主题的文章数量最多。图1显示，这三类主题的报道占《人民日报》燕窝报道总数的56%；图3显示，这三类主题的报道占总样本的69%。综合考虑报道集中出现的时间和主题，认为燕窝产业和贸易的发展、公众强烈的养生需求是燕窝报道增加的主要原因。

20世纪90年代，我国国民生活水平显著提高，刺激了包括燕窝在内的滋补类商品市场的产生和发展。各地出现燕窝企业，不断推出燕窝饮品、化妆品等产品，这在大量报道燕窝产品推陈出新和产业发展动态的文章中得到反映。与此同时，燕窝低廉的进口价格与高昂售价之间的巨大利润空间，使不良商家乘虚而入，走私、假冒伪劣产品剧增，使燕窝成为质量检查和监管的重点，查扣走私燕窝、打击假冒伪劣燕窝制品、整顿燕窝市场成为报道的又一个焦点。

报纸上的燕窝报道在90年代增多的另一个原因，是百姓在生活的基本需要得到满足后，追求更高的生活品质，希望健康长寿，包括燕窝等补品遂成为人们消费的对象。公众希望了解燕窝的功效、适用人群、适应证、烹饪方法等，报纸适时地迎合了读者对这类信息的偏好。以健康与养生为主题的文章多在中医理论的背景下，介绍燕窝的补益功能，也传播了燕窝的传统滋补品形象。

议程设置理论认为，新闻媒介决定了我们对这个世界的认知地图，由新闻媒介创造的拟态环境并不是客观世界的真实反映，却极大地塑造了公众看待世界的方式。[①]媒体报道能够影响人们对燕窝的认识。报纸因应公众的需求建构燕窝报道框架，公众对燕窝知识的需求和新闻作者对燕窝的认识主导了报道的角度，构造并呈现出一个关于燕窝的拟态环境，通过传递的燕窝形象影响公众对燕窝的认识。

公众的导向需求是报纸议程设置的动因。20世纪90年代公众开始

① [美]马克斯韦尔·麦库姆斯. 议程设置: 大众媒介与舆论[M]. 郭镇之, 徐培喜, 译. 北京: 北京大学出版社, 2008.

产生燕窝消费需求，但对它还不甚了解，他们向大众媒介寻求指导，依赖报纸获取相关信息。一些人希望了解燕窝的背景知识，如产地、形态等，一些人则希望获得包括滋补功效、适宜人群、适应证等在内的补益知识。公众对这些信息的渴求成为报纸议程设置、建构燕窝报道框架的起点。

新闻报道对报道对象的属性不会面面俱到，作者会选择一些属性并予以强调，形成报道框架。因此框架不仅体现了报道对象的部分属性，还能从中发现作者的观点，如果对象的某些属性和文章的观点经常出现，那么这些信息就会居于主导地位，并被受众接纳。①

燕窝报道框架可以归结为四种：

第一种以传统知识中的中医理论为基础，突出燕窝的滋补功效。例如，《健康报》一篇题为《进补：须知药材功效用量》的文章提到“燕窝功效主要在于滋阴润肺、化痰止咳、补虚健脾，还适合于肠胃功能不好，特别是时而便秘时而腹泻的患者。此外，燕窝还有一定抵抗衰老的功效，适合肾功能不佳者进补”。②在表3中，持正面观点且有明确依据的文章多数是根据中医理论。

第二种框架以认为燕窝对人体有益却不申明理由为特点，使用率较高。依然根据表3，没有依据或依据含糊不明的文章（55篇）占持正面观点文章数的71.4%。《经济日报》1995年1月29日一篇题为《药食同源的天资口服液》的文章写道：“能润养肺阴、益气健脾的燕窝……历来被认为是补养驻颜上品。”③“润养肺阴、益气健脾”的依据何在？而且含有长久之意的词语“历来”和判断句式“……是……”具有“作者在报道事实”的信息暗示，能够把作者对燕窝的认识潜移默化地传达给受众。建立这种框架的报道几乎都采用了与此相似的语言符号手段：

---

① 马克斯韦尔·麦库姆斯. 议程设置: 大众媒介与舆论[M]. 郭镇之, 徐培喜, 译. 北京: 北京大学出版社, 2008.

② 青华. 进补: 须知药材功效用量[N]. 健康报, 2008-2-21(5).

③ 晓章. 药食同源的天资口服液[N]. 经济日报, 1995-1-29(7).

观点没有出处，同时以“自古以来……”“众所周知……”为依据，把观点的长久性、普遍性等同于正确性。

以上两种框架是报纸指导公众认识燕窝的主导角度。

将作者类型与框架结合起来考虑，发现由包括医生、研究机构工作人员在内的专业人士撰写的文章一般采用第一种报道框架。表5显示，健康养生类报道的作者以专业人士居多，表7则表明，在为观点寻求支撑时，他们多诉诸传统知识中的中医理论。山东中医药高等专科学校的祝建材在文章《冬补五误区》中说：“补要对虚，没病乱补还可能会生病。所有的补品都有自己的特性，中医称之为药性……燕窝养阴……但针对的是虚症体质。”[①]这类作者一般以传统知识为依据，突显燕窝滋补功效方面的属性。

结合表5、表6、表7，记者主要撰写主题为商品质量检查与市场监管、产业与贸易的报道，虽然部分记者依据中医，部分则向科学寻找证据，但多数记者持正面观点。进一步考察报道的内容，发现记者多使用第二种框架报道燕窝，推测其中的原因或许是记者多受传统知识的影响，以燕窝的传统属性选择框架；或者与报纸和燕窝产业之间的利益连接有关，这种情况下的报道框架就是以经济利益为目的而建立的。

第三种框架以现代科学知识为依据。使用此种框架的文章通常用科学实验数据标明燕窝所含的各种营养成分，强调燕窝的普通食品属性，这与第一、第二种框架突出燕窝传统滋补品属性完全不同，传递的形象也与燕窝传统形象截然相反。例如：《人民日报》文章《燕窝鱼翅营养有多高？》写道：“据测定，燕窝含有约50%的蛋白质、20%的碳水化合物、5%的铁、3%的其他矿物质，维生素含量微少。燕窝和鸡蛋的营养成分没有太大的区别……被国人誉为高级滋补佳品的燕窝，营养价值其实非常有限。”[②]使用这种框架的文章数量较少，不到总数的十分之

---

① 祝建材. 冬补五误区[N]. 健康报, 2008–12–11(5).

② 王君平. 燕窝鱼翅营养有多高? [N]. 人民日报. 2011–10–8(10).

一，但由于它概括的属性与燕窝传统属性针锋相对，使传统形象受到冲击，把燕窝从滋补佳品贬为普通食品，是对其传统形象的解构。

第四种框架采用保护物种或秉持正确消费观的语言策略。如《人民日报》题为《石燕[①]，面临着危险》的文章报道了由于大量收购燕窝导致的生态问题，“（广东省怀集县）每年平均要收购石燕（即燕窝）三四万只……华南地区极少有的石燕，数量急剧减少……与此同时，农作物的虫害明显增多……”[②]使用这种框架的目的是引导公众检视自己的行为和观念，并不塑造燕窝形象。

上述四种燕窝报道框架生成了两种燕窝形象——一种是传统滋补品，一种是普通食品。两种截然相反的形象是由中医与现代营养学对报道框架的影响造成的，而中医与现代营养学分别属于传统知识和现代科学知识这两种存在巨大差异的知识传统，这是燕窝存在两种对立形象的根本原因。

五、食品养生中的两种知识传统

从上述关于燕窝报道的分析发现，燕窝形象的不同源自新闻报道框架的差异，新闻作者采用传统知识或现代科学知识直接影响了燕窝报道框架。采用第一、第二种框架的报道受中国传统知识影响，强调燕窝的滋补功效，维护传统的燕窝滋补形象；采用第三种框架的报道利用现代科学中的营养学强调燕窝的营养成分，不支持其滋补功效，对传统形象起解构作用。

传统知识对养生食品传统形象的建构以及现代科学知识对其传统形象的解构实际上揭示了这两种知识的冲突。中医与我国古代朴素的哲学

---

① 广东省怀集县将会吐唾液做窝的燕子称为石燕。

② 曾昭璇, 莫仲达, 张心生, 等. 石燕, 面临着危险[N]. 人民日报, 1984-2-29(1).

理论联系紧密，吸收了儒家、佛家、道家的思想[①]，注重整体与宏观。食品养生源于中医医食同源的认识和医食合一的思想与实践[②]，是我国古典哲学天人相应、阴阳五行思想的体现，它从人的脏腑、经络、气、血、精、津以及食物的四气五味[③]等宏观理论进行论述[④]，讨论食物的性味对人体脏腑、经络等的效用，根据人的病症选择适宜的食物配伍调理身体。而现代科学中的营养学是微观理论，着眼于食物的内在成分，营养素、热量、维生素、常量与微量元素等，擅长解释食物的物质基础和成分的作用机理。现代营养学认为，碳水化合物、脂肪、蛋白质、维生素、矿物质、膳食纤维和水是人体必需的营养素，食品的营养是否丰富、成分是否多样、易获得性和价格等是其评价标准。

宏观与微观以及评价标准方面的差异，导致两种知识对养生食品评价不同。新闻报道依据的知识传统不同，所呈现出养生食品的形象就会不同。新闻报道中燕窝形象的对立实际上是两种知识传统冲突的具体表现。

---

① 程程. 养生食品的文化价值研究[D]. 无锡:江南大学硕士论文, 2010.

② 赵荣光. 中国饮食文化概论[M]. 北京: 高等教育出版社, 2003: 13.

③ 四气五味是中医药性理论的基本内容之一, 四气指食物可分为寒、热、温、凉四类, 又称四性, 五味指辛味、甘味、酸味、苦味、咸味。

④ 党毅. 试论中医营养学教学与科研体系改革[M]. 中医教育, 1996, (3): 9–10.

5.4 从常人理论看专家与公众对健康风险的认知差异

黄彪文 张增一

（科学与社会，2015年第1期）

一、风险沟通研究的“常人理论”转向

专家与民众的风险认知差异，已被证明是造成风险沟通障碍的重要因素。[①②]以往的研究在探讨专家与公众的认知差异时，大多将其归因于两者的“知识落差”（knowledge gap）及“信息落差”（information gap）。[③]这种归因造成了以知识宣导为主流的风险沟通：只要传递足够的风险知识，公众自然会具备和专家相同的认知基础，从而消除差异，达成认同。然而，越来越多的研究者发现，这种带有精英主义立场的风险沟通模式不仅不利于健康传播政策的接纳和落实，更难以进入公众丰富多彩的生活世界，甚至带来专家自身权威的消减。研究的焦点逐渐从弥合专家与公众的知识差距，转向两个群体经验世界的不同。

研究者在检视医疗专家与公众在认知、解释、思考事件的差异时，将其归因于“科学理论”（scientific theories）与“常人理论”（lay

① 吴宜蓁. 专家与民众: 健康风险认知差距研究内涵检视[J]. 西南民族大学学报(人文社科版), 2007(10): 154–157.

② 张燕, 虞海侠. 风险沟通中公众对专家系统的信任危机[J]. 现代传播, 2012(4): 139–140.

③ 周桂田. 在地化风险之实践与理论缺口——迟滞型高科技风险社会[J]. 台湾社会研究(季刊), 2002(45): 69–122.

theories）之间的差距[①②③]，从而为探析专家与公众的认知差异提供了一个新的面向。Levy等将“常人理论”定义为常人建构现象、理解日常生活的工具[④]，相对于“科学理论”来说，“常人理论”缺乏系统性、一致性、可验证性或明确性[⑤]，但它却是理解公众思考和行为模式的关键。

科学理论与常人理论之间的差距，在健康风险沟通中表现得尤为突出，因为对于每个人而言，自己的身体都是疾病的实验场，都有一套定义健康的“常人理论”。正如Furnham指出，“医学大概是常人理论影响最深的领域……常人经常基于自己的一套理论进行自我诊断，并为家人和朋友提供医疗建议”。[⑥]以控烟为例，不管公共卫生专家如何努力证明“烟草烟雾中含有69种已知的致癌物，吸烟可以导致肺癌”[⑦]，但对于公众而言，“这个概率只是抽象数据而已，并不能形成感性认识（现实中既有不得肺癌的烟民，也有罹患肺癌的非烟民），难以引起公众在行动上的改变”。[⑧]

可见，过去以健康倡导为取向的研究却常偏重专家观点、轻忽常民论述，导致不能理解公众是在何种“脉络”（context）之下产生对健康风险的认知及因应之道，那么即使是从专家的角度提出再多的建议和策

① Clark A M. “It’s Like an Explosion in Your Life...”: Lay Perspectives on Stress and Myocardial Infarction[J]. Journal of Clinical Nursing, 2003(12): 544-553.

② Furnham A. & Cheng H. Lay Theories of Happiness[J]. Journal of Happiness Studies, 2000(1): 227-246.

③ Furnham A. & Thompson L. Lay Theories of Horoin Addiction[J]. Social Science and Medicine, 1996(43): 29-40.

④ Levy S R, Chiu, C & Hong, Y. Lay Theories and Intergroup Relations. Group Processes & Intergroup Relations, 2006, 9(1): 5-24.

⑤ 陈瑞芸, 冯国豪. 理解、赋权与弥补鸿沟: 于健康传播研究连接“科学理论”及“常民理论”[J]. 台湾休闲保健期刊, 2012(8): 231–242.

⑥ FurnhamA. Lay Theories: Everyday Understanding of Problems in the Social Sciences[M]. New York: Pergamon Press, 1988: 105.

⑦ 中华人民共和国卫生部. 中国吸烟危害健康报告[R]. 北京: 人民卫生出版社, 2012.

⑧ Trostle J A. Epidemiology and Culture[M]. New York: Cambridge University Press, 2005.

略，也无法真正落实成为常民的日常生活实践，更无以达成健康传播研究有效降低风险的目的。[①]与科学逻辑有其规范和论述层次一样，常人的实践逻辑也同样有其自身的架构和内容，“在一般大众表面单纯的态度之下，可能隐藏着一座理论的冰山”。[②]本研究以“常人理论”为核心，先探讨专家与公众在健康风险认知上有何差异，进一步分析这种差异的来源。唯有如此，才能提出更加有效的风险沟通策略，增益健康传播的效果。

二、“常人理论”的内涵检视

P. Sandman认为，专家认知的风险是以“统计、风险概率与死亡率等资料所估算出来的灾害”，而公众在意的是“与个人生活息息相关的伤害（outage）”[③]，这种对风险内涵的不同理解，反映出两者在评估风险时的巨大差异。Powell和Leiss[④]总结出专家与民众在风险认知与评估上的差异表现，如表1所示。

表1　专家与公众在风险认知上的差异

“专家”的风险认知	“公众”的风险认知
科学的	直觉的
（表现为）概率大小	（只有）会 / 不会发现
风险可承受度	风险安全性

① 陈瑞芸，冯国豪. 理解、赋权与弥补鸿沟：于健康传播研究连接“科学理论”及“常民理论”[J]. 台湾休闲保健期刊, 2012(8): 231–242.

② 钟蔚文. 从媒介真实到主观真实[M]. 台北：正中书局, 1992.

③ 吴宜蓁. 专家与民众：健康风险认知差距研究内涵检视[J]. 西南民族大学学报(人文社科版), 2007(10): 154–157.

④ Powell D A., Leiss W. Mad Cows and Mothers Milk: The Perils of Poor Risk Communication[M]. Montreal: McGill-Queen's University Press, 1997: 27.

续表

"专家"的风险认知	"公众"的风险认知
变化中的风险知识（充满不确定性）	究竟是或不是（寻求确定性）
相对的（联系的）风险	独立的事件
以平均人口计算影响	只看对个人的影响
死亡病例只是个案	死亡病例关乎自己生存

尽管关于专家与公众风险认知差异的研究数量众多，但多侧重在认知差异的表现及解决方案，对于认知差异的原因却未有深入探讨。"常人理论"的视角，正是从根源上来分析专家与公众的认知差异：公众是以何种方式来看待、界定以及确认健康风险的规则和定义，又是如何借助对这些规则和定义的信念来产生决策行为及构建社会秩序等。如Slovic等人提出的"风险知识缺失模型"（risk knowledge deficit model）认为，公众的风险判断是个人对于风险的复杂且情境式的价值观表达[①]；吴宜蓁等认为专家一般更注重科学数据与概率，民众却倾向用更广泛且敏感的考虑因素，要解决专家与公众的风险认知差异，需打破"专家=正确"和"公众=无知"的简单逻辑。相较于科学理论（Scientific theory）而言，常人理论代表了一种实践取向，它更注重日常生活中那些理所当然的现象背后潜在的社会现实，因此，它的结论往往会"与语言、行为所处的实际情境更为协调"。[②]不过，受到"知识宣导"等专家主导模式的影响，风险沟通领域并未深入关注常人理论和实践逻辑，具体到"常人理论"内部的结构更鲜有涉及。台湾学者钟蔚文从先前知识、判断结构以及价值观念三个方面探讨媒介认知中的常人

① Slovic. P. Trust-Emotion, Sex, Politics, and Science: Surveying the Risk Assessment Battle Field[J]. The University of Chicago Legal Forum, 1997: 59-99.

② 迈克尔·林奇. 科学实践与日常活动: 常人方法与对科学的社会研究[M]. 苏州: 苏州大学出版社, 2010: 5.

理论[①]，该研究对探究风险认知的常人理论有一定的借鉴意义。

White在深入研究后发现，常人在推论程序中所产生的知识类型和结构，完全契合日常生活的实际面向；不仅如此，其在选择某一推论或判断时也是以实用主义而非科学逻辑为标准，当常识与逻辑发生冲突时，常识将以更符合实践而获胜。[②]因此，我们不能认为，专家的判断就是完全正确，它只是更符合科学逻辑，而普通公众的判断并非毫无根据，这种以实用主义逻辑为基础的判断契合了日常生活的逻辑——实践逻辑。公众的风险认知过程基本上是以个人行为和主观价值为基础的社会建构过程，公众的价值选择和决定，有其自身的认知依据和价值取向，这种具有差异性的个人的风险知识判断体系成为最终决定人们风险认知的关键。[③]

综上，专家与公众的健康风险认知差异需要引入常人理论的视角，但这一视角并非专注于常人理论“不及”于科学理论之处，而是要看到常人理论“不同”于科学理论之处。

三、研究方法

研究选取甲型H1N1流感（以下简称“甲流”）作为研究个案，从常人理论视角探讨专家与公众对健康风险的认知差异。之所以选择甲流为研究对象，是因为其从2009年4月开始在墨西哥暴发并迅速在全球蔓延，防控工作前后持续一年多，被称为“近40年来暴发的首次大流行性流感”，甲流在流行病学上成为“新发突发传染病”，风险高且危害大，可以作为研究健康风险沟通的典型案例。

---

① 钟蔚文. 从媒介真实到主观真实[M]. 台北: 正中书局, 1992.

② White P. A Model of the Layperson as Pragmatist. Personality and Social Psychology[J]. Bulletin, 1984(10)3: 333-348.

③ 张燕, 虞海侠. 风险沟通中公众对专家系统的信任危机[J]. 现代传播, 2012(4): 139–140.

本研究使用数据主要来自于笔者参与的“北京市甲型H1N1流感健康教育模式研究”项目（北京市科委医疗卫生领域课题），数据类型主要为三类：第一类是问卷调查，该项目从甲流暴发初期到消退的一年时间内，分别对北京居民进行了四轮“公众对甲流的知信行水平”调查，共回收有效问卷9278份；第二类是访谈资料，该项目对医务人员、交通运输、餐饮住宿、流动人口、大学生等重点人群进行的两轮共80人的焦点小组访谈；第三类是以“甲型H1N1流感”或“甲流”或“猪流感”为关键词，搜集2009年4月23日至2010年4月23日一年内的甲流媒体报道共155 064则，抽样后进行的内容分析数据。

四、专家与公众对“甲流”的风险认知差异

Paul Slovic①认为，“可控性”及“熟悉度”是影响人们风险认知的两个重要指标，并在此基础上提出了风险认知模型。这一模型将风险分为四个主要类型，所有的健康风险都可以在其中找到自己的位置，如图1所示：第I类为“熟知的，可控的”风险，如烟草危害，公众对其非常熟悉，只要戒烟就能免受其害；第II类为“熟知的，但不可控的”风险，如禽流感、艾滋病等，虽然已经为公众所熟知，一旦疫情暴发，目前有效的防控办法并不多；第III类为“未知的，不可控的”风险，这类风险的评级最高，也最容易产生心理恐慌，不过在这种高度不确定性下，公众更有可能接受专家的知识和行为指导，如SARS（非典型肺炎）这类新发突发传染病；第IV类为“未知的，却可控的”风险，如转基因食品，公众对其风险缺乏足够了解，但许多食品企业、专家都声称转基因食品本身无害，因此多数公众会采取远离或避免食用的态度来规避风险。

---

① Slovic P. Perception of Risk[J]. Science, 1987(236): 280-285.

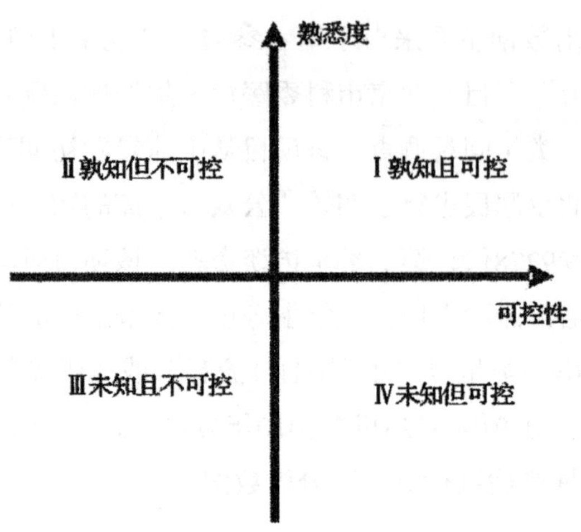

图1　Paul Slovic的风险认知模型

本研究首先参照 Paul Slovic的风险认知模型，对比甲流期间的专家论述与公众实际的风险认知，从“可控性”“熟悉度”等两方面比较专家与公众对“甲流”的风险认知差异。

首先，在“可控性”方面，流行病学专家及卫生部门对甲流风险的官方论述为：“甲流是可防、可控、可治”①，这一论述贯穿了甲流防控工作的始终，成为专家进行风险沟通的核心主题。在这一论述背后，要体现的是政府积极防控甲流的决心，以及为此付出的巨大努力。

问卷调查的数据显示，有78.6%的公众选择相信“甲流是可防可控可治”，12.4%的公众选择“不太相信”，完全不相信的比例只有3.2%。这一结果看似与专家的风险判断趋同，但结合深度访谈发现，公众眼中甲流的“可防可控可治”并非来自专家的科学结论，而是在甲流与2003年的SARS（“非典”）比较中得出的。如：

“（甲流）比普通流感严重点，没有达到恐慌，相对于非典，这个

① 甲型流感可防可控可治[N]. 北京日报，2009年05月18日A(01)版. http://news.163.com/09/0518/09/59J8IOS2000120GR.html.

事算很小的。”（餐饮服务员，男，2009年10月13日，怀柔区）

“就是觉得这次不会像非典那样吧……非典引起的危害性肯定大……”（社区老人，2009年10月20日，平谷区）

“甲流没那么严重，非典时一个人从北京回南京，当地政府就跟密探差不多盯着你，这个流感有这么严重么？”（流动人口，男，2010年3月16日，丰台区）

可以说，专家所谓甲流的“可防可控可治”，更多关注的是疾病罹患率、病死率、特定范围内的发病人数等，侧重于风险对群体和社会所造成的影响；而公众则是基于和SARS疫情等相比得出的结论，侧重风险对个人造成的影响。虽然最后得到的风险判断相似，但背后的出发点和依据却大不相同。

其次，在“熟悉度”上，甲流作为一种新发突发传染病，医学专家对其病毒结构、传播途径、易感人群等并无定论，因此在甲流的风险认知上，专家与公众并不存在绝对的“知识鸿沟”和“信息鸿沟”，正如周桂田指出：在面对新风险的挑战时，专家往往与公众一样无知。①而作为知识相对缺乏的公众，往往期待在健康风险中能得到确定性信息，当其无法在专家处获得时，便会从以往经验中寻找，最常见的便是把甲型H1N1流感与普通的季节性流感（或俗称的“感冒”）这两个在名称上相似的疾病进行等同。如：

“我感觉预防都是勤洗手通风，和一般的感冒没有多大区别，小册子上的防护方法都很普通的。”（餐厅服务员，女，2009年10月13日，丰台区）

“（病毒）可能会被人体适应，可能会被人体排斥，也可能像普

---

① 周桂田. 在地化风险之实践与理论缺口——迟滞型高科技风险社会[J]. 台湾社会研究(季刊), 2002(45): 69–122.

通的感冒一样就过去了，成为我们人类很普通的疾病。”（流动人口，女，2010年3月16日，丰台区）

“每年到冬春季，流感不都有吗（看访员），甲型只是传播比较快一点，而且甲型能变异，每年流感的病人多多呀！”（小区管委会，男，2009年10月16日，朝阳区）

“看到确诊病例第一反应会恐慌，慢慢地会有些麻木，感觉很正常，慢慢会增多，但都能被治愈。”（公共服务人员，男，2009年10月13日，怀柔区）

公众对甲流的风险应对措施也可以反映其风险判断，调查数据表明，公众对于甲型H1N1流感的态度以“有所关注，但比较乐观”为主（占44.9%）；其次是“密切关注，极力防范”（占22.2%）；选择“感觉恐慌，无所适从”的仅有1.1%。可见即使是在流感大流行阶段，公众对甲流的风险判断仍比较乐观，并没有太多的恐慌。

综合以上的资料分析，甲流在流行病学上本应属于“未知、不可控且与公众高度相关”的疾病，一旦放到中国的本地化脉络中，专家的风险认知倾向将其归于第IV类——“未知、可控且与公众高度相关”的疾病，而公众倾向将其归于第I类——“熟悉、可控且离自身比较遥远”，专家与公众之间的风险认知存在一定差异。

五、甲流风险认知背后的常人理论

多数公众虽然将甲流判定为“熟悉且可控”的风险，但这一判断的来源并非完全来自专家的论述，而是具有自身的逻辑结构和丰富的社会意涵。本研究借鉴钟蔚文的研究，将“常人理论”的内部结构分为“先前知识”“判断结构”“健康观念”三部分[①]，以此来分析专家与公众之所以产生风险认知差异背后的深层原因。

（一）先前知识

先前知识构成了常人理论的基础，是影响公众风险认知的首要因素。这里的“知识”，首先是学习经验的结果，因此常被作为决策判断的基础；其次，知识也代表了一种信息处理能力，先前知识能够决定知识更新的程度和质量；再次，知识也是一种“认知框架”，能够限制人们的认知范围。例如以上提到甲流期间，许多公众甚至是非流行病学方面的医生，容易将以往对普通流感以及SARS的经验和知识套在甲流上进行判断和应对，正体现出先前知识对风险认知的影响。“SARS”或“非典”在针对甲流进行的访谈中被提及的频率非常高，举例如下：

“他们（病人）都很害怕（语调稍微高些），觉得好像到发热门诊都比较恐惧，怕被隔离……病人也不敢在发热门诊多待，自从非典以后成立发热门诊，病人都很害怕。”（发热门诊主任，男，2009年10月16日，朝阳区）

专家和公众的先前知识差异不仅仅体现在掌握事实知识的多寡，钟蔚文[②]认为，只是测量公众对事件本身的零星认知，并不能真正掌握知识的本质。公众在风险认知时除了受到已具备的事实性知识影响外，可能还需要动用其他不同类型的知识，如先前对媒体的信任度、对政府的信任度等，这些知识虽然和疾病事实性知识并非直接相关，亦无关专业背景，但却能对公众处理风险资讯、风险认知形成产生重要影响。如有

① 钟蔚文. 从媒介真实到主观真实[M]. 台北: 正中书局, 1992.

② 同上.

受访者提到，“经过非典之后，人们的恐惧心理还是有的。（这次）一般还是会比较注意个人卫生”。这就是“非典”的先前记忆对甲流风险判断和行为产生的影响。同样在访谈中也有受访者将甲流风险判断与对媒体的固有评价联系在一起，对媒体信息的理解不同导致对甲流的风险认知差异。

我们医护人员工作这么多年，一看媒体报道，就是太偏颇了。虽然你说是医学院毕业的去做记者，但是太不专业啦。不能这么去做报道的，好多都是在误导。（护士，女，2010年3月12日，朝阳区）

问：最开始从哪里了解甲流？答：一般从电视、网站了解。问：觉得这些媒体信息可靠吗？答：（点头）中央媒体、卫生部网站还是比较权威的。（医生，男，2009年10月16日，朝阳区）

中国的媒体都是瞒不住的时候才报的。问：你觉得这次甲流里媒体也瞒住了事情？答：当然啦，肯定的，这是必然的。（流动人口，男，2010年3月16日，丰台区）

以往研究公共卫生领域探讨专家与公众的知识差距时，最常用的一种方法就是所谓的“知信行”调查，其中的“知”，就被简单理解为公众对疾病的知晓率。这类调查中，知识的界定是掌握在专家手中的，公众对疾病认知度必须以是否能正确回答专家界定的知识为标准，而事实上，公众具备的疾病先前知识有更丰富的内涵。换言之，这类研究只能证明公众对健康风险的认知是否与专家一致，并不能反映公众真正理解的疾病知识。

（二）判断结构

“判断结构”体现了公众在进行风险认知时的实践逻辑，是“常人理论”最核心的部分。一般认为，公众的判断容易脱离由科学和统计程序确立的规范、标准和结构，但这并不意味着常人判断就是简单而错误的。本研究将访谈数据依据常人理论的内部结构进行分类，发现公众判断的结构至少包括如下几个层次：

第一层为公众内在的风险评估标准，主要包括两个部分：一是对疾病威胁的感知（threat perception），由两组信念决定，自觉罹患率（perceived susceptibility to the illness）以及自觉严重性（anticipated severity of the consequences of such illness），前者为公众感知风险发生在自己身上的可能性，后者为公众感知风险危害可能的规模和影响；第二部分是相对应行为的评价（behavioral evaluation），亦由两组信念决定，一为自觉效能，即遵循健康行为可获得的利益，另一则为反应成本，即为此需付出的代价或需克服的障碍。[①②]

第二层为实例证据，来自政府部门、卫生系统的信息发布、媒体报道、人际交流和群体交流渠道获得的信息等。正如建构科学理论的过程一样，公众对风险的评估，同样是建立在所接触、获取的事实知识基础之上。第一层的风险评估标准会与第二层的事实证据之间不断互相印证和修正，从而对风险做出螺旋式上升的判断。

以甲流为例，公众的风险判断也体现了以上两个层次的相互影响：首先，公众虽然认为自己容易感染甲流，但由于死亡病例少，并不认为其带来的影响有多严重，经过比较得出遵循防治措施行为带来的利益会超过付出的成本（如疑似症状一旦去了医院，可能因此旷工或隔离），因此容易将“甲流”评为低风险；其次，这一风险评估进一步被“可防可控可治”的政府声明以及媒体发布等信息印证后，又进一步强化原来的风险评级。

综上，公众在进行风险认知时的判断结构如下：

① Becker M H. & Rosenstock I M. Comparing Social Learning Theory and the Health Belief Model[C]//W. B. Ward (ed.). Advances in health education and promotion. Greenwich, CT: JAI Press, 1987: 245-249.

② 徐美苓. 艾滋病与媒体[M]. 上海: 上海译文出版社, 2008.

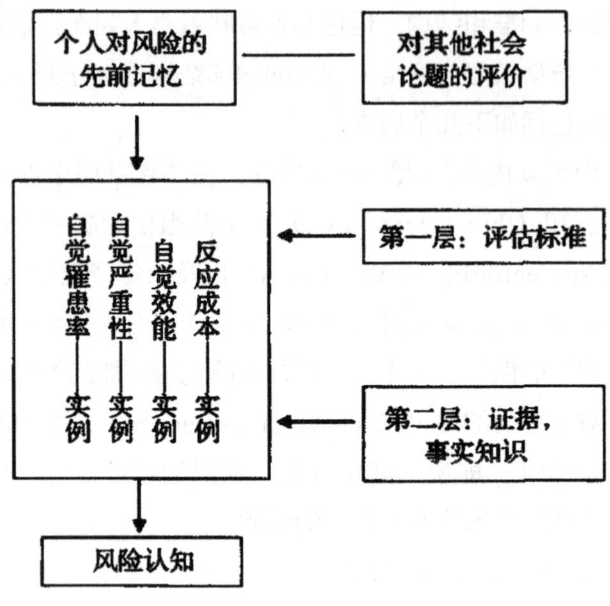

图2　公众的风险判断结构

（三）健康观念

公众的风险认知还不可避免地受到“价值观念”的影响。传播的效力总有一部分与信息本身无关，它来自对传播者的信念；同样，健康风险的效力也有一部分与伤害无关，它来自对健康的观念。公众对健康的观念以及健康在生命价值排序中所处的位置，决定了对风险的接受程度、重视程度以及行为应对等。张燕等研究发现，公众的风险认知过程基本上是以个人行为和主观价值为基础的社会建构过程，公众的价值选择和决定，有其自身的认知依据和价值取向，这种具有差异性的个人的风险知识判断体系成为最终决定人们风险认知的关键。①

以甲流为例，研究将健康观念分为五种话语，测量公众在疫情的不同阶段的健康观念变化。调查数据显示：对健康观念五种话语的总

① 张燕，虞海侠. 风险沟通中公众对专家系统的信任危机[J]. 现代传播，2012(4): 139-140.

体评分（各项1～7分）加总以后，四次调查总分的平均得分为31.08、31.13、30.27、30.31（满分35分，得分越高表示越同意），不同阶段北京市民的总体健康观念存在统计学差异（F＝162.165，P＜0.01），如表2所示。

表2 北京市居民在甲流疫情各阶段的健康观念得分

健康话语	暴发前期	甲流输入期	甲流流行期	甲流消退期	F值	P
1. 健康是人生最大财富	6.59 ± 1.15	6.57 ± 1.25	6.37 ± 1.59	6.46 ± 1.37	172.2	＜0.01
2. 只要得到健康，不必在乎金钱时间	5.70 ± 1.62	5.71 ± 1.59	5.51 ± 1.73	5.45 ± 1.70	175.82	＜0.01
3. 健康需要精心呵护	6.40 ± 1.34	6.46 ± 1.23	6.29 ± 1.50	6.30 ± 1.38	100.991	＜0.01
4. 有病不及时治疗会有严重健康后果	6.31 ± 1.41	6.35 ± 1.34	6.20 ± 1.58	6.20 ± 1.43	77.772	＜0.01
5. 只图一时的享乐会造成不良的健康后果	6.07 ± 1.61	6.01 ± 1.66	5.89 ± 1.52	5.90 ± 1.67	69.586	＜0.01
健康观念总分	31.08 ± 5.71	31.13 ± 5.78	30.27 ± 6.90	30.31 ± 6.13	162.165	＜0.01

虽然表2的调查结果显示甲流期间公众具备良好的健康观念，但深入分析发现，在健康观念的五种话语中，平均得分最低的是“只要得到健康，不必在乎金钱时间”，其次是“只图一时的享乐会造成不良的健康后果”。这两个问题都是拿健康与“享乐”“财富”“时间”进行对比，而其他三个问题都是仅仅针对健康本身的付出，可见一旦要让公众拿健康与财富、时间、享乐等进行价值排序时，公众的健康观念可能会发生动摇。而对公卫专家来说，无疑希望公众将健康摆在第一位，任何与健康相冲突的价值都应为此让步，这一观念本身就未能考虑公众的健康观念，故容易造成风险沟通的障碍。有研究发现，任何的风险判断都

涵盖专业判断与价值判断两个层面，专业判断可以影响风险认知，但最终影响决策的是价值判断，也就是说，尽管专家可以影响专业判断，但并不能决定公众的价值观。①

如果说“先前知识”是肉体，“判断结构”是骨架，那么“健康观念”就是灵魂，三者共同构成了风险认知的常人理论。这三方面可以为常人理论的分析提供一个框架，也可以帮助专家更好地理解、解释公众的风险认知模式。

六、结语

现代性的风险绝非纯粹客观存在，影响风险扩散的因素同样来自一些主观方面，形塑着人们对客观风险事件的主观反应，进一步影响人们应对风险的态度和行为选择。②本研究以甲流为个案，通过实证研究来分析专家与公众风险认知差异背后的深层原因，它打破了传统以专家为中心的风险沟通模式，代表了一种“常人转向”。

从专家等精英视角出发，往往认为公众对风险的认知简单而易错，不仅评价风险的标准单一，而且看待事物的层次结构也比较肤浅；而从常人理论的视角出发，公众在风险认知时的结构层次并不比科学理论简单，包括“先前知识”“判断结构”“健康观念”等在内的要件，决定着公众面对风险时的自我诊断、疾病表达、治疗行为、防控经验以及对他人的建议。这也表明，专家与公众的鸿沟并非来自知识的落差，科学理论与常人理论的内在差异才是导致专家与公众风险认知差异的根源。

彼得斯提道，“即使是最好的交流也是跨越他者鸿沟的光环，决不

---

① 吴宜蓁. 专家与民众: 健康风险认知差距研究内涵检视[J]. 西南民族大学学报(人文社科版), 2007(10): 154–157.

② 刘岩. 风险的社会建构: 过程机制与放大效应[J]. 天津社会科学, 2010(5): 74–76.

是两个匹配和理性的角色达成完全一致的意见”。[①]从常人理论出发探讨专家与公众的风险认知差异，最终落脚点并不是要提出一种替代性的沟通策略，而是提醒决策者在健康风险沟通中，应更加重视常人判断，赋予其更大的发声空间，并对公众风险认知的文化内涵和背后的社会环境有更加深入的关注。

① 彼得斯. 交流的无奈: 传播思想史[M]. 何道宽, 译. 北京: 华夏出版社, 2003: 182.

5.5 科普真人秀赛程设置的注意力分配机制

——以《加油！向未来》为例

朱励瑶　张增一

（全球传媒学刊，2019年第4期）

随着媒体传播渠道的拓展和社会对科学普及的重视，科普综艺越来越受到媒介的重视以及公众的喜爱。然而，如何解决“科”和“普”、科学性和娱乐性这两对矛盾已成为科普综艺亟待解决的难题。学界从“游戏理论”的角度对综艺节目进行分析并取得丰富的成果，其中，约翰·费斯克（John Fiske）[①]（1987）、马歇尔·麦克卢汉（Marshall McLuhan）[②]（2000）等人在这方面做了一些开创性的工作。遗憾的是，一方面，他们的研究多注重形而上的思辨与宏观论证，缺少对实例微观的分析；另一方面，这一理论还较少被引入科普综艺的研究视域中。从游戏理论出发研究综艺节目的赛制似乎顺理成章，但现有成果多从理论角度阐述赛程设置的必要性和重要性，缺少深入的微观分析。注意力分配受到了传播学、社会学、计算机科学等学科的关注。例如，韦伯斯特（Webster）[③]（2014）以安东尼·吉登斯的结构主义及其有关能动者和结构之间关系的论断为理论基础，从用户、内容提供者、测量提供者三个方面构建了注意力分配的理论体系。阿洛卡（Allocca）[④]

---

① Fiske J. Television Culture[M]. London, New York: Routledge, 1987.

② 马歇尔·麦克卢汉. 理解媒介: 论人的延伸[M]. 何道宽, 译. 北京: 商务印书馆, 2000.(原书Mcluhan M. Understanding Media: the Extensions of Man[M]. New York: McGraw-Hill, 1964.)

③ Webster J G. The Marketplace of Attention : How Audiences Take Shape in a Digital Age[M]. Boston: The MIT Press, 2014.

④ Allocca F. Videocracy : How YouTube is Changing the World... with Double Rainbows, Singing Foxes, and Other Trends We Can’t Stop Watching[M]. New York: Bloomsbury USA, 2018.

（2018）通过分析视频在YouTube上的刷屏现象，从实践角度对受众的注意力分配进行描述。但是，深入节目赛制，从传播效果的角度研究受众的注意力如何分配，目前尚未看到相关的研究。

《加油！向未来》三季的赛制变化为本文提供了动态的、历时性的研究对象。本文将注意力分配理论、游戏理论和博弈理论作为分析工具，挖掘其赛制背后的注意力分配机制，希望对解决科普综艺面临的两大矛盾有一定的启发作用。

一、妥协与奠定：第一季赛制分析与注意力分配机制

《加油！向未来》第一季的赛制设计呈现直线式的特征：每一期节目嘉宾分为加油队和未来队，一般两队成员各有一位明星和一位素人（TFBOYS参加节目时三人成组，未搭配素人），通过主持人发布的实验猜想题和线索题，两队展开对决，从而决出本期节目的得胜组。

我们可以将第一季的赛制特征归纳为以下三点：

第一个特征是娱乐明星引流。第一季节目的赛程设置中，“娱乐明星＋素人”的选手搭配可以在很大程度上利用明星已有的知名度对节目进行引流，同时“素人”作为节目受众的代表满足其参与感，提升其代入感。费罗-梅兹（Frau-Meigs）[①]（2006）认为真人秀传播经历了“三重过滤”：在第一重过滤中，节目制作的编辑删除了易引起不同文化背景受众焦虑的内容；第二重过滤则是节目在播送过程中扮演“宣泄气阀”的角色，使观众更易接受商业化的视听系统；在第三重过滤中，受众参与互动，并接受真人秀节目的价值。作为一档科普真人秀节目，“素人”的设置避免了全明星参与可能会造成的疏离感和反感，同时也更容易

① Frau-Meigs D. Big Brother and Reality TV in Europe: Towards a Theory of Situated Aculturation by the Media[J]. European Journal of Communication, 2006, 21(1): 33-56.doi: 10.1177/0267323106060988

让受众接受节目“全民科普”的价值理念。这一搭配虽然在一定程度上使节目兼顾了话题性和参与性，但也成为这一季节目的问题根源。

第二个特征是赛程设置呈现零和博弈与合作互动博弈相结合的特征。如图1所示：

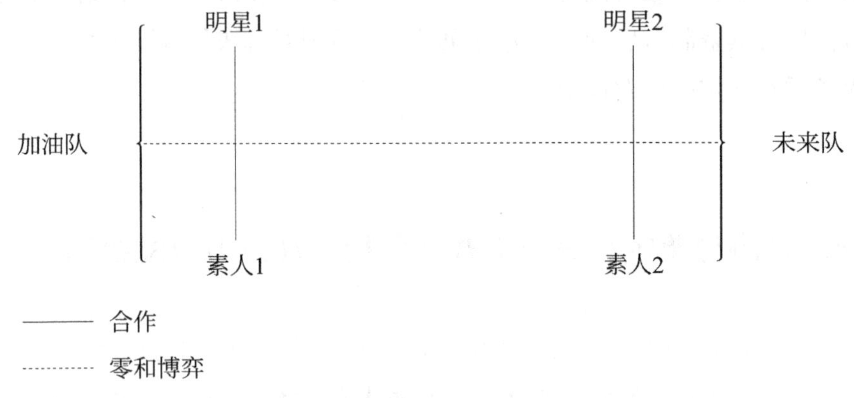

图1　第一季赛程设置博弈类型示意图

赛制规定，节目在每一期都要决出获胜队，节目组通过控制节目中题目的分值和数量来确保有且只有一队获胜。由于节目赛制规则的存在，该博弈中双方参与者的策略空间和效用函数都是透明的，且双方同时答题。以支付函数μ1表示加油队的偏好关系，支付函数μ2表示未来队的偏好关系，每期节目一定会出现μ1+μ2=0的零和博弈形式。零和博弈使节目的对抗性贯穿始终。游戏是真人秀节目的基本特征，冲突和对抗作为游戏运行的两个基本规则，是节目不可或缺的因素，其中冲突是节目维持吸引力的关键，也是节目进度向前推动的动力，可以说“真人秀节目的内核就在于它的冲突性”。①更加能被受众直观感知的是以节目比赛形式呈现出来的对抗，对抗“未必是严肃的，而是充满娱乐精神和游戏特性的人与人之间的比拼或较量”②。冲突和对抗都在赛程设置

① 陈虹. 论真人秀节目的内核——冲突[J]. 新闻界, 2007(4): 83–85.

② 刘冠群, 王黑特. 对抗性电视娱乐节目探析[J]. 现代传播, 2013(3): 93–97.

的框架中进行，构成节目的游戏形态，并且关乎节目的完成效果。

两队构成非此即彼的零和博弈关系，其内部的“明星＋素人”之间则存在竞争合作博弈的关系。对参赛嘉宾来说，受众的“注意力”是需要争取的资源，明星的高知名度与高话题度使其集中了受众的注意力，而与之搭档的素人在节目中处于注意力分配的劣势地位。因此，对素人来说，他们必须要和拥有丰富注意力资源的明星搭档争夺注意力资源，但同时他们也必须依附于明星搭档来分一杯羹。由于受众在观看节目的时候往往会更关注得胜的一方，因此，他们只有和明星搭档合作赢得比赛才能在最后收获更多的注意力资源。由此，“明星—素人”在注意力分配的语境下形成了“合作竞争博弈”的模式，这一模式仍然建立在个人偏好的基础上，其微观基础是竞争博弈。“合作竞争均衡是参与人选择最多战略中的一个，均衡状态处较多参与人获得较高的支付系数，参与人在博弈均衡处达到势均力敌的稳定状态。”[①]互为搭档的明星与素人双方处于这一博弈中，为了取得更好的结果，往往首先选择一组效果不那么显著的注意力吸引策略，然后在这一组策略中选择对自己最有利的策略，整个过程是收敛的。这样的组合在参与到节目整体的零和博弈中时往往陷入内耗，从而使节目效果大打折扣。

第三个特征是每期节目相对独立。每期节目都会邀请新嘉宾，同时完成完整的零和博弈，产生胜利者。这种形式保证了节目的完整性，也有利于利用更多的明星，调动更多的明星粉丝关注节目，扩大注意力资源的引流规模。然而，节目播出时间是每周日晚上十点半，较长的间隔时间与较晚的播出时段对节目吸引长期受众形成阻碍，相对独立且闭合的结构使影视心理学中的悬念机制很难发生作用。周日晚上十点半的播出时间、将近两小时的节目时长与邻近周一工作日的时间节点增加了受众的观看成本。观看时间是受众注意力分配的重要参考值，受众的作息

---

① 孙利辉, 徐寅峰, 李纯青. 合作竞争博弈模型及其应用[J]. 系统工程学报, 2002, 17(3): 211–215.

习惯等作为社会结构的一部分在不断地影响着受众的能动选择，也在不断塑造着“受众”这一群体。

长期低迷的中国科普综艺不利于吸引赞助商的投资，赞助商显然更青睐能够轻易吸引大量注意力资源的娱乐指向综艺节目。因此，处于开局地位的节目第一季要能保证其吸引受众注意力的能力才有可能争取到赞助商的投资。“文化产业的竞争是由寻求新奇所驱动的。然而消费者既期望新奇的文化商品，也期望这个新奇是可以理解的，是自己熟悉的。”[①]邀请明星、引进荷兰模式、简化赛制都是节目为达到“新奇”与“熟悉”的平衡而采取的策略。明星的粉丝具有参与性和消费性，他们通过高涨的参与欲望来消除自己和偶像之间的审美距离，粉丝实践行为的主要模式是消费，具体表现在购买偶像代言的产品，关注偶像参与的活动，观看与偶像相关的节目等。第一季邀请娱乐明星有助于吸引一批“星粉”，将流量和注意力吸引到节目上来，这对节目的收视率是一个保障，对赞助商来说也确保了注意力资源的供给。但邀请明星使节目流于娱乐化，明星缺乏足够的科学素质，且只参加某一期节目，很难成为具有“科学”意义的符号，这导致了第一季虽然争取到了赞助，提高了收视率与话题度，但未能很好地实现科普的目标。这与明星嘉宾身上的娱乐色彩过重和节目赛制的注意力分配有关（见图2）。

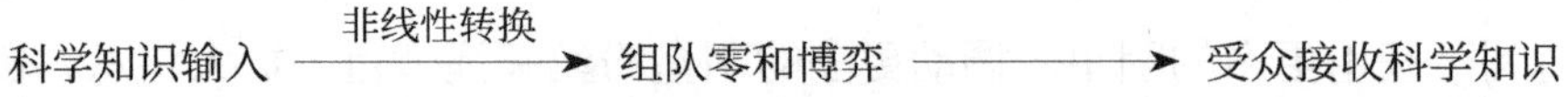

科学知识输入 —非线性转换→ 组队零和博弈 ——→ 受众接收科学知识

图2　第一季节目注意力分配机制

图2是第一季节目分配注意力的模型，这是典型的“Encoder-Decoder”框架。图中“科学知识输入”“组队零和博弈”“受众接收科学知识”分别对应的是“编码”“语义解析”“解码”。在这一框架中，预测受众接收的科学知识对应的语义解析相同，这意味着不管科学

① Lampel J, Lant T, Shamsie J. Balancing act: Learning from Organizing Practices in Cultural Industries[J]. Organization Science, 2000, 11(3): 263-269.doi: 10.1287/orsc.11.3.263.12503.

知识输入特性如何，它们对受众所得的知识产生的影响是相同的。这就产生了两个最明显的弊端：首先，组队零和博弈的语义向量无法完全表示整个节目所要表达的信息；其次，后播出的内容会覆盖掉前面输入的内容，且节目持续的时间越长，覆盖程度就越深，这严重影响了受众接收科学知识的准确性和效率。“组队零和博弈”作为“语义解析”是整个注意力分配机制中的关键。正如上文所说，一方面“零和博弈”嵌套“合作竞争博弈”的赛程设置使嘉宾为了争夺注意力产生了内耗，影响了赛制作用的发挥；另一方面，明星身上的娱乐标签更容易捕获受众的注意力，使其无法发挥传输科学知识的语义解析作用。

总体而言，《加油！向未来》的第一季处于开局的节点，完成了其吸引赞助商与注意力、奠定节目的总基调的任务，而版权限制、赛制内耗和过度娱乐化等问题可以视作节目为了完成任务而进行的妥协。

二、升级与改进：第二季、第三季的赛制分析与注意力分配机制

节目第二季摆脱了第一季由于引进“荷兰模式”引起的版权限制，在制作上更加自由。节目在第一季已经积累了相当的口碑，第二季的节目设置在引流上的考虑比重降低，不再邀请流量明星作为选手，明星只作为实验嘉宾辅助实验，成为视觉奇观的一部分。在此基础上，赛程设置也完成了升级。

第二季的赛程设置仍然保留了第一季“加油队”和“未来队”互相竞争的模式以及观众通过微信等渠道参与答题等形式，但通过节目组第一轮笔试和第二轮面试筛选出来的选手更能保证科学素养。在节目的前10期，每期都会竞争产生一位“科学猜想王”，到最后一期即第11期，前10期产生的10位“科学猜想王”将会进行对决，从而产生一位“年度猜想王”。

第二季中按年龄进行分队，30位成年人和未成年人各自组成“加油队”和“未来队”，这起到一种“标签”的作用，强调两队选手的差异，甚至是在刻意破坏比赛先定的“公平”。人们往往认为年龄与知识储备呈正相关，因此“未来队”似乎因为年龄较小而在一开始就处于劣势。处于劣势的“未来队”能否战胜看似实力强劲的“加油队”成为节目的一大悬念。由于在前10期的赛程设置中，第一环节每一队一定会择出一位代表，因此在这一环节中两队的竞赛除了关乎下一环节哪位选手可以先发答题之外并无其他意义。选手面临的对手实际上只有自己的队员，而每人一块答题板答题的模式也使每位选手与自己的队员之间不存在实质上的合作关系（见图3）。

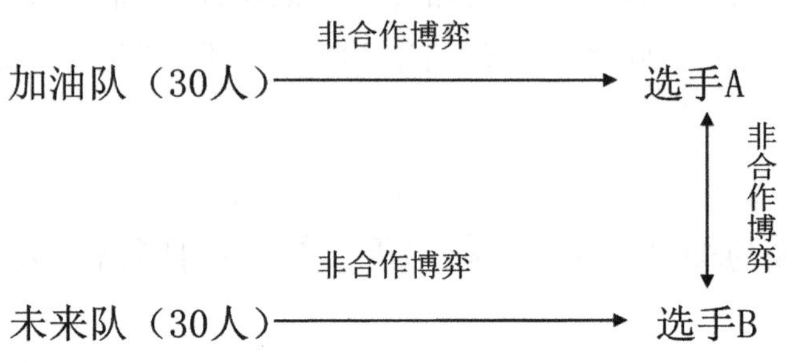

图3　第二季前10期赛程设置博弈类型示意图

第二季总决赛的赛程设置采用淘汰制，通过答题正确率与速度的综合对比选出两位选手进行一对一答题，从而产生冠军。决赛采用更加简洁的非合作博弈系统（见图4）。

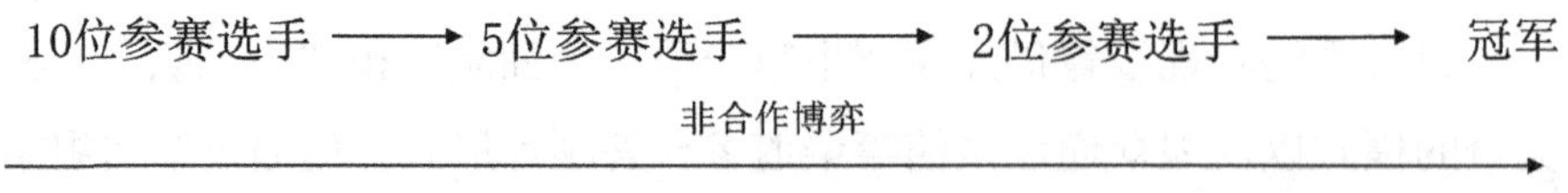

10位参赛选手 ——→ 5位参赛选手 ——→ 2位参赛选手 ——→ 冠军

非合作博弈

图4　第二季总决赛赛程设置博弈类型示意图

在第二季的赛程设置中，选手始终处于非合作博弈的状态，因此其行动都可视为个别行动，这一设置有利于突出参赛选手的个性，给予参赛选手规则内最大的自主决策自由。然而观众的注意力资源不是平均分配的，这一赛制使受众的注意力资源分配高度集中于最后两位选手代表身上。总决赛共有10名选手，因此受众的注意力分配相对更分散，但节目组在比赛之前对参赛选手就对手问题进行采访，使被提及的选手成为注意力焦点，使受众的注意力分配有所侧重并偏离旁观中立的视角，刺激受众的观看快感。从游戏理论的视角来看，受众的观看行为本身可被视为一种游戏，在这一游戏中观众被赋予选择、评判和意义生产的权力，可以任意参与或者摆脱游戏角色，在观看电视节目和现实世界之间行使自己的控制权力。约翰·费斯克指出这一行为创造出两种积极的快乐：一种是通过打破规则获得的自由的快乐，另一种是在符合社会规则的游戏中获得的"中心化"的快乐。[①]游戏的体验性使参与者和观看者都有明显的代入感和沉浸感，对观看者来说，游戏的感官体验类符号的强烈吸引力使人更容易对游戏流连。当受众的注意力聚焦在某几个人身上之后，节目从第一季的"借星"模式向"造星"模式转变。毋庸置疑的是，第二季的赛程设置对受众注意力的分配使其更易于关注到某位具体的选手及其相关的题目与实验。在突出选手个性的"造星"策略下，名存实亡的"加油队"和"未来队"的分类对赛程设置来说已略显赘余。

节目第三季开始之前，前两季已积累了良好口碑和一批忠诚受众，再加上节目通过微博等渠道充分造势，节目未播先火。在赛程设置上也延续第二季的思路，更加突出选手的个性，通过引导受众的注意力进行"造星"实践。本季赛制彻底取消了分队竞赛的框架并改变了每期更换参赛选手的做法，由24位不同年龄不同背景的选手组成全季的选手阵营，并各自为战，以"挑擂赛"的形式进行激烈竞争。

这一赛程设置在节目开始之前就已经启动，节目组通过考核对选手进行排名，排名最高的两位成为擂主与挑擂者，24位选手由此形成非合作博弈关系。节目中，擂主与挑擂者上台竞争的同时，22位选手同样经

---

① Fiske J. Television Culture[M]. London, New York: Routledge, 1987.

过非合作博弈产生下一位挑擂者。两轮之后擂主对决23人组，表面上构成了典型的零和博弈形式，但其内部仍然包含着23人组内部激烈的非合作博弈过程（见图5）。

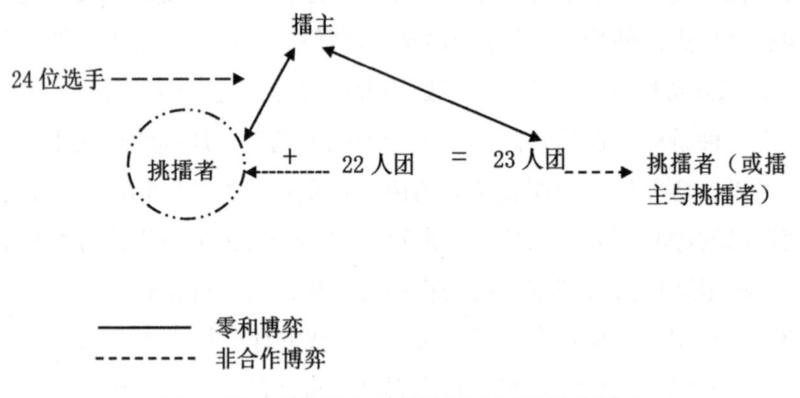

图5　第三季常规赛赛程设置博弈类型示意图

延续了9期的常规赛的赛程设置呈现出图5中循环且相对闭合的结构，零和博弈与非合作博弈在同时进行且循环转换的过程中交合于虚线圆圈的部分。作为整个赛程设置中最关键的节点，这部分也往往成为注意力高度聚合的焦点。在赛程设置中，“挑擂者”的角色最具张力，一方面通过赢得零和博弈，挑擂者将成为擂主；另一方面当挑擂者挑擂失败，将被22人团中非合作博弈中的胜利者取代。经过两轮零和博弈的擂主单挑23人团则将注意力焦点承接至擂主身上，而回到23人团的挑擂者则成为次注意力焦点。通过这种方式，“擂主—挑擂者”的注意力重心黏合了与之相关的比赛内容，从而达到科普的目的。相较于前两季，第三季赛程设置最精巧的一点在于比赛情节的延续性。劳伦斯·克罗斯伯格[①]（1992 / 2009）将“情感感受力”视为粉丝的典型特征。粉丝对偶

① 劳伦斯·克罗斯伯格. 这屋里有粉丝吗？——粉都的情感感受力[M]// 陶东风编. 粉丝文化读本. 卢世杰, 译. 北京: 北京大学出版社, 2009: 134–146. (原文 Grossberg L. Is There a Fan in the House? : The Affective Sensibility od Fandom[M]// Lewis L.(ed.)The Adoring Audience: Fan Culture and Popular Media. London: Routledge, 1992: 50-65.)

像倾注丰富的情感，并将其融入自己的精神世界，以此获得满足和成就感。从擂主与23人团的零和博弈中产生下一期的擂主与挑擂者，受众的注意力延续至下一期，被关注的选手在整个比赛中所有的状态都在受众的观看下进行，由此，受众的情感投入性增加，将节目受众转化为粉丝的进程也不断向前推进。

在前9期的常规赛中，参赛选手通过上台挑擂获得积分，在第9期的末尾统计出得分最高的前7名，其中前3名获得直接进入总决赛的资格。第4名到第7名的4位选手在第10期展开夺位赛，争夺最后一个进入总决赛的资格。而最后一期总决赛时，则是4位选手争夺总决赛冠军的宝座。这一机制极为简洁，是两个零和博弈的叠加（见图6）。

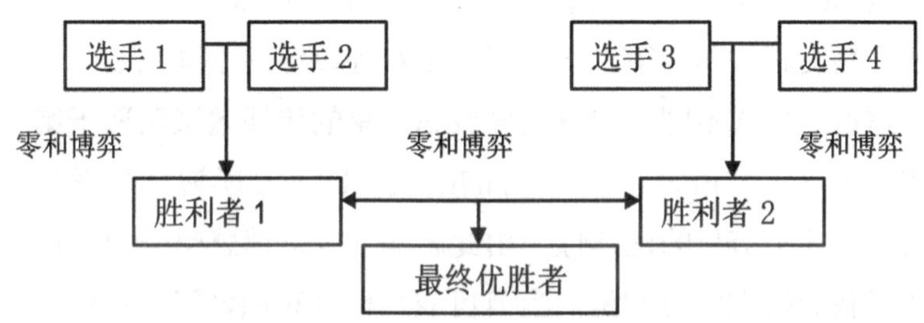

图6 第三季夺位赛和总决赛的赛程设置博弈类型示意图

夺位赛和总决赛处于第三季节目的收尾阶段，经过9期节目的积累，受众已经熟悉了参赛选手，甚至成为某些选手的粉丝，如陈鲲羽的粉丝、“鲲凌CP”的CP粉等。由于这两期节目都是在4位竞争者中选出一位优胜者，因此简单激烈的单线式零和博弈的赛制更容易集中受众的注意力，从而达到更好的传播效果。

第二季和第三季相较于第一季在节目赛程设置上通过将受众的注意力吸引到个别选手身上来进行“造星”实践。由于第二季、第三季的参赛选手众多，节目为了引导受众的注意力，需要划定一个注意力范围，以此来表示受众在接受节目信息时需要重点关注节目的哪些部分，并且根据关注的区域来产生下一个知识接收（见图7）。

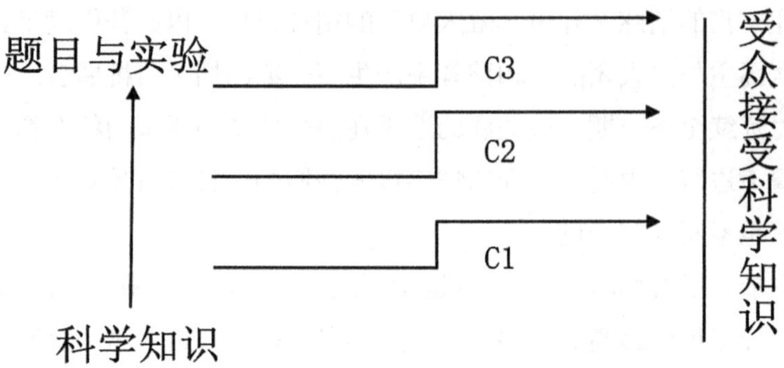

图7　第二季、第三季节目注意力分配模型

图中C1、C2……Cn代表注意力分配概率的分布，也可视作对受众注意力范围的设置，这有助于受众在接收科学知识时获得主要信息，尽可能地提高接收效率。第二季和第三季赛程设置的不同主要体现在突出注意力焦点的方式不同，但真正导致第二季的传播效果略逊于第三季的原因实际上在于“Encoder”部分的断裂，即上文所说第二季每期更换参赛选手破坏了节目的延续性，由此影响了受众情感感受力的积累。

值得我们特别注意的是，当节目或节目嘉宾积累了一定粉丝后，粉丝团体就会在节目的基础上进行再生产。尼古拉斯·艾伯克龙比、布莱恩·朗赫斯特①（1998 / 2009）提出适应新型受众的“奇观 / 表演”范式体现如：视频网站如爱奇艺会对节目的某个小高潮进行节点标注，也会剪辑某个场景方便受众进行碎片化接收，而在哔哩哔哩网站上出现了粉丝对文本的剪辑处理，如“TFBOYS”剪辑、“撒贝宁剪辑”“陈鲲羽剪辑”等，甚至会根据节目中主持人、选手等的互动编造情节，使之组成CP，使注意力的焦点转移到他们的互动上来。碎片化是多媒体发展带来的不可避免的现象，这一现象是对节目通过赛程设置进行的注意

① 尼古拉斯·艾伯克龙比，布莱恩·朗赫斯特.变化的受众——变化的研究范式[M]//陶东风编. 粉丝文化读本. 杨玲，译. 北京：北京大学出版社，2009: 56–73. (原文 Abercrombie N, Longhurst B. Audiences: A Sociological Theory of Performance and Imagination[M]//Tao D F. (ed.) Fan Cultures: A Reader. London: Sage, 1998: 15-37.)

力分配的抵抗，但也在另一方面为节目吸引更多的注意力，并提供节目改进的灵感。

三、结论与讨论

注意力分配本质上是一种资源分配，科普综艺兼具娱乐和科普功能，把受众的“注意力”引向关注其中的科学元素和内容应该是科普综艺的初衷。对真人秀节目而言，节目身处媒体、政府、资本的多方博弈的中心，“在真人秀节目具体形态的发展过程中，节目本身作为受动方，能制约节目发展的施力方主要包括四个方面的作用力。一是以政府相关部门对电视节目进行审查和规制的政策作用力；二是来自节目收看和评论的主体：受众的收看注意力；三是节目制作主体：媒体单位的制作动力；四是节目的资金来源：广告商的资本追逐力”。[①]节目的赛程设置同样也是多方合力的结果。事实上，首先，受众的收看偏好影响着节目制作方，影响他们对赛程设置的调整；其次，受众的注意力是资本市场和节目制作机构的交易品，资本市场也会迅速发力，通过广告或赞助来对节目赛制的制定间接施压；最后，政策作用力发挥了维护底线的作用，当受众的注意力分配被引导向不良方向时，如过度娱乐化或同质化，政策力量将介入并产生直接而重要的作用。

科普真人秀的最终目的是将受众的注意力分配集中于科学相关的内容。赛程设置本质上是游戏规则的制定，游戏的趣味性和对抗性相统一是游戏的必备特质，两者都出于人对快感的需求。雷斯（Reiss）和维尔茨（Wiltz）[②]（2004）认为人有16种对应着不同快感的心理动机，而这16种心理动机几乎囊括了人类所有已知的快感。科普真人秀除了有趣

① 张洁. 游戏理论视角下的综艺真人秀节目研究[D]. 武汉: 华中科技大学, 2016.

② Reiss S, Wiltz J. Why People Watch Reality TV[J]. Media Psychology, 2004, 6(4): 363-378.

性快感和赛程设置的竞技性触发的对抗性快感之外，更重要的是要触发求知欲。

科普真人秀或许是一种被低估的综艺形式，受众分化使媒体栏目的选择呈现长尾态势，且科普节目正处于长尾的范围。受众分化引发学者一系列关于“飞地”“赛博巴尔干”“平行文化”等极化的焦虑。詹姆斯·韦伯斯特①通过大量的数据证明用户在选择媒体时只表现出较低程度的类型忠诚和意识形态忠诚，并没有直接证据表明大规模平行文化的存在，数据反而呈现出大规模重叠文化的形态。可见，科普综艺节目的受众并非所想的那么狭窄。受众分化的同时，节目的形式创新和质量提升有助于赢得受众的青睐，媒体结构和社会结构的细分有助于培育忠诚的受众。

科普真人秀的科普方式相比于其他科普方式最大的优势就在于其作为游戏固有的“有趣性”和“对抗性”可以调动人类大多数的快感机制，最大的挑战也在于如何调动引发好奇心的动机，并使这一动机聚焦于科学相关且不被其他快感冲淡覆盖。因此，通过赛程设置引导受众的注意力，触发受众的快感机制并保证注意力焦点的聚焦范围，将成为解决科普综艺“娱乐性”与“严肃性”、“科”和“普”的矛盾新的途径，也将为科普产品的传播效果研究提供新的研究思路。

① Webster J G. The Marketplace of Atention: How Audiences Take Shape in a Digital Age[M]. Boston: The MIT Press, 2014.

5.6 屠呦呦获诺贝尔奖事件的跨媒介传播分析

吴睿　张增一

（科普研究，2016年第6期）

近年来社会化媒体的发展给传统媒体带来了前所未有的冲击，改变了人们获取、使用新闻资讯的方式，以及新闻资讯的生产与传播方式；微博、微信等社会化媒体的使用者同时也是内容生产者。Roger（1971）所认为的大众媒介与人际传播的结合是提高传播效果的有效途径①的观点，在当前媒介融合和跨媒介传播的时代得以实现。麦克卢汉关于“新媒介总是以旧媒介的内容”②为基础的观点为人们研究新旧媒体之间的关系或跨媒介传播提供出发点，即关注传统媒体和社会化媒体的传播内容。

本文以屠呦呦获诺贝尔奖为例，选取报纸和微信的有关报道或文章为研究对象，探讨传统媒体与社会化媒体在同一科学事件报道上的异同点和相互影响，分析跨媒体传播的特点、过程和机制，为跨媒体传播和媒介融合的理论研究提供一个内容丰富的案例。

---

① Roger E M, Shoemaker F F. Communication of Innovations: A Cross-Cultural Approach[J]. Man, 1971, 9(2): 476.

② Mcluhan M. Understanding Media: The Extensions of Man[M]. Betascript Publishing, 2011.

一、屠呦呦获得诺贝尔奖相关报道的基本特征

2015年10月5日，诺贝尔生理学或医学奖评选委员会秘书乌尔班·伦达尔宣布，将2015年诺贝尔生理学或医学奖授予中国药学家屠呦呦，以及另外两名科学家威廉·坎贝尔和大村智，表彰他们在寄生虫疾病治疗研究方面取得的成就。在公布后的17时30分至10月5日24时，短短7个小时之内微信发布文章达到960篇，而传统纸质媒体在2015年10月6日才刊出相关报道。

不同类型媒介的报道数量

中国知网报刊库中以“屠呦呦”为关键词检索，截至2015年11月5日，2015年度共有报道345篇，其中10月之前共有报道11篇（1月3篇、2月1篇、6月3篇、7月1篇、9月3篇）。

如图1所示，报道屠呦呦获得诺奖事件的传统纸质媒体，其中以行业报为代表的《中国中医药报》报道量最大，《科技日报》《人民日报》《光明日报》亦重视此次事件。屠呦呦获得诺奖事件在传统媒体的新闻版面上分别位于头版、要闻版面，《21世纪经济报道》则位于靠后版面。各类报刊根据本报刊的编排需求，按重要程度排放版面。屠呦呦本人为浙江宁波人，故地方日报如《浙江日报》《南方日报》《宁波日报》对此次事件颇为关注。行业报《健康报》《中国教育报》发挥了其媒介特性针对此次事件有相关报道。

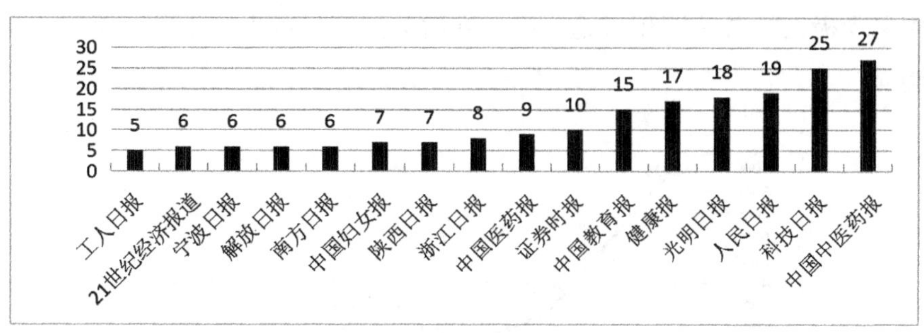

图1 屠呦呦议题报道的主要传统媒体及报道量

根据10月6日至11月5日期间传统媒体关于“屠呦呦获得诺贝尔奖”议题的报道量分布分析结果显示，报道幅度大致依时间次序呈递减趋势。由图2可见，报道量（N＝345）依次为：第一周155篇占44.93%、第二周30.72%、第三周12.17%、第四周8.99%、第五周3.19%。在一个月内，报道量主要分布在第一、二周，第三周后明显递减。传统媒体的新闻报道量随热点事件的热点消退而递减。

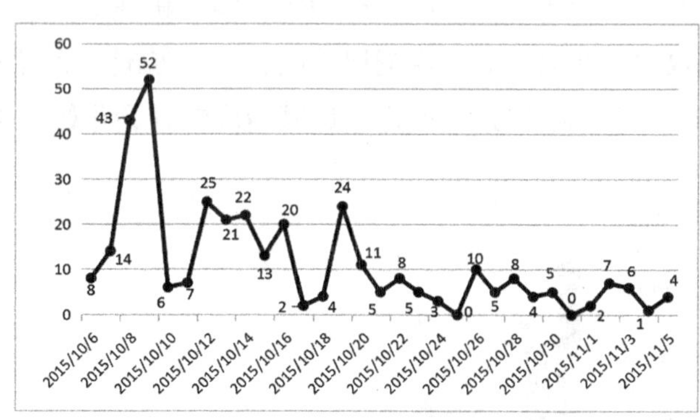

图2 2015/10/06—2015/11/05期间传统媒体屠呦呦议题报道量变化

根据微信文章数据搜集发现，截至2015年11月5日，共有文章12 239篇。图3中可见，其中10月5日—11日累计高达8476篇，相关议题总阅读量达2498万。其中不乏包括一些传统媒体的微信公众号，本研究对此类渠道平台区分为新媒体属性的传统媒体。社会化媒体在事件发生的第一周呈现极大的关注度和讨论，第一周后关注度呈现大幅下跌，差异非常明显。

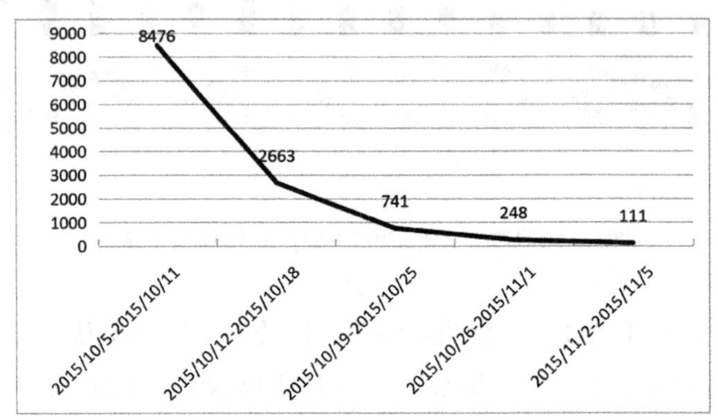

图3　2015/10/06—2015/11/05期间微信公众平台屠呦呦议题报道量变化

微信（N=12 239），第一周69.25%，第二周21.76%，第三周6.05%，第四周2.03%，第五周0.91%。可以从图4中看出，社会化媒体微信上的内容主要分布在第一周，社会化媒体时新性更强，在热点话题上更注重时效性，在第二周热点消退后内容开始递减。而传统媒体保持了持续的关注，后期继续跟进报道，递减速度较社会化媒体更加缓慢。

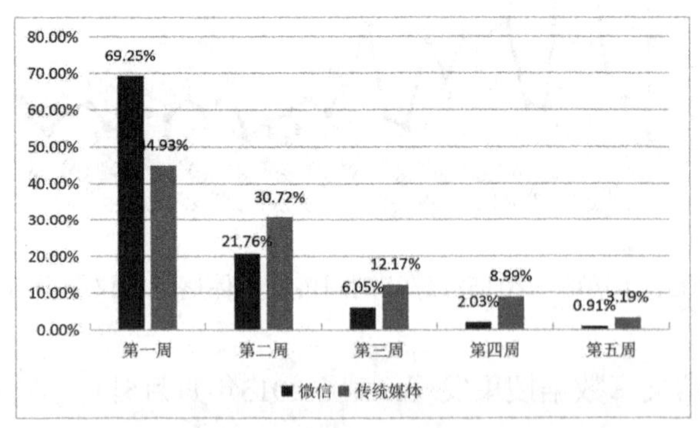

图4　传统媒体、微信公众平台报道量比例图

新浪微博方面，相关微博逾1000条，“屠呦呦”排名热搜榜第5

位；人民日报官微发起的微话题“2015诺奖屠呦呦”，阅读数达70.9万，粉丝数达6098，讨论数为745；央视新闻发起话题：“央视专访屠呦呦”，阅读量已超过400万。

二、屠呦呦获诺贝尔奖的议题内容的分类

本研究首先对传统媒体与社会化媒体微信公众账号平台所讨论的议题进行了简单的编码。如表1所示，屠呦呦获得诺贝尔奖在社会化媒体和传统媒体上的新闻报道议题，因为涉及议题讨论层次并不是非常繁多，故细化分类为以下几个类别。

表1 屠呦呦获诺奖议题分类表

<table>
<tr><th>议题编号</th><th colspan="2">议题类目</th></tr>
<tr><td>1</td><td rowspan="2">祝贺赞扬类</td><td>社会各界祝贺屠呦呦获得诺贝尔奖</td></tr>
<tr><td>2</td><td>中国、中国科学家荣誉</td></tr>
<tr><td>3</td><td rowspan="4">解读类</td><td>获奖原因、意义解读</td></tr>
<tr><td>4</td><td>屠呦呦本人故事挖掘</td></tr>
<tr><td>5</td><td>院士制度中国考评制度</td></tr>
<tr><td>6</td><td>青蒿素科普</td></tr>
<tr><td>7</td><td rowspan="3">争议类</td><td rowspan="3">诺贝尔奖颁给屠呦呦所涉及争议
中西医话题争辩
屠呦呦与黄晓明对比</td></tr>
<tr><td>8</td></tr>
<tr><td>9</td></tr>
<tr><td>10</td><td colspan="2">其他</td></tr>
</table>

（一）传统媒体议题分类

本研究的分析中发现同一篇报道会涉及单个或多个议题，但有所偏重。以《解放日报》《人民日报》《光明日报》为代表的媒体主要就屠

呦呦的个人事迹进行了关注和挖掘报道；并且对屠呦呦多年默默贡献表示敬意；其他媒体也重点介绍了青蒿素研发背景、过程以及成果的意义等。具体而言媒体报道的话题主要分为以下几类：

由图5中可见，传统媒体以祝贺赞扬类为主导，主流媒体为代表的《人民日报》《解放日报》《光明日报》以“李克强致信中国中医药管理局祝贺屠呦呦获得诺贝尔奖”“中国人、中国科学家的荣誉”进行了大幅报道，解读类内容以“屠呦呦本人故事挖掘”及“获奖因素、意义等解读”为主。

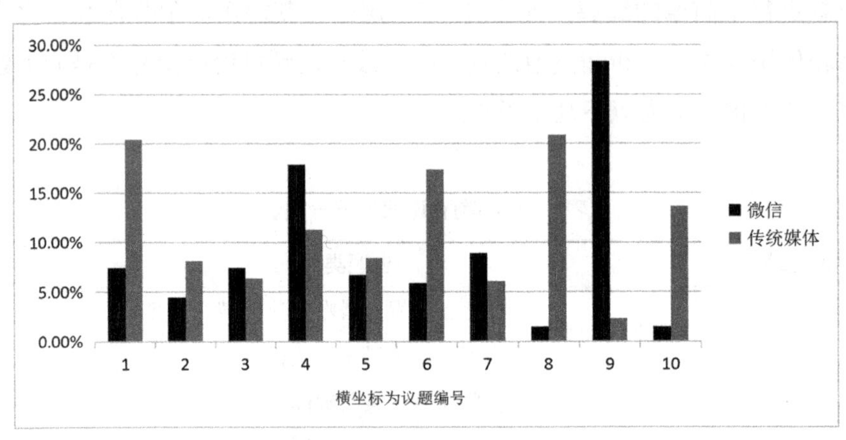

图5　传统媒体与微信公众平台涉及议题对比图

同时在传统媒体上还有常见的内容是“中西医”话题和“中医药与青蒿素关系”，通过对中国知网报刊数据库整理出的报道进行分析发现，屠呦呦获奖与中医药话题的居高不下与《中国中医药报》在此次事件中大量的报道密不可分。媒体对于诺奖与中医药的关系做了较为密切的报道，也是引发公众讨论中西医争论的重要原因。

（二）社会化媒体议题分类

微信方面，从屠呦呦10月5日获得诺贝尔奖项公布截至10月5日24

时，相关微信文章共计1241篇。总体上看，微信首日文章主要集中在获奖称赞，奖项本身的积极性得到了社会化媒体使用者的公认。但在获奖的背后以及延伸讨论上观点分化，尤其涉及中西医的比较、国内外人才奖励制度的差距等，观点不一。

社会化媒体微信公众平台上由于其自身平台的参与性强、无高准入门槛的特点，人人都可以作为议题的制定者和话题的参与者，从而讨论的话题较传统纸质媒体更具多样性。由于微信平台的半开放性，本文从“新媒体指数”①上得到的文章阅读量将作为考核一篇微信文章是否得到广泛传播及受众参与的一项指标。统计分析阅读量50 000以上的文章可以看到，微信上的议题集中于争议类：“诺贝尔奖颁给屠呦呦所涉及争议”“屠呦呦与黄晓明对比”“院士制度中国考评制度”。

如图6所示，将词频软件分析出的高频词汇做出梳理后，整理微信公众平台的高频词的节点数相连较多数值的关键词有“中国”“院士”“诺贝尔”“黄晓明”。以“屠呦呦”“诺贝尔”为最高频词汇，由图6可见，画圆圈的节点与其他节点连接紧密度较高并且连接了较多其他词汇节点，占据节点中央与其他词汇节点密切相关，可以称红色节点的连接词为关键节点。社会化媒体的讨论以屠呦呦为主线展开，其中“屠呦呦”与“诺贝尔”词汇连接最为紧密，其次关联度较高的几个节点分别是“中国人”“中国”“黄晓明”，社会化媒体前期话题聚焦于中国人首次获得诺贝尔奖的荣誉庆贺，直到2015年10月8日影视明星黄晓明结婚，社会化媒体上的讨论话题变为《黄晓明PK屠呦呦：一生努力不敌一场作秀？》——两个公众人物的比较。这个话题在社会化媒体上得到了大量的转载，多数公众账号都参与了这个话题的传播与讨论。

---

① 新媒体指数INM(Index of New Media)是中国第一个开放的新媒体指数平台，支持注册会员自主管理各类新媒体载体数据监测和相关排行，并支持API对外提供数据统计等服务。

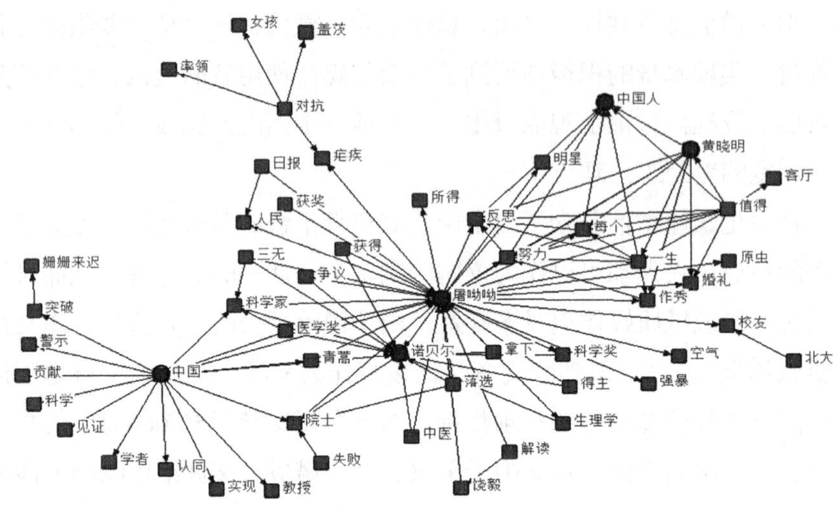

图6 屠呦呦议题在社交媒体上的相关高频词汇

（三）新媒体属性传统媒体类议题分类

这类媒体主要是传统媒体在社会化媒体上的微博及微信公众号平台，如《人民日报》官方微信平台、《央视新闻》官方微信平台、《南方周末》官方微信平台。

新媒体属性的传统媒体类微信平台聚焦的话题主要是屠呦呦个人及获奖背后的解析与争议。

1. 屠呦呦本人故事的解读

《都市快报》微信平台2015年10月6日6时55分发布的文章——《宁波效实中学校友揭秘诺奖得主屠呦呦，披露当年成绩单》，对屠呦呦本人的生活进行解读。

2. 屠呦呦获得诺贝尔奖的争议

《人民日报》微信平台2015年10月6日8时46分发布的文章——

《屠呦呦！她凭啥获诺贝尔医学奖？附饶毅解读》；13时30分发布的文章——《关于屠呦呦获奖，人民日报的这三篇文章值得一看》，两篇文章都是聚焦于屠呦呦获得诺贝尔奖的争议话题，《人民日报》微信平台发布这两个话题都是集中于屠呦呦本人与诺贝尔奖的话题解析。

《南方周末》微信平台2015年10月6日15时43分发布的文章《屠呦呦是如何被国际科学界发现的？》，同样讨论的是关于屠呦呦获得诺贝尔奖的争议。

《中国教育报》微信平台2015年10月8日21时20分发布的文章《【特别关注】怎么跟孩子讲“屠呦呦拿诺贝尔奖”》。

传统媒体的社会化媒体平台关注的议题与传统媒体有较大重叠，可以发现传统媒体的社会化媒体平台所刊发的文章多源于传统媒体，故议题与传统媒体相同。从本次统计的文章来看，传统媒体的社会化媒体平台并没有为其新媒体平台重新撰写文章。

（四）其他议题

在传统媒体报道中，涉及的议题编码10项目，其他议题包含各省市报纸讨论与屠呦呦的关系及证券类报纸的诺奖相关经济话题。而新媒体平台微信上则截然不同，大多其他类议题是“标题党”类文章，标题提及屠呦呦，文章内容却与屠呦呦获得诺贝尔奖事件并无相关。

三、不同媒体平台消息来源控制

对社会化媒体微信文章和报刊文章进行了筛选。首先，新闻筛选条件为：（1）新闻字数需要达到200字以上；（2）样本内容提及屠呦呦、青蒿素或诺贝尔奖项，讨论篇幅达到报道或文章的50%以上；（3）排除非新闻的报道，除社会化媒体以外，其报道内容包括资讯类及消息介绍类。

（一）传统媒体消息来源

印刷媒体行业的信息和通信技术（ICT）已经改变了媒介工作的环境，并且提供了新路径的传播内容。在很长时间，报纸机构集中于印刷报纸工作，但在过去的20年虽然传统的印刷报纸读者人数下降速度快，但互联网新闻消费增加明显。[①]传统报刊和社会化媒体有着较大的区别，在传统报刊中除了要报道政府来源的消息外，消息来源有严格的控制，把关十分严格。传统媒体的文章多为记者原创，或者由记者编辑整理网络上热议的话题重新讨论，这也是现在常见的新闻写作方式。

（二）社会化媒体消息来源

在社会化媒体中，人人都可以作为移动的消息来源，以微信为代表的自媒体可以在诺贝尔官方发布消息后，马上在自己的平台上公布。文章的消息来源可以是原创、传统媒体、网络等多个渠道。

表2中是社会化媒体微信公众平台上关于“屠呦呦获得诺贝尔奖”整理所得的标明来源的文章，标明的来源主要分为传统媒体、其他微信、整理自网络三种。部分公众账号开通“原创”功能，如转载其他微信“原创”文章，微信系统会自动标明原始文章出处，故许多全文转载其他微信的文章有标明来源，但部分文章篇章转载摘录没有清楚标注。转载传统媒体的文章因为涉及版权故多标明出处，而整理自网络的许多文章并未标明来源。微信许多文章既没有标明来源也没有标明原创，故无法准确定义其是否为原创。

① Vydiswaran V G V, Chandrasekar R. Improving the Online News Experience[J/OL].[2016-08-22]. http://research.microsoftcom/en-us/um/people/ryen w/hcir2010/docs/papers/Vydiswaran_pp27.pdf.

表2 微信公众平台文章来源（节选）

公众账号	标题	来源	备注
逻辑学	黄晓明PK屠呦呦：一生努力不敌一场作秀？	博客	本文作者路长全，选自作者博客
马靖昊说会计	诺贝尔奖获得者屠呦呦为什么在中国落选院士？	传统媒体	2011年本文发表于人民日报，原文标题为《屠呦呦为什么落选院士》
澎湃新闻	诺贝尔奖得主屠呦呦为什么不是院士？	传统媒体	有具体来源
呦呦鹿鸣	屠呦呦获诺贝尔奖，给中国五大警示	传统媒体	《瞭望东方周刊》刊发了封面报道《悲喜青蒿素》，这是第一个把青蒿素登上封面专题的新闻周刊。该报道记者为著名记者刘武，编辑是鹿鸣君
都市快报	宁波效实中学校友揭秘诺奖得主屠呦呦，披露当年成绩单	传统媒体	综合新华社、中国新闻周刊、南方人物周刊等
人民日报	屠呦呦！她凭啥获诺贝尔医学奖？（附饶毅解读）	传统媒体	人民日报客户端、中国青年报、中国政府网等
人民日报	关于屠呦呦获奖，人民日报的这三篇文章值得一看	传统媒体	来源：人民日报客户端
大家	三个月后，谁还会记得屠呦呦	传统媒体	本文原标题《青蒿素：荣耀与耻辱》 作者：西闪
南方周末	屠呦呦是如何被国际科学界发现的？	传统媒体	首发于南方周末
六神磊磊读金庸	被青岛大虾屠，你只能呦呦	传统媒体	首发凤凰评论自由谈
水木文摘	屠呦呦一生努力不敌黄晓明一场秀！人民日报：“明星婚礼秀”可以少搞些	传统媒体	来源：人民日报评论

续表

公众账号	标题	来源	备注
吐槽青年：曹林的时政观察	曹林：瞧瞧屠呦呦获奖把某些人烧成什么样子了	电视	文章系为江苏网络电视台及旗下“荔枝新闻”客户端独家供稿
央视新闻	屠呦呦通过央视发表获奖感言，她说……	电视	《新闻30分》视频
人民网	追问：为何我从来不认识屠呦呦？	电视	有视频
占豪	微观点|怎么看屠呦呦获得诺奖？	电视	有视频
丁香园	姗姗来迟的认同：饶毅解读为中国科学实现诺奖零突破的屠呦呦和青蒿素	微信	转载自知识分子
文史女教师	史记 · 屠呦呦传	微信	内容转载自刘备我祖
传媒圈	媒体：黄晓明PK屠呦呦，一生努力不敌一场秀	微信	路长全（ID: LuChangQuan1）
21世纪经济报道	屠呦呦，成中国获诺贝尔医学奖第一人（附屠呦呦的贡献列举）	整合	本文综合自中新网、中国新闻周刊、凤凰网
中国教育报	【特别关注】屠呦呦！为啥是她获诺贝尔医学奖？	整合	综合整理自百度百科、科学家杂志《是非 · 屠呦呦》、中国青年报《呦，终于得奖了》、人民日报海外版《记屠呦呦：为成功提取青蒿素经历190次失败》等文章
中国青年报	屠呦呦获诺奖，这个人的推荐功不可没	整合	整理自网络

（三）新媒体属性的传统媒体

将新闻变为各种媒介形式的新闻信息技术得到普遍应用，以及将互联网引入公司和家庭，使得媒介组织能够用更多的渠道发布新闻。①②传统媒介运用微信等社会化媒介渠道发布新闻，故将这类账号在本研究中单独分类为带有新媒体属性的传统媒体。

表2中可以看到转载自传统媒体的微信公众平台，《人民日报》《澎湃新闻》《都市快报》《南方周末》都是传统媒体的新媒体平台，转载自家传统媒体的文章经删减或重新加工后发布在其社会化媒体平台。《央视新闻》“屠呦呦通过央视发表获奖感言，她说……”节选的也是“新闻30分”栏目采访屠呦呦的视频。

如《21世纪经济报道》《中国教育报》《中国青年报》三者发布的文章都是整理自网络，这是社会化媒体常见的编辑方式。整合而成的文章来源除了网络上的资源外，还包括传统媒体的报道、微信平台的文章，多由多方杂糅而成。《中国教育报》发布的《【特别关注】屠呦呦！为啥是她获诺贝尔医学奖？》其文章来源即综合整理自百度百科、科学家杂志《是非·屠呦呦》、中国青年报《呦，终于得奖了》、人民日报海外版《记屠呦呦：为成功提取青蒿素经历190次失败》等多篇报道。

传统媒体的新媒体平台有自身传统媒体资源作为支撑，发布的文章消息多依托于传统媒体的文章，部分文章根据微信用户的阅读、使用习惯等特点有所修改。

四、讨论与总结

（一）不同平台的媒介，提供了不同的传播功能

微信公众平台文章数量最多，共有12 239篇文章，虽然内容质量良

---

① Möller K S. Information Categories and Editorial Processes in Multiple Channel Publishing[D]. Stockholm: Royal Institute of Technology, Department of NADA, 2001.

② Möller K S. Consumer Needs and Competing Products in Printing and Publishing[C]// Proceedings of the 98 Conference beyond Convergence, 1998.

莠不齐，但反映了公众对屠呦呦获得诺贝尔奖科学事件足够的重视和关注。

传统媒体和社会化媒体微信公众平台呈现截然不同的报道特点，社会化媒体更加注重时效性，换言之，社会化媒体紧随着热点事件的发酵而传播，热度消退也非常迅速。屠呦呦获得诺贝尔奖后的一周内是微信集中讨论最热烈的时期。而传统媒体对热点事件的关注程度消退比较慢，在接下来的两周内都能集中看到报道。社会化媒体在此类科学事件的传播中最佳效果时间为事件发生一周内，而传统媒体关注此类科学事件的时长可达两周。

在报道议题上，传统媒体与社会化媒体呈现不同的关注角度，传统媒体相较于社会化媒体更倾向于祝福赞扬类议题，传统媒体上“各界对屠呦呦祝贺”议题的新闻达20.41%，高出社会化媒体12.95%。青蒿素议题的讨论高出社会化媒体11.50%，中西医议题的讨论更是高出19.38%。可以看出传统媒体除了履行其主要职责外，仍然承担着主要的科学传播任务，向公众普及青蒿素知识及阐明中西医关系。

而社会化媒体，首先，更容易关注具有争议性和趣味性的话题。如屠呦呦本人的故事解读，在微信平台上有多个版本，体现了公众对科学事件的关注角度以人为主。其次，对于诺贝尔奖获奖涉及的争议，院士制度的争议在社会化媒体上有更多的体现。再次，社会化媒体后期，将影视明星与屠呦呦对比的文章占据了主导位置，转变了此次科学事件传播的方向。公众在社会化媒体上更容易关注泛娱乐化的议题。

可以说，两者体现了不同的传播功能，社会化媒体具有时效性，更倾向于讨论争议性的话题。而传统媒体对科学事件关注时间长，承担了向公众传播科学知识的任务。而且其他新媒体功能，不能被印刷媒介所纳入，从而来丰富从万维网上访问新闻的用户体验。

另外，报纸正在改变新闻分发的方式，通过不同的渠道指导它们的受众，从一种媒介形态过渡到另一种媒介形态，以产生对品牌的忠诚度。媒介同时使用多个渠道发布新闻，能使其受众接触到更全面的跨媒体传播方式。报纸可以利用新媒体渠道作为独立的传播路径，因此，相同的信息可通过许多不同的渠道传播。[①]

（二）社会化媒体能够影响传统媒体的议程

除了公众能够影响媒介的议程，还有学者指出，影响媒介议程的一支很重要的力量来自其他媒介的内容，特别是精英媒介，如《纽约时报》，似乎能为其他媒介设置议程。Danielian和Reese（1989）称这一现象为媒介间议程设置（Intermedia Agenda Setting）。

Kushin（2010）[②]研究了《纽约时报》和Twitter之间的议程设置关系，研究发现社交媒体尤其是Twitter，对新闻媒体的议程有直接影响。研究者认为Twitter转变成新闻生产的工具，能够帮助新闻媒体决定报道内容。

林怡君（2004）[③]的研究发现，记者利用新传播科技可以提升新闻品质，但也可以使其下降，依使用者的态度而定。在本研究中具备新媒体属性的传统媒体，在社会化媒介平台上根据社会化媒体的性质定制内容较少，主要是转载传统媒体的内容。

消息来源方面，社会化媒体上的一部分科学传播文章并不是简单地摘自传统媒体或整理自网络。社会化媒体上的科学传播文本也呈现了有深度、内容优质的现象。Gans[④]（1979：9-11）研究美国电视新闻以

---

① Dena C. Current State of Cross Media Storytelling: Preliminary Observations for Future Design[C]//Cross-media Communication in the Dynamic Knowledge Society Networking Session, European Information Systems Technologies Event. The Hague, Netherlands, 2004.

② Kushin M J. Tweeting the Issues in the Age of Social Media? Intermedia Agenda Setting between the “New York Times” and Twitter[D]. Washington: Washington State University, 2010.

③ 林怡君. 从钢笔到键盘——看台湾报社记者工作文化的转变[D]. 台北: 台湾大学新闻研究所, 2004.

④ Michael D. Murray. Deciding What’s News: A Study of CBS Evening News, NBC Nightly News, Newsweek, and Time[J]. American Journalism, 2005, 74 (4): 113-114.

及新闻杂志专栏发现，名人占了新闻消息来源的70%～80%。社会化媒体平台在消息引用上，涵盖国内外新闻报道、国外相关资讯网站、国外学术期刊，对屠呦呦事件进行了深度报道。使用了视频、音频、图片、HTM5技术等多种科技传播方式进行传播。Anderson（2009）①曾指出媒介组织的结构与运作会影响气候变迁与全球暖化的报道内容及媒介框架。在本研究中也存在这种现象，社会化媒体上受众本身也可能是其自身的消息来源，其使用者与生产者共同构建媒介框架。故在社会化媒体传播平台上热议的议题，也同时出现在传统媒体的新闻中，如微信上热议的院士制度和黄晓明与屠呦呦对比，皆发起于社会化媒体平台，传统媒体对微信热议话题跟进讨论，微信影响了传统媒介新闻框架。

而另一方面，传统媒体的账号在社会化媒体平台上虽然以新媒体方式运营，但依然重视传统媒体新闻，即使新闻转向网络，新闻的呈现方式仍是由印刷媒体驱动的。纸质媒介最初选择了将报纸内容未经二次编辑直接发布在网络上，②没有为网络版创建内容，许多报纸都还处于这一阶段。③2009年互联网新闻阅读用户首次超过报纸读者，④并且这一趋势还将延续。⑤然而，并不是所有内容都适用于网络。例如，印刷媒体的长文本内容不适合新兴的发布渠道。⑥故传统媒体在科学传播中的位置如同 Bogart（1991）⑦指出，现代社会中充斥着不同形式的传播媒

---

① Anderson P. What is Web 2.0? ldeas, Technologies and Implications for Education[J]. Jisc, 2007, 97(2): 253-259.

② Kenney K, Gorelik A, Mwangi S. Interactive Features of Online Newspapers[J/OL].[2016-08-17].http://firstmonday.org/issues/issue5_1/kenney/inde x.html.

③ Veglis A. Cross-media publishing by U.S. newspapers[J]. Journal of Electronic Publishing, 2007, 10(2): 2.

④ The Pew Research Center for the People& the Press. Americans Spending More Time Following the News[R].Washington, 2010.

⑤ Newspapers and the New Technology[J]. Trends Magazine, 2010(92): 31.

⑥ MÖller K S. Information Categories and Editorial Processes in Multiple Channel Publishing[D]. Stockholm: Royal Institute of Technology, Department of NADA, 2001.

⑦ Rankin C E. Preserving the Press: How Daily Newspapers Mobilized to Keep their Readers[J]. Contemporary Sociology, 1992, 21(1-2): 110-112.

体，报纸新闻需要具备怎样的报道方式才能与电视新闻、网络新闻有所区别，以彰显其自身的报道优势与特色，是比一味追求打动受众视听更重要的事情。

（三）跨媒介叙事在科学传播中的体现

跨媒体的定义为将内容（新闻、音乐、文本和图像）发布在多个媒介 / 渠道。多个媒介意味着将相同的内容以多种介质交付给受众。[①]另一个方面，跨媒介指的是媒体内容提供商跨不同渠道制作内容，从而利用每个渠道的能力。[②]

报纸利用各种发布渠道具有跨媒介叙事意义，跨媒介叙事是利用跨多个渠道的媒介融合方式向大众传递信息、概念、主题的技术。[③]我们现在进入了一个新的时代。新一代的儿童在消费和享受跨媒体矩阵中长大，他们最有可能以跨媒介渠道阅读新闻，他们已成为收集和采集信息的主体，乐于追溯他们感兴趣的信息。[④]因此通过实施跨媒体技术的传统媒介能够更具有吸引力，更适合低年龄青少年读者的需要。[⑤]

在本案例中可以清楚地看到，微信公众平台所代表的新媒体所采用的叙事方法与传统媒体截然不同，加入了信息与通信技术使得传统媒体

---

① Veglis A A. Modeling Cross Media Publishing[C]//International Conference on Internet and Web Applications and Services, 2008: 267-272.

② Bolin G. Media Technologies, Transmedia Storytelling and Commodification[J]. The Ambivalence of Convergence. Tanja Storsul & Dagny Stuedahl, GÖteborg: Nordicom, 2007, 15(3): 237-248.

③ Jenkins H. Transmedia Storytelling Moving Characters from Books to Films to Video Games can Make them Stronger and More Compelling[J/OL]. [2016-08-17]. https://www.technologyreview.com/s/401760/transmedia-storytelling.

④ Jenkins H. Transmedia Storytelling: New Media Culture[M]//Mediate Phänomene der Netzkultur, 2015: 237-256.

⑤ Spyridou P L, Veglis A A. Exploring Structural Interactivity in Online Newspapers: A Look at the Greek Web Landscape[J]. First Monday, 2008, 13(13): 5.

上的科学新闻能够在新媒体平台上更具吸引力，更受年轻人的喜爱。全球媒体行业的发展趋势已经清楚表明，为了保证长期的成功，必将从一个单一的产品，改变为面向多媒体内容和框架方法。

（四）局限与不足

虽然本研究对屠呦呦获诺贝尔奖的分析样本较为全面，但考虑到热点事件范围广阔，跨媒介叙事、特点存在异同，研究仍有局限与不足。案例仅研究了屠呦呦获得诺贝尔奖事件在传统媒体和社会化媒体的异同和跨媒介特点，不一定适合其他热点事件，也没有对国内的中英文专业期刊和通俗杂志与传统媒介和网络媒介的相互影响进行系统的分析。

后　记

编辑这本文集感触良多。

一是庆幸自己赶上一个好时代，党和政府高度重视公民科学素质建设和科学技术普及工作，现代信息网络技术和新媒体快速发展，科学传播作为一个新兴研究领域蓬勃发展，得到了社会和学界的广泛认可，自己也在过去的十多年中从科学技术哲学学科跨入传播学学科，在科学技术哲学、科学技术史和传播学的交界面上开展科学传播研究。

二是欣慰在过去的十多年与来自不同学科背景的同学在学习和研究中共同成长，他们之中有的已成为科学传播领域崭露头角的青年学者，有的继续在国内外高校攻读与科学传播相关学科的博士研究生，另有一些同学成为科学传播相关行业的骨干。

三是承蒙发表本书收录论文各期刊的厚爱，感谢各期刊社主编、编辑和审稿专家！你们认真负责，付出大量时间和精力，为我们的论文文稿提出了许多宝贵的意见和建议。

在本书编辑过程中，得到了各位作者的大力配合与支持；《自然辩证法研究》编辑部郑泉副编审、博士生祁丽萍做了大量工作；责任编辑夏丹女士为本书的出版付出了辛勤的劳动和耐心；国科大人文学院为本书的出版给予了经费支持，在此一并致谢！书中难免有错漏之处，还敬请读者批评指正！

本书各论文作者及刊出信息如下：

第一编　科学传播研究的新领域

1.1　岳丽媛，张增一. 国际环境传播研究的现状与趋势. 自然辩证法研究，2016年第1期.

1.2　周怿，张增一. 环境传播：一个新的学术领域. 科普研究，2017年第1期.

1.3　徐竞然，张增一. 科学游戏研究评述. 科普研究，2021年第1期.

1.4　窦一鸣，张增一. 科学纪录片研究综述. 科普研究，2022年第1期.

第二编　科学传播研究的一些议题

2.1　温家林，张增一. 错误信息的产生、传播及识别和控制. 科学与社会，2018年第3期.

2.2　迟妍玮，张增一. 社交媒体上虚假信息的识别与控制. 全球科技经济瞭望，2020年第10期.

2.3　迟妍玮，张增一. 国外科技报道研究：方法与趋势. 科学与社会，2013年第2期.

2.4　张芳喜，张增一. 科学家形象研究：现状与问题. 自然辩证法研究，2014年第10期.

2.5　杨恋洁，张增一. 科技报道对科技事件的建构. 科学与社会，2020年第1期.

第三编　社交媒体科学传播的经验研究

3.1　黄楠，肖俊，张增一. 新冠肺炎疫情期间公众对人工智能的认知与态度. 科普研究，2021年第5期.

3.2　张伦，徐德金，张增一. 在线健康传播运动的传播效果及其影响因素研究. 新闻大学， 2017年第4期.

3.3　温家林，张增一. 社交媒体中错误信息传播的回音壁效应. 科普研究，2018年第1期.

3.4　司格，张伦，张增一. 社会化媒体的用户产品评价影响因素研究. 国际新闻界，2015年第6期.

3.5　李力，张增一. “果壳”与“科普中国”微信公众号比较研究. 科普研究，2019年第6期.

第四编　媒介、话语与建构：争议性议题的科学传播案例研究

4.1　郑泉，张增一. 知识生产和话语建构: 对中国转基因议题建构要素和过程的分析. 科学技术哲学研究，2022年第3期.

4.2 郑泉，张增一. 转基因议题中科学话语的建构策略分析. 自然辩证法通讯，2018年第4期.

4.3 岳丽媛，张增一. “PX”风险何以持续争议. 自然辩证法通讯，2019年第6期.

4.4 岳丽媛，张增一. 风险与安全:“PX”议题报道中专家话语分析.自然辩证法研究，2017年第8期.

4.5 李晓丹，张增一. 对中国报纸关于“巴黎会议”报道的话语分析.自然辩证法研究，2018年第4期.

4.6 李晓丹，张增一. 中国报纸关于“气候门”事件报道的话语分析. 科学与社会，2017年第1期.

第五编 科学传播理论探索

5.1 张芳喜，张增一. 《申报》中的科学家形象研究. 自然辩证法通讯，2017年第4期.

5.2 秦婧，张增一. 从科学的视角看燕窝：解构还是建构. 自然辩证法研究，2015年第4期.

5.3 秦婧，张增一. 食品养生中的两种知识传统的冲突. 科学与社会，2014年第1期.

5.4 黄彪文，张增一. 从常人理论看专家与公众对健康风险的认知差异. 科学与社会，2015年第1期.

5.5 朱励瑶，张增一. 科普真人秀赛程设置的注意力分配机制. 全球传媒学刊，2019年第4期.

5.6 吴睿，张增一. 屠呦呦获诺贝尔奖事件的跨媒介传播分析. 科普研究. 2016年第6期.